古诗文"心"读解码
诗心密码

李必能 著

宁波出版社

图书在版编目（CIP）数据

古诗文"心"读解码.诗心密码/李必能著.--宁波：宁波出版社,2022.6
ISBN 978-7-5526-4606-1

Ⅰ.①古… Ⅱ.①李… Ⅲ.①古典诗歌—中国—高中—教学参考资料②文言文—高中—教学参考资料 Ⅳ.① G634.303

中国版本图书馆 CIP 数据核字（2022）第 100111 号

古诗文"心"读解码：诗心密码
GUSHIWEN XINDU JIEMA SHIXIN MIMA

李必能　著

出版发行	宁波出版社
地址邮编	宁波市甬江大道 1 号宁波书城 8 号楼 6 楼　315040
责任编辑	张爱妮　朱璐艳
责任校对	陈金霞
装帧设计	金字斋
印　　刷	宁波白云印刷有限公司
开　　本	787mm×1092mm　1/16
印　　张	14.75
字　　数	200 千
版　　次	2022 年 6 月第 1 版
印　　次	2022 年 6 月第 1 次印刷
标准书号	ISBN 978-7-5526-4606-1
定　　价	80.00 元（全二册）

如发现缺页或倒装，影响阅读，请与出版社联系，电话：0574—83875165
（版权所有　翻印必究）

导 论

用密码打开古诗文创造性阅读的宝库

关于文学鉴赏,东方有"诗无达诂"之说,西方则有"一千个读者眼中,就有一千个哈姆雷特"的说法。似乎见仁见智,本属正常,根本无须探求作者的本意。

虽然陶渊明《五柳先生传》说过"好读书,不求甚解",但不要忘了他接着还强调过"每有会意,便欣然忘食"。"会意",便是读者心灵与文本深层意蕴的碰撞,"欣然忘食"则是由这种深入探求作者本意的创造性阅读所产生的审美愉悦。渊明读书,既有《读山海经》十三首其一所谓"泛览周王传,流观山海图"式的泛读,又有《移居二首》其二所谓"奇文共欣赏,疑义相与析"式的精读。泛读以广闻增识,精读以谙熟文理,二者兼用,便易臻于直达文本深层意蕴的"会意"妙境。

然而,阅读鉴赏达到"会意"境界并非易事。享誉世界的文学批评家艾柯在《误读》一书中解构并颠覆一些伟大的文学作品及影片后,就曾愤世嫉俗地批评道:"一切阅读都是误读。"

美国阅读心理学家N.S.史密斯在《阅读中理解的多样性》一文中,将阅读心理过程分为四个逐渐深入的层次:其一,字面的理解 —— 获得读物内容一个词语、一种观点或一个句子的最初的直接的字面意义;其二,解释 —— 不是直接照搬读物文字,而是进行概括、比较,发现潜在意义;其三,批判性阅读 —— 对读物作出个人的反应与判断;其四,创造性阅读 —— 发表超出读物之外的新思想。阅读学家杰罗尔德·W.阿普斯在《学习技巧》一书中则对"创造性阅读"做了如此阐释:"创造性阅读是'读者带着一种创造新见解的目的去从事阅读,从读物中发现未曾有过的新答案'的一种活动。"可见,创造性阅读虽然以理解性阅读和评价性阅读为前提,但它作为一种富有探究性和创造性的审美活动,与被动接受性阅读有着本质的区别。

创造性阅读作为阅读活动的最高境界,其意义不言而喻。

人类社会早已跨入信息时代,如何通过阅读准确、深入、全面地获取有效信息,已然成为时代性的重要课题。然而令人遗憾的是,肩负着培养创造性人才的重大使命、本应洋溢着创造活力的语文课堂,由于长期受到教师中心论、教材中心论的影响,"把学生当成学习的主体"往往沦为一句空话。更为要命的是,虽然众多语文教师常把"尽信书不如无书"之类的说辞挂在嘴边,但自身迷信和依赖专家权威解读的思想根深蒂固,对教材与教参上的诸多谬误往往习焉不察。

《普通高中语文课程标准(2003年版)》针对"阅读与鉴赏"一共提出了14条要求,其中第3条明确指出:"注重个性化的阅读,充分调动自己的生活经验和知识积累,在主动积极的思维和情感活动中,获得独特的感受和体验。学习探究性阅读和创造性阅读,发展想象能力、思辨能力和批判能力。"课标希望学生"在语言建构与运用、思维发展与提升、审美鉴赏与创造、文化传承与理解几个方面都获得进一步的发展;坚定文化自信,自觉弘扬社会主义核心价值观,树立积极向上的人生理想,为全面发展和终身发展奠定基础"。

在创造性阅读的理论指导方面,浙江师范大学人文学院原教授李海林针对当时中学语文教学的某些课例做过一些阐述,并在《中学语文教学》杂志2005年第1期和第4期上分别发表过论文《"无中生有式创造性阅读"批判》《创造性阅读的理性思考与实践分析——再论"创造性阅读"》。因为缺乏足够的、有效的文本解读实例作为支撑,"创造性阅读"最终如一阵风吹过,烟消云散了。可以说,"创造性阅读"这一提法在国内流行二十多年来,学术界对于"创造性阅读"的理论鲜有论述,更遑论实践方面的探索了,整个中学语文教学界在实践探索方面更是乏善可陈。更有甚者,高举着"创造性阅读"的大旗,却把学生带入文本误读的泥潭。譬如,郭初阳老师《愚公移山》课堂实例,虽未从"励志故事"之俗,却遵从学者张远山的说法,认为智叟当初认定愚公不自量力并无大错,按此结局,羞愧的不应是智叟,而应是愚公,因此学生在课堂上的回答简直是天马行空,大谈"天帝"与"愚公"合谋上演苦肉计之类,而郭初阳老师则借西方人的视角来评价这个古老的中国故事,完全置列子"愚公移山"故事所蕴含的道家宇宙时空观于不顾,竟然将文本主旨归结为"知其不可而为之"这一儒家传统精神。

可能因为上述理论与实践方面的原因,《普通高中语文课程标准(2017年版)》未再提"创造性阅读"这一概念,而是在"提升思维品质"这一条目之下改为强调"提高语言运用的能力,增强思维的深刻性、敏捷性、灵活性、批判性和独创性"。

杜甫《天末怀李白》曰:"文章憎命达,魑魅喜人过。"赵翼《题遗山诗》曰:"国家不幸诗家幸,赋到沧桑句便工。"许多文学作品之所以能流传千古,就在于它的创作者所曾遭受的人生磨难与心灵痛楚。正如日本文艺理论家厨川白村所言,"文学是苦闷的象征"。屈原、陶潜以及李杜、王孟、韩柳、苏辛等人,无一不曾经历过人生的深重劫难甚至社会的沧桑巨变。因此,每一首经典的诗词、每一篇经典的文章,其背后都有一颗饱经苦难的灵魂,而苦难恰恰是通往伟大和不朽的唯一道路。语文教育的本质其实是一种精神教育,若无伟大的人格与崇高的精神,古圣先贤的诗文又何必传承?

近代以来,西学东渐,传承生命的道统失坠,随着文化根基的动摇和文化土壤的流失,一切终极而崇高的价值从人们的生活中渐渐隐退,国人的空虚感如影随形,心灵渐渐变得像浮萍一样漂泊无依。而传承知识的学统的崩坏,更是加剧了这一状况。经典阐释关乎国家未来,然而不少高居大学殿堂、把持着经典阐释话语权的专家学者，浮躁媚俗，误尽苍生。他们退缩到一方小小的天地，或炫耀一己之才气，或迎合世俗作庸俗化的解读，误解甚至完全扭曲原著主旨，做着"消解崇高"的学问，却享受着"精致的利己主义"带来的名利。他们有意无意地抽掉了经典诗文的"脊梁骨"与"精气神"，使之变成了一堆堆低俗甚至毫无意义的文字的行尸走肉，使得中华民族几千年来构建的精神长堤"溃于蚁穴"！在这个号称"上帝已死"、诸神隐匿的时代，经典作品的诗意与崇高精神就这样——被消解，以致一批又一批被误导的读者丧失感性和理性，成为情感极其苍白、精神极为空虚、信仰极端缺乏的"空心人"。这是时代的命运，更是时代的悲哀。

在文学类文本解读方面，福建师范大学文学院教授孙绍振致力尤多。他不仅出版有《名作细读：微观分析个案研究》《孙绍振如是解读作品》《月迷津渡：古典诗词个案微观分析》《孙绍振解读经典散文》《经典小说解读》等颇具探索性的诗文解读专著，而且还在海量具体分析的基础上进行直接归纳，并以西方文艺美学理论观照中国文学，在宏观方面建构了文学类文本解读的理论框架，出版了《文学文本解读学》《文学解读基础》等学术论著。

正如孙绍振教授所言，文学文本解读学不像文学理论那样满足于理论的概括，而是在于具体个案分析，特别是在微观分析的基础上建构解读理论，再回到个案中，对文本进行深层的分析，从而拓展衍生解读理论。非常遗憾的是，侧重于借鉴西方美学进行理论建构的孙绍振教授，不仅未能在"创造性阅读"实践方面树立标杆，而且对一些经典诗文的解读明显有失偏颇，存在着有意无意间消解诗意与文化精神的问题。譬如，他在《〈蜀道难〉：三个层次之"难"》一文中，依据明代胡震亨《李诗通》以及顾炎武《日知录》卷二十六"时人共言锦城之乐，而不知畏途之险，异地之虞，即事成篇，别无寓意"等说法，而断定李白《蜀道难》是"自为蜀咏""别无寓意"，竟然将李白心怀苍生社稷的最具有代表性的经典作品《蜀道难》所蕴含的忧虑国事等崇高精神彻底抽离。殊不知南北朝时期阴铿在前人乐府旧题"蜀道难"单纯歌咏蜀道险阻的基础上早已融入"仕途艰难"的文学内涵，而李白在阴铿吟咏仕途艰难的基础上，更是创造性地注入了对玄宗时代将相不睦、藩镇坐大的政治局面无比担忧的积极思想情感！

如此重视文学类文本解读的孙绍振教授尚且如此，其他类似消解经典诗文的诗意与崇高却被中学语文教学界奉为圭臬的名家解读，那就更不用说了。

有鉴于此，本人虽为一介草根教师，却在三十余年的语文教学实践中，尤其是在亵圣媚俗的解读大行其道的当下，对古诗文文本的原初意义孜孜以求，并试图找到文本解读的密码，带领学生快速而准确地抵达诗心和文心，与作者进行心灵的对话，并由此感受古诗文的魅力，接受古圣先贤的精神洗礼。故不自量力，欲以蚍蜉之力撼动大树，将文本密码作为突破口与着力点，从而觅求古诗文所深蕴之精、气、神，并让其灌注到我们的文化血脉之中。这是本人在繁忙的教学工作之余，致力于"创造性阅读"的实践探索，并将一孔之见编撰结集为《诗心密码》与《文心密码》的初衷。

写作有法。隐喻法、影射法、意会法、谶语法、谜语法、谐音法、伏线法、草蛇灰线法、烟云模糊法、颠倒相酬法、不写之写法，凡此种种，前人诗文用之多已臻于化境。

阅读亦应有法。诗心与文心，必定有迹可循。卡尔维诺在《寒冬夜行人》里说过："阅读意味着接近一些将会存在的东西。"爱默生在《美国学者》一书中则说："一个人要善于读书，必须是一个发明家。像格言里说的：'要想把西印度群岛的财富带回家来，必须先把西印度群岛的财富带出去。'"中国古诗文虽不等同于西方解读《圣经》的数字解读法，但我坚信，阅读亦有法。唯有抵达诗心与文心，方能与作者促膝交谈，获得心灵的熏陶与智慧的启迪，这也就是美国格言所谓"把西印度群岛的财富带出去"，否则，阅读所得不过是皮相之见，创造性阅读根本无从谈起。

如何提高古诗文阅读鉴赏水平，准确而深入地解读文本呢？知人论世、以意逆志、因声求气、缘景明情、披文入情，借助此类文本解读的常规套路，很难直抵诗心和文心。因此，我常常异想天开地追问：有没有一种手段可以直击文本的"命门"，像阿里巴巴凭借咒语"芝麻开门"打开财富宝藏的大门那样，来解读中国经典的古诗文，能一下子豁然开朗呢？

我想到，阅读中国古老的河图洛书，必然离不开数字推演的理路，伏羲画八卦，文王演《周易》，孔子读易经，其实都隐含着数字推理演算的阅读方法。中世纪西方的"塔木德"学派，也曾借用数字读法解读《圣经》，他们发明了一套称之为 gematria 的系统，用来将圣典的字母转译为等值的数字。历史上《塔木德》最著名的注释者之一、十一世纪的拉西（Rashi），就曾用数字阅读法解读《创世纪》第17章经文。在这一章里，上帝告诉亚伯拉罕说，他的年老的妻子将诞下一子，名叫以撒，希伯来文"以撒"被写成 Y.tz.h.q，于是拉西将每个字母与数字搭配，做出如下解读：

Y：10　亚伯拉罕和妻子莎拉试了十次要生小孩都没成功。
TZ：90　莎拉在生下以撒时的年纪。
H：8　第八天，小孩将接受割礼。
Q：100　亚伯拉罕在以撒出生时的年纪。

如此解码，则文本方能显示出亚伯拉罕对上帝回答的层次与逻辑："我们要再等待十年之后生下小孩吗？什么？她90岁了！一个必须在8天之后接受割礼的小孩？我，已经100岁了？"

出生于阿根廷的加拿大作家兼编辑家阿尔维托·曼古埃尔《阅读史》一书引马克－阿蓝·夸克宁《被焚之书：犹太法典的哲学》这一案例，就涉及了文本阅读的"密码"与"解码"这一关键问题。

在人类文明的大花园，密码一直是少有人关注却又散发着迷人芬芳的小花朵。密码以及密码学，从来都不只是数学家的研究范畴。寻找古诗文文本解读密码并由此深入文本内核探究诗心与文心的想法，早就像一粒种子，在我的头脑里生根发芽了。如今，我把它移植到了现实的土壤中，唯愿它枝繁叶茂，开花结果。

古诗词鉴赏难点，不仅在于意象的多义性、典故的复杂性，而且在于丰富多样的艺术表现手法，使文本包蕴着东方文化特有的含蓄之美。这些最易导致误读的地方，恰是诗歌文本解读的关键密码之所在。此外，古代有不少诗人亲近佛、道，涌现出王维、白居易、朱熹等禅修大师，他们有许多谈禅证道的诗歌，往往被一些缺乏实证实修的专家学者误解。因此，本人在《序章》之后，将《诗心密码》分为《意象之魅》《典故之雅》《含蓄之美》《神思之玄》四章，并结合中学语文教材及读本中常见的古诗词篇目，从文本解读密码这一角度切入，在前人的基础上做了一些富有独创性的解读。为了便于读者掌握古诗词文本密码解读的方法，每一章后面均附有两个解读古诗词的重点案例，或侧重意象的丰富内涵，或侧重典故的深层意义，或侧重含蓄的艺术手法，或侧重禅修的独特体验，通过知人论世、以意逆志、缘景明情、因声求气、披文入情等文学鉴赏手段，从文本密码角度进行详细的解析，或多或少地提出了一些与众不同的解读。

本人针对当代作家汪曾祺的散文《金岳霖先生》，以文中的诸多点到为止的人物作为突破口，进行了全新的解读，并以之作为《文心密码》的"序章"，然后选取中学语文教学中常见的一些古代散文篇章予以解读，依次分为《匠心之致》《时空之秘》《物象之神》《文化之奥》四章。《匠心之致》从策划与匠心这一角度切入，揭示某些经典诗文之所以能够广为流传的奥秘，并且指明解读的路径；《时空之秘》《物象之神》《文化之奥》这三章，则分别从时间和空间、物象、文化这三种文本解读密码的角度切入，结合一些散文名篇进行分析和阐释，所用文学鉴赏手段与古诗词基本相同。每一章后面还附有以经典的古代散文为案例进行创造性解读的三篇文章，以便读者掌握古代散文文本密码解读的方法，触发更多的思考。

如何更好地阅读和利用《诗心密码》与《文心密码》呢？

在此，我首先必须提醒读者注意，拙著中的"诗心密码"和"文心密码"，不能简单地视作"诗眼""文眼"等所谓主旨句。譬如，李白《蜀道难》中的"蜀道之难，难于上青天"，在结构上起着逐层深入的作用，固然可视为诗眼，但真正能触及诗心的解读密码，却并非仅在于此，因此我更强调《蜀道难》中的"太白""青泥""剑阁""锦城"这四个触发诗人文学联想、引领读者深探"诗心"的"意象（地点）密码"，在创造性地解读文本深层意蕴方面的作用。再以归有光《项脊轩志》为例，文中"然余居此，多可喜，亦多可悲"一语，在结构上起着承上启下的作用，往往被鉴赏者视为文眼，但作者因何而"喜"，为何而"悲"，解读者极易浮在表面甚至产生误解，因此我特别重视"项脊轩""兰桂竹""象笏"及"枇杷树"这类"物象密码"对于揭示"文心"的作用。读者在阅读拙著时，对于此类关键节点，不可不用心体察。

面对众多古诗文篇目，读者若从研究路径来观察，或许会产生疑惑，进而追问我是如何得出与诸多名家截然不同的文本解读结论的。我只能告诉读者，创造与创新乃是阅读的生命力之所在，而密码则是打开文本宝库的钥匙。虽然任何文本皆可进行多元化和创造性的解读，但真正有深度和准确度的创造性文本解读，必须破译文本密码，辨正庸俗谬说，有理有据且符合事理和逻辑。在这一点上，单纯地凭借解构主义或立足于语言模式下的文本内分析的西方文本解读学来分析中国古典诗文，显然是徒劳无益的。台湾著名学者薛仁明指出，中国的学问要建立在"感通"和"修行"基础上。本人在进行文本创造性解读时，以胡适先生所主张的"大胆的假设，小心的求证"作为治学准则和方法，并通过感通直抵诗心和文心。文学创作者以有形的文字穷形尽相，无过与不及，辞达而妙；文学欣赏者以其敏锐的文本感知能力，就其有形的文字绌绎其无形的情愫，披文入情，悲喜与共，以意逆志，感而相通。

因此，我在文学鉴赏时特别重视并强调"感通"这一方法。"感通"之说，出自《周易·系辞上》："《易》，无思也，无为也，寂然不动，感而遂通天下之故。"文学创作须有灵感，文学欣赏亦然。《周易·咸卦》的《彖辞》对感通之理有如此具体的阐述："天地感而万物化生，圣人感人心而天下和平。观其所感，而天地万物之情可见矣。"文学鉴赏者在无思、无为等"无心"的阅读状态下，心神寂然不动，却最容易想象到作者的为人并与其心灵发生碰撞，产生"感而遂通"的阅读灵感，我在阅读苏轼《赤壁赋》与《石钟山记》等经典篇目时皆曾有过如此独特的阅读体验。

意大利文艺批评家克罗齐说过："要了解但丁，我们必须把自己提升到但丁的水准。"一个真正的读书人，必须通过阅读体验努力提升自己的文学鉴赏水平，以便更好地读懂众多优秀的作者及其作品。就语文教学实践而言，文本解读的深度不仅决定着课堂教学的高度，而且关系着学生思维发展的程度与精神发育的进度。在宏观与微观之间，愚以为文学文本解读更应该注重微观，应由某个文本的语言文字切入，通过文本密码洞察作者的心灵世界，引领学生与前贤进行心灵的对话，从而升华其人格精神。绝不能用今天的庸俗现实"观照"过去的生活，也不能用今天的审美标准"衡量"过去的人物，更不能为了颠覆传统而故意"反弹琵琶"，而应该立足于文本与历史交会的坐标点上，联系作者生平与时代背景，通过文本所呈现的各类解读密码，真正走进文本深处，准确把握作者思想情感与文本主旨内涵。

此外，若要提升文学鉴赏的直觉能力，则最好有一定的修炼功夫，因此我比较赞赏薛仁明的"修行"之说。中国的学问，除了感通明理，还有一个更重要的环节——修行。儒家静坐执中，讲究格物致知；道家调神守中，讲究修心养性；佛家禅定守空，讲究顿悟渐悟。这些，都是修行。由我个人肤浅的经验可知，修行是提升思维维度与觉悟智慧的必由之路，通过修炼完全可以提升文学鉴赏等多方面的直觉判断能力。

如此，则读古人诗文，皆可体察斯人至情，并感同身受。超脱红尘纷扰，了悟天人之道，更能直指人心。针对中学语文教材及读本等资料中常见的古诗文篇目,本人不揣谫陋,做了一些创造性阅读的大胆尝试,集腋成裘,汇集成《诗心密码》和《文心密码》,并希望读者能够借助诗文密码,打开创造性阅读的宝库。

通过"感通"和"修行",努力打通生命与学问的任督二脉,让真正的学问日益丰赡并融入日常生活之中,让自己的精神日益饱满,人格日益完善,这是一个读书人毕生的追求。

李必能

2022 年 2 月

于四明山凤凰村素朴山房

目　录

序章：从"诗无达诂"说起 001

意象之魅

意象密码与意境解读 010

意象创造与比兴合用
——《氓》中的"淇水"意象与"桑""鸠"比兴 043

托言蜀道，暗弹忧思
——李白《蜀道难》主旨的多义性新探 050

典故之雅

典故密码与诗意探究 064

谜托珠玉，巧传心曲
——李商隐《锦瑟》的文本深意探究 094

据事援古，曲尽其悲
——辛弃疾《破阵子·为陈同甫赋壮词以寄》典故新探 105

含蓄之美

含蓄蕴藉与诗趣审美 114

因象求意,由典辨旨
—— 王维《使至塞上》的八大误读点及诗旨辨正 149

意象繁复,蕴藉深厚
—— 李清照《声声慢》的"愁"思详解 160

神思之玄

禅道诗歌与旨趣深探 168

佛道争衡背景下的文本真伪例谈
—— 以《呈黄龙禅师》为例 208

空山无人,水流花开
—— 王安石《登飞来峰》《泊船瓜洲》的禅境与写作背景 215

序　章

从"诗无达诂"说起

汉代大儒董仲舒在《春秋繁露》卷五《精华》中提出:"《诗》无达诂,《易》无达占,《春秋》无达辞。从变从义,而一以奉人。"其"《诗》无达诂"之说,意谓对《诗经》没有确切的训诂或解释,因时因人而有歧异。

为什么会出现这种情形?

《左传·襄公二十八年》曰:"赋《诗》断章,余取所求焉。"早在春秋战国时期,各诸侯国进行外交活动时,使节们往往赋《诗》以表达己方意愿,随意摘取《诗经》中的一部分为己所用而不管作者的原意如何。他们认为,《诗经》创作的时代已逝,事过境迁,难以解释,因此根本不必忠于原作,可以根据自己的需要而随心曲说,加以引用。西汉人解读《诗经》,如汉代韩婴所著《韩诗外传》,亦用此法。断章取义、不求甚解之风,由是盛行开来。

譬如《诗经·魏风·伐檀》,显然是一首愤怒抨击不劳而获的奴隶主的"讽刺"诗,但董仲舒据"《诗》无达诂"之说,不顾原诗的语言和意境,听不出"彼君子兮,不素餐兮"等诗句冷嘲热讽的语气,割裂局部与整体的有机联系,化"刺"为"美",认为该诗是在歌颂君子"先其事,后其食",那些奴隶主是不会尸位素餐的。

窥一斑而知全豹。董仲舒根据自己所处的历史文化语境对《诗经》做出如此"从变"的解释,却未能遵照自己提出的"从义"原则,揭示出诗歌的"微言大义",把一部好端端的《诗经》解读得面目全非了!

作为思想家和政治家的董仲舒,并非诗人与善易者,亦非语言文字专家,故其"《诗》无达诂,《易》无达占,《春秋》无达辞"之说,局限性显而易见。庄子言井蛙夏虫囿于时空而所见不广,乡曲之士囿于所学而远离大道,其道理是一样的。

与汉儒的随心曲说不同,后世诗歌评论家则从文学欣赏的审美思维入手,把针对《诗经》的"诗无达诂",用来泛指一般诗歌的欣赏原则。今人常说"诗无达诂,文无达诠",一是说诗文都很难全面准确完美地解释,二是指对同一文本的理解,读者可以见仁见智,一千个读者眼中就有一千个哈姆雷特。然而,这并非意味着读者无法明白诗文作者的真意,而是说不能机械理解,或者望文生义。《荀子·大略》曰:"善为诗者不说,善为易者不占。"高明的诗人善用言外之意,高明的易师可以未卜先知。诗歌的鉴赏,应遵从孟子"不以文害辞,不以辞害志"的原则,超越单纯的文字训诂、语句诠释的范畴,用善感的心灵捕捉诗歌的意象,深入其意境,从而与诗人进行心灵的对话,并借此跨入诗歌语义和文化审美的美学境界。

清代沈德潜在《唐诗别裁集·凡例》中说得更为明白:"读诗者心平气和,涵泳浸渍,则意味自出;不宜自立意见,勉强求合也。况古人之言,包含无尽,后人读之,随其性情浅深高下,各有会心,如好《晨风》而慈父感悟,讲《鹿鸣》而兄弟同食,斯为得之。"

"诗无达诂"要求读诗之人不能浮在文字表面,只看到语言文字与事物之间有形的、直接的联系,而应根据诗歌的艺术特征,深潜到文字背后,看到语言文字与诗人言说的真意之间那无形的、间接的联系。诗之深意,犹如星空明月,文字犹如禅师指向月亮的那一根充满灵性的手指,读者应该借助它,把目光投向圆融的月亮之所在,从而获得开悟的智慧,明心见性,而不应该老是盯着禅师那根手指。

古往今来,诗文的鉴赏无非两种态度:一种是李商隐《谢先辈防记念拙诗甚多,异日偶有此寄》所谓"夫君自有恨,聊借此中传",鉴赏者借题发挥,以古人的诗句来寄托自己的情思,这是一种文学的再创造,并非真正确切的鉴赏;一种是刘勰《文心雕龙·知音》所谓"缀文者情动而辞发,观文者披文以入情,沿波讨源,虽幽必显;世远莫见其面,觇文辄见其心",鉴赏者因枝振叶,循着一定的路径深入文本之中去探讨作者的本意,完全按照作者的情思来作解释。

以后一种态度鉴赏诗文,难度无疑要大得多,因而误解、曲解作者原意者比比皆是。知音之难逢,自古皆然。

以汉乐府诗《陇西行》为例:

> 天上何所有?历历种白榆。
> 桂树夹道生,青龙对道隅。
> 凤凰鸣啾啾,一母将九雏。
> 顾视世间人,为乐甚独殊。
> 好妇出迎客,颜色正敷愉。
> 伸腰再拜跪,问客平安否。
> 请客北堂上,坐客毡氍毹。
> 清白各异樽,酒上正华疏。
> 酌酒持与客,客言主人持。
> 却略再拜跪,然后持一杯。
> 谈笑未及竟,左顾敕中厨。
> 促令办粗饭,慎莫使稽留!
> 废礼送客出,盈盈府中趋。
> 送客亦不远,足不过门枢。
> 取妇得如此,齐姜亦不如。
> 健妇持门户,亦胜一丈夫。

全诗描写并赞美了一个善于操持门户的"好妇",待客热情周到,有礼有节,似乎别无深意,故今之学者多从"好妇"的形象入手,大谈其现代人格魅力,殊不知,此类解读完全偏离了原作者为诗之用心。

元朔二年(前127),汉武帝派卫青以三万铁骑在漠南出击匈奴,收复河南地;同年,又派卫青率三万骑出云中,西至陇西,收复河套地区,扫除匈奴进犯的军事据点。元朔五年(前124),卫青率骑兵赶走匈奴右贤王,生擒匈奴王子十余人,胜利而归。元狩二年(前121)春,骠骑将军霍去病出陇西,深入匈奴两千余里,一战河西,夺得祁连山与河西走廊,切断了匈奴与西羌的联络,开辟了西汉与西域之间的通道;夏,霍去病采取迂回包抄策略,先从今宁夏灵武率军渡过黄河,向北越过贺兰山,穿过巴丹吉林沙漠,绕道居延海,转而由北向南,沿弱水而进,经小月氏,再由西北转向东南,深入匈奴境内两千余里,在祁连山与合黎山之间的弱水上游地区,从匈奴浑邪王、休屠王两军侧背发起猛攻,再战河西,最终取得决定性胜利,歼敌三万余人,迫降单桓王、酋涂王等两千五百人,俘虏五位单于及王母、阏氏、王子等数十人,仅浑邪王、休屠王率残部逃脱。元狩四年(前119),匈奴入右北平郡和定襄郡,汉武帝派卫青和霍去病大举回击,匈奴左贤王部溃逃,霍去病率部穷追,转战漠北,直至狼居胥山等地,深入匈奴境内两千余里,歼敌七万余人,祭天封山而还。此后,匈奴北徙漠北,从此不再大规模南下侵扰。

与此同时,汉武帝又着手开通西南夷道路,征发大量士卒运粮戍边。据《史记·西南夷列传》记载:"士罢饿离湿,死者甚众;西南夷又数反,发兵兴击,耗费无功。"其后,边患频仍,战争不决,国力耗损严重,繁重的兵役、徭役负担转嫁给人民,使社会生产与人民正常生活遭到极大的破坏,迫近羌胡、民俗崇尚鞍马骑射的陇西等地,十室九空。

控诉战争罪恶、抒写行役之苦,这本是汉乐府民歌最主要的内容之一,《陇西行》一诗,就是在此背景之下出现的控诉战争罪恶的代表作品。

对于完全相同的诗歌题目,高明的诗人往往有着许多不同的写法。薛雪《一瓢诗话》曰:"诗有从题中写出,有从题外写入;有从虚处实写,实处虚写;有从此写彼,有从彼写此;有从题前摇曳而来,题后迤逦而去;风云变幻,不一其态。"对于该诗,清代李调元在《雨村诗话》中明确说道:"凡诗有有题者,有无题者。有题是诗之正面,无题是诗之反面。如乐府《陇西行》,何篇中无'陇西'之意?为尊者讳也。立是名,补诗之不足也。'陇西'二字是题正面,全诗却是反射旁击。汉武有事于西南,穷兵黩武,陇西男子,无不荷戈从戎,巨室细民莫敢匿。故篇中备言妇人待客,委曲尽礼,以见家中无男子也。言豪富者尚无男子,贫穷者岂容燕息乎?夫穷苦疆场,必餐风宿露,今反写欢乐,其穷苦却在言外,使后人于无字处默会也。写陇西以反衬天下,写豪富反衬贫苦,写妇人反衬男子,写闺门反衬边庭,可悟作文之法。"

李调元紧扣历史背景,从诗与题、正与反、虚与实等诸方面展开联想,驰骋想象,可谓鞭辟入里,精义纷披,妙悟迭出,实乃精于诗歌鉴赏者也。

李调元曾说:"乐府制题,提笔为要,篇中安章顿句,各有其故,或在题前,或在题后,或题不足而诗补之,或诗不足而题补之。"古人吟诗作文,往往计白当黑,奥妙尽在虚空之处。或奇峰插天,或千流万壑,但真龙起伏盘旋,布气行度,其结穴之处,必有明显佐证,非别具慧眼者,难以识得。

此乐府叙事诗开篇八句,李调元未加阐释。诗歌从天上落笔,写青龙、凤凰之"为乐",并用"凤引九雏"之典,言天下之太平。历代学者多以为,《陇西行》开篇这几句与汉乐府《步出夏门行·邪径过空庐》的结尾八句基本相同,似与诗之主旨无关,故断为拼凑割裂而成,或猜测为宴席间用以取悦宾客而演奏的"艳词"(前奏)。《胡适全集·白话文学史》认为:"《陇西行》写西北的妇女当家","首八句也是民歌的形式",就是"一种无意义的起头话"[1]。此说之谬,在于缺乏天文常识,诚如顾炎武《日知录》卷三十所云:"三代以上,人人皆知天文","后世文人学士,有问之而茫然不知者矣。"

诗中"天上何所有?历历种白榆"两句,须参《春秋运斗枢》之说:"玉衡

---

[1] 胡适著,季羡林主编:《胡适全集》第11卷,安徽教育出版社2003年版,第238页。

星散为榆。"据《春秋运斗枢》载,北斗七星,第一天枢、第二天璇、第三天玑、第四天权、第五玉衡、第六开阳、第七摇光,合而为斗。其中第五颗星为玉衡,即白榆星。又,北斗一至四星名魁,为璇玑,为斗;五至七星名杓,为玉衡,为斗柄。《尚书·舜典》曰:"在璇玑玉衡,以齐七政。……岁二月,东巡守至于岱宗;五月,南巡守至于南岳;八月,西巡守至于西岳;十有一月,朔巡守至于北岳。"舜帝登基后,像天帝一样巡视四岳诸牧,可他为何要在二月东巡,五月南巡,八月西巡,十一月北巡呢?原来,二月春分初昏(黄昏时分),斗柄指东;五月夏至初昏,斗柄指南;八月秋分初昏,斗柄指西;十一月冬至初昏,斗柄指北。《史记·天官书》说"斗为帝车",舜帝四季出巡,正如天帝乘坐北斗车,运行中天,临制四方一样。

《春秋纬元命苞》曰:"三月榆荚落。"榆荚即榆树种子榆钱,"玉衡星散为榆"即指榆荚飘落的夏历三月。《春秋运斗枢》曰:"椒、桂合生刚阳。"椒、桂乃阳星之精所生,天地之间唯刚阳能壮、大者能壮,故对应的卦象为"大壮",这一时节大地回春,阳气日盛,对应节气为惊蛰、春分,时令为夏历二月(卯月)。"桂树夹道生",意即此时北桂星、南桂星开始运行于黄道两旁,对应卦象为"夬",其卦辞有"不利即戎(打仗)"之说;"青龙对道隅",意思是青龙七宿对着黄道一角,这一句与"桂树"句结合起来,对应节气为清明、谷雨,于时令为三月(辰月)。东汉崔寔《四民月令》曰:"杏花盛""时雨降,昏参夕,桑椹赤""榆荚落,可种蓝""三月桃花盛,农人候时而种也"。晚唐李商隐《一片》诗中"榆荚散来星斗转,桂花寻去月轮移"两句,所言即是春三月之天文时令也。此时正是春耕春播的农忙时节。

"凤凰鸣啾啾,一母将九雏。"这两句则由青龙转向了朱雀方位。凤凰即朱鸟、朱雀。此时,太阳到达黄经45度,斗指东南,维为立夏,夏季至此正式开启,于节气为立夏、小满,于时令为四月(巳月)。

天之二十八宿所构成的"四象"中,青龙为首,代表春季,五行属木,象征尊贵;凤凰即朱雀,代表夏季,五行属火,象征幸福。春去夏来,乃是木旺生火之象；龙凤同现，乃是祥瑞的象征。因此，古人常以"凤引九雏"为天下太平、社会繁荣的祥瑞之兆。《晋书·穆帝纪》中就有"凤引九雏"的典故："（升平四年）二月，凤凰将九雏见于丰城。"

因此，"天上何所有"等开篇八句，描述了白榆、桂树星与青龙、朱雀的位置及形态，用白话文可翻译为：斗转星移，春去夏来，天上人间，其乐融融，世人之乐，与众不同。

诗歌接着讲家中来客，唯有"好妇"迎客、宴客、送客。其善主中馈、送迎有礼、应对从容的美好形象在动人心弦之余，不禁引人深思：本应忙于春耕播种的时节，陇西人家男丁何在？

诗之结尾，巧用较喻修辞手法和齐姜这一典故，将此"好妇"与春秋时督促晋文公奋发有为并助其归国成就霸业的贤内助齐姜相比，不仅运用衬托手法，突出其贤能胜过齐姜，胜过男子汉大丈夫，而且暗含着"悔教夫婿觅封侯"之类的深意。

全诗通过多重正反对比，虚实相生，错落有致，环顾有情，真龙虽历经千般腾挪变化，最终"结穴"于诗题"陇西行"三字，可谓妙合无垠，高明至极。

唐代王维、陈陶等人也曾沿用《陇西行》这一乐府旧题，写边塞战争，控诉战争罪恶，表达反战的主题，虽有脍炙人口的警句"可怜无定河边骨，犹是春闺梦里人"（陈陶《陇西行四首》其二）成千古传唱，然多直露无味，远不及汉乐府《陇西行》深邃绵邈。

张之洞在《輶轩语·语学》中说："读书宜有门径。泛滥无归，终身无得；得门而入，事半功倍。"不唯治学如此，诗文鉴赏亦应先辨门径，再窥堂奥。诗有巧思，句有密码，得其章法，则可迎刃而解。

文学经典创作难，阅读也难。俄裔美籍作家纳博科夫在《文学讲稿》里这么描述作家与读者的关系："在那无路可循的山坡上攀援的是艺术大师，只是他登上山顶，当风而立。你猜他在那里遇见了谁？是气喘吁吁却又兴高采烈的读者。两人自然而然拥抱起来了。"

独具匠心的作者与有所会意的读者都是攀援登顶者。世尊拈花,迦叶微笑。伯牙抚琴,子期知音。二者相遇,何其难得!

意象之魅

诗歌意象源于诗人对客观世界的感知,是融入了诗人主观情意的客观物象。

一杯粮食酿造的美酒,你如何能品出它是高粱造还是小麦造?具有朦胧性、多义性、暗示性等特点的诗歌意象,都是经过诗人心灵改造而呈现出个性化特质的变形之物,好比一阵轻风拂过风铃所发出的悦耳之声,怎能简单复述?

意象密码与意境解读

春来遍是桃花水,不辨仙源何处寻
——诗歌意象的源与流

汉字是由音义结合的象形文字发展而来的。

"意"与"象"的结合,最早可追溯到《周易·系词上》"圣人立象以尽意"之说。譬如八卦中的"乾"卦,象征刚健,其象为天,为君,为父,为夫,等等;"坤"卦,象征柔顺,其象为地,为臣,为母,为妻,等等。《周易》六十四卦,有直接以事物命名的,譬如"鼎""井",也有超越孤立的、静止的物象,描述物之所用或物与物之间的联系的,譬如"蛊""革"。

以"鼎(䷱)"卦为例,巽下离上,"象"曰:"木上有火。"离为火,巽为木。"彖"曰:"'鼎',象也。以木巽火,烹饪也。"王弼释此象为法象,即"鼎"卦是取法于鼎的形象:其最下面的阴爻像鼎足,中间三阳爻像鼎腹,上面第五爻的阴爻像鼎耳,最上面第六爻的阳爻像鼎铉,这正是鼎的侧面平视图。此卦借鼎的形象及其使食物由生变熟的烹饪功能,抽象出一个"取新"的意义。

易含万象,万象皆其喻象。

易象即章学诚《文史通义·易教下》所谓"人心营构之象"。易象体系是一个庞大的设象喻理体系,阴阳二爻、八卦乃至六十四卦,都是自然现象通过心灵理解而获得的内容意义的外在显现。易经以象表意、由象感通的思维方式,影响了传统文化的方方面面,形成了中华文化的独特风貌。

朱熹曰:"言之所传者浅,象之所示者深。"穷理析义,须资象喻。所谓"象喻",即用形象化的语言文字阐明玄妙深奥的道理,揭示诗人内心情意与外在物象之间的关系的一种认知与表达方式。曹植《王仲宣诔》以"文若春华,思若涌泉"称赞王粲文笔之妙,刘义庆《世说新语·文学》则说潘岳之文"烂若披锦,无处不善",陆机之文"若排沙简金,往往见宝"。此类品评并非理性分析,而是用"象喻"描绘出形象可感、诗意盎然的画面,让读者在审美愉悦中体察作者的情感和态度。

而源自易象的"意象",作为文学理论的概念,则始见于南朝梁刘勰《文心雕龙·神思》:"独照之匠,窥意象而运斤。"

中华传统哲学主张"天人合一""物我同一",认为人与自然息息相通,融为一体,因此诗人常常把情感倾注在某些特定的自然景物上,借助客观物象表达主观情意。这些打上了诗人主观情感烙印的景物即"意象"。也就是说,诗歌意象源于诗人对客观世界的感知,是融入了诗人主观情意的客观物象。

清代吴乔《围炉诗话》云:"意喻之米,饭与酒所同出;文喻之炊而为饭,诗喻之酿而为酒。"英国诗人雪莱在《诗辩》中说:"诗使它所触及的一切都变形。"美国意象派大师庞德认为:"意象是在一刹那间表现出来的理智与情感的复合物",它是"诗人内在的思想与外在物象相互熔化与融合的产物"。一杯粮食酿造的美酒,你如何能品出它是高粱造还是小麦造?所有的诗歌意象,都是经过诗人心灵改造而呈现出个性化特质的变形之物,古今中外,概莫能外。

艺术,是人类情感的物象化或符号化创造,诗歌则是语言符号的艺术。正如朱光潜先生所言:"诗是情趣的意象化,或是意象的情趣化。"诗歌意象之类的符号形式,好比一阵轻风拂过风铃所发出的悦耳之声,怎能简单复述?故曹魏时期经学家王弼"得意忘象,得象忘言"的主张,对后世诗歌产生了深远的影响。

屈原《涉江》以鸾鸟凤凰、露申辛夷,燕雀乌鹊及腥臊之物,分别象征忠、奸之人。东汉王逸《〈离骚经〉序》曰:"善鸟香草,以配忠贞;恶禽臭物,以比谗佞;灵修美人,以媲于君;宓妃佚女,以譬贤臣;虬龙鸾凤,以托君子;飘风云霓,以为小人。"自古以来,中华民族共同的审美心理、生活习俗,使得许多自然界的事物在历史的积淀中被赋予了某些特定的情感色彩乃至言外之意。

在中国古典诗词中,某个意象被某个诗人用来表达某种情感,后来又被其他诗人继承并反复使用,渐渐约定俗成,有了特定的内涵。在相同的文化背景下,人们看到某种景或物,自然会触发相同的情感;或者想要表达某种情感,就自然会想起特定的意象。因此,了解意象所蕴含的情志,常常是诗歌鉴赏的突破口。

竹虚心,梅傲骨;桃花比美人,菊花喻隐士;芳草拟离恨,芭蕉喻愁思,牡丹方富贵,丁香喻愁怨……凡此种种,皆为"象喻"或象征。

蟋蟀深秋唧唧,声如织布,又名"促织",闺中思妇闻之,赶织寒衣,故用以表达对征夫的思念;猿猴哀啭长啸,啼声悲凉,空谷传响,闻之断肠,故用以抒发迁客逐臣的悲伤;鹧鸪叫声凄切,听似"行不得也哥哥",故用以表达羁旅惆怅、游子乡思……

说是花草树木、鸟兽虫鱼自身的气质触发了诗人的情感也好,说是诗人托花草树木、鸟兽虫鱼而兴寄也罢,总之,它们就在诗词的历史长河中形成了秉性各异的意象。

斜抱云和深见月,朦胧树色隐昭阳
——意象的朦胧性、暗示性与多义性

刘勰《文心雕龙·隐秀第四十》曰:"隐也者,文外之重旨者也;秀也者,篇中之独拔者也。隐以复意为工,秀以卓绝为巧。"其所谓"重旨""复意",即是指文学作品的多义性。

诗歌容易产生歧义或被误解,主要还是源于诗歌意象的朦胧性、暗示性、多义性等特点。

只因柳絮飘飞,极易触发离别、漂泊的伤感,且柳谐音"留",故古人不忍亲友离别而挽留,折柳送别,远行之人则在异乡插柳成荫,借以缓解思乡之苦。王维《送元二使安西》"渭城朝雨浥轻尘,客舍青青柳色新",刘禹锡《杨柳枝词九首》其八"长安陌上无穷树,唯有垂杨绾别离"等,皆是诗人借杨柳抒写惜别深情的名句,意象的朦胧性由此可见一斑。

杨柳意象,最早见于《诗经·采薇》:"昔我往矣,杨柳依依;今我来思,雨雪霏霏。"诗歌借一位久戍边关的士卒,在冒雪返家途中满怀伤感地回忆艰辛的军旅生活,抒发家园之思与厌战之情。诗中杨柳,不仅表现他当年春天出征时对故乡亲人依依不舍的心情,而且还暗含着对战争的厌恶,对和平生活的向往。

由此可见,诗歌意象不仅具有朦胧性,还具有多义性、暗示性等特点,可产生"言有尽而意无穷"的艺术效果。

先以贺知章《咏柳》为例:

> 碧玉妆成一树高,万条垂下绿丝绦。

不知细叶谁裁出,二月春风似剪刀。

一树绿柳高高站立,好似用碧玉妆饰而成。碧玉之喻,一则显出柳树的翠绿鲜嫩,仿佛带着翡翠玉石的光泽;二则如年轻貌美的女子,身材婀娜多姿。晋汝南王的宠妾名叫碧玉,南朝乐府《吴声歌曲》中的《碧玉歌》,有"碧玉小家女"之语,故"碧玉"显然有双关之意。

此诗借"杨柳"赞叹美好的春光,可见"杨柳"意象并非只能表达惜别之情这一重含义,而且表意朦胧,富有暗示性。

再以刘禹锡《竹枝词二首》其一为例:

杨柳青青江水平,闻郎江上踏歌声。
东边日出西边雨,道是无晴却有晴。

"无晴""有晴"谐音双关"无情""有情",而诗中的"杨柳",则用以歌咏含蓄的爱情。

梧桐,因其根深蒂固、枝繁叶茂,故汉乐府《孔雀东南飞》诗句"枝枝相覆盖,叶叶相交通",以枝叶相互纠缠的"梧桐"象征爱情的忠贞不渝;因古人喜植之于庭院或井边,故白居易《晚秋闲居》诗句"秋庭不扫携藤杖,闲踏梧桐黄叶行",以"梧桐"落叶象征家园闲居之寂寞;王安石《孤桐》诗句"凌霄不屈己,得地本虚心",以凌霄不屈的"梧桐"象征老而弥坚、虚心高洁的品质;而李煜《相见欢》"寂寞梧桐深院锁清秋"、李清照《声声慢》"梧桐更兼细雨,到黄昏、点点滴滴"等语,则秋风秋雨之下,梧桐又象征孤独忧愁、悲苦不堪矣。凡此种种,不一而足。

可见,某个意象的象征意义并非单一的,而是在不同的语境下呈现出不同的象征意义。

譬如,常出现在诗人笔下的"春风"意象,看似简单,实则富于变化。杜甫《绝句二首》其一"迟日江山丽,春风花草香"中,"春风"只是一个具体事物的描述性概念;李白《劳劳亭》"春风知别苦,不遣柳条青"中,"春风"却象征离愁别恨;白居易《赋得古原草送别》"野火烧不尽,春风吹又生"中,春风则象征给自然万物带来生机与活力的使者。即便同一诗人李白,同为"春风"意象,其《春思》"春风不相识,何事入罗帏"中的春风象征爱情;《春夜洛城闻笛》"谁家玉笛暗飞声,散入春风满洛城"中的春风象征思乡;《清平调三首》其一"云想衣裳花想容,春风拂槛露华浓"中的春风,则又象征君王之恩宠。"春风"在不同诗句中被赋予不同的情感,表达不同的含义,可见诗歌的意象具有朦胧性、多义性等特点。

此外,诗歌意象的多义性,还表现在某个意象在同一首诗歌中兼有多重含义,很容易让读者产生歧解。

例如,王之涣《凉州词二首·其一》"羌笛何须怨杨柳,春风不度玉门关"中的"春风",含义有三:其一,是自然界"春风"的本义,夸张玉门关苦寒至极,连春风也吹拂不到;其二,是指朝廷恩泽到不了艰苦奋战的边塞戍卒身边,这里的春风又有"浩荡皇恩"的象征意味;其三,"春风"与"羌笛""杨柳"等意象组合,象征戍卒的思乡之情与离别之苦。浅尝辄止者容易停留在表层,故极易产生歧解。

以中唐诗人刘长卿《使次安陆寄友人》一诗为例:

> 新年草色远萋萋,久客将归失路蹊。
> 暮雨不知涢口处,春风只到穆陵西。
> 孤城尽日空花落,三户无人自鸟啼。
> 君在江南相忆否,门前五柳几枝低。

清代著名诗学专家沈德潜《唐诗别裁集》选入该诗并在其第四句"春风只到穆陵西"下注曰:"言此地春光缓到,因地偏也。"涢口,即古涢水注汉江入口处的涢口镇,今武汉市东西湖区新沟镇街道涢口大队村;穆陵故址则在今湖北麻城市北。春风自东向西吹拂,可到穆陵以西,而穆陵以东竟没有春风,岂不怪哉!难道真是因为地理位置太过偏僻了吗?当代旧体诗词家富寿荪在《唐诗别裁集·校记》中指出沈说之谬:"《今体诗钞》七言卷四云:'肃、代之时,江、淮间有刘展之乱,穆陵以东,光、黄、舒、庐盖苦兵扰,不识春和矣;其西则差安静,故有第四句。'"

唐肃宗上元元年(760)十一月,在安史之乱中因功升为宋州刺史兼淮西节度副使的刘展,遭朝廷疑忌,江淮都统李峘、淮南节度使邓景山趁其奉旨率兵南下之机,发兵拒之。刘展被逼反叛,在短短一月之内,不仅攻克淮南治所扬州,派兵横扫了淮南境内的濠、楚、舒、和、滁、庐诸州,而且突破长江防线,拿下了润州、升州。至十二月,太湖流域的常、苏、湖诸州及沿江一带的宣州等地也悉数落入刘展之手。李峘、邓景山"许以淮南金帛子女为赂",求救于平卢都知兵马使田神功。上元二年(761)正月,刘展之乱平定,但平卢军劫掠十余日,所到之处生灵涂炭,《资治通鉴》言"安史之乱,乱兵不及江淮,至是,其民始罹荼毒矣"。

至德元载(756)十一月,肃宗派宰相崔涣至江南招纳遗才。次年,刘长卿中选,授长洲县尉,至德三载(758)正月代理海盐县令,因得罪上司,贬为潘州南巴县尉。上元二年(761)秋,刘长卿奉命回苏州接受"重推",次年新春途经光州、黄州交界处的安陆穆陵关,目睹芳草萋萋、鸟啼花落、孤城荒芜之景,顿生萧索之感。诗人借暮雨、春风以及芳草等意象感时伤世,并表达了对隐居江南的友人的牵挂。其中,"春风"一语双关,既是自然物候现象,又是政治气候象征,暗示朝廷恩泽只及穆陵关以西,而穆陵关以东的光、黄、舒、庐诸州则饱经战乱之苦。诗学造诣精深如沈德潜,对看似简单的"春风"意象,尚有"地偏"之误,足证诗歌意象的解读失之毫厘,谬以千里,切不可等闲视之。

孟郊《登科后》也是如此:

　　昔日龌龊不足夸,今朝放荡思无涯。

> 春风得意马蹄疾,一日看尽长安花。

诗人金榜题名后,打马游街,心花怒放,其笔下的"春风"意象,不仅是自然界的春风,而且还象征着浩荡的皇恩,以及无比激动的心情。

孟郊与贾岛齐名,诗风简啬孤峭,意境峭拔寒瘦,苏轼称为"郊寒岛瘦"。孟郊诗歌多写世态炎凉与民间疾苦,人称"诗囚",他有一首广为传唱的《游子吟》:

> 慈母手中线,游子身上衣。
> 临行密密缝,意恐迟迟归。
> 谁言寸草心,报得三春晖?

孟郊早年贫困潦倒,直到四十六岁才中进士,得授溧阳县尉。结束了长年颠沛流离的生活后,孟郊便将母亲接来同住。

该诗前四句采用白描手法,毫无藻饰,通过回忆游子临行前慈母密密缝衣的场景,凸显慈母深情。结尾两句采用传统的比兴手法,以"寸草心"和"三春晖"这两个特殊的意象,直抒胸臆,升华对母爱的讴歌:儿子像区区小草,母爱如三春阳光,儿子岂能报答母爱于万一?在形象的比喻和悬殊的对比之中,寄寓着游子对慈母发自肺腑的真挚情感,诚可谓"诗从肺腑出,出辄愁肺腑"。

再以晚唐李商隐流传甚广的《乐游原》一诗为例:

> 向晚意不适,驱车登古原。
> 夕阳无限好,只是近黄昏。

诗人因心情郁闷而登临送目,百感交集。万千思绪,与黄昏"夕阳"意象熔铸在一起。前两句交代心情不佳,黄昏时分驱车登上古原。后两句赞叹夕阳之美,意蕴丰富,感喟深沉,极富哲理:夕晖映照,彩霞满天,气象万千,可惜好景不长。"只是近黄昏"这一转折,让人顿觉无限悲凉。

词学家刘永济《唐人绝句精华》道:"作者因晚登古原,见夕阳虽好而黄昏将至,遂有美景不常之感。此美景不常之感,久蕴积在诗人意中,今外境适与相合,故虽未明指所感,而所感之事即在其中。"此说虽触及夕阳美景,然不明所以,令人深以为憾。明代高棅《唐诗品汇》所引杨万里"此诗忧唐祚将衰也"之说,方为探得诗心,得"夕阳"意象之正解。

若从"向晚"这一诗歌文本密码入手,其实不难揣摩"夕阳"意象所引发大唐"黄昏"之叹。解读至此,仍不能如南宋诗人杨万里那样浅尝辄止。若要全面而深入地揣摩此诗之意旨,还得将"夕阳"意象与诗题"乐游原"联系起来一并详勘。

乐游原位于长安城南大雁塔东北、曲江池北面,又名乐游苑。此地高平轩敞,风景秀丽,是唐长安城内最宜登临览胜之地。汉宣帝刘询与皇后许平君早年常同游此地,乐而忘归。许平君产后不幸中毒身亡,刘询葬之于此,并建庙祭祀,名为乐游庙,故此地名乐游原。在长于用典的李商隐笔下,看似简单的夕阳意象,一旦与乐游原这样的名胜结合,自会别有深意。

汉宣帝刘询在位期间,选贤任能,"麒麟阁十一功臣"名垂青史,戎狄宾服,政治清明,国泰民安,史称"孝宣中兴"。抚今追昔,汉宣帝之乐游原,能不引人无限遐思?

由诗题"乐游原"这一诗心密码切入,则诗人寄寓于"夕阳"意象之中的身世迟暮之感、壮志难酬之憾、家国沉沦之悲、古今兴亡之慨,悉皆迎刃而解。

二

只在此山中,云深不知处
——意象的虚实与意境

一首诗歌,其意象往往不止一个。诗人常将多个意象组合使用,寓情于景,抒情言志。不妨先以白居易《钱塘湖春行》为例:

> 孤山寺北贾亭西,水面初平云脚低。
> 几处早莺争暖树,谁家新燕啄春泥。
> 乱花渐欲迷人眼,浅草才能没马蹄。
> 最爱湖东行不足,绿杨阴里白沙堤。

钱塘湖,即西湖。唐穆宗长庆二年(822)七月至四年(824)五月,白居易任杭州刺史,其间写下了《钱塘湖春行》这一首描写西湖春景的著名七律。

此诗语言浅近,意象丰富,格调清新,堪称历代吟咏西湖的名篇。前两联写湖上,如天开图画,美不胜收:横开则画面为孤山寺北、贾公亭西;竖展则见云气低垂,湖平如镜。淡淡几笔,将西湖盛景勾勒而出。孤山是西湖中的一个小岛,耸立于里湖和外湖之间,风景绝佳;贾亭即贾公亭,唐贞元年间(785—805)贾全任杭州刺史时所建。诗人接着以"早莺""新燕"点染,以"暖树""春泥"烘托,绘出西湖无限春光。

后两联写春行,诗人信马由缰,缓缓穿行于绿柳成荫的白沙堤上。此处"乱花""浅草"与前面的"早莺""新燕"等意象组合在一起,凸显勃勃生机,足见西湖春光不深不浅,正适合诗人游赏。诗人通过对西湖旖旎骀荡的春光的描绘,寓情于景,表达了对西湖春光之美的热爱与沉迷。因行而迷,其中诗眼"迷"字,照应题眼"行"字,可谓相得益彰。

诗人是通过意象来营造意境的，因此诗歌鉴赏亦须从意象入手，通过意象的解读进入诗人所营造的意境。

"境"原本是佛家用语，指人的感官所触及、心灵所游想的境界。《俱舍论颂疏》曰："心之所游履攀援者，故称为境。"又曰："功能所托，名为境界，如眼能见色，识能了色，唤色为境界。"刘勰《文心雕龙·隐秀》评价阮籍的诗歌"境玄思澹，而独得乎优闲"，可见南北朝时期，"境"的概念已经进入文学批评的领域。

意境说的理论根基，其实就是情景交融、虚实结合，故境与象的关系，一直是诗歌评论家关注的焦点。盛唐诗人王昌龄在《诗格》中首次提到"意境"一词，他认为"诗有三境"，诗歌的审美境界可分为物境、情境、意境三种形态或层次。殷璠联系当时诗歌创作实际，在其选编的《河岳英灵集》中提出"兴象"说，指出"兴象"是由感兴而得的意象。其所谓"兴象"，即融入诗人内心感发的大自然的景象。皎然则在王昌龄、殷璠等人的基础上，糅合儒、道、佛三家思想，撷取禅之心境、道之意象、儒之比兴来综合论诗，主张"诗情缘境发"，将诗歌意境的理论发展到一个新的阶段，并对后世诗歌创作与审美产生了深远影响。

在境、象关系上，晚唐司空图《二十四诗品》从老子论道之有无与虚实之中得到启发，提出了"超以象外，得其环中"主张。他引用戴叔伦"诗家之景，如蓝田日暖，良玉生烟，可望而不可置于眉睫之前"一语，强调诗歌要有言外的景象和深远的韵味。其所谓"象外之象"，即虚实结合的"象"。

从司空图《二十四诗品》"韵外之致""味外之旨"的诗学主张，到王国维《人间词话》"境界说"，无不可见王昌龄等人"意境"说的影响。"意境"作为中国传统诗学重要的美学概念，广泛应用于诗歌审美评论之中。

从某种意义上讲，意境与意象在本质上是相通的，它们都是主观情感与客观事物统一的结合体。所不同的是，意象只是融入诗人情思的物象，而意境则是诗人的主观情思与客观物象相互交融而创造出来的浑然一体的艺术境界。高明的诗人,在意象的使用上,常常虚实结合,以实写虚,体无证有,形成主客观交融的美妙意境,并借以收到结构上虚实相生、表现手法上情景交融、审美特征上韵味无穷的艺术效果。

以盛唐著名边塞诗人王之涣《登鹳雀楼》为例:

> 白日依山尽,黄河入海流。
> 欲穷千里目,更上一层楼。

前两句实写,实中有虚。第一句以"日""山"意象写诗人所见,绘出白日顺着山峦缓缓落下的雄浑之景。第二句写诗人所想,由眼前奔腾不息的黄河联想到它融入千里之外的大海。以"日""山""河"等实象,衬托"海"这一虚象,实景与虚景氤氲化生,美不可言。

后两句虚写,虚中有实。想要看到千里之遥的景象,就得登上更高的一层楼;诗人由"欲穷"之虚笔,到"更上"之实写,其登高望远的襟怀得以充分呈现。此诗虽只有二十字,却虚实相生,意境雄浑,气势磅礴,格调高昂,堪称千古绝唱。尤其是最后两句,以诗眼"上"字照应诗题"登楼",其所表现出的昂扬向上的盛唐精神,千百年来一直激励着人们。

与王之涣同时代的诗人王湾《次北固山下》一诗,意象的使用亦呈现出虚实相生的特点:

> 客路青山外,行舟绿水前。
> 潮平两岸阔,风正一帆悬。
> 海日生残夜,江春入旧年。
> 乡书何处达?归雁洛阳边。

王湾,洛阳人,唐玄宗先天二年(713)进士及第,授荥阳县主簿,开元五年至九年(717—721)参与修撰朝廷秘阁四部书,后调任洛阳尉,其后仕历不详。《唐才子传》言其"尝往来吴楚间,多有著述"。北固山,位于润州,即今江苏镇江市北,三面临江。

首联以"客路""行舟"点明诗人行踪,"青山""绿水"扣住题中"北固山下"。颔联继之以"潮""岸""风""帆"等意象,并以"平""正"等字眼准确而精练地描绘出泊舟北固山下所见到的潮平岸阔、舟行平稳等壮丽之景。

颈联从"海日"意象落笔,绘出一幅奇景:残夜尚未消退,天边一轮红日已从海上萌生;旧年尚未逝去,江边的点点春意已从枝头显露。在万家团聚、辞旧迎新之际,身在"客路"的诗人怎会不萌生思乡之情呢?但是一想到新春迫不及待地到来,还是耐心等到不久大雁北归之时,再托它捎一封家书到洛阳吧。明代胡应麟《诗薮·内编》说"海日"联"形容景物,妙绝千古"。唐代长江出海口在镇江焦山一带,此处有松廖山、夷山双峰对峙,古称"海门"。诗人通过炼字炼意,把"海日"与"江春"这两个一实一虚的意象作为美好新生事物的象征,以"生""入"作为诗眼,使之拟人化,赋予其人的情思和意志,并以"残夜"反挑"早"字,以"旧年"反挑"新"字。一个"生"字,如新生儿脱离母腹,渐显生命活力;一个"入"字,则以不可阻挡之势,强占旧年的势力范围,带给读者一种推陈出新、积极进取的情感力量,可谓妙不可言,淡而难求。

据《河岳英灵集》记载,与许国公苏颋合称"燕许大手笔"的燕国公张说,对王湾"海日生残夜,江春入旧年"此联极为赞赏,亲自书写并悬挂于尚书、中书、门下三省宰相办公的政事堂,让文人学士作为学习的典范。此诗虽是抒发羁旅思乡之情,然气势之恢宏,意境之壮阔,堪称盛唐气象来临之先兆,晚唐诗人郑谷曾感慨:"何如海日生残夜,一句能令万古传。"

此诗最为精妙处,亦即解读的密码,就在诗眼"生""入"二字。

需要强调的是,尾联"归雁"意象,实为想象之虚景,并非《唐诗鉴赏辞典》中霍松林先生所谓眼见之实景。《礼记·月令》"孟春之月"下有"东风解冻,蛰虫始振,鱼上冰,獭祭鱼,鸿雁来"之说。《汲冢周书·时训篇》曰:"雨水之日,獭祭鱼;又五日,鸿雁来;又五日,草木萌动。""鸿雁来"是二十四节气中继立春之后的第二节气"雨水"的第二候,在雨水开始后的第二个五天,在惊蛰节气前五至十天。除夕在"立春"节气前后,绝不会见到属于"雨水"节气第二候的鸿雁北归之景。

关于意象,何者谓虚?何者谓实?眼见为实,心想为虚;已然为实,未然为虚;眼前之景为实,已逝之景为虚;仰观俯察为实,视通万里为虚。巧妙运用虚象和实象,虚实结合,既可使诗歌形象丰满,意境深远,又可使诗思曲折,深挚动人。

譬如,李商隐《夜雨寄内》:

> 君问归期未有期,巴山夜雨涨秋池。
> 何当共剪西窗烛,却话巴山夜雨时。

此诗一作《夜雨寄北》,有学者考证说是寄给长安友人的。从诗歌的内容看,若作"寄友"解,与其中"君问归期""共剪西窗"所蕴含的缠绵悱恻之情思,显然不符。因此应断为唐大中五年(851)秋,诗人在梓州刚入东川节度使柳仲郢幕府任职时所作。李商隐妻子王氏于夏秋之际病亡前夕,或许自知来日无多,去信盼问其归,但交通阻隔,书信往返多有迟滞,李商隐接信作此诗之时,其妻已亡故。

开头两句以答问和对眼前环境的描述,借"巴山""夜雨""秋池"等意象,抒发孤寂情怀和对妻子深深的思念。后两句即设想来日相聚畅谈的欢悦,反衬今夜的孤寂。妻问归期,是为促其早归;己答未有期,是叹羁旅惆怅。于是,诗人的相思之"魂",带着湿淋淋的秋雨,从羁旅之地梓州巴山飞回到千里之外的长安家中,打了个来回。既有空间上的往复对照,又有时间上的回环对比。

前面"巴山夜雨"写客居实景,紧承己答,述归途受阻,归期难定;结句"巴山夜雨",与妻问遥相呼应,盼他日团聚,剪烛西窗。以"西窗烛"意象替换"秋池",则充满温情与期待。古时,父母居正堂,又称"高堂",坐北朝南,正堂之窗称"南窗",如陶渊明身为一家之长,故有"倚南窗以寄傲"等语。长子须依父母而居于东厢房,窗户朝西开,故以"西窗"代指长子所居之东厢房。"东窗"则代指留宿宾客的西厢房,平素亦常用作家庭议事场所,秦桧"东窗事发"典故即源于此。身为长子的李商隐强调剪烛西窗,可见此诗必为"寄内"无疑。

"何当"二字,笔力千钧,承前启后,化实为虚,于山重水复之际突现柳暗花明的美好想象境界,使得时空的回环对照融合无间,诗歌的意境妙不可言。

"何当",意为何日,何时,此乃虚实转换之关键节点,亦此诗文本解读之核心密码。

四

东边日出西边雨,道是无晴却有晴
—— 意象与双关的巧妙结合

意象不仅有虚实之分,而且还会与双关等修辞手法紧密结合,含蓄表达复杂深沉的情感。

先看南朝乐府民歌《子夜四时歌·春歌》之一:

> 自从别欢后,叹音不绝响。
> 黄檗向春生,苦心随日长。

六朝清商曲中,女子多用"欢"指代情人。与热恋的情人分离的痛苦,令她内心难以忍受,故终日叹息不已。诗歌以树皮可入药且味道极苦的"黄檗"作为意象,表明随着春天的到来,黄檗树开始不断成长,其味苦的树心亦随之生长。黄檗的"苦心"双关女主人公的"苦心",从而含蓄地表达了女子因离别而生的思念与幽怨之情。

再看朱自清《荷塘月色》引用的南朝乐府诗歌《西洲曲》里的四句:

采莲南塘秋,莲花过人头。
低头弄莲子,莲子清如水。

"采莲"为"求爱"的隐语。"莲子"谐音双关"怜子",怜即爱,子即你。所谓"莲子清如水",意思是说爱你的心就像这南塘的秋水一样纯净透明。故诗中莲花、莲子等意象,不可等闲视之。

这类具有双关寓意的诗歌意象,其实为数不少,远不止这两首诗歌以及前面所提及的贺知章《咏柳》、刘禹锡《竹枝词》等。有些诗歌中比较隐晦的双关意象,尤需用心品鉴。

唐玄宗天宝十四载(755)冬月,安史之乱爆发,河北、河南很快落入叛军之手。次年正月,安禄山在洛阳称帝,国号大燕,自称雄武皇帝。六月,京城长安沦陷,玄宗幸蜀,王维与其他一些来不及出逃的文武官员以及乐工被叛军挟持到洛阳,逼受大燕国伪职。当时,裴迪探望被软禁在洛阳菩提寺(实为普施寺)的好友王维,对他讲述安禄山在洛阳禁苑凝碧池边大宴部下,强迫梨园弟子为其演奏,乐师雷海青不从,惨遭肢解示众等事。王维闻之,悲愤难抑,没有纸笔,于是口占一绝,抒发了对帝都沦陷的悲痛以及对玄宗皇帝的思念之情:

万户伤心生野烟,百僚何日更朝天?
秋槐叶落空宫里,凝碧池头奏管弦。

这首被裴迪记录下来、后人称为《凝碧池》的诗歌,不算标点,诗题长达三十九字:"菩提寺禁,裴迪来相看,说逆贼等凝碧池上作音乐,供奉人等举声便一时泪下,私成口号诵示裴迪。"

庾信《枯树赋》开篇,写殷仲文出为东阳太守,"常忽忽不乐,顾庭槐而叹曰:'此树婆娑,生意尽矣。'"自此以后,"槐"这一意象就与内心孤苦凄凉建立了密切的联系。"槐"谐音双关"怀",王维以"秋槐"象征愁怀,以本指荒僻处的霭霭雾气"野烟",双关安禄山之"伪燕",此中深意不可不详加揣摩。

可见,作为诗心密码的"秋槐"和"野烟"这类具有双关寓意的意象,与"落叶""空宫"等意象结合,不仅形象地描绘出安史之乱造成的民生凋敝、宫室蒙尘、君臣流离、人去楼空等惨象,而且营造出了一种凄凉冷清的意境,突出了诗人遭受不幸而又无可奈何的悲愤心情。

至德二载(757),唐军收复长安、洛阳,肃宗自凤翔还都长安,凡受伪官者分六等定罪,给事中王维亦因被授伪职而下狱。幸有《凝碧池》一诗表达对"野烟(燕)"导致"万户伤心"的强烈不满,抒发了对朝廷和天子的思念之情,王维因此得到肃宗谅解;再加上时任刑部侍郎的弟弟王缙平叛有功,并愿以己职为兄赎罪,王维得以从轻发落,降为太子中允了事。王维后迁中书舍人,官终尚书右丞,因而后世称其为"王右丞"。

主要生活在玄宗开元、天宝到代宗大历年间的刘长卿,是盛唐到中唐诗坛上承前启后的代表。明代胡震亨《唐音癸签》说"刘长卿最得骚人之兴,专主情景",清代沈德潜《唐诗别裁集》赞其"工于铸意,巧不伤雅"。这些说法,都指出了刘长卿诗歌在运用意象构造意境之时,能够将主观情绪与客观景物巧妙融合,达到情景交融、浑然一体的艺术境界这一特点。刘长卿在处理情与景的关系上,确实深得诗之三昧,能够在借景抒情、寓情于景的同时,做到"含不尽之意于象外"。

刘长卿自许"五言长城",对其五言诗颇为自信。其五绝代表作《逢雪宿芙蓉山主人》《送灵澈上人》及五律《碧涧别墅喜皇甫侍御相访》等被诸多选本选入。

唐代宗大历五年(770)后,刘长卿历任转运使判官,以检校祠部员外郎出任淮西、鄂岳转运留后。因刚强不阿，得罪了郭子仪女婿、时任鄂岳观察使的吴仲孺，被其诬为贪赃，于大历九年（774）贬为睦州司马。诗人去职东归之际，在常州义兴（今江苏宜兴），筑"碧涧别墅"隐居。殿中侍御史皇甫曾坐事贬为舒州司马，约在大历八年（773）离任回丹阳闲居并漫游湖州等地，此时来访，刘长卿写下了《碧涧别墅喜皇甫侍御相访》一诗：

> 荒村带返照，落叶乱纷纷。
> 古路无行客，寒山独见君。
> 野桥经雨断，涧水向田分。
> 不为怜同病，何人到白云。

该诗以写实的笔法对景物进行细致描绘。荒村、返照、落叶、古路、寒山、野桥、涧水、白云等一系列意象，构成了萧飒冷落的清幽意境，烘托出诗人僻居碧涧别墅的孤寂之感与避世栖隐的落寞心境，并反衬出皇甫曾不顾山路泥泞前来探访的深情厚谊以及自己的欣喜之情。

诗人幽居白云生处，远离红尘，知己来访，不胜惊喜，同时又为彼此同病相怜的境遇唏嘘慨叹不已。结尾以"不为怜同病，何人到白云"两句收束，情味恬淡，含蓄蕴藉。"白云"作为全诗的核心意象，既指碧涧别墅在白云生处，又与道家隐逸志趣双关。诗心密码"怜同病"三字与"白云"意象相互呼应，在照应诗题"喜……相访"的同时，使得感激之情与感慨之意尽在其中。

刘长卿的七律也颇有特色，其《长沙过贾谊宅》堪称唐人七律之精品：

> 三年谪宦此栖迟，万古惟留楚客悲。
> 秋草独寻人去后，寒林空见日斜时。
> 汉文有道恩犹薄，湘水无情吊岂知。
> 寂寂江山摇落处，怜君何事到天涯。

首联明写贾谊三年谪宦，万古留悲，实则关联自身迁谪之悲；一个"悲"

字,奠定了全诗凄怆忧愤的情感基调。

颔联紧扣诗题中的"过"字,以"秋草""寒林""人去""日斜"等意象摹写贾谊故宅萧条冷落之景,再用"独寻"暗寓景仰之情,"空见"抒发孤寂之叹,有力地渲染了悲凉寥落的意境。

颈联叹贾谊见疏,在湘水之滨凭吊屈原,巧妙关联自己而今凭吊贾谊,蕴含丰富的"言外之意":被称为有道明君的汉文帝,对待贾谊这样的人才尚且如此薄恩,诗人遭受贬谪,沉沦下僚,当然不该奢望当时昏聩无能的唐代宗对自己有什么恩遇了。岁月随着湘水无情流逝,屈原不会想到百年之后贾谊会来湘江之滨凭吊自己,贾谊岂能想到时隔千年,诗人刘长卿会在萧瑟秋风中凭吊他!

尾联由江山寂静、落叶飘零进一步生发感慨,暗寓国事衰微、人生失意之悲。以"何事到天涯"反问,突出无罪遭贬之悲;而"怜君"二字作为诗心密码,一语双关,照应首联中的"悲"字,表面上既是哀怜落叶,又是哀怜贾谊,同时又暗怜诗人自己如落叶随风飘零的悲惨遭遇,并因此对不公平的世道发出强烈的控诉。

诗人将身世际遇、悲愁感兴与诗歌意象巧妙融为一体,意境悲凉,含蓄蕴藉,感人至深。

其实,该诗还将意象与贾谊《鹏鸟赋》语典结合,寄寓祸福无常、知命不忧的思想情感。

明代胡震亨《唐音癸签》就曾谈到该诗用典的巧妙无痕:"'秋草独寻人去后,寒林空见日斜时',初读之似海语,不知其最确切也,谊《鹏赋》云:'四月孟夏,庚子日斜,野鸟入室,主人将去。''日斜''人去',即用谊语,略无痕迹。"清代施补华《岘佣说诗》对此联对仗工整极为赞赏,并说"不知'人去'句即用《鹏(鸟)赋》'主人将去','日斜'句即用'庚子日斜'",其"运典之妙"如"水中着盐"。

贾谊在赋中说自己贬为长沙王太傅的第三年,即汉文帝六年(前174,丁丑年),四月庚子日太阳西斜之时,一群猫头鹰从容不迫地聚集在他室内座位一角,于是翻书占卜,得"野鸟入室兮,主人将去"之辞,自以为寿命不长,于是作赋抒发了生死看淡、知命不忧的人生感悟。因此,"人去""日斜"等融意象与典故于一体的关键词,实为深入诗心的文本解读密码。

该诗将意象与典故融合无间,虚实相生,已臻于中国诗歌美学所推崇的情景交融的境界。若将其与"秋草""寒林"等富有包蕴性的意象视为单纯的景物描写,而不深究"人去""日斜"等描述性语典的象征性意蕴,则难以抵达诗心。

此中有真意,欲辨已忘言
—— 诗歌意象与典故的融合

诗人在描写景物时运用与历史人物相关的典故,略无痕迹,读者鉴赏时不可不察。譬如,盛唐诗人崔颢《黄鹤楼》一诗:

> 昔人已乘黄鹤去,此地空余黄鹤楼。
> 黄鹤一去不复返,白云千载空悠悠。
> 晴川历历汉阳树,芳草萋萋鹦鹉洲。
> 日暮乡关何处是?烟波江上使人愁。

该诗情景交融,虚实结合,意境深远,历来为人所称道。严羽《沧浪诗话》言:"唐人七言律诗,当以崔颢《黄鹤楼》为第一。"

黄鹤楼位于武昌蛇山(又名黄鹤山),当江汉之交。有关黄鹤楼得名的传说甚多,而见于典籍的"乘黄鹤"传说主要有荀瓌、黄子安、费祎三种——

一是南朝梁代任昉《述异记》所载荀瓌驾鹤事:"荀瓌,字叔伟(玮),潜栖却粒。尝东游,憩江夏黄鹤楼上,望西南有物飘然降自霄汉,俄顷已至,乃驾鹤之宾也。鹤止户侧,仙者就席,羽衣虹裳。宾主欢对,已而辞去,跨鹤腾空,眇然而灭。"二是南朝梁代萧子显《南齐书·州郡志》言晋代仙人黄子安乘黄鹤过黄鹄矶事:"夏口城据黄鹄矶,世传仙人子安乘黄鹄过此上也。"三是唐代阎伯理《黄鹤楼记》言费祎登仙事:"州城西南隅,有黄鹤楼者。《图经》云:'费祎登仙,尝驾黄鹤返憩于此,遂以名楼。'事列《神仙》之传,迹存《述异》之志。"

该诗前两联因登楼而生感,一气贯注,不拘对偶,采用赋的手法,全用散调变格。首联"昔人已乘黄鹤去"等语,以"昔人"开篇并一笔带过,显然志不在用典,而在着意渲染"人"与"黄鹤"去而不返。颔联在首联"空"字的基础上再加一"空"字,突出了仙去楼空,黄鹤杳然,名楼胜迹空在,历史转眼成空等诸多感慨。前人多对开篇连下三"黄鹤"称道不已,譬如金圣叹《贯华堂选批唐才子诗》言:"此诗正以浩浩大笔,连下三'黄鹤'为奇耳。"

在崔颢心目中,江南名楼黄鹤楼只是历史的见证者,包括历代先贤在内的"昔人",早已完成其历史使命,驾鹤仙去。其潜台词是说,包括自己在内的"今人",须无愧于时代,以有为业绩名垂青史。如此,则身处开元盛世、急欲建功立业的崔颢心生愧疚与空落之感,就在情理之中了。

颈联"晴川历历汉阳树,芳草萋萋鹦鹉洲"两句极为整饬,正面描绘登高远望所见实景,而景物中所暗含的典故极易被人忽视。对岸汉阳的树木繁茂而清晰可见,鹦鹉沙洲的春草显得茂盛浓绿,诗人神思亦灌注于此勃勃生机之中。杳不可知的昔人及黄鹤,与眼前历历在目的绿树芳草两相对比,烘托出登楼远眺者的空寂心境。尾联在化用《楚辞·招隐士》"王孙游兮不归,春草生兮萋萋"语典的基础上,继以愁思难禁、追问"乡关何处"收束全篇,加上与前述白云融为一体的日暮烟波,与开篇幽远渺茫难于寻觅的意境相互呼应,恰如骊龙之珠,抱而不脱,妙不可言。

综观全诗,崔颢之"愁"由"空"而起,收于"乡关",余韵悠长。若视此"愁"为江湖游子"羁旅思乡"的惆怅,或者迁客逐臣"吊古思乡"的叹惋,此诗岂能轻易赢得"唐人七言律诗第一"的赞誉!

崔颢,汴州(今开封)人,出身汉唐第一大望族博陵崔氏,有文无行,嗜酒好色,狂放不羁。玄宗开元十一年(723)登进士第,官位一直不显,天宝九载(750)前后曾任监察御史,官至司勋员外郎,天宝十三载(754)卒。

据李肇《国史补》及《旧唐书·崔颢本传》记载,他献诗干谒一代文宗、时任御史中丞的李邕,首篇就是《王家少妇》,诗中以魏晋时期风神俊美、为时人所称赏的美男子王昌比拟李邕。王昌是魏晋仕女"中心藏之,何日忘之"的男神,年少轻狂的崔颢竟不顾李邕前辈的身份,毫不谦虚地说"十五嫁王昌",大写女子嫁入夫家后歌舞、斗草等恃宠而骄的日常,结果李邕看到开头"十五嫁王昌,盈盈入画堂"两句,就对其增饰古典、出语轻佻大为反感,骂了一句"小儿无礼",呵斥出去。

崔颢前期诗作多写闺情,流于浮艳轻薄。殷璠《河岳英灵集》说崔颢"年少为诗,名陷轻薄。晚节忽变常体,风骨凛然。一窥塞垣,说尽戎旅"。后来任职于代州都督杜希望手下,早年的挫折及此时的边塞生活,促成了其为人与诗风的彻底转变,所写边塞诗慷慨豪迈,雄浑奔放,名重当时。其《赠王威古》《赠轻车》《古游侠呈军中诸将》《辽西作》等诗篇,无不洋溢着边关将士以身报国、捐躯赴难的英雄气概,以及诗人渴望建功立业的壮志豪情。

崔颢《黄鹤楼》一诗具体创作时间虽已无从考证,史传对其仕宦经历也无详细记载,但以意逆志,应可断其为诗风转变后沉沦下僚、宦游江淮等地时的作品。

诗人伫立蛇山之巅的黄鹤楼上,眺望长江对岸的汉阳龟山、古晴川一带,春秋时期晋国上大夫伯牙幸遇知音钟子期的古琴台、汉末名士祢衡葬身之地鹦鹉洲,皆依稀可见,于是百感交集,写下了"晴川历历汉阳树,芳草萋萋鹦鹉洲"这一对仗工整、情景交融的名联。诗中"芳草萋萋"等语，绝非单纯使用《楚辞·招隐士》语典以抒思归念家之情，而是在描绘景物的同时暗用了伯牙、祢衡两个事典以表达复杂难言的心绪。

古晴川位于长江、汉水交汇的夹角地带，隋炀帝因其处于汉水北岸，故依"水北为阳"改名汉阳。龟山脚下、月湖之滨的古琴台，又叫伯牙台。伯牙从晋国返回故里楚国郢都探亲，路过此地，弹奏《高山流水》，留下了"子期遇伯牙，千古传知音"的佳话。

汉末江夏太守黄祖长子黄射在长江沙洲上大宴宾客，有人献鹦鹉，祢衡奉命即席挥毫，写就一篇《鹦鹉赋》，鹦鹉洲因而得名。李白《望鹦鹉洲怀祢衡》一诗誉其赋"锵锵振金玉，句句欲飞鸣"。祢衡才华横溢，文采出众，有过目不忘之能，孔融认为他是不可多得的人才，上表荐给曹操。因未受礼遇，恃才傲物的祢衡便上演了一曲裸身击鼓骂曹的戏码，急欲揽才的曹操不愿背负杀士之名，将其遣往荆州劝降刘表，刘表让他到部将黄祖那里。祢衡深得黄祖父子赏识，后因触怒黄祖而被杀，卒年二十六岁，葬于鹦鹉洲上。

诗人触景伤怀，自我反省，虽然满腹才华，但恃才傲物，难遇知音，以致长期沉沦下僚，名位不显，想到崔氏自汉迄唐蜚声延誉、青史留名者多不胜数，想到百年之后魂归故里愧对列祖列宗，岂能不忧愁伤感！如此，则"日暮乡关"之愁，实乃慨然以天下为己任的崔颢功业未立、壮志落空的人生忧愁，其诗之盛唐气象与精神由此彰然可见。

若不抓住前面两联中的"空"字这一指向诗心的密码，浮于表面解读，则极容易忽视"晴川""汉阳树""芳草""鹦鹉洲"等意象背后的典故，诗人"知音难遇"的悲叹、"恃才傲物"的反省等深沉意蕴也就无法揭示，最终必然导致将卒章显志的"愁"误解为单纯的思乡之愁。

宋元时期方回《瀛奎律髓》曰："此诗前四句不拘对偶，气势雄大。李白读之，不敢再题此楼，乃去而赋《金陵凤凰台》也。"宋刘克庄《刘后村诗话》也说："太白过黄鹤楼有'眼前有景道不得，崔颢题诗在上头'之句，至金陵遂为《凤凰台》诗以拟之。"李白晚年流放夜郎遇赦放还至武昌,有《江夏赠韦南陵冰》诗曰:"我且为君槌碎黄鹤楼,君亦为吾倒却鹦鹉洲。"其黄鹤楼之心结,于此可见一斑。

不妨将李白《登金陵凤凰台》与崔诗加以对照分析:

> 凤凰台上凤凰游,凤去台空江自流。
> 吴宫花草埋幽径,晋代衣冠成古丘。
> 三山半落青天外,二水中分白鹭洲。
> 总为浮云能蔽日,长安不见使人愁。

崔诗以首联、颔联四句来描写黄鹤楼本体,而李白写凤凰台只用了前两句,颔联感叹古代宫殿的沧桑变化,稍有不同,但从"空"字落笔则是相同的。从前四句来看,崔诗极为流畅自然,而李诗稍显突兀,故崔诗这四句历来为人称道。李诗颈联"三山半落青天外,二水中分白鹭洲"对仗工整,描写传神,似可与崔诗"晴川历历"一联相颉颃,然未用典故,不及崔诗那么自然流畅、蕴藉深厚。崔颢以"日暮乡关"的叹惋作结,显得委婉深致;李白心存魏阙,在登台怀古抚今之际,深感奸佞当道,怀才不遇,在结尾抒发浮云蔽日、不见长安之愁叹,则显得直白许多。

方回《瀛奎律髓》曰:"太白此诗乃是效崔颢体,皆于五六加工,尾句寓感叹,是时律诗犹未甚拘偶也。"其所言不虚。李白最擅长古风歌行而非律诗,他和崔颢一样都有强烈的用世之心,开篇都着眼于"空",结尾也都收束于一个"愁"字,抒发的都是仕途失意、壮志未展的悲愁。李白从形式到思想内容等方面刻意模仿崔颢《黄鹤楼》一诗,这也从侧面证实了崔之《黄鹤楼》并非单纯的吊古思乡之作。

六

骄马弄衔而欲行,粲女窥帘而未出
—— 以杜甫、李商隐为例谈意象与典故的融合

复杂多变的意象若与含义丰富的典故相结合,就会使诗歌鉴赏的难度大大增加。清代沈谦《填词杂说》曰:"言情贵含蓄,如骄马弄衔而欲行,粲女窥帘而未出,则得之矣。"将意象与典故融合而使抒情臻于妙境的,最为典型的当数杜甫、李商隐等人。

先以杜甫《客至》为例:

> 舍南舍北皆春水,但见群鸥日日来。
> 花径不曾缘客扫,蓬门今始为君开。
> 盘飧市远无兼味,樽酒家贫只旧醅。
> 肯与邻翁相对饮,隔篱呼取尽余杯。

就写法而言,诗人不惜以一半篇幅,用颔联和颈联具体描绘开门迎客及酒菜款待的场面,尾联则出人意料,邀请邻翁助兴,把席间的气氛推向热烈的高潮,尤其是虚字"肯与"和俗语"呼取",可谓峰回路转,别开生面。"尽余杯"三字,以传神之笔,尽显率真待客之热情,为诗心之所在,而"隔篱呼取"四字,更是锦上添花,妙不可言。

其实,诗中首联"日日来"的"群鸥"意象才是深入解读全诗的关键之所在。

《列子·黄帝》中讲过这样一个故事:

海边有个喜欢鸥鸟的人,每天早上到海上去跟鸥鸟玩耍,来和他亲近的鸥鸟有百只以上。他父亲说:"我听说鸥鸟都爱跟你玩耍,你抓一两只来给

我吧。"第二天他带着这种机巧功利之心来到海边,结果鸥鸟都在空中飞翔而不下来了。

鸥鸟常栖息于南方的江湖水滨,江湖常喻指遁世隐居之所,故江湖之鸥鸟,被视为毫无机心的隐士伴侣,而"鸥盟""鸥鸟忘机"等常见于诗词的词语,也就逐渐成了逍遥林泉、悠然自得的代名词,成了独善其身的人生理想的浓缩与象征。"群鸥"与诗人既为"鸥盟",则清幽隐逸之趣显露无遗,且有"忘机"之深意存焉,正好反衬空谷足音、贵客临门之喜,巧妙地为"隔篱呼取尽余杯"埋下伏笔。

杜甫晚年的五言律诗代表作《旅夜书怀》中也有鸥鸟意象:

> 细草微风岸,危樯独夜舟。
> 星垂平野阔,月涌大江流。
> 名岂文章著,官应老病休。
> 飘飘何所似,天地一沙鸥。

永泰元年(765)四月,剑南节度使兼成都尹严武暴病身亡,蜀中动荡不安。失去依靠的杜甫不得不携家小离开成都草堂,一路东下,经嘉州(今四川乐山)、戎州(今四川宜宾)、泸州(今四川泸州)、渝州(今重庆)、忠州(今重庆忠县),于大历元年(766)四月到达夔州(今重庆奉节)。《旅夜书怀》应是大历三年(768)春离开夔州前往江陵途中所作。

杜甫此诗写身世之感。前两联点明"旅夜",后两联紧扣"书怀",景中有情,融情于景,结构谨严,格调清丽,堪称杜诗之精品。

首联叙写微风吹拂的江上旅夜,泊孤舟于细草岸边,以"细草""微风""危樯""夜舟"等意象渲染孤独寂寞的氛围,其寂寥之景,孤独渺小之感,已可想见。颔联则转写江岸远眺,见无边旷野,繁星直垂于天际,大江奔涌,月光随巨浪而起伏。"星垂"烘托原野之广阔,"月涌"渲染江流之波动。"垂""涌"二字,意境雄壮之极,可谓气象干云。如此雄浑壮阔之景,反衬诗人孤苦伶仃、颠沛流离的凄怆心情。

后两联道出文章虽善而名不显,既老又病官且休,不仅昔年"致君尧舜上,再使风俗淳"的远大理想化为梦幻泡影,而且文章声誉亦无所得。其沉郁之幽思,深广之忧愤,落在"著"和"休"的顿挫之中。众人多以为诗眼仅在首联的一个"独"字,殊不知尾联说诗人一生漂泊江湖,宛如天地间的"沙鸥"意象,才是诗心密码。

在此,鸥鸟不再是诗人闲居成都浣花溪畔时期"相亲相近水中鸥"的形象,而是漂泊无依、孤独凄凉的失路寒士之象征。

能将诗歌意象与典故巧妙融合到极致,创造出一种惝恍迷离的独特意境的诗人,当数晚唐李商隐。

李商隐诗宗杜甫,而哀婉过之。其诗构思新奇,风格秾丽,尤其是一些爱情诗和无题诗,缠绵悱恻,优美动人,至今广为传诵。因处于牛(僧孺)李(德裕)党争的夹缝之中,李商隐一生郁郁不得志,其不少诗篇过于隐晦,难以索解,以至于元好问《论诗绝句》有"诗家总爱西昆好,独恨无人作郑笺"之说。李商隐诗歌往往一语数典,明典和暗典并用。读者徒唤奈何,多以为难在典故,其实,其诗歌意象复杂多变,更令人费解。其七言律诗之绝唱《锦瑟》一诗,最难理解也最具代表性,故将其作为重点放在后面单独赏析。

李商隐《赠田叟》一诗中也如杜甫一样用到了"鸥鸟"意象与典故:

> 荷蓧衰翁似有情,相逢携手绕村行。
> 烧畲晓映远山色,伐树暝传深谷声。
> 鸥鸟忘机翻浃洽,交亲得路昧平生。
> 抚躬道地诚感激,在野无贤心自惊。

会昌六年(846)三月,武宗崩,宣宗即位,罢李德裕相位,以牛党白敏中为宰执。大中元年(847),白敏中与翰林学士令狐绹合力排斥李党,李德裕亲信郑亚出为桂管观察使。李商隐应郑亚之辟为支使兼掌书记,与令狐绹的关系彻底恶化。是年十一月,李商隐受托到江陵拜会郑亚亲戚、荆南节度使郑肃,次年正月返桂林,代理昭州(今广西平乐)郡守。二月,郑亚因受吴湘案株连,再贬循州(今广东惠州)刺史。失去依靠的李商隐心灰意冷,思之再三选择北上。三、四月间从桂林启程,五月至潭州(今湖南长沙),拜会自己当年参加进士考试的主考官、被贬为湖南观察使的李回,意欲谋一官半职,不料李回随即又被贬为贺州刺史。李商隐只得北归,夏秋之交到江陵,秋天到洛阳,秋末回到长安家中。从诗中"荷蓧"等典故以及"烧畲"等荆楚习俗来看,此诗当是秋天离开江汉北上洛阳途中所作。

首联写诗人与田叟相逢携手而行,颔联写"烧畲""伐树"等所见所闻,突出田园生活的宁静与美好。

颈联将不以世事为怀的田叟和官场得志当权者进行对比:农人毫无机心,鸥鸟和谐融洽地在空中翻飞,与人相亲相伴;可是至交亲友得志升官,却彼此一向不了解,好似素不相识。尾联用野无遗贤的典故,明为赞美田叟之贤,实则暗讽当权的令狐绹之流,并抒发怀才不遇的愤懑之情与独善其身的人生理想。

其中,颈联所用典故"鸥鸟忘机"中的"鸥鸟"意象,实为诗心密码之所在。

据五代时期孙光宪《北梦琐言》记载,李商隐多次向身居高位的故人令狐绹陈情,希望其摒弃前嫌,却悉遭冷遇。在恩人令狐楚去世十年后的大中二年(848)重阳节,李商隐登门拜访令狐楚之子令狐绹不遇,感慨之余,就在其厅堂题《九日》诗一首:

> 曾共山翁把酒时,霜天白菊绕阶墀。
> 十年泉下无消息,九日樽前有所思。
> 不学汉臣栽苜蓿,空教楚客咏江蓠。
> 郎君官贵施行马,东阁无因再得窥。

诗中"山翁"即山简,字季伦。西晋末年战乱不断,山简都督荆、湘、交、广四州诸军事,镇守襄阳,嗜酒,悠闲度日。"霜天白菊"淡雅不俗,清芬怡人,凌霜不凋,后人常以之比屈原、陶令之孤傲高洁,为"直臣高士"之象征。这里以"山翁"代指对己有知遇之恩的令狐楚,"白菊"象征包含自己在内的官员和文士。

颈联中的"苜蓿"意象,关涉汉武帝时张骞使西域,从大宛引入苜蓿、葡萄等种子种植于离宫别馆旁这一典故。王维《送刘司直赴安西》:"苜蓿随天马,葡萄逐汉臣。"大宛骏马喜食苜蓿,诗人嗜饮葡萄酒。屈原忠而被谤,流落他乡,人称"楚客",故"楚客"意象有怀才不遇、忠而被疑的象征意味。"江蓠"意象出自屈原诗歌,古书上说蓠草是一种香草,生于江边,故曰江蓠,"咏江蓠"有悲苦行吟之意,如白居易《咏怀》诗云:"长笑灵均不知命,江蓠丛畔苦悲吟。"

"行马"即古代官府门前阻拦人马通行的木架子,又叫"梐"或"梐枑",《韵会》释曰:"梐者,交互其木,以为遮阑也。"汉魏时期三公门前设置行马,两木交叉而成四角,两组或多组这样的交叉,再加一横木,立在门前,俗名拒马杈子。"东阁"本是东厢的居室或楼房,这里用汉丞相公孙弘"东阁待贤"的典故,指宰相招贤待客的地方。

此诗将"白菊""苜蓿""江蓠""行马""东阁"等一系列含义丰富的意象,与山简、屈原、张骞、公孙弘等人有关的典故融为一体,委婉地表达自己在令狐楚去世十年来一直对其栽培提携之恩念念不忘,并讽刺令狐绹晋升高官后不念旧日友情。

令狐绹见后,既惭愧又惆怅,本想涂掉墙上的题诗,但由于诗中"楚客"的"楚"字与其父亲令狐楚名字相同,为了避讳,只得将此厅锁住,终身不开。不管这个记载是否可信,李商隐在《九日》诗中表达了对令狐绹的怨望之情,批评之意,则不容置疑。

七

一往情深深几许,深山夕照深秋雨
—— 意象的叠加与并置

意象往往并非单一使用,诗人在构思时,常以自己的思绪为轴心,通过一个核心意象统摄其他多个意象,或通过意象的叠加、并置、对比、回环等多种组合方式,把各种意象巧妙组接起来,使得诗歌的整体意象及结构具有随意性、朦胧性、暗示性和多义性等特征,情感的表达也更加深挚动人。

意象的叠加、并置、对比等手法,是中国古典诗歌中常用的技巧。"雨中黄叶树,灯下白头人"(司空曙《喜外弟卢纶见宿》),属于典型的意象叠加,其中"黄叶树"与"白头人"互为比拟,互为映衬,增强了单个意象所难以表达的悲秋韵味。"鸡声茅店月,人迹板桥霜"(温庭筠《商山早行》),则属于典型的意象并置,句中"鸡声""茅店""月"等各意象之间并无他词连接,反而更有力地渲染了驿路早行寒冷凄清的意境,读者尽可运用自己的联想和想象去填充。"朱门酒肉臭,路有冻死骨"(杜甫《自京赴奉先县咏怀五百字》),则属于典型的意象对比,"酒肉臭"与"冻死骨"形成鲜明对比,更好地烘托了安史之乱前夕因贫富悬殊导致民不聊生、王朝大厦将倾的意境。

古往今来,诗人常以意象叠加的方式组合成一幅有声有色的图画,借此抒发情感。以韩愈《左迁至蓝关示侄孙湘》为例:

> 一封朝奏九重天,夕贬潮州路八千。
> 欲为圣朝除弊事,肯将衰朽惜残年!
> 云横秦岭家何在?雪拥蓝关马不前。
> 知汝远来应有意,好收吾骨瘴江边。

元和十四年（819），唐宪宗派宦官到凤翔法门寺，迎请释迦牟尼佛骨舍利入宫，供奉三日，又送回寺院。时任刑部侍郎的韩愈上《论佛骨表》劝谏，并对当时佞佛之风予以批判，因此触怒宪宗，被定为死罪，后经宰相裴度等说情，改贬潮州刺史。在赴潮州途经陕西蓝田关时，韩愈给送行的侄孙韩湘写下这首熔叙事、写景、抒情于一炉的七律精品。

首联写因一封奏表而惹得龙颜大怒，朝夕之间即获罪被贬离京城数千里的潮州。颔联申述自己奋不顾身而欲"除弊事"之忠心。

颈联"云横秦岭家何在？雪拥蓝关马不前"，即景抒情，语意双关，明写天气，暗写政治气候；通过"云""雪"与"秦岭""蓝关"等意象叠加的方式，使诗的意象结构发生变异，突出了"家"和"马"所面临的困境，收到了独特的艺术效果。"云横秦岭"，愁云惨淡，凝聚着思念亲人的血泪深情；"雪拥蓝关"，大雪阻路，渲染了前途未卜的悲壮气氛。至此，尾联将失路之悲推向极致，表达了深陷人生困境仍然忠君爱国、死而后已的高尚情怀，诗心凝聚于无比凄楚的"瘴江边"这一悬想未来的特殊意象密码之中，可谓曲终奏雅，余韵悠长。

必须注意的是，意象对比的诗句中意象有主有次，意象并置的诗句中，各个意象的地位和作用往往也并非全都一样，亦有主次之分，需要用心揣摩并加以区分。

譬如，元代马致远《天净沙·秋思》：

枯藤老树昏鸦，小桥流水人家，古道西风瘦马。夕阳西下，断肠人在天涯。

这首被誉为"秋思之祖"的名曲，全曲仅五句二十八字，结构精巧，言简意丰。对于这首小令，论者多津津乐道于前三句鼎足相对之工整，激赏其通过意象并置手法所描绘的"绝妙的秋景图"，但往往忽视"夕阳西下"这四字密码。

譬如，《元曲鉴赏辞典》所录霍松林先生鉴赏曰："这幅图，是随着抒情主人公的脚步、视线和思绪展开的。'断肠人在天涯'一句，尽管在结尾，但实际上是贯穿全局的主线。"从始至终,霍松林先生都是把那位漂泊天涯的游子,也就是"断肠人"当作抒情主人公的。

如果将并置的"枯藤"等三组共九个意象加以剖析,其实不难发现,每组侧重的意象分别是"昏鸦""人家""瘦马",最后这三组意象全都统摄于"夕阳"这个起着灵魂作用的核心意象之下。

自《诗经·君子于役》以"鸡栖于埘,日之夕矣,羊牛下来"写"日夕当归"以来,中国人普遍形成了"日夕乃当归之时"的文化心理。日夕不得归家,故令游子"断肠"。被后人誉为"秋思之祖"的马致远,无非是以黄昏夕阳为背景,抒发"君子于役,如之何勿思"的羁旅行役之愁思罢了。

可是,若摒弃传统的"游子"视角,以"思妇"作为抒情主人公来解读此曲,则其愁思之委婉深挚或更胜一筹。

因其思念至深,故悬想倦鸟已然归巢,以"枯藤老树"之"昏鸦"出之;悬想他人阖家团聚,以"小桥流水"之"人家"出之;悬想游子急切盼归,以"古道西风"之"瘦马"出之。而"瘦马"则代指滞阻于归途的游子。思妇神思飞越,想到游子骑着瘦马被阻于西风古道,叹其难归,则诗意从对面飞来。如此逐层递进,一再反衬,终至"断肠"——因为其所思之人仍是"人在天涯"。可见,作者以"昏鸦""人家""瘦马"这三组意象作为主体,且使之统摄于西下的"夕阳",实为借以表现思妇"日夕当归"的深情呼唤!

很多时候,一些锐意创新的诗人、词人在使用意象时并非只是简单地叠加与并置,他们尽量翻新出奇,创造新奇的意境,力图传达出更加丰富深邃的思想感情。北宋贺铸《青玉案》一词尤为典型:

凌波不过横塘路,但目送、芳尘去。锦瑟华年谁与度?月桥花院,琐窗朱户,只有春知处。

飞云冉冉蘅皋暮,彩笔新题断肠句。试问闲愁都几许?一川烟草,满城风絮,梅子黄时雨。

贺铸，字方回，贺知章后裔。因贺知章晚年居庆湖（即绍兴镜湖），贺铸自号庆湖遗老。曾任右班殿直，泗州、太平州通判等闲职，宋徽宗大观三年（1109）以承议郎致仕，卜居苏州盘门之南的横塘，闭门校书，以此终老。《青玉案》一词为贺铸晚年退隐苏州后的作品，因其喻愁独到，人称"贺梅子"或"贺三愁"。

开篇"凌波"二字，化用曹植《洛神赋》"凌波微步，罗袜生尘"之典，抒写路遇佳人却不知所往的相思难寄之惆怅；继以李商隐《锦瑟》"思华年"叹惋美人年华虚度，唯有春风慰藉；下阕由"飞云""蘅皋"意象着笔，写自己由情生愁、愁思纷乱的"断肠"之思。全词貌似写邂逅美人而不得的相思怅惘，实则是沿用屈原"香草美人"手法而有所寄托。

文本密码尽在词眼"闲愁"二字。"闲愁"指没有来由、无法言说的烦恼和忧愁。词人采用博喻的修辞手法，以"试问"句呼起，将"闲愁"这一似真还幻、难以言说的本体，用"烟草""风絮""梅子黄时雨"三个喻体来比拟，化抽象为形象，兴中有比，意味深长，堪称千古绝唱。难怪黄庭坚得此词后叹服不已，在其《寄方回》诗中赞叹："解道江南断肠句，只今惟有贺方回。"

烟草、风絮、梅雨等意象本就凄迷，词人匠心独运，再以"一川""满城""梅子黄时"等加以修饰限定，突出了其若有若无、漫无边际、捉摸不定却又无处不在、无时不有的特点。这三个跳跃性的意象一气呵成，有机地组成一个不可分割的整体，如草蛇灰线，若断若续，不仅巧妙而艺术地回答了"闲愁都几许"，而且将时间跨度拉长，凸显此"闲愁"经春历夏，绵绵不绝矣。它不是三个意象的简单相加，而是由此构成了一个感人的艺术境界：闲愁既像二三月烟雨迷蒙的黄昏中无边无际的原野青草，又似三四月满城随风乱舞的柳絮，又好比四五月凄清迷茫的梅子黄时的雨水。

贺铸深于情，工于语，《青玉案》巧用多个恰切的意象创造出独特的意境，含蓄地表达了终身沉沦下僚、郁郁不得志的人生悲愁。

意象创造与比兴合用
——《氓》中的"淇水"意象与"桑""鸠"比兴

氓之蚩蚩,抱布贸丝。匪来贸丝,来即我谋。送子涉淇,至于顿丘。匪我愆期,子无良媒。将子无怒,秋以为期。

乘彼垝垣,以望复关。不见复关,泣涕涟涟。既见复关,载笑载言。尔卜尔筮,体无咎言。以尔车来,以我贿迁。

桑之未落,其叶沃若。于嗟鸠兮,无食桑葚!于嗟女兮,无与士耽!士之耽兮,犹可说也。女之耽兮,不可说也。

桑之落矣,其黄而陨。自我徂尔,三岁食贫。淇水汤汤,渐车帷裳。女也不爽,士贰其行。士也罔极,二三其德。

三岁为妇,靡室劳矣;夙兴夜寐,靡有朝矣。言既遂矣,至于暴矣。兄弟不知,咥其笑矣。静言思之,躬自悼矣。

及尔偕老,老使我怨。淇则有岸,隰则有泮。总角之宴,言笑晏晏。信誓旦旦,不思其反。反是不思,亦已焉哉!

[意象密码] 淇水;桑;鸠

《诗经·卫风·氓》一诗中,"淇水"意象一共出现了三次:"送子涉淇,至于顿丘""淇水汤汤,渐车帷裳""淇则有岸,隰则有泮"。由"淇水"这一贯穿全诗的核心意象,走进诗人精心营建的诗歌意境,深入体味诗歌的象外之意,才是正确的鉴赏路径;而"淇水"意象,则是准确解读全诗情感与主旨的密码之所在。

早在西周时期,郑、卫就是商品交换比较发达的地区,男女交往也比较自由,相与咏歌,各言其情,故《诗经》中郑、卫国风多属情诗。

武王灭商后,封其幼弟于康邑,世称康叔。随后武王之弟周公又将原来商都朝歌周围地区及陶氏、施氏等殷商七族遗民分封给他,康叔于是建立卫国,定都朝歌。淇水,古黄河支流,是卫国的母亲河,源出山西陵川,本南流至今河南卫辉市东北淇门镇南入黄河。汉献帝建安九年(204),曹操于淇口筑堰,遏淇水入白沟(今卫河)以通粮道,淇水遂成为卫河支流。

《汉书·地理志》曰:"卫地有桑间、濮上之阻,男女亦亟聚会,声色生焉。"西周以来,卫国青年男女常幽会于桑间、濮上,情歌对唱,故后来多用"桑间""濮上"等指代靡靡之音及男女风情之地。

中国古典诗歌以意象的创造与意境的营建为主,借助意象传达情感是其基本的艺术手段。

"淇水"与濮水一样,在男女的婚恋进程中扮演着阻滞角色,是具有丰富文化内涵的创造性象喻。在《诗经》中,以河水作为阻滞意象的还有不少。譬如,《周南·汉广》中的汉水,《郑风·褰裳》和《郑风·溱洧》中的溱水、洧水,与《秦风·蒹葭》中"在水一方"的"水"一样,无不是令人企慕却又阻碍进程的象征。美好的理想与幸福的生活,似乎总在难以企及的彼岸,即使偶然冲破阻碍抵达了,也往往会被不可预知的力量逼回此岸。《氓》中的女主人公的婚恋遭遇,恰好证实了这一点。

热恋时期,诗歌描叙"抱布贸丝"的"氓"在才了蚕桑的初夏四月,前来求婚,女主人公为其憨厚的外表和花言巧语所迷惑,"送子涉淇",与之共渡爱河,直至"顿丘"。"氓",清代段玉裁《说文解字注》释为"自他归往之民则谓之氓,故字从民亡"。也就是说,"氓"其实是失去了原有田产、以行商作为谋生手段的外乡人。其时,淇水岸边桑林的叶子鲜嫩润泽,像极了她青春的容颜；河水虽凉，却敌不过她的热情，她与氓涉水而过，此时的"淇水"虽是阻碍，却成了其痴情的见证。因为被炽热的爱情冲昏了头脑，"淇水"对岸的"顿丘"，"顿丘"之外的重重关隘所造成的地域文化的差异、异地恋的困扰，甚至有恒产和无恒产的阶层鸿沟，这些世俗的阻碍在她眼里都不成问题。"涉淇"之举，虽非惊世骇俗，却是冲破重重世俗阻力追求婚姻自由的隐喻和象征。她明知没有经过"良媒"撮合有违世俗，却因"氓"发怒转而宽慰对方，私约秋天作为婚期。

  出嫁时期，诗歌虽然省略了对秋天淇水的描写，但从后面"桑之落矣，其黄而陨"的深秋时节，她被弃回娘家时"淇水汤汤，渐车帷裳"的情景来看，想必水流也是湍急的，这时的淇水既是女主人公爱情梦圆的激动心情的写照，也是她的婚姻将会面临巨大波动的暗示。

  对于"淇水汤汤，渐车帷裳"这两句，苏教版教材等有关资料提供了两种完全不同的解说："比喻女子虽然过着贫苦的生活，但心意不改，如涉深水也一往无前。一说指女子被丈夫休弃后乘车渡淇水而归的情形。"前一种说法显然十分牵强，但后一种说法中乘车横渡淇水，很多人难以理解。其实，北方的河床多是坚硬的石头和卵石，丰水期水面宽广，但在枯水期，人、车皆可涉水而过，故有"深则厉，浅则揭"之说。

  她被弃之后返回娘家，此时淇水岸边桑林黄叶纷纷飘落，湍急的流水激起的浪花濡湿了车帷。触景生情，她禁不住伤心地回忆起当年不嫌氓的贫困，不顾一切阻力，义无反顾地带着一车嫁妆与之成亲的情景。多年来夙兴夜寐，含辛茹苦，辛勤操劳，哪承想色衰爱弛竟然招致家暴！女主人公独自乘车横渡淇水，内心波澜起伏，与哗哗流淌的淇水同频共振。淇水有声，她却悔不当初，有苦难言，悲伤痛悔之情显得无比深沉。不过，她是坚强的，反过来想想，若继续与氓相伴到老，终究还是苦海无边。面对失败的婚姻，她有了理性的反思和清醒的认识："淇则有岸，隰则有泮。"淇水再宽还有堤岸，低湿的洼地再大也有边界，相形之下，氓的家暴行径却难有休止。回想男未冠女未笄的少年时代两人愉快相处的情景,她虽难以接受婚变的现实,但长痛不如短痛,终于痛下决心,与氓一刀两断!

诗中三次提到"淇水",加上文本省略的带着嫁妆渡过的那一次,一共四次。第一次,热恋中的她"送子涉淇,至于顿丘",淇水见证了她的善良与痴情;第二次,淇水见证了出嫁途中的她沉醉爱河的幸福与激动;第三次,遭遇婚变,"淇水汤汤,渐车帷裳",心如帷湿,淇水见证了回娘家途中的她内心的伤痛与怨恨;最后,渡过淇水,她终于明白"淇则有岸,隰则有泮",但氓的凶暴本性不会改变,唯有回头是岸,此刻,淇水见证了她的清醒与刚强。

总的看来,《氓》所创造的"淇水"意象,具有绵绵不绝、流淌动荡、丰枯变化等特点,不仅蕴含着爱情、送别、阻滞等诸多丰富的意味,而且还象征着情意绵绵、感情动荡不稳以及色衰爱弛等带来的种种愁思。可以说,"淇水"作为《氓》的核心意象,既是女主人公"热恋—出嫁—婚变—决裂"的婚恋历程的见证,又是难以逾越的世俗婚姻观念等鸿沟的象征。"淇水"四现,如草蛇灰线,伏脉千里,起着统摄全诗结构、意蕴及风格的作用,使得地域文化、阶层差异、婚恋习俗等诸多深层次的思想内涵尽在其中,可谓尺幅千里,蕴藉无穷。"淇水"既是诗歌文本的结构密码,又是具有创造性的意象密码。

最早见于周朝的《礼记·昏义》,规定从议婚至完婚的程序为纳采、问名、纳吉、纳征、请期和亲迎,也称"六礼"。从托媒说亲,问女方姓名八字并合婚,到男方占卜告诉女方吉兆,再到男方到女方家下聘礼约定婚姻等一系列烦琐的程序,既有强烈的仪式感,又有涵养男女廉耻之心的意义,这是幸福长久婚姻的保障。六礼备,谓之聘;六礼不备,谓之奔。故《礼记·昏义》曰:"所以敬慎重,正昏礼也。"

"送子涉淇"前后的违礼之举,埋下了她婚恋不幸结局的伏笔。《诗经·邶风·匏有苦叶》曰:"士如归妻,迨冰未泮。"从当时的文化背景来看,《氓》的女主人公未行"六礼"而与氓私订终身,并且违背仲春冰雪未融的农隙实行嫁娶的习俗,在秋季与氓成亲,因此得不到世俗舆论的认可,被时人视为"淫奔"之举。当她被弃回娘家,甚至连亲兄弟也会讥笑她,对她毫不同情。可见,传统的观念、社会的习俗,正如汤汤的淇水一样,终究还是勇敢追求婚姻自由的女主人公难以真正逾越的鸿沟。

那么,女主人公因何而被嫌弃?

从诗歌的三、四两节"桑之未落,其叶沃若""桑之落矣,其黄而陨"的对照描写来看,作为行商的"氓",重利轻义,可谓是"无恒产者无恒心"的最好注脚。女主人公年长色衰,氓粗暴的本性毕露。以色事人者,色衰而爱弛。女主人公下嫁于氓却无法改变遭家暴的悲惨命运,不仅深刻揭示了这一永久不变的人性,而且突出了遵从传统婚恋习俗对女子的重大意义。

《诗经》中常用的艺术表现手法有"赋""比""兴"三类,朱熹在《诗集传》中说:"赋者,敷也,敷陈其事而直言之者也""比者,以彼物比此物也""兴者,先言他物以引起所咏之词也。"简言之,赋就是直陈其事,比就是打比方,兴就是托物起兴。人教社旧版高中语文教材第三册第五课《〈诗经〉三首》课后练习第二题,问《氓》中哪两章用了兴的手法,这两句起兴的诗句跟后面的内容有什么联系。设题者显然是把"桑之未落"等语句的表现手法视为单纯的"兴"。教参等有关资料也将《氓》的三、四两节开头的"桑之未落,其叶沃若"与"桑之落矣,其黄而陨"简单地理解为"托物起兴"。这些理解皆是欠妥的。因为只说到"兴"而丝毫不提及"比"的艺术表现手法,就难以触及该诗"桑""鸠"等意象的内核及其深层意蕴。因此,发表于《语文知识》2003年第9期上的拙文《桑之未落,其叶沃若——兼谈〈诗经〉的比兴合用》,针对这一问题,首次提出了"比兴合用"的概念,并阐明了《诗经》有不少篇章为呈现"哀而不伤,怨而不怒"的美学风格,使诗歌显得更加隽永和深沉,往往将比兴手法综合使用的道理。

《氓》的第三节开头"桑之未落,其叶沃若"这两句,由桑树叶子新鲜润泽落笔,引出女子对爱情、婚姻的沉痛感慨,这固然是典型的起兴手法,但也暗含着女子正处于青春年华,容颜娇媚,男子对她的爱情也远未凋零,形象地表现出了新婚前后那一段时光里爱情生活的甜美,很显然,此处也兼有"比"的表现手法。"吁嗟鸠兮,无食桑葚"两句,同样也属比兴合用,先以"(斑)鸠"比喻年轻的姑娘,抒发了女主人公对自己起先沉溺于爱情的甜蜜,随后即遭冷落的人生际遇的深深哀怨。再现身说法,以切肤之痛对后世所有的女子发出劝诫:"于嗟女兮,无与士耽!士之耽兮,犹可说也。女之耽兮,不可说也。"年轻的女子啊,不要像那斑鸠鸟儿贪吃甜蜜的桑葚一样,沉迷于甜美的爱情,因为男子迷恋爱情还容易摆脱,女子沉溺爱情就难以摆脱了。痴情女子负心汉,这恐怕是千百年来文学家笔下永久不变的人性描写了。

同样,第四节开头"桑之落矣,其黄而陨。自我徂尔,三岁食贫"这几句,诗人既是用桑树落叶起兴,引出女主人公对多年来贫苦生活的回顾,也是以桑叶"其黄而陨"比喻爱情衰败、凋零,而且也隐含着女主人公人老珠黄这一层自我比况的凄凉意味。多年的劳苦日子消磨了女主人公的青春年华,也折损了她娇美的容颜,这与那因枯黄而陨落的桑树叶子又是多么地相似!比兴合用,一唱三叹,抒发了女主人公对爱情与生活的沉痛感慨以及追悔莫及的怨恨之情,这正是值得仔细鉴赏品味的关键所在。

再如《诗经·周南·桃夭》:"桃之夭夭,灼灼其华。之子于归,宜其室家。"其中"夭夭"指茂盛,"灼灼"指鲜艳,"于归"是出嫁的意思。该诗以鲜艳盛开的桃花起兴,而桃花好比行将出嫁的少女光彩焕发的面容;桃花盛开的浓艳气氛,又隐喻着姑娘出嫁时的喜悦心情。该诗后两节,由花到实,再到叶,都是用"兴"的手法引出后面内容,同时也是用"比"的表现手法,祝福像桃花一样美丽的姑娘嫁到夫家后能开枝散叶,子孙繁茂。这也是典型的比兴合用。

由此可见,作为文本密码的"桑""鸠"之类的诗歌意象,一旦与比兴手法结合,便具有了巨大的情感张力和丰富的文化内涵。《诗经》里的不少篇章,触物起兴,兴句与所咏之词通过艺术的联想前后相承,具有一种象征与暗示的关系。《诗经》中的兴,很多都是这种含有喻义且能引起联想的画面。

《诗经》中比兴合用这一艺术表现手法,对后世以至现当代诗歌创作都产生了极其深远的影响。如汉乐府《孔雀东南飞》开篇的"孔雀东南飞,五里一徘徊"两句,既用了"兴"的手法引出后面的内容,又用了"比"的手法,以孔雀徘徊比喻夫妇失偶,渲染孤单惆怅的氛围。

托言蜀道,暗弹忧思

—— 李白《蜀道难》主旨的多义性新探

噫吁嚱,危乎高哉!蜀道之难,难于上青天!蚕丛及鱼凫,开国何茫然!尔来四万八千岁,不与秦塞通人烟。西当太白有鸟道,可以横绝峨眉巅。地崩山摧壮士死,然后天梯石栈相钩连。上有六龙回日之高标,下有冲波逆折之回川。黄鹤之飞尚不得过,猿猱欲度愁攀援。青泥何盘盘,百步九折萦岩峦。扪参历井仰胁息,以手抚膺坐长叹。

问君西游何时还?畏途巉岩不可攀。但见悲鸟号古木,雄飞雌从绕林间。又闻子规啼夜月,愁空山。蜀道之难,难于上青天,使人听此凋朱颜!连峰去天不盈尺,枯松倒挂倚绝壁。飞湍瀑流争喧豗,砯崖转石万壑雷。其险也如此,嗟尔远道之人胡为乎来哉!

剑阁峥嵘而崔嵬,一夫当关,万夫莫开。所守或匪亲,化为狼与豺。朝避猛虎,夕避长蛇,磨牙吮血,杀人如麻。锦城虽云乐,不如早还家。蜀道之难,难于上青天,侧身西望长咨嗟!

[结构密码] 蜀道之难,难于上青天

[意象(地点)密码] 太白;青泥;剑阁;锦城

关于《蜀道难》的主旨,历来众说纷纭,归纳起来大致有如下几种:

一是出自晚唐李绰《尚书故实》、唐末范摅《云溪友议》并为《新唐书·严武传》所采用的"忧杜说",此说根据"所守或匪亲,化为狼与豺"等语句,推说这首诗是剑南节度使严武欲害房琯、杜甫,李白担心房、杜安危而作。

二是出自北宋沈括《梦溪笔谈》以及南宋胡仔《苕溪渔隐丛话》、洪迈《容斋随笔》的"刺琼说",根据"一夫当关,万夫莫开"等语,认为此诗是为讽刺在唐玄宗开元二十七年(739)至天宝五载(746)期间曾任剑南节度使的章仇兼琼而作。

三是出自元代萧士赟《分类补注李太白集》的"讽喻说",根据"锦城虽云乐,不如早还家""问君西游何时还"等语,认为文中的"君"是指唐玄宗,李白写此诗的目的是劝谏玄宗不要因避安史之乱而久留蜀地,而应心怀国家安危,早回长安。

四是出自明代胡震亨《唐音癸签》《李诗通》及清代顾炎武《日知录》的"咏蜀说",此说认为李白只是沿用乐府旧题歌咏蜀地山川,"咏蜀耳,言其险",别无他意。

五是出自《唐诗鉴赏辞典》等主张的"劝谏说",鉴赏者从诗中"一夫当关,万夫莫开"等语入手,分析当时的时代背景,认为李白看到太平景象背后潜伏着的危机,写此诗劝谏唐玄宗预防割据者发动叛乱,并以十年后的安史之乱加以佐证,认为李白的预见是正确的。

六是出自詹锳《李白诗文系年》、复旦大学古典文学教研室选编的《李白诗选》的"送别说",该说从诗中"问君西游何时还""嗟尔远道之人胡为乎来哉"等语句,并以李白后来送友人王炎入蜀的《剑阁赋》《送友人入蜀》等为佐证,推断《蜀道难》同为送别之作,极言蜀道艰险难行,表现诗人对友人入蜀安危的关切。

七是出自安旗《李白研究》《李白传》以及周丽洁《李白》的"仕途说",她们认为此诗系李白一入长安干谒失败后,借蜀道之艰险,喻世途或仕途之坎坷，抒写诗人在长期的漫游中屡处颠踬的生活经历和怀才不遇的愤懑之情。

八是出自王克俭《李白诗选》的"歌颂说"，此说认为全诗反复咏叹"蜀道之难"，实则是在极力歌颂历代蜀道开拓者的那种大无畏的崇高牺牲精神，表现对彻底征服"蜀道之难"的一种呼唤与希求。旧版的人教社高中语文教参也曾大致采用此说，认为这首诗"气魄宏伟、豪迈，充分显示了诗人的浪漫气质和热爱祖国河山的感情"。与人教社新版的《高中语文选择性必修下册》配套的《教师教学用书》，鉴赏文章选取的则是收入《历代名篇赏析集成》一书中的朱金城《〈蜀道难〉赏析》。朱金城所认同的观点是"纯属歌咏蜀地山川，即事成篇，别无寓意"，故其结论是"李白的这首诗以想象与现实相结合，为我们留下了一幅描绘巴山蜀水的绚丽画卷，它的艺术价值是永存的"[1]。

以上八种最具代表性的解读，大致可归纳为"歌咏自然说""政治寓意说"和"送别友人说"三大类。

《蜀道难》最早见于唐代殷璠《河岳英灵集》，该诗集收录了从开元二年至天宝十二载间（714—753）的二十四位盛唐诗人两百多首诗歌并加以评论。玄宗幸蜀在天宝末年，严武初次镇蜀是在肃宗至德三载（758），从时间上看，"刺严武"的"忧杜说"、"劝谏玄宗幸蜀"的"讽喻说"显然不能成立，至于以"君"为实指玄宗，更属胶柱鼓瑟。明代胡震亨《李诗通》曾加以考证，对"忧杜说""讽喻说"予以批驳，并说"言其险，更著其戒"，强调加强蜀道防御戒备的重要战略意义，颇有见地，但胡震亨以"兼琼在蜀，无据险跋扈之迹"为据而断定"刺琼说"失之于穿凿的观点，则尚需推敲。沈括《梦溪笔谈》卷四云："按孟棨所记，白初至京师，贺知章闻其名，首诣之，白出《蜀道难》，读未毕，称叹数四，时乃天宝初也，此时白已作《蜀道难》。严武为剑南，乃在至德以后肃宗时，年代甚远。盖小说所记，各得于一时见闻，本末不相知，率多舛误，皆此文之类。李白集中称刺章仇兼琼，与《唐书》所载不同，此《唐书》

---

[1]《高中语文选择性必修下册·教师教学用书》，人民教育出版社2020年版，第47页。

误也。"沈括此说有理有据,值得正视。

上述诸说,可从文本解读角度深入探究,辨其正误得失。

《蜀道难》第一节写蜀道之高。

诗人首先以"噫吁嚱"这三个连用在一起表示极度惊讶的叹词开篇,在感慨蜀道高危的同时,"蜀道之难,难于上青天"的浩叹紧接着就破空而来,没有任何铺垫,下笔即高潮,以饱满的情绪极言蜀道之难行;读者正不知如何接续之时,诗人神思飘逸,将笔触伸向几万年前悠远的历史时空,从神话传说、现实地貌等角度直写蜀道山高水险,再用黄鹤飞不过、猿猱愁攀援来反衬山高;最后特写因盘旋曲折、岭高雨频、道路泥泞而得名的青泥岭,并用夸张手法进一步突出蜀道高危,令人望而生畏。

其中,诗人写蜀道,先从华夏南北分界岭——秦岭山脉的最高峰、海拔3771米的太白山着笔,继而特写青泥岭山脉。位于陇南徽县东南水阳乡、大河店乡、嘉陵镇、虞关乡之间的青泥岭,其最高峰海拔1746米,因山巅形似巾子,故名巾子山;其色如铁,唐代谓之青泥,宋代始称铁山,此处崖谷峻隘,十里百折,尤其是铁山栈道,路仅容足,步步险绝,堪称古蜀道(即陈仓道)高险之最。作为进入蜀地的咽喉要道,青泥岭北锁秦陇,南控巴蜀,自古为兵家必争之地。

第二节写蜀道之险。

诗人先以设问"问君西游何时还"引出旅愁,并用畏途巉岩、悲鸟古木、子规夜月等意象渲染空寂苍凉的气氛,营造惊险、悲凄的意境;再用一连串的"电影"镜头,譬如以仰角镜头和远景镜头凸显蜀道连峰接天不盈尺的险峻形象,以特写镜头表现枯松倒挂倚绝壁的奇景,继而辅之以快镜头加音效,将飞湍瀑流争喧豗、砯崖转石万壑雷那排山倒海、惊险万状、险象丛生的奇幻风景展现在读者面前。

第三节在前两节对蜀道的高危、险峻作了充分的描绘、渲染以及铺垫的基础上,诗人以剑阁要塞为重点,着意强调蜀道之忧。

剑门关是蜀道上最重要的关隘之一。这里山脉东西横亘百余公里，七十二峰绵延起伏，形若利剑，直插霄汉，素有"剑门天下雄"之说。在大剑山和小剑山之间有一条三十里长的栈道，群峰如剑，连山耸立，峭壁中断如门，形成了剑门关这一天然要塞。因其易守难攻，历史上在此割据称王者代不乏人。故西晋文学家张载在《剑阁铭》中写道："一人荷戟，万夫趑趄。形胜之地，匪亲勿居。"李白从峥嵘崔嵬、无比险要的剑阁着墨，实则是为了引出对政治形势的描述，并强调如此险要之地，一定要托付给可靠的亲信之人，否则此地就会成为豺狼一样凶狠的叛臣逆贼杀人如麻的屠宰场，锦城之人也就难以回到大唐长安。言下之意是说，一旦剑阁失守，繁华富庶的蜀中就不复为大唐所有了！

首先，从文本结构上看，李白连用"噫吁嚱"及"乎""哉"这样五个感叹词开篇，继之以浩渺的古代神话传说引出对高危险峻的蜀道的描绘，险中见奇，并用"蜀道之难，难于上青天"一语贯串全诗，首尾呼应，一唱三叹，歌咏蜀道自然风光，此为文本结构所呈现的表层意义。毋庸赘言，"蜀道之难，难于上青天"显然是《蜀道难》文本解读的结构密码。若将该诗阐释为歌颂历代蜀道开拓者的牺牲精神，表现对彻底征服"蜀道之难"的渴望，无疑有偏离诗人本意而作过度解读之嫌。

其次，从文学联想的传统来看，南北朝时期阴铿《蜀道难》在前人单纯表现蜀道艰险的基础上进行了文学联想方面的再创造，以"蜀道难如此，功名讵可要"一语抒发仕途难行的感慨，故其后蜀道难行成了功名仕进道路艰难的隐喻。唐代姚合《送李余及第归蜀》"李白《蜀道难》，羞为无成归"诗句，即是功名无成之说的明证。诗题不说客观存在的"蜀道险"，而言"蜀道难"，显然是针对"行人"来说的。因此，四处干谒而屡遭失败的李白也以蜀道险阻为内容，绝非仅仅为了驰骋天赋才华，极言蜀道的雄奇险峻，而是将仕途难行、功业难成之意寄寓其中，此种"言志"方式不仅毫无违和感，而且以其大胆的想象、雄奇的夸张，给"蜀道"这一传统的文学形象注入了新的内涵。

李白入赘安陆许家，成为故宰相许圉师的孙女婿之后，在开元十八年（730）之初经妻家同宗、光禄卿许辅乾引荐，初入长安拜见当朝宰相张说。病榻上的张说将李白托付给时任卫尉卿的次子张垍，但李白最终还是唱着《行路难》无功而返；而《蜀道难》应是其在玄宗天宝元年（742）经道友元丹丘等人的推荐，在南陵奉召再入长安时所作，其笔下的"蜀道"，正是他所选择的险象丛生而风光奇绝的求仕之途的写照。

李白研究专家安旗曾指出，以山川艰险比喻仕途坎坷是唐诗通例，李白《蜀道难》以艰险的蜀道比喻仕途，抒发了仕途失意及报国无路的感慨。此说并无不妥，今之学者否定此说，显然是割裂了阴铿以来的文学的传承。

据宋代计有功《唐诗纪事》卷十八引杨天惠《彰明逸事》所记李白事迹说，李白"隐居戴天大匡山，往来旁郡，依潼江赵征君蕤……太白从学岁余，去游成都"。李白在《上安州裴长史书》中也写道："又昔与逸人东严子隐于岷山之阳，白巢居数年，不迹城市。养奇禽千计，呼皆就掌取食，了无惊猜。广汉太守闻而异之，诣庐亲睹，因举二人以有道，并不起。"这是开元六年（718）及翌年李白在四川绵州戴天山师从道号"东严（岩）子"的隐士赵蕤的有关记载。赵蕤好击剑任侠，学贯古今，其所著《长短经》博采诸子百家，针对当时弊政，大谈"君德""臣行""王霸""通变""相术""练士""教战"等帝王之道。李白在与赵蕤朝夕相处的过程中，击剑吟啸，修仙炼道，不仅确立了"申管晏之谈，谋帝王之术，奋其智能，愿为辅弼，使寰区大定，海县清一"（《代寿山答孟少府移文书》）的远大理想，而且深受赵蕤鄙视通过科举求得仕进的思想影响，坚定了其不以科举入仕而冀望像伊尹、姜尚那样一步登天的决心。可以说，赵蕤的思想影响了李白一生，也铺就了他充满荆棘与坎坷的求仕之途。

再次，从文本的内容上看，"问君西游何时还""锦城虽云乐，不如早还家"等语，确实暗含有送别友人的意味，也有不少学者对"送友人入蜀"的所谓"本事"进行了考证，但据李白年谱等资料，送别王炎是此后的事情。从写作心理与文学笔法等角度综合考量,"问君"之类的说辞多为行文需要而假托,而且"君"未必是指友人,也可指自己,譬如陶渊明《拟古·其二》之"问君今何行"、《饮酒·其五》之"问君何能尔"即是。因此,如无确凿证据,实不宜以"送别友人"来坐实论之。

李白在极言蜀道之高、之险后,转而在第三节以"一夫当关,万夫莫开"对剑阁要塞这一蜀道险阻予以总结,接着以"所守或匪亲,化为狼与豺"这一警策之语,点明全诗的核心主旨,可谓伏脉千里,结穴于此。这里的"险",不只是自然环境与地理位置的险要,而是与当时的政治形势以及人事相关联的"险要"。诗人透过太平盛世的表象,洞察到了潜伏其中的深重危机,因此对掌握军政大权的野心家可能切断剑阁要道而使蜀中变成独立王国这一潜在危机产生了深深的忧虑:"朝避猛虎,夕避长蛇,磨牙吮血,杀人如麻。"无独有偶,李白"猛虎又掉尾,磨牙皓秋霜"(《北上行》)、"中原走豺虎,烈火焚宗庙"(《经乱后将避地剡中留赠崔宣城》)等诗句中,"豺"与"虎"皆比喻叛逆作乱的藩镇安禄山。可见,李白《蜀道难》不仅以"猛虎""长蛇"影射当时盘踞蜀中的政治"凶煞",而且预言国家边疆藩镇祸乱将至,以期警醒早年任用贤臣励精图治,后来却耽于逸乐而让小人当权的玄宗。

玄宗开元中期,在宰相张说的主导下,唐朝由府兵制改为募兵制。平卢、范阳、河东、朔方、陇右、河西、剑南七大节度使,北庭、安西两大都护及岭南经略使,这十大边镇统帅拥有长期驻守边关的职业军人多达49万,而中央军仅9万。玄宗对待边关统帅总是采取怀柔与笼络手段,但这种"外重内轻"的军事格局,隐藏着巨大的政治风险。节度使集军、政、财、人等权力于一身,有时甚至一人统制两三个藩镇,威权极重,一旦个人野心膨胀,藩镇割据的局面就会出现。天宝十四载(755),身兼范阳、平卢、河东三镇节度使的安禄山发动叛乱,致使大唐帝国元气大伤,即是明证。

治所在益州(今成都)的剑南节度使,其前身为剑南支度、营田、处置、兵马经略使,开元七年(719)升格为节度使,辖益州、合州等二十五个州及昆明军。开元年间,云贵高原上的蒙舍诏首领皮逻阁在唐王朝支持下,逐步统一了其他五诏,建立南诏国,迁都太和城(今大理)。南诏鼎盛时期,其势力范围覆盖云南全境及川、贵一部,与吐蕃、大唐形成了复杂的博弈格局。而剑南节度使,则肩负着"西抗吐蕃,南抚蛮獠"的战略重任,一旦所用非人,其政治风险不言而喻。

解读李白《蜀道难》所忧,有一个不应该绕过的人物,那就是捐资兴建乐山大佛的剑南节度使章仇兼琼。《旧唐书》《新唐书》等史书皆不为章仇兼琼立传,后之学者多以为原因就在于他举荐了杨国忠这位导致"安史之乱"的罪魁祸首。其实,这位谥号曰"忠"的章仇兼琼,本就是个善于投机钻营、媚上取宠且野心勃勃的奸佞小人。

章仇兼琼在 739—746 年任剑南节度使期间,广泛笼络人才,大力兴修水利,发展蜀中经济,似乎深得士民拥戴,政绩斐然。李白《答杜秀才五松山见赠》有云:"闻君往年游锦城,章仇尚书倒屣迎。飞笺络绎奏明主,天书降问回恩荣。"从中即可看出章仇兼琼笼络人才的手腕。因为与大肆打压异己的奸相李林甫有隙,章仇兼琼经营蜀中多年,未尝不会因求自保而萌生割据一方或与吐蕃结盟对抗朝廷的野心。因此,李白虑及权相可能逼反藩镇这一政治隐患,在诗中以剑南节度使为例,意在警醒朝廷防范章仇兼琼之类的藩镇萌生反叛之心。

开元二十六年(738),玄宗下诏迁华州刺史张宥为益州长史、剑南防御使,以主客员外郎章仇兼琼为益州司马、防御副使,张宥将军事悉委章仇兼琼。次年十一月,章仇兼琼却借入朝奏事之机,盛陈攻取安戎城之策,博得龙心大悦,玄宗随即以文吏不习军旅为由征召张宥为光禄卿,而以章仇代为剑南节度使,并亲自为之谋划取城之计。之前,张宥曾奏请鲜于仲通充任剑南采访支使,且只与鲜于一人密谋攻取安戎城。章仇兼琼本来非常厌恶鲜于仲通,在代理剑南节度使后就收捕鲜于以挫其锐气,一个多月后又将他无罪释放,最终又拉拢他使之成为自己的心腹。章仇上位以及笼络人心的手段，由此可见一斑。

开元二十八年（740）春，章仇兼琼收买安戎城中吐蕃将领翟都局、董承宴等作为内应，夺回了唐高宗晚期丢掉的战略要地安戎城。天宝元年（742），为加强对爨区（即滇池地区）的控制，章仇兼琼派遣越嶲都督竹灵倩出动军队在滇东修筑安宁城，并修筑了一条自安南都护府北经步头、安宁到达戎州都督府的步头路，此举引起了当地爨氏诸蛮部落首领的恐慌。此后，爨归王联合诸爨部落攻破安宁城，拆毁城垣，并杀了筑城使者竹灵倩。章仇兼琼修筑安宁城、开通步头路的举动，客观上促成了南诏对滇东爨区的统一，致使南诏的势力得以进一步扩张。由于剑南节度使章仇兼琼及其部下未能妥善处理与诸爨部落及南诏的关系，确保实现朝廷"南抚蛮獠"的既定战略目标，最终导致南诏叛唐而归附吐蕃。

章仇兼琼因与权相李林甫不睦，担心禄位不保，见杨玉环天宝四载（745）被册封为贵妃，且"三千宠爱在一身""姊妹弟兄皆列土"，于是想派亲信鲜于仲通到长安疏通关节，鲜于将杨贵妃的族兄杨钊介绍了章仇兼琼。章仇得知杨钊为客死蜀中的杨玉环生父杨玄琰独力操办后事而有恩于杨贵妃这一内情后，立即重用杨钊为节度推官，并派他到朝廷缴纳春贡，另送大笔金银和蜀中特产结交杨氏亲族，杨氏姊妹等人于是常在玄宗面前替章仇与杨钊美言。次年，玄宗擢升杨钊并赐名国忠，将章仇兼琼调回朝廷任户部尚书兼御史大夫，而以永王李璘的生母郭顺仪之兄郭虚己这位勤勉能干的大舅哥接任剑南节度使一职。玄宗这一人事安排，当时恐怕多少也受到了李白《蜀道难》一诗的影响。

郭虚己到任三年便病卒于剑南节度使任上，而继任的鲜于仲通于天宝十载（751）统帅大军征伐南诏，致使数万唐军全军覆没，鲜于仅以身免，杨国忠掩盖其败迹，并荐其为京兆尹。杨国忠随后以右相兼吏部尚书身份遥领剑南节度使，举全国之力两伐南诏，均遭失败。从章仇兼琼，到其后的鲜于仲通、杨国忠等蜀党大员，先后出任剑南节度使，相互勾结、相互利用，以个人利益及政治地位为导向,对西南诸爨及南诏所采用的手段皆违背了朝廷"南抚蛮僚"的既定战略方针。从《蜀道难》一诗写作前后的史实中,不难发现李白其实是具有敏锐的政治嗅觉和卓越的政治远见的。

开元、天宝之际,大唐的版图东起辽东,西至葱岭,南抵交趾,北达瀚海。而秦汉以来,发脉于昆仑、横贯中部的东西走向的秦岭山脉,既是长江与黄河的分水岭,也是中国地理上最重要的南北分界线。在农耕文明时代,以秦岭为核心的"一山两盆"——秦巴山地、关中盆地、四川盆地,形成了华夏周、秦、汉、唐时期最富庶的"天府之国"和"帝王之州",而秦岭则一直被尊为华夏最重要的龙脉。从风水地理这一角度来看,秦岭作为南、北、中三大干龙之一的中条干龙,具有关系到华夏完整与统一的重大意义。

李白由位于宝鸡境内的秦岭险阻最高峰"太白"着笔,再到兵家必争的"青泥",最后落到"剑阁"险阻这一重点意象,与结尾其乐无比的"锦城"形成鲜明对照。这一串蕴含着"诗心"的地点密码,由表入里,将读者逐步引入《蜀道难》意旨深处。

其中"西当太白有鸟道"一语双关,由太白山联想到李太白,不仅巧妙地将诗人的字"太白"关联其中,将仕途难行的传统主旨和盘托出,而且以其天纵之才将政治远见巧妙地融入诗中,以便达到干谒天子的政治目的。这一宏旨背后的匠心,简直妙不可言。

太白山冬夏积雪,望之皓然,因其物产丰厚,《尚书·禹贡》谓之"惇物山";传说太乙真人于太白山主峰拔仙台修炼,成仙冲举,《汉书·地理志》又谓之"太乙山"。《魏书·地形志》始以"太白山"名之,隋唐以后一直沿用至今,大抵是取太白金星之意。五代杜光庭《录异记》曰:"金星之精,坠于终南圭峰之西,因号为太白山。其精化为白石,状如美玉,时有紫气覆之。"

唐末王定保《唐摭言·知己》载有贺知章览《蜀道难》后的说辞:"公非人世之人,可不是太白星精耶?"

李白《蜀道难》虽只言及西御吐蕃、南抚六诏的剑南节度使,但其政治远见绝非仅仅局限于此，其他诸如担负着防御奚、契丹、突厥等重任的边疆藩镇，大多也存在所用非人的隐患，只不过当时"所守或匪亲（人）"的问题，在这里表现得更为突出，故李白采取"以点带面"的手法加以讽喻罢了。

大唐由盛转衰，多以为是杨国忠专权逼反安禄山导致"安史之乱"而造成的，其实早在李林甫专权时就埋下了"藩镇割据"的祸根。李林甫自开元二十三年（735）拜相以来，蔽塞言路，打击异己，欺上压下，权倾朝野。他建议玄宗重用胡将，阻止边帅出将入相，不仅让安禄山势力坐大，而且迫使章仇兼琼之类的诸多手握军政大权的藩镇心生异志，但玄宗对此并未引起警觉，反而以为天下无事，将朝事付之宰相，边事付之诸将，"致令贼臣，内外为患"（贾至《玄宗幸普安郡制》），因此导致大唐走向衰败。窥一斑而知全豹，李白明说蜀道剑阁之险，暗忧章仇兼琼之野心，其真实用意在于巧借玉真公主和贺知章等人的举荐达到"干谒"天子的目的，以便委婉地劝谏玄宗谨防朝廷内外所用非人、藩镇尾大不掉。

盛唐时期诗论家殷璠在《河岳英灵集》中也称赞此诗"可谓奇之又奇，然自骚人以还，鲜有此体调也"。据晚唐孟棨《本事诗·高逸》载，李白初至长安，贺知章往访，见《蜀道难》，"读未竟，称叹者数四，号为'谪仙'，解金龟换酒，与倾尽醉"。李白因此在京师名声大噪。清代诗评家沈德潜《唐诗别裁集》更是盛称其"笔势纵横，如虬飞蠖动，起雷霆于指顾之间"。《蜀道难》能有如此盛誉，绝非仅仅因其在诗歌艺术方面推陈出新的创造之功，诗中所蕴含的远见卓识以及忧国深情才是最为动人心弦的"灵魂"之所在。

总的说来，从古至今盛行的"歌咏自然说"失之于片面，"送别友人说"和"政治寓意说"多失之于浮浅，而"送别友人说"又缺乏有力的证据，皆有"盲人摸象"之憾。因此，唯有知人论世，以意逆志，披文入情，由表及里，方可逐渐触及诗心。

从文本密码的角度来看，"蜀道之难，难于上青天"一语首尾回环呼应，一唱三叹，结尾"侧身西望长咨嗟"收束全篇，章法井然，全诗想象丰富而奇特,气势磅礴,汪洋恣肆,纵横捭阖,神鬼莫测,给人以涤荡心灵的强烈震撼,既吟咏了现实生活中蜀道的崎岖难行,又抒写了人生旅程与仕途的艰难之感。诗人以"太白""青泥""剑阁""锦城"等地点作为意象密码,将章仇兼琼之类的势利小人把持藩镇而可能萌生异志的严峻现实联系起来,将对国事的忧虑寄寓其中,可谓一石三鸟,匠心独运。李白沿用古调,既囊括前贤之意,又有全新的创造。难怪贺知章一见此诗,惊为天人之作,直呼李白为"谪仙人"了。

周先慎先生在《中国文学十五讲》中论及此诗的意旨时,引胡震亨《唐音癸签》点明蜀道的战略意义:"《蜀道难》自是古曲,梁、陈作者只言其险,而不及其他。白则兼采张载《剑阁铭》'一人荷戟,万夫趦趄,形胜之地,非亲勿居'等语用之。"其后又进一步指出:"这是作者针对当时的政治形势提出的自己的看法,归结起来就是:蜀地形势如此险要,如果据守的人不可信赖,就有可能变成豺狼一般的强盗,酿成流血杀人的惨祸。"[1]刘学锴《唐诗选注评鉴》亦曰:"描绘赞美蜀道山川的奇险壮丽,虽是这首诗内容的主要方面,却非它的全部。诗的末段,由蜀道的险阻联及形胜之地,非亲勿居,明显地表现了对恃险割据局势的忧虑。"[2]周、刘之说虽欠深入,但已触及该诗诗心与要旨。然而,当代著名学者孙绍振却在《〈蜀道难〉:三个层次之"难"》一文中说,"在文本以外强加任何东西,都是对自己的误导。从理论上来说,不管读者主体多么强势,还是要尊重文本主体。"此说确实在理,但其依据胡震亨《李诗通》以及顾炎武《日知录》卷二十六"时人共言锦城之乐,而不知畏途之险,异地之虞,即事成篇,别无寓意"等说法,而断定李白《蜀道难》是其"自为蜀咏""别无寓意"[3],殊属不当,以其绝非尊重文本主体故也。

---

[1] 周先慎:《中国文学十五讲(第二版)》,北京大学出版社2014年版,第115、117页。

[2] 刘学锴:《唐诗选注评鉴》上卷,中州古籍出版社2013年版,第563页。

[3] 孙绍振:《月迷津渡——古典诗词个案微观分析(修订版)》,上海教育出版社2015年版,第62页。

典故之雅

无论事典还是语典，皆可使诗歌显得朦胧空灵，蕴藉深厚，意境优美，十分典雅。

诗人创造性地运用典故，或显或隐，或与意象巧妙融合，或与叙事水乳交融，甚至数典并用融为一体，读者面对如此挑战，唯有破译这类典故密码，方能走进文本深处，感受诗人内心的波动。

典故密码与诗意探究

明理引乎成辞，征义举乎人事
—— 诗歌中的事典与语典

唐代孟棨《本事诗》记载过这样一个故事：

唐玄宗的哥哥宁王李宪，蓄养有数十名色艺双绝的宠妓，但他并不满足。有一天，他看见府邸左边有卖饼汉的妻子，长得白皙清秀，明艳照人，于是赠送厚礼给卖饼汉，强行将其妻纳入府邸，宠爱她超过了一般人。一年后，宁王问她是否还记得卖饼的丈夫，她默然无语。宁王于是召见卖饼汉，让他们夫妻二人在王府见面。卖饼汉之妻注视着丈夫，双泪垂颊，情不自禁。当时宁王府在座的十几位文士，见此情景莫不伤感。宁王命文士赋诗，王维以"息夫人"为题先成。其诗吟道：

> 莫以今时宠，能忘旧日恩。
> 看花满眼泪，不共楚王言。

息夫人名妫，本是陈庄公之女、息国国君之妻，与吴国西施、齐国文姜、郑国夏姬并称春秋四大美女。息夫人容华绝代，生得目似秋水，面若桃花，因此又被称为"桃花夫人"。

公元前680年，楚文王灭了息国，将她霸占为妃，异常宠爱。她虽为文王生了堵敖和成王两个儿子，却总是默默无言，始终不和楚文王说一句话。楚王逼问缘由，息夫人回答说："我一介妇人，而事二夫，不能死节也就罢了，还有什么话好说！"

前两句写息夫人不慕眼前荣宠，不忘旧日之恩。"莫以""能忘"构成否定句式，显示淫威和富贵并未征服其心。后两句先是通过虚拟"看花"情景来写被人夺志的哀怨，花虽美而泪眼相对，虽未交代流泪原因，却为结句"不共楚王言"充分蓄势，突出了息夫人富贵不能淫、威武不能屈的反抗精神。结句委婉讽刺恃强凌弱的"楚王"，而将诗心凝聚于"不共"二字，塑造了一个深受屈辱而又默默反抗的柔弱妇女形象。

王维初入长安，举进士不第，滞留京师，闲暇时常从诸王游宴，在宁王府作《息夫人》诗即在此时。王维以息夫人的史事设喻，借古讽今，措辞微婉，情理俱到，既吟咏了史事，又讽喻了宁王。宁王听罢，幡然醒悟，于是大发慈悲，将卖饼汉之妻放还，以终其志。王维这首五绝小诗巧用典故，既未触怒宁王，又强调了此女不因现在受宠就可能忘记昔日的夫妻恩爱，收到了兼顾叙事抒情而又言简义丰的艺术效果。

所谓"典故"，是指诗文中引用古代故事或有来历的词语，即刘勰在《文心雕龙·事类第三十八》中所说的"据事以类义，援古以证今"的"事类"。何为事类？就是诗文在表情达意之外，援用事例类比阐明义理，引用古事、古语来论证今义，以避免语词累赘。其方法不外乎"引乎成辞"和"举乎人事"这两种。因此，典故通常分为引用古事的事典和引用古语的语典两类。运用典故，又叫"用事"或"引用"。

事典，就是所谓"举乎人事"的典故，大多来自神话传说、寓言故事和历史人物。譬如，精卫填海、夸父逐日、伯乐相马、愚公移山、完璧归赵、雁足传书，就分别源自神话传说、寓言故事和历史人物。用典的历史十分悠久，先秦典籍中就有许多用典的例子。譬如，周文王囚禁羑里时推演周易，剖判爻位，在第六十三卦"既济"卦的九三爻引（殷）高宗伐鬼方，在"明夷"卦的六五爻引箕子之贞，皆属略举人事以征用其义。

语典，就是所谓"引乎成辞"的典故，指在诗文中直接引用或点化前人的语句。也就是说，语典都是有出处、有来历的语词。古人写诗作文，十分注重所用词语的出处，特别推崇博览群书，含英咀华，讲究无一字无来历。取自前人经典作品的语典，或取义，或借词，或隐括，以便收到含蓄洗练的艺术效果。

孔鲤某日经过庭前，孔子见之，曾以"不学诗，无以言"教诲他。春秋战国时期，各诸侯国进行外交活动时，使节们往往摘取《诗经》中的语句，作为表达己方意愿的手段。这种"赋《诗》断章"的风习，流传甚广。据刘义庆《世说新语·文学》记载，汉代大学者郑玄家里的奴仆都是读过书的，一个婢女因事惹火了郑玄，正待解释，郑玄就让人拖到泥地里惩罚，这时恰好另一个婢女看到了，就问她："胡为乎泥中？"答曰："薄言往愬，逢彼之怒。"郑家婢女的对话用语均出自《诗经》，不过，"泥中"原本指卫国城邑，并非婢女所指的泥地里的意思。这种"引事为谬"的用法，正是刘勰所反对的。刘勰主张："综学在博，取事贵约，校练务精，捃理须核，众美辐辏，表里发挥。"

典故这种形式短小而内涵丰富的浓缩型语料，随着汉魏诗赋的盛行，受到了众多学识渊博的诗人追捧。到南北朝时期，骈体诗文以用典显示才学的形式主义文风日盛，滥用典故的风气开始受到诟病。到唐代，人们成功地"矫枉"却未"过正"，使得用典出现了创新活用的新气象。

事典和语典在诗歌中的运用，十分常见。譬如：

"闲来垂钓碧溪上，忽复乘舟梦日边"（李白《行路难·其一》），"垂钓碧溪"用吕尚的事典，"乘舟梦日"用伊尹的事典。吕尚八十岁时以直钩垂钓于渭水磻溪，遇文王姬昌而受重用，最终辅佐武王灭纣，建立周朝；年近五十的伊尹，在受商汤礼聘之前，曾梦见自己乘舟绕日月而过，后来辅佐商汤开创殷商基业。李白以两位辅佐帝王开国的道家圣贤自比，表现出虽在政治上遭受沉重打击,但对前途仍然充满期望的豪迈气概。

"浊酒一杯家万里,燕然未勒归无计"(范仲淹《渔家傲·秋思》),"燕然未勒"一语,典出《后汉书·窦宪传》"燕然勒功"的故事。东汉永元元年(89),窦宪大破匈奴北单于,由班固撰写《封燕然山铭》,颂扬汉军战绩,并刻石纪功,然后凯旋。范仲淹用此典故,表明边关将士抗敌大业尚未完成,功勋未建,还不能计划返回家乡的事情。

"行行重行行,与君生别离"(古诗十九首之《行行重行行》),"生别离"典出屈原《九歌·少司命》"悲莫悲兮生别离,乐莫乐兮新相知"一语,表达骨肉亲人不能团聚的悲哀;"此中有真意,欲辨已忘言"(陶渊明《饮酒·其五》),"忘言"典出《庄子·外物》"言者所以在意,得意而忘言"一语,表示心中会意却无法言说;"迟日江山丽,春风花草香"(杜甫《绝句二首·其一》),"迟日"典出《诗·豳风·七月》"春日迟迟"一语,意为春天白日渐长;"茂陵不见封侯印,空向秋波哭逝川"(温庭筠《苏武庙》),"逝川"语典出自《论语·子罕》"子在川上曰:'逝者如斯夫,不舍昼夜'",比喻流逝的光阴或往事。

"故人具鸡黍,邀我至田家"(孟浩然《过故人庄》),"鸡黍"典出《论语·微子》"止子路宿,杀鸡为黍而食之"一语,表示饭菜丰盛、待客殷勤。此外,"鸡黍"还兼用了《后汉书·独行列传》中所载范式和张劭"鸡黍之交"的事典。

诗中运用事典和语典,或正用,或反用,或暗用,或借用,或泛用,或兼用,总之是为了便于比况寄意,抒情言志,也便于读者触发联想,产生共鸣。因此,典故本质上是一种使诗篇增辉甚至升华的点缀,可使诗意更深邃,诗境更典雅。

在用典的原则方面,一是强调典故与上下文融合无间,不露痕迹;二是要以旧事表达新意,有所创新;三是强调用典精当适度,恰到好处。北宋蔡絛《西清诗话》引杜甫之言道:"作诗用事,要如禅家语:水中着盐,饮水乃知盐味。"可见,用典当以不露痕迹、蕴藉深厚为上。

唐代李瀚《蒙求》一书，四言一句，简明扼要，朗朗上口，是一部便于儿童识字并了解古人相关故事的事典汇编。譬如，开篇就是"王戎简要，裴楷清通；孔明卧龙，吕望非熊；杨震关西，丁宽易东；谢安高洁，王导公忠"。于今而言，《蒙求》中的"屈原泽畔，渔父江滨""武陵桃源，刘阮天台"之类，尚有耳闻，至于"墨子悲丝，杨朱泣歧""樊哙排闼，辛毗引裾"之类，今人多已陌生。

醉歌田舍酒，笑读古人书
——王孟山水田园诗及其用典

作为盛唐诗歌的重要组成部分，山水田园诗与边塞诗一样，也呈现盛唐气象。以王维、孟浩然、裴迪、常建、储光羲、綦毋潜等为代表的活跃在开元、天宝年间的诗人，与佛禅和玄道关系密切，有着独特的审美趣味。他们以空灵虚静的心态观照山水、田园等审美对象，创造出了大量兴象玲珑、富有神韵的山水田园诗，并在不同程度上呈现出隐逸的精神，作为盛唐精神的一部分。其中，成就最高的当属王维和孟浩然。

王维，字摩诘，号摩诘居士，太原人，工于书画，精通音律。王维出身当时天下五大望族之一的太原王氏，母亲则是另一望族博陵崔氏。王维少年丧父，与寡母一起拉扯弟妹六人成人。他深受笃信佛教、擅长丹青的母亲崔氏影响，从小茹素，性格沉静内敛，音乐、绘画天赋极高，颇通佛理禅趣。玄宗开元九年(721)辛酉科状元及第，授太乐丞，因伶人舞黄狮子，被贬为济州司仓参军。开元二十三年(735)名相张九龄执政，王维献诗，受其赏识，擢为右拾遗，调监察御史。

就诗才而论，王维几可与李白、杜甫鼎足而三。后人以李白为天才、杜甫为地才、王维为人才，确有道理。王维在"诗言志""诗缘情"的传统下开拓出一条超脱现实、以自然审美为旨归的诗歌道路。

开元二十五年（737），张九龄受李林甫排挤，被贬为荆州长史，王维以《寄荆州张丞相》一诗感谢其知遇之恩并表达对当时黑暗朝政的不满。同年秋，王维以监察御史衔，外放为河西节度使崔希逸（治所凉州，今甘肃武威）幕府判官。开元二十五年至二十六年（737—738），王维写了不少令人惊艳的边塞诗，或借咏怀历史人物表达为国杀敌建立功勋的愿望，或描写军旅生活展现风土人情，对盛唐边塞诗歌贡献颇大。毕竟是生活在开元盛世，王维前期诗中的盛唐气象和精神显而易见。《观猎》《从军行》《陇西行》《燕支行》《出塞作》等边塞诗，慷慨悲壮，刚健雄浑。其中，《使至塞上》最具代表性，后面将单独赏析，在此不赘。

作为盛唐时代山水田园诗派最具代表性的人物之一，王维在描绘自然美景的同时，流露出闲逸萧散、空灵淡远的情趣。王维把绘画的精髓带入诗歌创作领域，以生花妙笔描绘出一幅幅意境幽静空灵的传神之作。尤其是有关辋川别业的诗作，山水意境大多充满禅意，有一种既空灵又蕴含生机的幽静之美，超出一般所谓平淡自然的美学范畴。苏轼《东坡志林》曾说："味摩诘之诗，诗中有画；观摩诘之画，画中有诗。"

王维既有儒家忠君爱国、忧时忧世的政治情怀，也有佛道并修、注重禅悟的人生追求。开元二十六年（738），原上司崔希逸因政治原因抑郁而死。开元二十八年（740）二月，张九龄病逝。因奸相李林甫弄权，朝廷一派乌烟瘴气。这年，王维以殿中侍御史身份到南方主持考试选拔工作。北返途中，王维顺道拜访老友孟浩然，写下了颇受推崇的《汉江临泛》一诗，到襄阳后，得知孟因背疽发作已去世。心灰意冷的王维，从此越来越留恋于辋川别业这一世外桃源，并把它作为心灵的栖息地，过起了半官半隐的生活。

譬如，王维《山居秋暝》：

> 空山新雨后，天气晚来秋。
>
> 明月松间照，清泉石上流。
>
> 竹喧归浣女，莲动下渔舟。
>
> 随意春芳歇，王孙自可留。

首联写山中人烟稀少，加之秋雨叶落，故以"空山"意象，极言寂静。颔联描绘山中宁谧晚景，以松、石为背景，突出"明月"和"清泉"这两个禅意十足、启人开悟的意象，令人顿生出尘之想；"照""流"二字，以动衬静，极富动感。

颈联绘山中恬淡生活，以"竹喧"和"莲动"这两个特写镜头设疑，突出和乐自足的特点：竹林里为何笑语喧哗？原来是洗衣服的女子从溪边归来了。水边荷叶为何剧烈晃动？原来是捕鱼的小船顺着河流回来了。诗人远眺近看，仰观俯察，调和冷色暖色，描摹人声水声，将绘画美、音乐美与意境美充分融合，给人以无比闲适之感。尾联用《楚辞·招隐士》"王孙"语典："王孙游兮不归，春草生兮萋萋""王孙兮归来，山中兮不可以久留。""王孙"一词，本指屈原，或代隐士。王维先以"随意春芳歇"绾合前述秋景，表明春草衰败于心了无挂碍；继而反其意而用之，以"王孙自可留"表明自己可以久留山中享受宁静悠闲的隐居生活，根本不愿出山为官遭受尘世羁绊。

尾联卒章显志："王孙"并非指帝王贵族的子孙，乃真隐士王氏子孙维摩诘自谓；诗眼"自可留"，表明愿意久留山中的情志。

再如《终南别业》：

> 中岁颇好道，晚家南山陲。
>
> 兴来每独往，胜事空自知。
>
> 行到水穷处，坐看云起时。
>
> 偶然值林叟，谈笑无还期。

诗人极写隐居终南山的随遇而安的闲适情趣。首联叙述自己中年以后笃信佛教，随后隐居终南山脚下；颔联写诗人的兴致与独赏美景的乐趣。颈联写心境闲适，随意而行，无拘无束；尾联则以"偶然"遇见"林叟"便"谈笑无还期"，进一步突出超然物外、悠闲自得的心境。

"南山陲"一语，明言自己隐居位于长安城南、终南山脚下的蓝田辋川别业，暗中则关联陶渊明《饮酒二十首·其五》之"采菊东篱下，悠然见南山"的隐逸情怀，实为用"南山"典故。"水穷"则无路可走，但王维随缘自适，犹如云游四方、居无定所的"云水僧"，坐看"云起"，领会"水"与"云"的自然变迁之趣，把自己的禅思寄托在漂流不定的云水之间，从而进入清空安宁的云水禅心境界。

可见，王维山水田园诗歌诗风含蓄凝练，在用典上也偏爱使用隐逸类和佛教类典故；在使用典故时，往往只是画龙点睛淡淡一笔，其用典技巧和语言艺术，都对后世产生了深远的影响。王维的某些自铸之辞，甚至也成了后人常用的典故，譬如《相思》里的"红豆"、《送元二使安西》里的"阳关"等，一经王维使用，就完成了"诗化"的过程，成了具有特定意义的典故词汇。

与王维齐名的孟浩然，其山水田园诗最典型的风格是散淡清远。他不只是在描摹山水形貌方面比较传神，而且长于融情于景、融情于事，在歌咏山水或者田园生活的同时，倾注诗人的深情，颇能动人心弦，所以杜甫在《遣兴五首·其五》中以"赋诗何必多，往往凌鲍谢"一语来赞美孟浩然，说他超过著名的诗人鲍照和谢灵运。

以孟浩然《过故人庄》为例：

> 故人具鸡黍，邀我至田家。
> 绿树村边合，青山郭外斜。
> 开轩面场圃，把酒话桑麻。
> 待到重阳日，还来就菊花。

首联写老友热情好客，准备了丰盛的饭菜，邀请诗人到他的农家小院去做客。颔联描绘山村幽美风光，村外有"绿树"环抱，远处有"青山"斜卧。

在给读者呈现出一幅淡雅的水墨画卷之后，诗人在颈联展示的是闲适的农家生活场景：推开窗户，面对的是谷场和菜园；举起酒杯，闲谈的是农事情况。尾联词意舒缓，以临别时诗人向主人率真地表示将在秋高气爽的重阳节再来饮酒赏菊的约定收束全篇，于平淡之中将主人的热情、客人的愉快以及主客之间的融洽，全都自然呈现出来。恬静秀美的乡村风光与诚挚淳朴的朋友情谊，如水乳交融，浑然一体。

解读此诗，不宜就此浅尝辄止，还应从首尾"具鸡黍"与"就菊花"的典故密码切入，深探其讴歌友情的诗心。

"鸡黍"典故，见于《论语·微子》"子路从而后"一章。子路跟随孔子出行楚国而落在后面，遇见一位荷蓧丈人，子路非常恭敬地向老人打听是否见到过他的孔老师，老人虽对孔子所为并不认同，但看到子路彬彬有礼，就留他过夜，并"杀鸡为黍而食之"。这是"鸡黍"原典的出处。

此处所用"鸡黍"一典，除了热情待客的礼仪，还有更深层次的内涵。古时异姓朋友结为兄弟姐妹，有"八拜之交"之说，即伯牙、钟子期的"知音之交"，廉颇、蔺相如的"刎颈之交"，陈重、雷义的"胶漆之交"，张元伯、范巨卿的"鸡黍之交"，左伯桃、羊角哀的"舍命之交"，刘备、关羽、张飞的"生死之交"，"管（仲）鲍（叔牙）之交"，孔融、祢衡的"忘年之交"。其中"鸡黍之交"，说的是东汉明帝时期的名士张劭与范式之间的友情。

《后汉书·独行列传·范式传》记载：范式，字巨卿，山阳金乡人，在京城洛阳太学求学期间，与汝南人张劭（字元伯）为同窗好友。学成归家之际，范式与张劭约定，两年后的某日去张家拜见其母，见其家小。约期将至，张劭禀告母亲，请她届时杀鸡做饭，张母对范式两年前在千里外说过的话能否兑现表示怀疑。张劭说范式是守信君子，必不违约。张母于是酿好米酒准备待客。范式果然如期而至，升堂拜母，尽欢而别。后来，张劭病重，临终之际对日夜探望的同郡好友郅均章、殷子征感叹："恨不见吾死友！"二人不解，张劭说他们是其"生友"，唯有范式才是其交情深笃、至死不相负的"死友"。张劭病逝,托梦告诉范式自己的死期及下葬日期。在郡衙担任功曹的范式,惊醒后赶紧向太守陈情,请假前往奔丧。下葬之时,张劭的棺材迟迟不能落入墓穴,其母知张劭尚有心愿未了,遂令停柩等待,范式果然素车白马号哭而来。诀别后,范式亲自执绋前引,张劭的灵柩才顺利葬入墓穴。

传说范式与张劭分别返回故里前,正值菊花盛开,于是约定两年后的重阳日到汝南乡下拜见张母,故"鸡黍之约"又称为"菊花之约"。明代冯梦龙《喻世明言·范巨卿鸡黍生死交》即是根据这一史实与传说改编的话本小说。

孟浩然本是性情中人,早年隐居襄阳鹿门山时,交游广阔,好义气,解人急难。玄宗开元十六年(728),年届不惑的孟浩然到长安应举,与李白、王维、王昌龄等结为知交。据《新唐书·孟浩然传》记载,孟浩然落第后,曾到中书省看望在那里办公的王维,不巧玄宗前来视察,孟浩然赶紧躲起来,玄宗逗留未去,王维只好如实禀报,说孟浩然来这儿了,因布衣身份不能见驾,躲在床下。玄宗听说是大名鼎鼎的诗人孟浩然,就令他出来,问他近来有什么佳作,孟浩然就把落第后写的《岁暮归南山》吟诵了一遍:

> 北阙休上书,南山归敝庐。
>
> 不才明主弃,多病故人疏。
>
> 白发催年老,青阳逼岁除。
>
> 永怀愁不寐,松月夜窗虚。

也许是孟浩然流年不利,命犯华盖,玄宗听到"不才明主弃"这句脸色就变了:"卿不求仕,而朕未尝弃卿,奈何诬我?"于是孟浩然被放还。

开元二十一年(733),时任山南东道采访使兼襄州刺史的韩朝宗约孟浩然一起到京师,欲荐之于朝。韩朝宗车驾等候,催促上道。孟浩然恰逢故友来访,酒酣耳热之际,竟置若罔闻。韩朝宗一气之下只好自己先启程了。孟浩然之后再游长安,与王维结为忘年之交。是年,张九龄任中书侍郎、同中书门下平章事,主理政事,孟浩然以《望洞庭湖赠张丞相》诗干谒,希望得到赏识和引荐,未果。开元二十四年(736),张九龄罢相,随后被贬为荆州大都督府长史,辟孟浩然入幕府。开元二十八年(740)二月,回乡扫墓的张九龄病逝,孟浩然也就丢了幕府之职。是年秋天,王昌龄因在诗赋中表达对前宰相张九龄的同情而得罪权贵,遭贬岭南,途经襄阳,孟浩然与其诗酒盘桓多日,并以《送王昌龄之岭南》一诗为之送行。孟浩然因饮酒过量并多食汉江特产的槎头鳊(即鳊鱼),引发背部痈疽旧疾,不久病逝。

诗中的"北阙""上书",典出《汉书》卷一下《高帝纪下》:"萧何治未央宫,立东阙、北阙、前殿、武库、太仓。"北阙即宫殿北门的门楼,汉代上书奏事以及谒见皇帝皆进北阙,故有此说。"南山归敝庐"即用陶渊明"悠然见南山"中的"南山"一典,以抒发求仕不得、无奈隐逸的苦闷心情。结尾"松月夜窗虚"一语,看似写景,实为以景结情,其中作为诗心密码的"虚"字,更是语涉双关,不仅正衬愁怨难解,而且将月夜院落与求仕受挫的空虚感包容其间,突出了如迷蒙空寂的月夜一样落寞惆怅的心绪。

孟浩然《春晓》《早寒江上有怀》《望洞庭湖赠张丞相》等诗备受赞赏,流传甚广。其《与诸子登岘山》诗用典深切,尤为卓绝:

> 人事有代谢,往来成古今。
> 江山留胜迹,我辈复登临。
> 水落鱼梁浅,天寒梦泽深。
> 羊公碑尚在,读罢泪沾襟。

这首触景伤情、吊古伤今之作,表现感时伤怀这一古老主题,却写得沉痛之极。

首联"人事有代谢,往来成古今",从岁月更替、时光流逝的虚空之处落笔,在平淡中蕴含至理,且饱含沧桑之感,将家国兴亡、历史盛衰之感全都寄寓其中。颔联紧承"古今"二字展开,"江山留胜迹"承"古"字,说汉江有鱼梁洲、岘山有羊祜庙和羊公堕泪碑等古迹;"我辈复登临"承"今"字,说自己与诸子今日登临岘山。诗人登临襄阳名胜岘山,看到羊祜庙和堕泪碑,不禁悲从中来。

颈联描写登山远眺所见。"水落鱼梁浅"以水落石出,汉江中心的鱼梁洲显露出来的更多,表明时序已过深秋;"天寒梦泽深",以幽远深邃的古云梦泽天寒地冻的萧条景象,极言人世之沧桑。尾联"羊公碑尚在"句中,用"羊公碑"典故,一个"尚"字,沉郁有力,传达出无比复杂的情绪。

西晋开国元勋羊祜,坐镇襄阳,都督荆州诸军事十年,整顿武备,屯田兴学,仁风广播,深得民心。在官拜大司马兼荆州牧的东吴名将陆抗去世后,羊祜上表奏请伐吴,遭群臣反对,未果。咸宁四年(278)冬病故,临终前举荐杜预自代。次年,杜预率大军水陆并进,一举灭吴。羊祜喜游山水,曾与从事中郎邹湛等人登岘山,想到人生短暂,功业未就,不禁流涕感慨道:"自有宇宙,便有此山,由来贤达胜士,登此远望,如我与卿者多矣,皆湮灭无闻,使人悲伤!"羊祜死后,襄阳官民在其生前游息的岘首山上建庙立碑,纪其德政,碑铭"晋征南大将军羊公祜之碑",简称"羊公碑"。百姓行至此处,无不望碑感泣,继任者杜预名之为"堕泪碑"。

四百多年前的羊祜,终已名垂后世,与山俱传。诗人凭吊羊公碑,想到自己仍是一介寒士,满腹才华无处施展,而去日苦多,死后难免湮没无闻,不能如羊祜一样遗爱人间,留名青史,与江山同不朽,故而读罢"尚在"的羊公碑,碌碌无为的自己唯有洒泪沾襟了。诗人既慨叹羊公碑在而人已作古,顿悟生命短促、人生虚幻之理;又抒发怀才不遇、此生虚度之悲伤。

解读至此,诗意似已豁然。但读者看到的似乎只是一个急欲用世的儒者形象,而不是隐士孟浩然,这与其形象显然有着不小的差距。因此,本诗还需进一步深究。

就天性而言,任性放旷的孟浩然最喜欢闲适自然的隐逸生活。他在武则天称帝、韦后弄权时隐居襄阳,度过了自己的青壮年时代,李白在《赠孟浩然》中忍不住赞叹他"红颜弃轩冕,白首卧松云"。开元年间已显露出盛世气象,为生计考虑,内心孤寂的孟浩然在年过不惑之际又忧惧此生虚度,于是两上长安赴考，并以诗文干谒宰相张九龄等人。因此，人们多认为他是一位不甘隐沦最终却以隐沦终老的诗人。准确地说，他其实是一位不甘寂寞的隐逸之士，总在为仕与隐纠结不已，即使是在"白首卧松云"的时候，内心深处也有那么一丝徘徊歧路的伤感。

回到《与诸子登岘山》的颈联，其实不难发现，"水落鱼梁浅"表面上是说秋冬之际，汉水浅了许多，水中的鱼梁洲显露出来更多了，其实这里还暗用了汉末与司马徽、诸葛亮等交游的襄阳隐士庞德公的典故。

据《后汉书·逸民传》记载，庞德公住在岘山南面汉水中间的鱼梁洲上，平日以耕读为乐，从不进城。荆州刺史刘表多次派人请他出山，皆遭拒绝，于是亲自登门请他出仕："不出山做官只能保全自身，怎么比得上做官保全天下呢？"庞德公笑答："鸿鹄巢于高林之上，暮而得所栖；鼋鼍穴于深渊之下，夕而得所宿。我们做人的取舍与行为举止，不过是像禽兽筑巢穴一样得个栖息之所罢了，保护天下不是我的理想。"刘表接着追问："先生您在城外种地，不肯出来做官得禄，今后拿什么留给子孙？"庞德公回答："世人追名逐利，只会把危险留给子孙；而我淡泊名利，是把安全留给子孙，我只是遗留的东西不同罢了。"刘表只好叹息离去。为了避世，庞德公随后携妻子登鹿门山，采药不返。

若把庞德公与羊祜这两人加以对照，则入世积极进取与出世潜隐退守的这两个榜样，在孟浩然的内心世界恐怕是势均力敌、平分秋色的。因此，就此诗而论，说孟浩然借此诗抒发了自己求"隐"未能虚己以游世，求"显"未能安邦而定国，致使人生虚度的悲凉情感，恐怕更为恰当一些。"鱼梁洲"（庞德公）与"羊公碑"（羊祜）两个典故，一暗一明，乃是诗心密码之所在。

王、孟山水诗用典，一淡一浓，王维多用佛道典故以抒发隐逸情怀，而长期在仕与隐之间徘徊的孟浩然则多喜用历史文化等方面的典故。王维《送孟六归襄阳》曰："醉歌田舍酒，笑读古人书。"此可作为同有隐逸之趣，且喜读古人书的王、孟在用典方面的写照。

别有幽愁暗恨生,此时无声胜有声
—— 杜甫诗歌用典的显与隐

杜甫特别擅长用典,讲究"无一字无来历",其诗虽无令人费解的典故,但不能忽视的是,他的许多看似寻常的诗句,用典巧妙自然,不着痕迹。

"读书破万卷,下笔如有神"(《奉赠韦左丞丈二十二韵》)"不薄今人爱古人,清词丽句必为邻"(《戏为六绝句·其五》)等语,皆夫子自道,亦诚非虚言。

"夜雨剪春韭,新炊间黄粱。"(《赠卫八处士》)诗人在动乱的岁月中寻访到阔别二十年的挚友卫八处士,主人欣喜之余冒着夜雨来新鲜的韭菜,呈上新煮的黄米饭让诗人品尝。主人待客之热情以及深厚情谊,尽在"夜雨剪春韭"的细节之中。"冒雨剪韭"典故,说的是东汉名士郭泰,在友人范逵晚上突然来访时,他冒雨到园中割韭菜做汤饼招待,与之相谈甚欢的故事。杜甫使用此典,了无形迹,仿佛天成。

"岁暮穷阴耿未已,人生会面难再得。"(《久雨期王将军不至》)"穷阴"之说,出自鲍照《舞鹤赋》"于是穷阴杀节,急景凋年"一语,意为光阴急逝,年岁将尽;"难再得"则出自汉武帝时协律都尉李延年《佳人曲》"宁不知倾城与倾国,佳人难再得"一语。诗句虽通俗易懂,但若细品两处语典,则别有一番诙谐趣味——杜甫盼王将军一直盼到快要过年了都没来,其牵挂之情无法排解,简直如同李夫人之于汉武帝。

"乘兴杳然迷出处,对君疑是泛虚舟。"(《题张氏隐居二首·其一》)"乘兴"一词,暗用《世说新语》中王徽之"雪夜访戴(逵)"的典故,表达了不问结果但求过程的潇洒人生态度。一天夜晚下起大雪,王徽之见天地间一片皎洁,吟咏左思诗歌《招隐》,羡其与之同隐的意境,忽想起住在剡溪(嵊州)的好友戴逵,于是连夜乘船从山阴(绍兴)出发,等天明到了戴家门口却没进门就返回了。人问其故,答曰:"乘兴而来,兴尽而返,何必见戴?""迷出处"之说,实则暗用了《桃花源记》"遂迷,不复得路"的语典。"虚舟"一词,出自《庄子·山木》"方舟而济于河,有虚船来触舟,虽有惼心之人不怒"一语,意为空无所系的船。杜甫此联之中连用数典,表明自己面对朋友张君这样的隐士,胸怀恬淡旷达,全无所系,有与之同化之感。

以其在成都草堂时期的代表作《登楼》为例:

> 花近高楼伤客心,万方多难此登临。
> 锦江春色来天地,玉垒浮云变古今。
> 北极朝廷终不改,西山寇盗莫相侵。
> 可怜后主还祠庙,日暮聊为《梁甫吟》。

唐肃宗乾元二年(759)冬,为避"安史之乱",杜甫携家小从陇右辗转来到成都。次年春天,在友人的帮助下,杜甫于西郊浣花溪畔修建草堂安顿家小。代宗广德元年(763)安史之乱平定不久,国家仍是内忧外患。吐蕃又于十月调集包括吐谷浑、党项、氐、羌兵在内的二十万大军,攻陷泾州等地,进逼长安,代宗被迫出逃陕州。吐蕃军队洗劫长安十五天后才在唐军的反击下撤离;年底,吐蕃又攻陷松、维、保诸州以及剑南、西山诸州。耳闻目睹"西山盗寇"吐蕃的强盗行径,杜甫不免忧心忡忡。广德二年(764)春,杜甫得知好友严武再次被任命为剑南节度使兼成都尹,入蜀主持军政大局,欣喜不已,登楼凭眺,触景生情,感而赋诗。

首联以乐景衬哀情,写登楼见花之"伤"感。因战乱频仍,自己不得不避乱客居四川多年,以突兀之势,造成强烈的悬念,为全诗点染了一种悲怆气氛。颔联由登楼所见着笔,描绘出一幅壮美山河的时空画卷。空间上,锦江之水携带着盎然的春意从天地间奔涌而来,远处西北方向玉垒山上的浮云飘忽不定。时间上，诗人联想到了多年来动荡不安的国家局势，心头涌起的还有忧虑世事如白云苍狗、古今更替变幻的沧桑感。

在苍茫的暮色中，诗人伫立望江楼上，徘徊四顾，依稀可见先主刘备的昭烈庙及两侧的后主祠、武侯祠，万千感慨进而涌上心头：可喜的是大唐朝廷像北极星那样终究没有动摇，只祈愿国家不要再受到吐蕃强盗的侵扰；可怪的是昏庸的后主竟然还有歆享后世香火的祠庙；诗人在垂暮之年只好姑且学诸葛亮长啸《梁甫吟》。

颈联以"终"字强调大唐终究还是没有被颠覆，有庆幸，也有祝愿，以"莫"字表达祈愿国家不要再受强盗侵略的美好愿望。尾联以"可怜"（意为"可怪"）兴叹，由后主刘禅宠用宦官黄皓而亡国，进而忧虑唐代宗重用拥立、保驾有功的宦官李辅国、程元振、鱼朝恩等人，可能导致大唐覆亡，再联想到诸葛亮及其早年喜欢吟诵的《梁甫吟》，进而期盼有贤能的宰相能像晏婴那样设计除掉恃功而骄的国之大患。

《梁甫吟》是汉乐府相和歌辞中的一首诗歌，吟咏的是公孙接、田开疆、古冶子三员战将恃功而骄，忧心忡忡的齐景公用相国晏婴之谋，以二桃杀三士的故事。诸葛亮躬耕隆中，好吟《梁甫吟》，实有推崇晏婴谋略并自比其人之意。杜甫在感叹后主刘禅亡国竟还有祠庙之后，再用《梁甫吟》这一典故，其所寄托的情怀主要有二：一是忧大唐国事衰微，感叹无有晏婴、诸葛亮这样的贤相匡扶社稷，使宦竖小人远离君侧；二是以诸葛孔明自许，叹惋自己空怀济世之才、忧国之心，却不为当世所用。

由此可见，典故《梁甫吟》作为诗心密码，蕴藉深厚，可谓"别有幽愁暗恨生"。

全诗巧用典故，借古喻今，寄情于景，将国家局势、个人感怀与眼前之景融为一体，抒发了关心国家前途命运的爱国情怀，意境宏阔深远，诗风沉郁顿挫。无怪乎历代诗家对其高度赞誉。沈德潜《唐诗别裁集》卷十三甚至赞誉道："气象雄伟，笼盖宇宙，此杜诗之最上者。"

再以杜甫《蜀相》为例：

> 丞相祠堂何处寻？锦官城外柏森森。
> 映阶碧草自春色，隔叶黄鹂空好音。
> 三顾频烦天下计，两朝开济老臣心。
> 出师未捷身先死，长使英雄泪满襟。

成都是当年蜀汉建都之地，城西北有诸葛亮庙，即武侯祠，祠前有大柏树，相传是诸葛亮亲手栽种。定居成都不久，杜甫特意寻访武侯祠，写下了《蜀相》这首感人肺腑的千古绝唱。

首联直承诗题"蜀相"，叙事与描写结合。"丞相祠堂何处寻"是自问，"锦官城外柏森森"是自答。一个"寻"字，不仅表明此行人地生疏，且是专程探访，有力地表现了诗人对诸葛亮的景仰之情；"柏森森"这一意象，则渲染了一种静谧、肃穆的气氛。颔联映阶之"碧草"与隔叶之"黄鹂"，两个意象，一静一动，色彩鲜明，彰显盎然春意。"自"和"空"互文，是诗心密码之所在，明说碧草掩映台阶，自顾自地展露春色，黄鹂婉转鸣唱，却无人欣赏，实则暗寓诗人内心忧伤。碧草也罢，黄鹂也好，全不知战乱流离之苦。

颈联用刘备"三顾茅庐"的典故，既讴歌了诸葛亮辅佐先主开创蜀国基业、辅佐后主匡济时艰的勋业，又突出了他鞠躬尽瘁、忠贞不渝的精神品格，同时也道出了诗人景仰诸葛武侯的缘由。尾联用诸葛亮"六出祁山"，伐魏事业未竟，最终病逝于五丈原军中的典故，叹惋其"出师未捷身先死"，表达了诗人对诸葛亮献身精神的高度景仰以及功业未竟的痛惜之情。

前两联凭吊武侯祠，融现实感怀于"碧草""黄鹂"等意象之中，意境深沉悲凉，透露出诗人忧国忧民的心情。后两联在追忆历史的同时，缅怀蜀相并赞其才德，表达了诗人对贤相的期盼，也蕴含着诗人对国事的忧虑。全诗蕴藉深厚，虽短短五十六字，却能囊括武侯生平，诉尽崇敬之情，且饱含诸多幽愁暗恨；尤其是结尾"出师未捷身先死，长使英雄泪满襟"两句，曲终奏雅，千百年来激励着无数的仁人志士以身许国，死而后已！

四

诗家总爱西昆好,独恨无人作郑笺
——朦胧诗鼻祖李商隐的用典艺术

李商隐为诗深受杜甫影响,然与理性和感性兼长的杜甫相比,李商隐在深情绵邈、绮丽精工方面,似乎更胜一筹。《旧唐书·李商隐传》云:"商隐能为古文,不喜偶对,从事令狐楚幕,楚能章奏,遂以其道授商隐,自是始为今体章奏。博学强记,下笔不能自休,尤善为诔奠之辞。"因其诗文好用典故,辞难事隐,令人费解,以致后人以"獭祭鱼"讥之。宋代吴炯《五总志》曰:"唐李商隐为文,多检阅书史,鳞次堆集左右,时谓为'獭祭鱼'。"元代辛文房《唐才子传》也有类似的记载。

"獭祭鱼"之说,本自《礼记·月令》:"孟春之月,东风解冻,蛰虫始振,鱼上冰,獭祭鱼,鸿雁来。""獭祭鱼"是继立春之后的第二个节气雨水三候的第一候:"一候獭祭鱼,二候鸿雁来,三候草木萌动。"喜欢吃鱼的水獭常将所捕之鱼排列在岸边,好似陈列祭祀的供品,故古人有"獭祭"之说。

北宋文同《李坚甫净居杂题一十三首》第五首《书斋》"想在中间坐,浑如獭祭鱼"一语,本是用来形容李坚甫读书情景的,不知南宋吴炯说时人讥讽李商隐写作如"獭祭鱼"依据何在?若李商隐写作才力如此不堪,岂能少年时代就以诗文见赏于"诗王"白居易、"一代文宗"令狐楚,后来又受聘于"独步文场"的卢弘止等人?可见纯属后人之诬枉。

七律本是最重视用典的诗歌类型之一,尤其是中间两联对仗,多要依靠典故来支撑。李商隐尤精于此道,其《锦瑟》一诗即是典型,后面将专门详述。下面先以李商隐《安定城楼》为例分析其用典的特点:

> 迢递高城百尺楼,绿杨枝外尽汀洲。
> 贾生年少虚垂泪,王粲春来更远游。
> 永忆江湖归白发,欲回天地入扁舟。
> 不知腐鼠成滋味,猜意鹓雏竟未休!

文宗开成二年(837)春,李商隐进士及第,冬天从兴元护送恩公令狐楚的灵柩返回长安,目睹衰败乱离之景,作五言长篇政治诗《行次西郊作一百韵》,大胆揭露唐王朝内部的各种腐败现象,谴责尸位素餐的权臣,抨击当权者的倒行逆施。次年应试博学宏词科,初选已被吏部录取,铨拟官职上报中书省时,或因此诗被"中书长者"以"此人不堪"为由抹去姓名。李商隐只好回到时任泾原节度使的岳父王茂元幕府。唐代泾原节度使治所在关内道泾州(今甘肃泾川县北),天宝元年(742)泾州曾改称安定郡,故此诗中依旧习仍称"安定"。

首联紧扣诗题中的"楼"字落笔,诗人远离京城长安,以"迢递"二字写登楼所见"绿杨枝"及远处望不到尽头的"汀洲"。生机勃勃的春天,使得正值青春年华的诗人不禁联想到古代两位才子贤人,于是颔联用有关贾谊和王粲的典故,抒发身世遭遇等感慨。《汉书·贾谊传》载:贾谊二十多岁时就给汉文帝上《治安策》指陈国家弊病,说"时事可为痛哭者一,可为流涕者二,可为太息者六"。诗人用"贾谊垂涕"之典,显然是说自己写《行次西郊作一百韵》,像贾谊一样不知为天下大事和百姓疾苦流过多少眼泪。东汉末年董卓作乱,年仅十七岁的王粲谢绝司徒王允征辟,逃离混乱的长安,投奔荆州牧刘表却未受重视,他在春日登上当阳城楼作《登楼赋》,表达思乡怀土、怀才不遇的忧愤。李商隐以贾谊、王粲自比,抒发了去国怀乡、忧时伤世之情。叶嘉莹先生认为贾生、王粲两典是全诗主旨所在,其实不然。

颈联"永忆江湖归白发,欲回天地入扁舟"紧承上联两典,再用范蠡"泛舟五湖"的典故,一放一收,表明自己永远想着"白发归江湖",只不过目前想要像范蠡辅佐越王勾践那样"回天地",挽救唐王朝败局,待大功告成,再"入扁舟"而归隐江湖。颈联以沉郁之笔,写宏远之志,抒情言志远胜颔联,更接近该诗主旨,但也只是自述心迹,稍辩诬枉而已。其父赐名"商隐",注定了其人生终极目标是要做"商山四皓"那样的隐者;赐字"义山",是希望他能为国家"大义"而出山。这一源自生命血脉的远大政治理想和完美人生规划,由登楼远眺的景物触发,再对比如今志不得伸的窘境,进而将胸中积聚已久的愤懑不平之气倾吐出来:"不知腐鼠成滋味,猜意鹓雏竟未休!"

尾联典故用《庄子·秋水》中的寓言,以"猜意"一语作为诗心密码,卒章显志,用极其愤慨的言辞将抨击的矛头直指那些无端猜忌的无耻之徒。庄子前去探访魏国宰相惠施,可是惠施竟然听信传言,以为庄子此行是想来取代自己,于是下令全城搜捕。庄子主动登门,用寓言故事讽刺他说:有一种叫鹓雏的神鸟,从南方飞往北方,不是梧桐不歇,不是竹米不吃,不是甘泉不饮,可是有只鸱鸮(猫头鹰)抓到一只腐烂的死老鼠,担心鹓雏抢食而冲它怒吼,吓唬它。李商隐借此典故自比鹓雏,以腐鼠比喻权位利禄,以猫头鹰比喻那些利禄攻心的小人并予以辛辣的嘲讽。

全诗采用与贾谊、王粲、范蠡三个历史人物有关的典故以及《庄子》寓言典故,将政治理想、人生规划与感伤身世、抨击黑暗、鄙视庸俗等思想内容熔为一炉,充分展示了诗人在遭受打击之后仍不忘兼济天下的人生使命和独善其身的超脱追求。

从《安定城楼》一诗可以看出,李商隐早年的诗歌颇有杜甫忧国忧民的情怀,风格也很相近,诗中用典虽多但不难理解,丝毫不显得晦涩。不过,经历了仕途受阻、爱妻亡故等重重打击之后的李商隐,后期无题诗在典故运用上就有了显著的变化,往往明典、暗典兼用,有时甚至一语数典,令人颇为费解。

譬如《无题四首》其一:

来是空言去绝踪,月斜楼上五更钟。

梦为远别啼难唤,书被催成墨未浓。

蜡照半笼金翡翠,麝熏微度绣芙蓉。

刘郎已恨蓬山远,更隔蓬山一万重!

《无题四首》包含两首七律、一首五律和一首七古。体裁不一,各篇之间在内容上似乎也没有明显的联系,加之诗中所用典故颇费猜疑,多被视作艳情诗。而清代徐德泓、陆鸣皋《李义山诗疏》则说:"传载令狐绹作相,义山屡启陈情,绹不之省,数首疑为此作也。"

不妨先从这首七言律诗的文本入手,加以探究。此诗采用倒叙手法,虚实结合,将梦境与现实结合起来,先写梦境,层层渲染,创造出一种迷离又感伤的意境,写得缠绵缱绻,伤痛至极,感人心魄。看似表达诗人对远隔天涯的心上人的思恋,抒写长相思的恋情,实则不然。

首联"来是空言"两句对照描写拂晓梦境与梦醒之后的情景:心上人轻盈入梦,竟无一言一语诉说相思之意;离去之时,竟也悄然无声,了无踪迹;晓梦中见面虽美好但短暂易醒,梦醒时分耳边又传来五更的钟声,于是惆怅萦怀的诗人独自起身眺望,只见西楼之外一弯残月斜挂天边,满怀孤寂顿时凝聚心头。

颔联"梦为远别"两句,诗人仍采用虚实对照的手法,先追忆梦境中,心上人要远别,自己啼哭呼唤也难以唤回,再叙写情急之中惊醒,迷迷糊糊中寻找笔墨,未待墨浓即匆忙书写,想问心上人为何相见无语而忍心离别。此联将现实与梦境交织在一起,如梦如幻,如泣如诉,创造出一种亦梦亦真的艺术境界。随后,颈联"蜡照半笼"两句,写诗人回到卧房,神思恍惚中,看到烛影摇曳,灯罩上用金丝线绣成的翡翠鸟成双成对,绣有并蒂芙蓉的锦帐似乎也还有昔日麝熏的微香。如此环境,反衬诗人失魂落魄、孤单苦楚,悲不可抑。

尾联"刘郎已恨"两句，再用"刘郎"这一典故，将伤心绝望之情，推向极致。此典故乃诗心密码之所在，然多认为"刘郎"是指干宝《搜神记》中的那位同阮肇一起入天台采药而遇仙女留下结为夫妇的刘晨。刘晨与阮肇入天台山艳遇仙女，停留半年，何曾恨过"蓬山远"？世人欣羡不已，何来有恨？可见此说大谬不然。

"蓬山"实指海上神山之一的"蓬莱"，其名最早见于《列子·汤问》《山海经·海内北经》等典籍，传说其中多不死之药，是神仙居住处，凡人不可能到达。"蓬山"典故最早可溯自《史记·秦始皇本纪》中徐福入海求仙的故事，后来汉武帝求仙也与蓬莱有关，因此朱鹤龄《李义山诗集笺注》认为"刘郎"是指汉武帝刘彻，冯浩《玉溪生诗集笺注》更是主张说"用汉武求仙事"。李商隐《昭肃皇帝挽歌辞三首·其三》"海迷求药使"一语，说的就是此事。汉武帝听信方士之言，多次派人到海上寻找蓬莱仙人，然"终无有验"。《史记·孝武本纪》也记载汉武帝封禅泰山之后，受方士怂恿，"乃复东至海上望，冀遇蓬莱焉"。但从诗歌内容与意境来看，"刘郎已恨蓬山远"一语所用典故，虽与汉武帝相关，但与"求仙"无涉，而应理解为用汉武帝命方士李少翁招李夫人魂魄相见的故事。有倾城倾国之貌，深受汉武帝宠幸的李夫人，不幸早逝，武帝怀念不已，后来方士李少翁作法，武帝才得以在帷帐内远观李夫人姿容。佳人不复再生，想见终归渺然。李商隐用汉武帝与李夫人魂魄相见的典故，最后以"更隔蓬山一万重"作结，在与首句遥相呼应的同时，将天人永隔的阻隔之恨，袒露无遗。

李商隐妻子王氏卒于大中五年（851）夏秋之际，大中十一年（857）正月，在诗人和妻子曾生活过的东都洛阳崇让坊王宅，李商隐曾作《正月崇让宅》悼念亡妻。从内容与情感来看，"来是空言"一诗，应是李商隐在爱妻王氏殁后，居于长安南郊樊川或崇让坊王宅故居时的深情悼念之作。徐德泓、陆鸣皋《李义山诗疏》解为令狐绹入相之后李商隐的陈情之作，于情于理已是不通，更遑论当代古典文学专家金性尧等人所主张的"艳遇"之说！

再看其《无题四首》其二：

> 飒飒东风细雨来，芙蓉塘外有轻雷。
> 金蟾啮锁烧香入，玉虎牵丝汲井回。
> 贾氏窥帘韩掾少，宓妃留枕魏王才。
> 春心莫共花争发，一寸相思一寸灰！

这首七言律诗可视作前面《无题·来是空言去绝踪》的姊妹篇。多认为是描写幽禁深闺的女子与恋人无法相会的绝望爱情，属于"刻意伤春"之作，其实不然。

首联描写飒飒春风吹拂，细雨霏霏，芙蓉塘外传来轻雷般的隆隆车声。"芙蓉塘"即莲塘，南朝乐府中常以之代指男女幽会传情之地。"轻雷"暗用司马相如《长门赋》语典："雷殷殷而响起兮，声像君之车音。"颔联借用两种生活情境与女主人公深锁幽闺的处境进行对比，抒发不能相见的哀伤：香炉虽然密闭紧锁，但烧香的时候还是可以打开添加香料；水井虽然深不见底，但借着辘轳的牵引还是可以把水提上来。

颈联则在前两联写女子因幽居深闺而愁怨的基础上，由"烧香"引出"贾氏窥帘"，由"牵丝（思）"引出"宓妃留枕"这两个典故，从女主人公的角度说明，一旦遇见钟情之人就应该主动地热烈追求，以免留下人生遗憾。贾午窥帘，赠香韩寿，是因为爱慕他英俊年少；宓妃留枕，情系曹植，是因为倾慕他才华横溢。尾联却陡然一转，用"一寸相思一寸灰"煞尾，将前面所述的相思爱情全盘否定，以劝诫甚至忏悔的语气，强调对美好爱情的向往之情切莫和春天的花朵一起竞相开放，以免寸寸相思都化为灰烬。

若将此诗理解为王氏对李商隐的恋情，或更为入情入理。当年王氏因倾慕诗人的姿容与才华，对之一见钟情，随后结成姻缘；谁料自己长年漂泊在外，徒留相思于她。诗人晚年回想起来，自己空劳伊人牵挂，使其相思成疾，不幸早逝，于是沉痛忏悔：倒不如这段恋情没有随着春花萌发，否则也不至于让彼此寸寸相思化为灰烬!诗人将仕途失意、身世凄凉之感融入"相思成灰"的爱情之中,其所言"楚雨含情皆有托"(《梓州罢吟寄同舍》),当作如是解。

这组诗中另外两首亦是在抒写爱情之中寄予身世之感,不再赘述。

水中着盐不知,饮水乃知盐味
——用典贵在妙合无痕

有"诗奴"之称的中唐诗人贾岛,以苦吟著称,其《寻隐者不遇》一诗虽少儿皆能成诵,但因用典天衣无缝,故世人皆习焉不察:

> 松下问童子,言师采药去。
> 只在此山中,云深不知处。

该诗短短二十字,虽浅近之极,但"藏问于答",将环境、人物、情节等融于一体,蕴含之丰富,难以尽述。首句问,后三句答,以童子之答言,状山居之幽静。几问几答,曲折摇曳。就诗歌意象而言,苍松象喻隐者的仙风道骨,白云烘托隐者的高洁出尘,诗人对日日与林泉烟霞为伍的隐者的钦慕彰显无遗。

结尾"不知处"三字,看似平常,实则巧妙无痕地化用了宋玉《神女赋》中"黯然而暝,忽不知处"一语。用此语典,不仅表明了诗人寻访隐者未遇,有着同宋玉一样伤感失落的心情,而且还暗含着与高蹈逸世的隐者相比,因久处红尘俗世而迷失自我的诗人对自己到底置身何处的沉痛反思,蕴藉深厚,回味无穷。

北宋王安石《书湖阴先生壁二首·其一》诗中用典,也是巧妙无痕,因此备受推崇:

茅檐长扫净无苔,花木成畦手自栽。
一水护田将绿绕,两山排闼送青来。

杨骥,字德逢,号湖阴先生,鄱阳(今属江西)人。王安石居母丧,寓居江宁(今南京),杨骥就学于王安石,为其弟子。王罢相后,退居江宁蒋山(即钟山),隐士杨德逢与其为近邻。

湖阴先生新葺草堂的茅檐,如同描眉画出的长长一笔,诗人联想到晚年隐居成都万里桥边、有着"扫眉才子"美称的唐代女诗人薛涛,立即捕捉"长扫(眉)"这一灵感,融情于景,暗用典故,写下首句"茅檐长扫静无苔",突出隐居之所的清净。看到"成畦"的花木,诗人联想到唐末谭用之《寄王侍御》"燕歌别后休惆怅,黍已成畦菊已开"诗句所暗含的隐居意境,接着以"花木成畦手自栽"一语,赞美隐居环境的幽雅。前两句突出主人对隐居环境的热爱之情,其中"长扫""成畦"这类非典型性用典,如羚羊挂角,无迹可寻,故极易被读者所忽视。

第三句融拟人和描写于一体,有如水乳交融,密合无间。诗人将"一水""两山"转化为富有情感和生命力的形象,描写庭院外的一弯绿水不光为主人护卫田园,还用绿色草木将其环绕;青山不光为主人送来秀丽风光,居然推门而入。后两句则突出了自然环境与主人的亲密关系,生动地表现了主人的隐逸情怀,因而成了千古传诵的名句。

最妙的是,诗人用"护田"和"排闼"描绘绿水青山,不仅情趣盎然,而且将典故融入描写之中,简直是天衣无缝,如有神助。即使读者不知典故内涵,也不会妨碍对诗歌意旨的理解,而一旦明白典故的出处,就会更深刻地了悟诗歌的深意妙趣。

"护田"典故,出自《汉书·西域传》:"轮台、渠犁,皆有田卒数百人,置使者校尉领护。""使者校尉"又叫"屯田校尉"或"护田校尉",是汉武帝时期设置的掌管西域屯垦事务的军职,诗人借以表明这一湾绿水,保障着农田的灌溉。"排闼"典故,出自《汉书·樊哙传》。吕后的妹夫樊哙,一直追随刘邦,与刘邦亲密异常,诗人借此表明两旁的青山与主人关系异常亲密。刘邦重病,讨厌见人,诏令侍卫不得让群臣进入宫禁,适逢英布反叛多日,周勃、灌婴等功臣都不敢入宫计议,"(樊)哙乃排闼直入"。

诗心密码,尽在句中典故:"长扫""成畦",极言人工之美;"护田""排闼",尽显自然之趣。前后映衬,匠心独运。尾联对仗工整,精妙传神;两处使典,凝聚诗心:山水有情,和主人交情匪浅;隐者高洁,和山水亲近无比。

南朝齐梁诗坛,无论是隶事用典,还是雕琢辞藻,都为后世所诟病,其主要原因在于脱离自然而徒以人力加工。古典诗歌发展至唐朝,最终达到了"无体不备,无体不善"的地步,宋代诗人在难以逾越前人所达到的高度时,转而以文字为诗,以才学为诗,以议论为诗,在使事用典方面出现了一些不好的倾向。因此,苏轼《东坡诗话·题柳子厚诗》中针对宋初以杨亿为代表的"西昆体"诗人的因袭之风,从革新诗风的角度对用典提出明确要求:"诗须要有为而作,用事当以故为新,以俗为雅。"

且看苏轼《和董传留别》如何用典:

粗缯大布裹生涯,腹有诗书气自华。
厌伴老儒烹瓠叶,强随举子踏槐花。
囊空不办寻春马,眼乱行看择婿车。
得意犹堪夸世俗,诏黄新湿字如鸦。

宋英宗治平元年(1064)十二月,苏轼罢凤翔签判,返汴京述职,途经长安,顺道看望准备参加进士考试的董传,并留下这首七律勉励在凤翔府结识的这位穷朋友。

首联写董传裹着粗布衣度日,可见贫穷潦倒,却因腹有诗书而丰神俊逸,意气轩昂。形神对比,人物形象光彩照人。颔联引用《诗经·小雅·瓠叶》"幡幡瓠叶,采之亨之"语典和"踏槐花"故事,表明董传不甘心终生过着食不果腹的贫苦日子,希望通过科举考试出人头地。"踏槐花"意指准备参加进士考试。《说郛》卷六九引唐代李淖《秦中岁时记》云:"进士下第,当年七月复献新文,求拔解,故曰'槐花黄,举子忙'。"唐代参加进士考试的举子,往往在大比之年的前一年秋天就到京城行卷干谒,其时正值槐花盛开,故名。

颈联先用《南史·虞玩之传》所载虞玩之着旧屐三十年不更换原因在于"贫士竟不办易"的事典,而转为"囊空不办",再将孟郊《登科后》"春风得意马蹄疾,一日看尽长安花"诗意,转化为"寻春马";最后用"择婿车"典故,鼓励董传要有信心高中进士,得选公卿佳婿。据王定保《唐摭言·慈恩寺题名游赏赋咏杂纪》载,唐代进士放榜日,倾城出动,公卿家选取佳婿,"钿车珠鞍,栉比而至"。此联融合多个典故,语义多有转折,委婉勉励董传:目前虽然囊中羞涩,登科后游街的马买不起也无所谓,不妨仔细看看那王公贵戚的"择婿车"。尾联进一步勉励董传,相信他一定可以金榜题名,待捷报传来以夸世俗。

诗中苏轼赞扬贫寒士子董传的"腹有诗书气自华"一语,高度概括了高雅气质与读书的必然联系,成为传诵千古的名句。此"气"不单是指儒雅之气,还包含着读书人在面对人生失意和困窘时乐观豁达的精神。

综观苏轼此诗,妙在用典。尤其是中间两联,以典故的形象编织成工巧自然的对仗,不仅毫无晦涩之感,反而还加强了感性之美,使人不觉其为用典。可见,用典只要做到自然而然,不落入"掉书袋"的俗套,完全可以收到含蓄蕴藉之效。

苏轼七律《九日次韵王巩》一诗,巧用多个典故,写重阳节宴饮高歌,劝众人诗酒尽兴:

> 我醉欲眠君罢休,已教从事到青州。
> 鬓霜饶我三千丈,诗律输君一百筹。

闻道郎君闭东阁,且容老子上南楼。

相逢不用忙归去,明日黄花蝶也愁。

首联"我醉欲眠君罢休",用陶渊明典故,意在劝众人不用在意诗人醉酒,继续尽兴宴饮。据《宋书·陶潜传》记载,陶渊明个性率直,嗜酒如命,每逢客人来访,无论贵贱,只要有酒都会以酒款待。他如果先醉了,就会对客人说:"我醉欲眠,卿可去。""已教从事到青州",意思是自己饮美酒已至沉醉,典出刘义庆《世说新语·术解》。桓温有个主簿善品酒,有酒就让这人先品鉴。美酒他就说是"青州从事",因青州有齐郡,言酒力可达于脐;劣酒他就说是"平原督邮",因平原郡有鬲县,言酒力止于膈上。

颔联"鬓霜饶我三千丈",源自李白《秋浦歌》"白发三千丈,缘愁似个长"语典。苏轼以此感叹自己两鬓添霜,韶华不再,不能与年轻人相比。"诗律输君一百筹",典出欧阳修《归田录》,苏轼以此自谦。北宋宰相吕蒙正中状元之前,因衣衫褴褛而被胡旦轻视,胡旦听见其诗末句"挑尽寒灯不成梦",更是嘲笑他"乃一瞌睡汉"。宋太宗太平兴国二年(977)吕蒙正高中状元,写信告诉胡旦说"瞌睡汉状元及第矣",胡旦回复说"待我明年第二人及第,输你一筹"。胡旦果然于次年戊寅科状元及第。

颈联上句"闻道郎君闭东阁"用李商隐拜访令狐绹遭其冷落的典故。下句"且容老子上南楼",用庾亮登楼典故。据《晋书》卷七十三《庾亮列传》记载,东晋太尉庾亮在武昌时,殷浩等僚属乘秋夜登南楼歌咏,庾亮带着随从步行而至,众人见状欲起身避让,庾亮缓缓说道:"诸君少住,老子于此处兴复不浅。"随后占据胡床与殷浩等人谈咏、戏谑。苏轼引用李商隐和庾亮这两个典故,意在说明自己不会像令狐绹那样紧闭东阁,而是和庾亮一样兴致不减。

尾联"相逢不用忙归去,明日黄花蝶也愁",以蝶拟人,隐含人生迟暮之感,劝大家珍惜相聚的机会,诗酒尽兴,否则待重阳节过后菊花凋零,蝴蝶也会发愁。

综观全诗，引经据典不仅丝毫没有生搬硬套之感，旁征博引反而使得全诗内容丰富，加大了奉劝众人诗酒尽兴的说服力度。所有典故的意蕴汇聚于结尾"明日黄花"一语，卒章显志，妙趣横生。

苏轼诗词文赋中用典极为常见，但如"水中着盐，饮水乃知"。譬如其《前赤壁赋》不尽之语，裁成《念奴娇·赤壁怀古》"大江东去"一词，其中读者习以为常的"樯橹灰飞烟灭"一语，其实就运用了佛经《圆觉经》中"譬如钻火，两木相因，火出木尽，灰飞烟灭"这一语典。

宋代江西诗派的代表人物、"苏门四学士"之一的黄庭坚，也是一位特别喜欢用典故且用得自然脱俗的诗人，他特别推崇杜甫，并以之为榜样，在七律创作方面尤为典型。他在《答洪驹父书》中说："老杜作诗，退之作文，无一字无来处，盖后人读书少，故谓韩、杜自作此语耳。古之能为文章者，真能陶冶万物，虽取古人之陈言入于翰墨，如灵丹一粒，点铁成金也。"仅举其《寄黄几复》为例略加阐释：

> 我居北海君南海，寄雁传书谢不能。
> 桃李春风一杯酒，江湖夜雨十年灯。
> 持家但有四立壁，治病不蕲三折肱。
> 想见读书头已白，隔溪猿哭瘴溪藤。

黄庭坚，英宗治平四年（1067）中进士，授汝州叶县县尉，神宗元丰六年（1083）十二月由太和知县移监德州德平镇，此诗是其游宦德平期间写给时为四会（今广东四会）知县的好友黄几复的。

首联化用《左传·僖公四年》中所载的楚王使者"君处北海，寡人处南海，惟是风马牛不相及也"之语，随即又信手拈来"鸿雁传书"的典故，表明两人处在不同的地方且相距遥远，根本无法亲近往来，甚至连传递书信都很困难。《说卦》有"乾为马""坤为牛""巽为风"的说法，分别代表西北、西南、东南这几个不同的方位。因为大雁南飞,至衡山而止,不可能将书信带到衡山以南的四会,所以诗人用拟人手法,巧说大雁"谢不能",极为生动。

颔联说:回想当年,春风下我们一起观赏桃李花开,痛饮美酒,可如今我江湖落魄,转眼已经分别十年,这些年来我常常对着孤灯听着夜雨思念着你。诗人以乐景衬哀情,先用艳丽的"桃李"、和煦的"春风"意象,再叠加"一杯酒",极言两人相聚之欢乐;再用漂泊的"江湖"、伤怀的"夜雨"意象,叠加"十年灯",将分别多年来彼此的思念之殷切,作了生动形象的抒写。相聚美酒只"一杯",而别后孤灯竟有"十年",欢聚何其短促,漂泊何其漫长!此联极受后人推崇,皆因诗人在叠加的意象中倾注了深挚的情感。

颈联"持家"一句,化用《史记·司马相如列传》"文君夜亡奔相如,相如乃与驰归成都,家居徒四壁立"语典;"治病"一句,则化用《左传·定公十三年》"三折肱,知为良医"语典。言外之意是说,知县黄介清正廉洁,至今仍是家徒四壁,他具有"上医医国"的才干且政绩卓著,根本不需继续留在基层磨炼,却一直得不到重用。尾联以"想见"领起,既照应开头,又在廉洁、干练的基础上进一步描摹其白发萧索、读书不倦的士人形象,令人感佩不已。最后用"隔溪猿哭瘴溪藤"加以烘托,为一个垂老沉沦、不得重用的友人发出撼人心魄的"不平之鸣"!

还有最容易被忽视的一点就是,黄庭坚由太和知县"移(平调)监德州德平镇",也就是担任德州的监州(即通判)一职,派驻德平镇。混迹官场二十年且年过不惑的诗人,还要在基层继续做这种没有实权的僚属,在诗中为好友黄介鸣不平的同时,不也委婉地抒发了自己长期沉沦下僚、怀才不遇的悲愤之情吗?

谜托珠玉，巧传心曲
—— 李商隐《锦瑟》的文本深意探究

> 锦瑟无端五十弦，一弦一柱思华年。
> 庄生晓梦迷蝴蝶，望帝春心托杜鹃。
> 沧海月明珠有泪，蓝田日暖玉生烟。
> 此情可待成追忆，只是当时已惘然。

[文本密码] 迷（谜）—托—珠—玉

[意象密码] 锦瑟

[典故密码] 庄周梦蝶；望帝啼鹃；鲛人泣珠与沧海遗珠；伯雍种玉与紫玉生烟

李商隐《锦瑟》一诗因其朦胧多义的意象、扑朔迷离的意境、晦涩难懂的典故，千百年来一直困扰着无数读者。

对于《锦瑟》的主旨，历来众说纷纭，主要有"咏物""悼亡""爱情""自伤""诗序""政治"等说法。作家王蒙认为像《锦瑟》这类诗"没有定解也就是可以有多种解"，他仿照鲁迅评述《红楼梦》说道："情种从《锦瑟》中痛感情爱，诗家从《锦瑟》中深得诗心，不平者从《锦瑟》中共鸣牢骚，久旅不归者吟《锦瑟》而思乡垂泪，这都是赏家与作者的合作成果。"[1]

---

[1] 王蒙：《读书解人》，贵州人民出版社2013年版，第7页。

虽说诗无达诂，解诗可以见仁见智，文学鉴赏应由作者和读者共同完成，但是，李商隐《锦瑟》自应有其唯一确定的本旨。真正的解读，完全可以抵达其"诗心"，将其本旨揭示出来。

清代程湘衡力主"诗序"说，学者钱锺书则先引何焯《义门读书记·李义山诗集》说辞：

> 亡友程湘衡谓此义山自题其诗以开集首者，次联言作诗之旨趣，中联又自明其匠巧也。余初亦颇喜其说之新。然义山诗三卷出于后人掇拾，非自定，则程说固无据也。

接着得出结论："程说殊有见，义门徒以宋本义山集旧次未必出作者手定，遂舍甜桃而觅醋李。"经过一番严谨的考证后，又说"余窃喜程说与鄙见有合，采其旨而终条理之也可"。于是全面而深入地论证了"诗序"说的合理性。[1]

钱锺书先生从广阔的文化背景和艺术传统等方面着眼来鉴赏《锦瑟》，兼及中西文学比较，论述严密，贡献巨大，然于"诗心"，仍有可深探之处。

全诗虽以"锦瑟"起兴，看似虚写而实为实写，且有比兴合用之妙；而起首两句，由锦瑟直接切入正题，故可视之为"准无题诗"。其中，"思华年"三字统摄全篇，是全诗思想主旨的概括。

清代朱鹤龄《李义山诗集注》引《周礼·乐器图》注释曰："雅瑟二十三弦，颂瑟二十五弦。饰以宝玉者曰宝瑟，绘文如锦曰锦瑟。"由此可知，核心意象"锦瑟"之名缘于"绘文如锦"，此种绘有锦绣般花纹的瑟，恰好是"文采华丽"的诗人李商隐的自况。清代汪师韩《诗学纂闻》："《锦瑟》乃是以古瑟自况……世所用者，二十五弦之瑟，而此乃五十弦之古制，不为时尚。成此才学，有此文章，即己亦不解其故，故曰'无端'。"薛雪《一瓢诗话》也说道：

---

[1] 钱锺书：《谈艺录》，生活·读书·新知三联书店2007年版，第285—286页。

"此诗全在起句'无端'二字,通体妙处,俱从此出。意云:锦瑟一弦一柱,已足令人怅望年华,不知何故有此许多弦柱,令人怅望不尽;全似埋怨锦瑟无端有此弦柱,遂致无端有此怅望……"至于"五十弦",则出自典故"泰帝破瑟",《史记·封禅书》与《汉书·郊祀志》皆有记载:"泰帝使素女鼓五十弦瑟,悲,帝禁不止,故破其瑟为二十五弦。"原本五十弦的锦瑟,因其音悲哀至极,太昊伏羲氏实在受不了,故令分剖为二十五弦了。五十弦之锦瑟,正是才华卓异的诗人悲惨命运的象喻。诗人内心因之而触动,联想到自身遭际,于是假借天帝曾用过的五十弦之瑟而委婉表达:锦瑟啊锦瑟,你为什么偏要与众不同有五十根弦呢?如此一来,每一根弦每一根柱都让人情不自禁地回想逝去的美好青春年华啊!"思华年"三字,乃全篇"诗眼"之所在。首联以"锦瑟"意象开篇,不仅抒发诗人对自身空负奇才却不合时宜不为世用的悲哀,而且奠定了全诗"悲酸"的基调。

尾联"此情可待成追忆,只是当时已惘然"两句,采用递进句式,今昔对照,与首联回环呼应,突出诗人内心的惆怅寂寞,并且有力地肯定:凡此种种遭遇,种种心情,何待今天回忆;就是在当时,虚负韶华,也足以令人惆怅伤感啊!

细品首尾两联,从起句"无端"到结句"惘然",李商隐终于顿悟人生如梦、有情皆幻、有色皆空的道理,其怅惘哀痛之情毕现于笔端。删繁就简,全诗的框架或曰重点,其实只有首尾四句:"锦瑟无端五十弦,一弦一柱思华年。""此情可待成追忆,只是当时已惘然。"

正如清初诗人王士禛在《戏仿元遗山论诗绝句三十二首》之十一所言:"獭祭曾惊博奥殚,一篇《锦瑟》解人难。"全诗最难解读之处,其实集中在颔联和颈联这四句诗人自伤生平之辞。因此,解读此诗,必须深入领会颔联、颈联中复杂难懂的意象与典故,方能走进诗人精心营造的诗歌意境,与之进行心灵的对话。

李商隐,字义山。其父李嗣鉴于家门数代丁男寿命不永,给他取此名字,是希望他像秦末汉初的"商山四皓"那样,既能隐居深山修道获得健康长寿,又能在国家危难时刻"为大义而出山",匡扶天下,青史留名。

先看颔联"庄生晓梦迷蝴蝶,望帝春心托杜鹃"两句。

"庄生"句运用了《庄子·齐物论》中的"庄周梦蝶"的典故:"昔者庄周梦为胡蝶,栩栩然胡蝶也,自喻适志与!不知周也。俄然觉,则蘧蘧然周也。不知周之梦为胡蝶与,胡蝶之梦为周与?周与胡蝶,则必有分矣。此之谓物化。"庄周梦见自己变成了蝴蝶,醒来却不知是自己在梦中变成了蝴蝶,还是蝴蝶变成了自己。在老子"万物将自化"的思想基础上,庄子借此寓言进一步提出了"物化"这一泯灭事物差别、彼此同化的精神境界的哲学概念,引导人们思考真实与虚幻、现实与想象的哲学问题。李商隐化用这一典故,显然有两方面深刻用意:一方面是实写,追忆青年时代入道仙游等生活;另一方面又是虚写,说自己青年时代有过许多浪漫的爱情、美好的理想,后来在冷酷的现实生活中逐一幻灭,化为泡影。"庄生",诗人自谓也;"迷蝴蝶",隐喻诗人早年在玉阳山修道的游仙生活,以及诗人早年的恋爱婚姻以及入仕等经历。"迷"者,惑也,沉醉于某事而失去辨别能力,表明对梦境的沉溺以及迷惘,其间恐怕包含着对自己早年浪漫多情的恋爱以及仕途经历的沉痛反思乃至忏悔,足见诗人晚年回首前尘往事之时,只觉浮生若梦,既有甜蜜,又有辛酸。过去一切如梦如幻,甚至今日之证悟也如梦幻。其中,"晓梦"之"晓",系以早晨代指早年,且含有美梦短暂易醒之意。

"望帝"句运用"望帝啼鹃"的典故,是说诗人满腹忧愤,唯有假借诗篇以曲传。望帝,本名杜宇,教民务农,民称杜主。周朝末年,七国称王,杜宇则称帝于蜀,以郫邑为都,瞿上为陪都。据《华阳国志·蜀志》记载:"会有水灾,其相开明决玉垒山以除水害,帝遂委以政事,法尧舜禅授之义,遂禅位于开明,帝升西山隐焉。时适二月,子鹃鸟鸣,故蜀人悲子鹃鸟鸣也。"《太平寰宇记》则曰:"时巫山壅江蜀地洪水,望帝使鳖冷凿巫山,蜀得陆处。望帝自以为德不相同,禅位于鳖冷,号开明,遂自亡去,化为子鹃鸟,故蜀人闻子鹃鸣曰：'是我望帝也。'鳖冷或为鳖多，子鹃为子巂。或云：'杜宇死，子规鸣。'"

杜宇禅让天下于其相鳖灵（又名鳖冷）后，隐居西山修道，念念不忘故国臣民，直至魂化杜鹃，啼血哀鸣"不如归去"，故历来皆以之为冤禽。譬如，唐代顾况《子规》诗曰"杜宇冤亡积有时，年年啼血动人悲"，宋代宋祁《初入蜀州阁道作》诗曰"杜宇有冤啼夜月，女萝凭鬼护山阿"。

至于杜宇冤在何处，《华阳国志》《太平寰宇记》等典籍皆语焉不详。朱鹤龄《李义山诗集笺注》中所引西汉扬雄《蜀王本纪》上竟说："望帝使鳖灵治水，与其妻通，惭愧，且以德薄不及鳖灵，乃委国授之。望帝去时，子规方鸣，故蜀人悲子规鸣而思望帝。"倘如此，则淫人之妻的杜宇何冤之有？详审《蜀王本纪》等说法，杜宇与其相鳖灵之妻私通，极可能是政敌炮制的无耻谰言，所谓"禅让"亦非其所愿，鳖灵以"德薄"为由逼杜宇退位才合乎情理。陶宗仪《说郛》卷六十引乐史《太平寰宇记》说："望帝自逃之后，欲复位不得，死化为鹃。每春月间，昼夜悲鸣。"这恐怕才是最接近真相的说法。

由此可见，李商隐在诗中借望帝之冤寄慨遥深，极言自己有如望帝被诬"德薄"而含冤莫白。

李商隐早年深受牛党令狐楚赏识栽培，又受其子令狐绹举荐中了进士，后来却因娶了李党王茂元的女儿而陷入"牛李党争"的政治旋涡之中，被令狐绹目为"忘家恩、放利偷合""诡薄无行"的背恩负义之人，横遭排挤。正直忠厚的李商隐因娶王氏竟至终身沉沦下僚，郁郁不得志，其冤屈可想而知。"春心"一词，大多以为是少男少女爱情的萌发，其实"春心"之"春"与上句"晓梦"之"晓"同义，"春心"应是喻指年轻时的政治理想等人生追求。"春心托杜鹃"之说，将仕途坎坷、沉沦一生的怨愤和盘托出。诗人早年如望帝一样蒙冤而断送了仕途，直至迟暮，仍含冤莫白，且忧及死后沉冤不得昭雪。知人论世，以意逆志，则诗人之憾恨可想而知。

再看颈联"沧海月明珠有泪,蓝田日暖玉生烟"两句。

"沧海"句合用了"鲛人泣珠"和"沧海遗珠"这两个典故,字面意思是说,沧海的遗珠长对明月而垂泪。张华《博物志》卷二载:"南海外有鲛人,水居如鱼,不废织绩,其眼能泣珠。"《文选注》中说"月满则珠圆",珠生于蚌,蚌生于海,从海底蚌壳里采出的珍珠都是浑圆的。蚌中明珠富有灵性,会随月亮的盈亏而变化。每当月明宵静,蚌则向月张壳,以养其珠,珠得月华,始极光莹。这是一个极其美好的民间传说。以珠喻泪,自古为然;鲛人为报恩而泣泪成珠,亦是奇情异景。

《新唐书·狄仁杰传》则记载:"(狄仁杰)举明经,调汴州参军。为吏诬诉,黜陟使阎立本召讯,异其才,谢曰:'仲尼称观过知仁,君可谓沧海遗珠矣。'"

明月映照沧海,珍珠浴于泪波。"鲛人泣珠"喻知恩图报,"沧海遗珠"喻才士见弃。诗人巧妙地将"鲛人泣珠"的典故与民间传说糅合在一起,已然创造出了一个难以分辨的奇妙诗境,再融入与曾经遭诬的狄仁杰相关的"沧海遗珠"典故,以"沧海月明珠有泪"这一句紧承含冤莫白的"杜鹃"句,不仅表明了自己对令狐楚父子的"知恩"之意,而且抒发了因遭令狐绹误解而衔冤莫白以致怀才不遇的悲慨,其情感脉络分明,有迹可循。

李商隐少年时代即因诗文出众而受到令狐楚、白居易、李德裕等前辈赏识,他虽然主要是受牛党令狐楚父子的栽培提携而步入仕途,但政治立场明显偏向李党。早在大和三年(829),牛党李宗闵以宦官为内援,当上宰相,随即将李党领袖李德裕排挤出朝,时年十七岁的李商隐就曾去滑台拜谒过郑滑(义成军)节度使李德裕,并作《少将》一诗赞之。之后,李商隐多次得到过李德裕及其手下的关照,故一直以恩师视之。会昌六年(846)三月,唐武宗崩,宣宗即位,次日即罢李德裕相,重用牛党白敏中等人。白敏中与令狐绹一再构陷李德裕,直至大中二年(848)十月李德裕贬为崖州司户参军。李德裕前往潮州、崖州,途经昭州(州治在平乐)时,被桂管观察使郑亚委任为代理昭州郡守的李商隐,在洗墨池设宴送行,并写下《李卫公》一诗。大中三年(849)十二月,因驱回鹘、平泽潞、抑藩镇而被李商隐誉为"万古之良相"的李德裕卒于海南崖州贬所。"(德裕)为相十年,正拜太尉,清直无党。""(李德裕)决策论兵,举无遗悔;以身捍难,功流社稷。"宋代史学家吕祖谦赞其"功烈光明,佐武中兴,与姚(崇)、宋(璟)等矣"。李商隐对李德裕十分推崇,经常在诗文中颂扬其雄才大略、道德文章。令狐绹认为李商隐"诡薄无行",恐怕与其鲜明的政治立场颇有关系。故无论李商隐如何向令狐绹陈情,身居高位的令狐绹始终未曾谅解。

"蓝田"句综合运用"伯雍种玉蓝田""紫玉生烟"等典故以及"暖玉生烟"的传说,字面意指蓝田的美玉每临暖日而生烟。

干宝《搜神记》卷十一记载有"伯雍种玉"的故事:雒阳县人杨伯雍,性笃孝,父母亡,葬无终山,于是安家在山上。山高无水,杨伯雍到山下汲水作义浆于田阪,免费供行人饮用,多年后一老人饮水后给他一斗石子并教其种玉于田,得白璧五双聘娶以德行著称的徐氏之女,杨伯雍终因其孝、义之德,被天子拜为大夫。玉之美者曰球,其次曰蓝,"玉田""蓝田"以及"种玉蓝田"之说即源于此。

"蓝田生玉"的典故,出自《三国志·吴书·诸葛恪传》裴松之注引《江表传》之说。"(诸葛)恪少有才名,发藻岐嶷,辩论应机,莫与为对。(孙)权见而奇之,谓瑾曰:'蓝田生玉,真不虚也。'"孙权以此赞美诸葛恪才德出众,诸葛瑾父子皆贤。

晋代陆机《文赋》曰:"石韫玉而山辉,水怀珠而川媚。"山有美玉,水有珍珠,都会显现不同的光华与烟气。古人探寻玉矿,全凭肉眼观察。"暖玉生烟"之说,按当今物理科学的原理完全可以解释:坚硬致密的玉石,其导电性和导热性都很强,但蓄热性较差,一旦受到太阳光的电磁辐射,其表面温度上升较快,会使接近其表面的气流得以加热,而受热不均会造成气流存在密度差,从而使得光线在有密度差的玉石表面发生特殊的折射现象。像下和那样有经验的寻玉之人,通过此种烟云即可凭借肉眼辨识。李商隐借这一传说表明,才德兼备之人俱有其外在表现,不遇识者只会遭到埋没。

《搜神记》卷十六又有紫玉、韩重的故事。吴王夫差小女紫玉与韩重相爱,王怒不许,紫玉气结而死,后韩重游学归来,凭吊于紫玉之墓,紫玉魂从墓出,流涕而歌,歌中有辞曰:"悲结生疾,没命黄垆;命之不造,冤如之何!"临别,紫玉赠以径寸明珠,嘱韩重致敬吴王。不料吴王认为韩重手中明珠是发冢盗墓而得,令将其收押。韩重逃脱至紫玉墓所倾诉,紫玉于是魂归王宫,跪见吴王而以实情禀告:因韩重父母使人前来求婚而大王不许,使紫玉"名毁""义绝"而至身亡,韩重游学归来,往吊于墓前,紫玉感其笃诚而以明珠赠送,恳请父亲不要治他的罪。吴王夫人闻之,赶紧出来拥抱紫玉,结果"(紫)玉如烟然"。李诗中"玉生烟"三字,同时也暗用了"紫玉生烟"之典,既有可望而不可即的虚幻之感慨,又饱含着令人死不瞑目的"名毁""义绝"之冤痛。

总的来说,"蓝田日暖玉生烟"综合运用多个典故和传说,含蓄而曲折地表达了自己秉具高尚品德却横遭令狐绹等牛党人士排挤甚至导致"名毁""义绝"的冤痛。

对于李商隐的人品,《旧唐书》说"(令狐绹)以商隐背恩,尤恶其无行",《新唐书》则说"绹以为忘家恩,放利偷合",《唐才子传》亦云"绹恶其忘家恩,放利偷合,从小人之辟",此皆史家春秋笔法,说明指责李商隐"背恩""放利偷合""从小人之辟"之人,乃是令狐绹。后人据此指责李商隐无行,岂不冤枉!站在令狐绹的立场上来看,李商隐是"忘家恩",那令狐绹的人品与政治立场究竟如何呢?极力为寒进开路的李德裕,在武宗会昌年间,并未因朋党而疑忌白敏中、令狐绹,置之台阁,顾待甚优。但从大中元年(847)宣宗用牛党白敏中为相之后,令狐绹便与白敏中联手,指使党羽李咸等人,一再构陷前宰相李德裕,将其一贬再贬,直至大中三年(849)贬死崖州,致使"八百孤寒齐下泪,一时南望李崖州",绹之人品与政治操守,由此可见一斑。

李商隐任职虢州弘农尉,明知"活狱"会忤时任陕虢观察使的孙简(其四女婿系令狐绹堂弟令狐缄)之意而丢官去职,他也要主持公道,给死囚减刑;拜见令狐绹,明知得罪这位职掌禁密的翰林学士不会有好果子吃,他也要题《九日》诗于壁,讽其党同伐异致使贤士见弃。大和九年(835)甘露之变,佞臣李训、郑注欲诛宦官仇士良反被其所杀,致使文宗被宦官劫持,无辜大臣遭到滥杀,李商隐猛烈抨击并直陈君臣政事得失;文、武两朝阉宦弄权,好友刘蕡直言极谏,遭诬被贬孤立无援,李商隐奋不顾身力挺声援。牛党萧浣、杨虞卿因蒙冤遭贬致死,他不顾政治风险而写诗哭悼;李党郑亚、柳仲郢受党祸遭贬外放,他不计前途安危而应辟入幕。《汉宫》《瑶池》《华清宫》《马嵬》《贾生》诸篇,无一不是指事怀忠、郁纡激切之辞。伉俪情深,与王氏婚后总是漂沦江湖聚少离多,他何曾移情别恋?断弦鳏居,梓州幕主柳仲郢赠以才貌俱佳的乐伎张懿仙,他婉拒而独身终老。

政治上,摒弃门派之见,不附朋党,心忧天下,守正不阿;生活上,笃孝奉母,忠于爱情,知恩图报。其政治与生活方面,品德何曾有亏?

综上所述,"沧海""蓝田"两句,显系义山自慨不遇。珠、玉,自喻美才美德;泪、烟,抒写坎壈沉沦。诗人手握灵蛇之珠,怀抱荆山之玉,却不为世用,沉沦记室,坎壈终身,遂以"珠有泪""玉生烟",含蓄表达自己禀具卓越才德,却像沧海明珠、蓝田美玉一样遭到埋没的悲哀。

清初诗论家叶燮在《原诗》中说李商隐七言律绝"寄托深而措辞婉,实可空百代而无其匹",从中间两联典故和意象的使用来看,绝非谬赞。

据胡仔《苕溪渔隐丛话》辑录宋代黄朝英《靖康缃素杂记》所载:

山谷道人(黄庭坚)读此诗,殊不晓其意,后以问东坡,东坡云:"此出《古今乐志》,云:'锦瑟之为器也,其弦五十,其柱如之,其声也,适、怨、清、和。'案李诗,'庄生晓梦迷蝴蝶',适也;'望帝春心托杜鹃',怨也;'沧海月明珠有泪',清也;'蓝田日暖玉生烟',和也。"一篇之中,曲尽其意,史称其"瑰迈奇古",信然。

明代王世贞《艺苑卮言》曰:"李义山《锦瑟》诗中二联是丽语。作适、怨、清、和解,甚通。然不解则涉无谓,既解则意味都尽。"他认为《锦瑟》这两联纯属丽语,讲不通就没有意思,讲通了反而又觉得不过如此,没有余味。

由此可见,宋明诗论家对《锦瑟》的解读未免失之浮浅与片面。

不妨以图解的方式梳理一下《锦瑟》的结构:

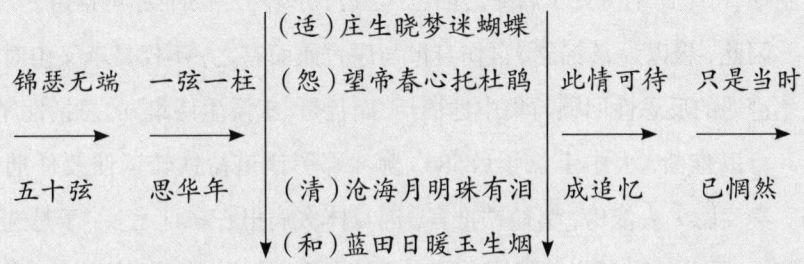

《锦瑟》中间两联四句,是锦瑟所表现的适、怨、清、和四种情调,或曰四种音乐意境。而这四种情调和意境之中:适、怨,对应得意人生与失意人生;清、和,对应具有卓越才华(即"清才")和可以惠及百姓的品德(即"和德")。

诗人在用繁复的意象和深奥的典故精心营造诗歌迷宫的同时,其实也给读者提供了出入迷宫的密码:"迷(谜)— 托 — 珠 — 玉"。

迷者,人生如梦也;托者,有冤难诉也;珠者,怀才不遇也;玉者,怀德无赏也。由锦瑟而思华年,其情可悲,当时惘然,故悔"适"时蝴蝶之"迷",寄"怨"于杜鹃之"托"。至于"清才"不为世用而悲沧海珠泪,"和德"不为人知而痛蓝田玉烟,义山岂止忧及今世?虑及死后含冤莫白,声名遭毁,岂非痛上加痛!

艺术是苦闷的象征。李商隐假托珠泪玉烟,无非为了曲尽其难言的人生悲酸。朱鹤龄《李义山诗集笺注·序》曰:"其《梓州吟》云:'楚雨含情俱有托',早已自下笺解矣。吾故曰:义山之诗,乃风人之绪音,屈宋之遗响。"此言得之。

《锦瑟》在李义山诗集中,作为编年诗皆排在末位,诸多学者考证为其晚年之作。而在李商隐本人晚年编定的《玉溪生诗集》中,却又被置诸卷首,宋刊义山诗集亦置于卷首,这绝非偶然。清人宋翔凤《过庭录》云:"《锦瑟》一篇,盖义山五十后自序之作也。五十弦瑟最悲,而己之身世已似之矣。……义山晚年,编定生平之诗,而以此篇冠首。"杜甫有"新诗近玉琴"之遇,义山以"锦瑟"喻诗作亦在情理之中;戴叔伦论诗有"诗家之景,如蓝田日暖,良玉生烟,可望而不可置于眉睫之前也"之说,可见"玉生烟"亦可指诗。

因此,愚以为,《锦瑟》自伤身世与序言兼而有之,不仅是李义山对自己一生遭遇的反思性回顾与集中性概括,而且是《玉溪生诗集》的总括性序言。

可以推断,大中十二年(858),柳仲郢罢诸道盐铁转运使改任刑部尚书。李商隐失去依傍,罢盐铁推官,因身体多病担心来日无多,于是选择叶落归根,回到故乡郑州荥阳檀山荥水旁的老宅,检视旧箧,汇编诗稿,李商隐写下此诗作为《玉溪生诗集》的序言置于卷首。从形式与内容方面看,诗人回首往事,感慨人生,用"迷(谜)托珠玉"含蓄隐晦地表达自己的人生悲剧,并期待后世之人能够理解自己,故"诗序说"极合情理;从思想与情感方面看,"自伤说"也十分恰当。而苏轼所言锦瑟之"适、怨、清、和"四种情调并无不妥,只是后人不能因此简单地视之为"咏物诗",而应看作是李商隐按照瑟调给自己诗集分出的四大类别,与"迷托珠玉"四字相扣,则为"迷适""托怨""珠清""玉和"之谓。

如此,则《锦瑟》之谜,迎刃而解。

据事援古，曲尽其悲
—— 辛弃疾《破阵子·为陈同甫赋壮词以寄》典故新探

醉里挑灯看剑，梦回吹角连营。八百里分麾下炙，五十弦翻塞外声，沙场秋点兵。

马作的卢飞快，弓如霹雳弦惊。了却君王天下事，赢得生前身后名。可怜白发生！

[文本密码]　可怜

[典故密码]　看剑；八百里；五十弦；的卢；霹雳

辛弃疾，山东历城人，幼年丧父。祖父辛赞，在靖康之变后因家族拖累而未能随宋室南渡，曾任金国亳州谯县令、开封知府。他给孙子取名"弃疾"，并带他登高望远，指画江山，冀望他成为马踏匈奴的霍去病那样的战神，能为恢复大宋效力。辛弃疾两次北上燕京考察军情，目睹了汉人在金人统治下所受的屈辱，立下了报国雪耻的志向。宋高宗绍兴三十一年（1161），金主完颜亮大举南侵，不堪压榨的北方汉人纷纷起义，二十一岁的辛弃疾聚集了两千人，投奔抗金义军首领耿京。当辛弃疾奉命南下建康联络南宋朝廷时，张安国杀害耿京后投降金国。辛弃疾北归途中闻讯，即率五十余骑，疾驰百里，在数万金兵营中活捉叛将张安国，并成功带领耿京旧部近万人摆脱金兵追赶回到建康，将张安国献与宋廷斩首示众，成为震动朝野的传奇英雄。

南渡归宋后，辛弃疾出任江阴签判，开始以文官身份走上仕途。孝宗乾道四年（1168）任建康通判，后辗转于江西、湖南等地担任安抚使等职，力主收复中原，屡遭投降派排斥，长期不得重用。该词是辛弃疾退隐闲居信州铅山（今属江西上饶）时期所作。

上阕开篇"醉里挑灯看剑"一句，化用杜甫《夜宴左氏庄》"看剑引杯"语典，以"看剑"表明自己不光有治国平天下的理想，还有驰骋沙场杀敌的本领；而"醉里""挑灯"及"梦回"，则说明自己赋闲家中，苦闷不已，引杯浇愁，夜不能寐，只有在深夜酒醉之后，才能梦中回到向往已久、号角声声的沙场。

"八百里"这一典故，诸多选本及中学教材皆释为"牛"，其依据是《世说新语·汰侈第三十》所记载的王颉那头名叫"八百里驳"的牛。《晋书》也有类似记载："王颉有牛名八百里驳，常莹其蹄角，王济与王颉赌射得胜，命左右探牛心作炙。"晋武帝司马炎女婿王济与武帝舅父王颉以钱千万打赌射牛，只见暴殄天物的"（奢）侈"，根本无有"（雄）壮"。后世学者却多以苏轼在《约公择饮，是日大风》诗中"要当啖公八百里，豪气一洗儒生酸"、陈师道《秋怀十首·其三》"壮哉八百里，一割探其心"之类的用典为证，将"八百里分麾下炙"释为"把烤牛肉分给部下享用"。譬如，霍松林先生将"八百里"两句翻译为："兵士们欢欣鼓舞，饱餐将军分给的烤牛肉；军中奏起振奋人心的战斗乐曲。"[1]"烤牛肉"及"振奋人心"之说，皆属不当。"八百里分麾下炙，五十弦翻塞外声"两句，结构上自成对偶且骈俪工切，断句应为"八百里／分／麾下炙，五十弦／翻／塞外声"。其中，"八百里"和"五十弦"分别作"分"与"翻"的状语，表示"分麾下炙"的处所、"翻塞外声"的凭借。若将"八百里"释为牛，则语义与"（麾下）炙"等同，"五十弦"也只能顺释为"（塞外）声"了。如此一来，则结构混乱，语义重复，且气势顿失，谈何"壮词"！可见，将"八百里"注释为"牛"，不仅在结构和语义等方面不妥，而且与全词基调抵牾。

---

[1] 夏承焘等：《宋词鉴赏辞典》下册，上海辞书出版社2013年版，第1400页。

以"八百里"形容范围之广、瞬息之变,不仅有"八百里秦川""八百里洞庭""日行八百里"等说法可为佐证,而且在唐宋诗文中比比皆是。譬如,唐代裴说《游洞庭湖》"楚云团翠八百里,澧兰吹香堕春水",北宋苏轼《余旧在钱塘伯固开西湖今方请越戏谓伯固可复来开镜湖伯固有诗因次韵》"镜湖席卷八百里,坐啸因君又得名"、《次前韵送刘景文》"怪君西行八百里,清坐十日一事无",南宋杨万里《辞栖真室盖晋仙人李八百故居之址,中有遗像云》"一日身游八百里,三番花落九千年"。辛词用"八百里"紧承上句"连营"一词,就字面意思而言,显然是取《三国志·魏书·文帝纪》"(刘)备兵东下,与权交战,树栅连营七百余里"之意,以彰显军威之壮,应释为军营、连营。如果深究一番,则貌似平常的"八百里"之说,其实还暗用吴越王钱镠当年屯兵八百里,吓退黄巢数千大军的典故。据欧阳修《新五代史》卷六十七《吴越世家第七》记载:

唐乾符二年,浙西裨将王郢作乱,石鉴镇将董昌募乡兵讨贼,表(钱)镠偏将,击郢破之。是时,黄巢众已数千,攻掠浙东,至临安,镠曰:"今镇兵少而贼兵多,难以力御,宜出奇兵邀之。"乃与劲卒二十人伏山谷中,巢先锋度险皆单骑,镠伏弩射杀其将,巢兵乱,镠引劲卒蹂之,斩首数百级。镠曰:"此可一用尔,大众至,何可敌邪!"乃引兵趋八百里。八百里,地名也,告道旁媪曰:"后有问者,告曰:'临安兵屯八百里矣。'"巢众至,闻媪语,不知其地名,曰:"向十余卒不可敌,况八百里乎!"遂急引兵过。都统高骈闻巢不敢犯临安,壮之,召董昌与镠俱至广陵。

"八百里"即今杭州临安锦城镇陈家坞,是传说活了八百岁的彭祖故里,故得名"八百里"。被都统高骈认为胆气豪壮的钱镠,因驻军"八百里",使受挫后的黄巢部众以为他兵多将广,气势浩大,故与"连营"有了关联。辛词化用这一典故,极言将士们在八百里连营的旌旗下分食烤肉,其阵容之浩大,场面之壮观,足见气势之"壮"。

与"八百里"相对应的"五十弦",则是用"泰帝破瑟"的典故,表示"悲音"。太昊伏羲氏因素女所奏五十弦之瑟悲哀至极,令改为二十五弦。词中以五十弦之瑟借代军中各种乐器,突出其音悲怆。军乐低回悲伤,将士同仇敌忾,沙场点兵,大有哀兵必胜之势。

下阕"马作的卢飞快"一语中"的卢",用的是刘备"跃马檀溪"的典故。

刘备投靠荆州牧刘表后,有一次宴会间起如厕,慨然流涕,刘表怪而问之,刘备说自己平常身不离鞍,髀肉皆消,如今久不骑马致使髀间肉生,悲老之将至而功业未建。刘表遂对其有了提防之心。据《三国志·蜀书·先主传》载:"荆州豪杰归先主者日益多,表疑其心,阴御之。"此语下面裴松之注解引《魏晋世语》曰:

备屯樊城,刘表礼焉,惮其为人,不甚信用。曾请备宴会,蒯越、蔡瑁欲因会取备,备觉之,伪如厕,潜遁出。所乘马名的卢,骑的卢走,堕襄阳城西檀溪水中,溺不得出。备急曰:"的卢!今日厄矣,可努力!"的卢乃一踊三丈,遂得过。乘桴渡河,中流而追者至,(蒯、蔡)以(刘)表意谢之,曰:"何去之速乎!"

刘备最终侥幸逃脱,化险为夷,的卢因此被后世视为义马。伯乐《相马经》云:"的卢,马白额入口至齿者,名曰榆雁,一名的卢。奴乘客死,主乘弃市,凶马也。"的卢本与赤兔一样,是天下无匹的千里马,但有"妨主"的恶名。辛词用刘备跃马檀溪、义马救主的典故,隐含着忠心报国却因"妨主"而遭嫌弃的悲愤。

"霹雳",本指雷声。隋朝长孙晟设计大败突厥达头所部后,晋王杨广设宴为之庆贺,《北史》曰:"有突厥达官来降,时亦预坐。说言突厥之内,大畏长孙总管,闻其弓声谓为霹雳,见其走马称为闪电。王笑曰:'将军震怒,威行域外,遂与雷霆为比,一何壮哉!'"因这一记载,后世遂以霹雳比喻射箭时的弓弦声。

突厥沙钵罗可汗（即摄图）向北周请婚，精于骑射、智勇双全的长孙晟奉周宣帝之命作为和亲特使宇文神庆的副手护送千金公主到突厥和亲，因武艺精湛而使沙钵罗可汗折服。有一次，他陪摄图打猎，两只雕飞而争肉。摄图给他两支箭，结果他策马奔驰，瞅准机会只用一箭就贯穿二雕，这就是"一箭双雕"典故的最早来历。后来，长孙晟针对突厥各部落之间彼此不协的现状，给隋文帝上表，提出了远交近攻、离强合弱的策略，这一策略最终成为隋唐两朝对付北方突厥等少数民族的最高战略。"霹雳"一典，不仅表达了词人对长孙晟的追慕，对其武功谋略的推崇，而且还暗含有对金兵虚实的了解以及战略上的藐视等多重深层意蕴。

词人连用"的卢""霹雳"二典，描写抗金部队惊险激烈的战斗场面，节奏明快，气势雄壮，震撼力极强。不仅展示出词人飞驰敌阵，出生入死，最终凭借高超的武艺化险为夷、建功报国的豪迈气概，而且蕴含着极为深沉的爱国热情。

"了却君王天下事，赢得生前身后名"两句，脱胎于刘禹锡《送唐舍人出镇闽中》"了却人间婚嫁事，复归朝右作公卿"，辛词以替国君收复失地为己任，其雄壮之意远胜刘诗。

绍兴三十二年（1162）六月，宋高宗赵构禅位，年轻气盛的孝宗赵昚登基，次年改元隆兴，锐意光复，遂为主战派岳飞平反昭雪，肃清秦桧余党，并起用抗金老将张浚为右丞相，主持北伐，战事初期进展顺利，五月中旬收复宿州，但心胸狭隘的副将邵宏渊与主将李显忠不睦，在金兵大举反扑、李显忠被围的紧急形势下按兵不动，致使孤军奋战的李显忠不得不放弃宿州。下旬，宋军溃退到符离一带时遭金军突袭而大败。不久，在太上皇高宗的干预下，主战派张浚被排挤出朝廷，于隆兴二年（1164）八月病逝。是年，宋孝宗赵昚被迫与金世宗完颜雍签订了屈辱的"隆兴和议"，次年改元"乾道"。

乾道元年（1165），辛弃疾上《美芹十论》给宋孝宗，从审势、察情、观衅、自治、守淮、屯田、致勇、防微、久任、详战等十个方面，力陈抗金救国、收复失地、统一中国的大计。其中《审势》《察情》《观衅》三论,具体分析了当时的政治军事形势,并对金国内部矛盾作了深入的剖析,阐明了"敌之可胜"的道理,其战略上的核心思想与长孙晟如出一辙。乾道六年(1170),辛弃疾又上《九议》给宰相虞允文,条陈战守之策,主张采取积极防御、主动出击的方针。皆因太上皇掣肘、主和派把持着朝廷,其建议未被采纳。

孝宗淳熙八年(1181)冬,时年四十二岁的辛弃疾因遭弹劾而罢去江西安抚使一职,闲居上饶铅山。此后二十年间,除了出任福建提点刑狱和安抚使的两年,辛弃疾绝大部分时间都在此度过。

淳熙十四年(1187),一直主张议和的太上皇宋高宗赵构驾崩,力主抗金的陈亮(字同甫)以为北伐中原有了转机,于是上疏孝宗纵论恢复大计。翌年冬天,陈亮从东阳至上饶,在铅山瓢泉会见抱病休养的辛弃疾。两人意气相投,相见恨晚,同游鹅湖,纵论时事,共商抗金之策,此即著名的"鹅湖之会"。别后,辛、陈相互唱和,言志抒怀。然而,秉持孝道的孝宗提出要为太上皇服丧三年,最终于淳熙十六年(1189),禅位于昏聩无能的第三子赵惇。宋光宗赵惇在位五年,奸佞当道,朝政由清明转向腐败。

此时,现实与理想的巨大反差,成了辛、陈二人共同的悲愤之源,辛弃疾遂有这一首看似慷慨激昂的《破阵子》词以寄陈亮。邓广铭《稼轩词编年笺注》将《破阵子》一词附于淳熙十五年(1188)陈亮相访之《贺新郎》诸词后,完全合乎情理;而辛更儒《辛弃疾词编年笺注》断为"淳熙十年春夏接陈亮来函之后所奉寄"[1],揣之词意,实为欠妥。

结句"可怜白发生"一语,紧承"了却君王天下事,赢得生前身后名"而陡转,将前面七句"壮词"悉数推翻,既照应"梦回",又点明多年来挥师北伐、收复中原的美梦终至破灭。

潘岳《秋兴赋》序言说"晋十有四年,余春秋三十有二,始见二毛",赋中

---

[1] 辛更儒:《辛弃疾词编年笺注(上)》,中华书局2020年版,第295页。

又言"斑鬓髟以承弁兮,素发飒以垂领",并借宋玉、贾谊悲秋的典故,悲叹怀才不遇与仕途坎坷。辛弃疾巧用潘岳"白发悲秋"之典,并以"可怜"二字作为词眼,使英雄迟暮、壮志未酬之悲愤,就此喷涌而出。

"事类者,盖文章之外,据事以类义,援古以证今者也。"事类,即用典。辛弃疾《破阵子》一词,用典繁复,名为"壮词",实乃千古"悲音"。其与淳熙年间闲居上饶之初的《满江红·倦客新丰》"不念英雄江左老,用之可以尊中国"所抒发的壮志未酬之悲愤可谓一脉相通。

若不由文本密码"可怜"切入,将"八百里"等典故密码逐一理解到位,则全词谋篇布局之匠心,以梦境之"壮"反衬现实之"悲"的妙旨,皆会丧失殆尽。

含蓄之美

　　儒家温柔敦厚的诗教传统，使得含蓄成为中国诗歌的主要审美特征之一。

　　诗人常常采用写景、比拟、托物、用典、象征、隐语、双关等多种手法，含而不露地表达自己的思想情感，读者则需重点把握此类手法，反复咀嚼，通过字面品味出言外之意，弦外之音。

含蓄蕴藉与诗趣审美

韵外之致，味外之旨
—— 诗歌的"秘响"与"伏采"

宋徽宗时期，宫廷画院选拔人才的试题大多出自唐人诗句。譬如"踏花归去马蹄香"，这样的意境如何描绘？在这句诗题里，"踏花""归去""马蹄"都比较具体，容易描绘，而"香"很抽象，可嗅不可视，如何能用丹青画出？有应试者以虚驭实，画了一个官人骑着马从郊外归来，马儿疾驰，马蹄高举，几只蝴蝶追逐着马蹄蹁跹飞舞，使人联想到踏花人因马蹄残留香味而引来蝴蝶。这位应试者因其画作藏而不露、引人遐想而摘得桂冠。

无独有偶，著名画家齐白石曾为作家老舍画过一张题为《蛙声十里出山泉》的水墨画。画面上没有青蛙，却只有几只活泼的小蝌蚪在湍急的水流中欢快地游动着。画作运用的特殊的联想手法，恰到好处，仿佛可闻见蛙声从山泉之外传来，亦绝妙之至。

诗歌是抒情性的文学，语言讲求含蓄蕴藉，故多用双关、委婉、比兴、借代、衬托等手法。

"含蓄"一词，在中国古典文化中，既指用辞方面的委婉，又指女子在神态举止方面的娇羞。刘勰《文心雕龙·隐秀》曰："夫隐之为体，义主文外，秘响旁通,伏采潜发,譬爻象之变互体,川渎之韫珠玉也。""隐"即含蓄。"秘响旁通,伏采潜发"暗示了文本内蕴的多义性、不确定性,读者只有深加体悟,才能发现文本中的"秘响""伏采",从而把握文本的多重意旨。

司空图《二十四诗品》第十一品《含蓄》曰:"不着一字,尽得风流。语不涉难,若不堪忧。是有真宰,与之沉浮。如渌满酒,花时反秋。悠悠空尘,忽忽海沤。浅深聚散,万取一收。"作诗宜"含蓄",应以神韵为先,下笔忌露,忌直,要"不着一字,尽得风流",让读者品出"韵外之致"和"味外之旨"来。袁枚《随园诗话》亦曰:"诗无言外之意,便同嚼蜡。"

不妨以王国维《人间词话》赞为"最得风人深致"的《诗经·蒹葭》为例,来说明"韵外之致"和"味外之旨":

蒹葭苍苍,白露为霜。所谓伊人,在水一方。溯洄从之,道阻且长。溯游从之,宛在水中央。

蒹葭萋萋,白露未晞。所谓伊人,在水之湄。溯洄从之,道阻且跻。溯游从之,宛在水中坻。

蒹葭采采,白露未已。所谓伊人,在水之涘。溯洄从之,道阻且右。溯游从之,宛在水中沚。

蒹葭,即芦苇。秋天芦花随风飘荡,犹如飞雪,止于其根,极像相思其来有自,一旦萌发却又难以抑止;寒霜,深秋露水所凝聚,日出则逝,极像相思之销魂,唯有温暖可消融。诗篇先用蒹葭、白露意象来比兴,再写男子追寻心中"伊人"来到水边,可是"伊人"却被阻,"在水一方"。诗人以蒹葭、水、伊人构成一幅寂寥而略带凄凉的画面,引领读者走进了一种求而不得、相思益甚的意境。

关于《蒹葭》的主旨,历来有"相思""怀人""求贤"等多种说法。譬如,《毛诗序》认为是讽刺秦襄公"未能用周礼,将无以固其国",而清代姚际恒《诗经通论》说"此自是贤人隐居水滨,而人慕而思见之",清方玉润《诗经原始》则说"征求逸隐不以其道,隐者避而不见"。

从文本表面来看,《蒹葭》似乎是爱情诗,讲述了一位痴情少年对意中美人的向往爱慕,却没有流露出半点的失落与挫败感——"溯洄从之,道阻且长。溯游从之,宛在水中央。"

但需注意的是,"在水一方"的"伊人",音容体貌俱无,甚至连性别也不确定,作为企慕的对象,"伊人"不过是一种虚化了的象征,而"水"与"路",也不过是"阻碍"的形象比喻。上下求索,而"伊人"虽隐约可见,却依然遥不可及。"在水一方""在水之湄""在水之涘",地点的转换,只为说明伊人的缥缈难寻。诗人采用重章叠唱手法,一唱三叹。在"追寻者——水——伊人"这一诗歌结构中,河流、道路、险阻以及"伊人"所在的"水中央""水中坻""水中沚",还有顺流、逆流而寻觅"伊人"的路线,无一不是虚拟性的象征,读者根本无须深究也无法深究。

多次追求"伊人"未果,诗人并未陷入悲观绝望,也未表明自己追求遇阻后的态度,既未说望"水"兴叹,也未说渡"水"直娶,而是抓住"在水一方"这一人类共同心理情感中的"心象",巧妙地营造了一种"花非花、雾非雾"的空灵蕴藉的心理情境与可望而不可即的朦胧缥缈的艺术境界。诗中的"伊人",可以泛化为千千万万的客体形象。不管读者心中的那个形象有无生命,只要将"伊人"替换为心心念念而不得的人或事,照样可以获得真实不虚的人生启迪,引起心灵的共鸣。其艺术魅力在于,诗意的空灵虚幻虽给阐释造成困扰,但也给读者留下更多的想象空间。

《蒹葭》所代表的中国美学范式,完全可以用之于社会人生中一切可望而不可即的情境,因而具有普适性的审美意义。这种空灵含蓄之美,就是《蒹葭》的"韵外之致"和"味外之旨"。

含蓄的诗歌,其表现手法与技巧尤需重视。以《古诗十九首》之《涉江采芙蓉》为例:

> 涉江采芙蓉，兰泽多芳草。
> 采之欲遗谁？所思在远道。
> 还顾望旧乡，长路漫浩浩。
> 同心而离居，忧伤以终老。

"芙蓉"即莲花，谐音"夫容"。采莲为"求爱"的隐语，"莲"谐音"怜"，爱也；采芙蓉则意味着"求夫容"，思念丈夫欲与之见面也。此为典型的双关手法。

将男子的面容比作莲花，自古多见。譬如女皇武则天宠幸张易之、张昌宗兄弟，御史大夫杨再思拜见在兄弟排行中为老六的张昌宗，谄媚道："人言六郎似莲花，再思以为不然，只是莲花似六郎耳。"

解决了这一双关手法问题，则该诗的抒情主人公为"思妇"便确定无疑了。而人教社新版的《普通高中教科书·语文必修上册》对此诗解读道："诗中充满羁旅怀乡的思绪"，"这首诗的主人公采撷美草香花要送给'同心'的人，但他思念的人还在'旧乡'，长路漫漫，欲赠不能，只能让忧伤陪伴自己终老。"如此解读，显然是将抒情主人公"思妇"误作"游子"。

这就涉及文本解读视角这一关键问题。思妇"涉江采芙蓉"，发现"兰泽多芳草"，但采撷后却无法送给身在"远道"的丈夫。该诗继承楚辞的艺术传统，点化"采芳寄情"的意境，以乐景写哀情，倍增其哀。"还顾望旧乡"两句，视角转换为游子，此即"悬想法"，思妇悬想丈夫亦在远方眺望故乡，但道阻且长，归期无望。杜甫《月夜》"今夜鄜州月，闺中只独看"即这一手法的翻版。

结尾卒章显志，文本密码集中于"同心而离居"两句，夫妇同心而离居的痛苦与无奈的主旨就此呈现。胡应麟《诗薮·内篇》卷一称其为"浅而能深，近而能远"，言之在理。

依《诗》取兴，引类譬喻
——"美人香草"的诗歌传统

自夏商周始，以内敛、深沉为主要特征的中华民族审美心理贯串了中华民族的整个历史。因此，在情感表达方面，中国人尤其是女子，其含蓄背后所隐藏的聪明狡黠常令人击节赞叹。

盛唐诗人崔颢《杂曲歌辞·长干曲》四首其一：

> 君家何处住？妾住在横塘。
> 停舟暂借问，或恐是同乡。

"请问阿哥你家住何方？我家住在建康的横塘。停船时暂且借问一声，听口音咱们怕是同乡。"

一个家住横塘的姑娘，在漂泊江湖时偶然听见邻船男子的话音，于是主动上前搭讪：你家住何处？萍水相逢，就这样贸然相问，难免羞涩，于是不待对方回话，赶紧自我介绍加以掩饰：我住在横塘。诗人先用这两句，借女主角之口点明了说话者的性别与居处，再用"停舟"二字，表明是水上偶遇，用一个"君"字，指出对方是男性。那些累赘的叙事，通过巧妙的剪裁，全都省略了。诗歌开头单刀直入，让女主角出口问人，声态并作，使读者如闻其声，如见其人，绝无突兀之感，达到了"应有尽有，应无尽无"的艺术高度。

还未等到对方的只言片语，性急的女主角赶紧用"停舟暂借问"一语轻轻带过；而"或恐是同乡"一语，正是文字之外的描写，诗人于此省略了"因闻声而相问"的关节，留下足够的空白，以激发读者的想象来弥补作者笔触未到之处，这是所谓"不写之写"的留白手法，形为"不写"，实则已"写"。

此诗绝妙之处,在于"或恐"二字。这一诗心密码,不仅包含"也许、可能"等揣测不定之意,而且还表现了女主角境遇的悲惨与内心的孤寂。那种闻乡音而急于相问的迫切之情,看似喜出望外,实则是离乡背井、水宿风行的女主角孤单寂寞的写照。诗人不仅有力地再现了女主角的言谈举止,而且用"或恐"二字,把一个生怕被误以为举止轻浮的女子既狡黠害羞又敏感自尊的形象,刻画得纤毫毕现。

其二:

家临九江水,来去九江侧。

同是长干人,生小不相识。

如果把第一首看作是女主角的起唱,那么第二首就是男主角的答唱了。"家临九江水"回答了"君家何处住"的问题;"来去九江侧"说明自己也是漂泊江湖之人。"同是长干人"证实了女子"或恐是同乡"的猜测,原来两人都家住建康长干里,一个"同"字更是拉近了彼此的心理距离。前三句全是平铺直叙的口吻,最后一句该如何着墨?若用"今日幸得识"之类的语句作结,未免失之直露。诗人大笔一挥,顿时旋转乾坤:生小不相识。不说今日之相识有幸,而追述往日之未曾相识,全无李白《长干行》"同居长干里,两小无嫌猜"中的那种青梅竹马的情谊基础,看似遗憾满纸,却有力彰显了今日之相见恨晚,一见钟情。后之白乐天"同是天涯沦落人,相逢何必曾相识"与之有异曲同工之妙。

前一首中女主角的情感表达以"或恐是同乡"五字点到为止,后一首中男主角的抒怀也以"生小不相识"果断煞尾。"不相识"三字作为解读的核心密码,犹如天外陨石破空而来,重重地坠落在读者的内心深处。读者对男女主人公过去不相识越是惋惜,就越能感受到此时此地萍水相逢的可贵。这一旋转翻腾的生花妙笔,顿时生发出撼人心魄的艺术感染力!如此诗思无邪,含蓄蕴藉,无疑属于抒情诗歌之上品。

说到女子,这里必须强调屈原继承《诗经》比兴等传统所创造的"美人香草"的艺术手法。

屈原常以"香草"比喻君子的德行,用"美人"自喻或者指代其日夜牵挂的君王。"扈江离与辟芷兮,纫秋兰以为佩""朝饮木兰之坠露兮,夕餐秋菊之落英"(《离骚》),饮露,餐菊,化用鹓雏凤凰非醴泉不饮,非练食不食的典故,表明自己坚持修身洁行,崇尚美好道德情操,不愿随俗俯仰,与世同污。"惟佳人之永都兮,更统世而自贶""惟佳人之独怀兮,折芳椒以自处"(《悲回风》);"虽有西施之美容兮,谗妒入以自代"(《惜往日》);"惟草木之零落兮,恐美人之迟暮"(《离骚》),诗人借女性视角,表白自己对芳洁品行的坚守,对楚国国君的忠贞,抒发对小人嫉贤妒能、谗谀君上的不满以及对时光易逝、美政不行的忧伤。

自此以后,诗人们或以美人代君王,抒发因为谗言导致君臣分离、遇合不易的感慨,或化身妻妾等女性角色,寄托对君王、家国的政治情怀;或借美人之迟暮,发出时光易逝、功业未就的喟叹。凡此种种,不一而足。"美人香草"作为中国文学史上特有的概念,在美学形态上具有阴柔特质,在古诗文中常被用来表示高洁人格和忠君爱国的美好情思。

譬如,杜甫在《牵牛织女》一诗中,先是咏叹牵牛织女相思却不能相见:"牵牛出河西,织女处其东。万古永相望,七夕谁见同",但诗歌结尾部分由男女之情转入君臣遇合之状的描述:"明明君臣契,咫尺或未容。"表示即使君主疏离,自己也要恪守礼法,始终保持忠诚恭敬之心。"明明君臣契"一语,显然是借美人之形象,抒发对君王的忠诚之情。

张籍《节妇吟》也属于此类:

> 君知妾有夫,赠妾双明珠。
>
> 感君缠绵意,系在红罗襦。
>
> 妾家高楼连苑起,良人执戟明光里。
>
> 知君用心如日月,事夫誓拟同生死。

> 还君明珠双泪垂,恨不相逢未嫁时。

此诗下有注:"寄东平李司空师道。"元和初年,李师道任平卢淄青节度使,加检校司空、同中书门下平章事,为了扩大自己的政治势力,处心积虑笼络朝中官员。文豪韩愈的大弟子、时任太常寺太祝的张籍,也是他笼络的对象。正直不阿的张籍坚决反对藩镇割据,但又不能轻易得罪这位炙手可热的藩镇宰相,更何况他当时反迹未露,只是以仰慕之名馈赠礼物,怎好严词拒绝?诗人于是采用屈原"美人香草"的手法,一方面以女性口吻说他赠送双明珠的动机纯正,"用心如日月",以此敷衍李师道,另一方面又表明自己决心"事夫誓拟同生死",表达了诗人忠于唐室的决心。

"系"字,酬知己之情;"还"字,表从一之心。而诗心密码,则隐藏在"良人执戟明光里"句中。"明光"即汉武帝太初四年(前101)为祈求神仙降临而兴建的明光宫,以汉代唐,是唐代诗人惯用的手法。张籍借此委婉地表明自己早已心有所属,不会再改换门庭了。

诗人朱庆馀七言绝句《近试上张籍水部》也深得张籍此诗之法:

> 洞房昨夜停红烛,待晓堂前拜舅姑。
> 妆罢低声问夫婿,画眉深浅入时无。

在进士考试前,朱庆馀将二十六篇新旧诗文呈给水部郎中张籍,希望得到他的指点和推荐,并附上了这首行卷之作。诗人自比新嫁娘,以张籍比新郎,以主考官比公婆,借以征求张籍的意见。"入时无"三字为诗心与灵魂,诗人巧借新嫁娘询问眉样合乎时尚与否,将不知自己诗文是否合乎当时主考官要求的担心与新妇紧张不安的心情作比,寓意巧妙,令人赞叹。

张籍在《酬朱庆馀》中,将朱比作美貌与歌喉俱佳的采菱姑娘,暗示他不必为这次考试担心:"越女新妆出镜心,自知明艳更沉吟。齐纨未足时人贵,一曲菱歌敌万金。"朱张赠答俱妙,可谓珠联璧合,一时传为诗坛佳话。

平淡自然,情真味永
——陶渊明诗歌的蕴藉之处

自古以来,不少诗人常常力图超脱等级森严的社会中的是非相对,去体会恒常不变的自然之道。魏晋时代,文学进入一个全新的自觉时代,"诗言志"与"诗缘情"的主张并行不悖,诗人在不同的生存处境中总是力图保持执着而清醒的个性意识。这种个性意识,体现在被后人誉为"中国第一位田园诗人"的陶渊明身上,就是无论出处进退,始终都保持着对自然之美的不懈追求,其清淡古雅的诗歌中总是充溢着浓郁的自然之趣,但其含蓄蕴藉之处又往往容易被读者忽视。

宋人黄彻《巩溪诗话》说:"渊明所以不可及者,盖无心于非誉、巧拙之间也。"陶渊明生性恬淡,一切都发乎自己内在的本性,他归隐田园以偿素志,对别人的讥讽或赞扬全不在意。在经历人生的起落之后,不是简单选择某种个人爱好,而是到田园中去体会宇宙人生的真意。

譬如,《归园田居·其三》就蕴含着对人生与社会的深沉思考:

> 种豆南山下,草盛豆苗稀。
> 晨兴理荒秽,带月荷锄归。
> 道狭草木长,夕露沾我衣。
> 衣沾不足惜,但使愿无违。

诗人在南山之下的田地里种下了豆子,结果是杂草茂盛豆苗稀疏。难道是诗人不够勤劳吗?不是,诗人每天早出晚归,披星戴月,可谓勤劳之极。虽然归家之途狭长且草木丛生,夜露总是沾湿衣衫,自己根本算不上是一个合格的农人,但诗人以自我解嘲的口吻娓娓道来,心情十分愉快,似乎毫不在意结果。因为在他心中,劳动的过程才是最重要的。诗人对农田劳动生活的体验,感觉是非常美好的。诗是"言志"的,"但使愿无违",这最后一句,才是诗歌的落脚点,才是诗人内心情感密码之所在:只要不违背我归隐田园的志向,我就能活得开心。

该诗看似平易浅显,只是一个日常生活劳作的片段,其实大有深意。抽丝剥茧,不难发现诗人巧妙地化用了《汉书·杨恽传》所附录的《报孙会宗书》中的一首歌辞:"田彼南山,芜秽不治。种一顷豆,落而为萁。人生行乐耳,须富贵何时?"杨恽是司马迁的外孙,此歌辞本是他获罪免官时发泄牢骚之作,其中"南山"隐喻人君,"芜秽不治"比喻朝廷之混乱不堪,剩下的没用的豆萁,不过是贤者见弃而无所用的愤激之词罢了。可见,陶渊明明写种豆除草,实则寄寓了对当时污秽不堪的朝廷及官场的看法,也表明了自己在混乱的时世中持守本心,洁身自好,不惧艰辛,躬耕陇亩的人生态度。

故该诗含蓄蕴藉之处,从"种豆南山"始,至"愿"而终。一个"愿"字,含义颇丰,但肯定不包含豆子种得有多好,收成有多高。只要保持自身人格的独立,以顺应自然的方式过完这一生,不再以扭曲心灵的方式在官场逢迎,足矣!

全诗文字浅易,语调平缓,风格平淡质朴,又不失典雅,于简朴古雅之中抒发纤细浓郁之情,素淡无华之中寄寓深远之趣,充分体现了陶诗含蓄自然的审美追求。苏东坡在《东坡题跋·评韩柳诗》中,对陶诗形式平淡而内涵丰赡的特质十分推崇:"外枯而中膏,似澹而实美。"

再如,《饮酒·其五》也是含蓄蕴藉典范之作:

> 结庐在人境,而无车马喧。
> 问君何能尔?心远地自偏。
> 采菊东篱下,悠然见南山。

> 山气日夕佳,飞鸟相与还。
> 此中有真意,欲辨已忘言。

　　诗人虽居处"人境",但内心无比宁静。所谓"心远地自偏",就是"无心于非誉、巧拙"。黄昏时分云雾蒸腾,气象万千,倦鸟归巢,正是万物归于本然的体现,也是辞官归田的诗人悠然心会的真意之所在。正因为归隐田园不是一时兴起,所以诗人能悠然采菊于东篱,丝毫无意于南山。陶渊明用他的方式,展开了一幅具有永恒艺术价值的诗歌画卷,呈现出了丰富而隽永的自然之美。

　　苏轼《东坡题跋·题陶渊明饮酒诗后》对"采菊东篱下,悠然见南山"两句特别推崇:"采菊而见山,境与意会,此句最有妙处。"苏之所谓"境与意会",其实就是说陶渊明超脱的心境与宁静的自然环境恰好融为一体了。这种"境与意会"的微妙感触实在难以言传,连陶渊明自己一时也说不清,所以他最后以"此中有真意,欲辨已忘言"语句,收束全篇。

　　其中诗心密码"真意"二字,诗人遵循老庄"道不可言"思想主张,故意不说透,却给读者留下了一片能够自由地发挥艺术联想与再创造的空白空间。

　　有解者定要将"南山"确诂为庐山,将"见南山"改为"望庐山",不仅大煞风景,使得蕴藉深厚的诗味荡然无存,而且完全曲解了诗人不再牵挂人君,彻底摆脱官场,无心于巧拙,回归自然天性的内心追求。

　　陶渊明为人洒脱超然,达到了心与自然融合、物我一体的境界,而这正是老庄哲学与魏晋玄学所追求的最高境界。陶诗本色之真,既善且美,质而实绮,癯而实腴,自成高格。因此,钟嵘《诗品》称陶渊明为"古今隐逸诗人之宗",后世以陶为榜样者代不乏人。

四

不着一字,尽得风流
—— 诗歌对含蓄的审美追求

与学识渊博的陶渊明在叙写田园生活中巧妙运用"南山"之类的语典,含蓄地表达自己的思想情感不同的是,某些继承《诗经》国风传统的民歌,则惯用赋、比、兴及双关之类的艺术手法,在短小的篇幅中寄寓深沉的思想情感。

以南朝民歌《读曲歌》第七十一首为例:

> 种莲长江边,藕生黄檗浦。
> 必得莲子时,流离经辛苦。

"种莲长江边,藕生黄檗浦。""莲"即"怜",爱也;"藕"即"偶",成双对也;"黄檗"即黄柏,落叶乔木,树皮淡黄色,可入药,味甚苦,借以言男女情路之坎坷或相思之苦。细味诗意,这对恋人可能家居长江畔,他们在那里相识并相爱。

"必得莲子时,流离经辛苦。""莲子"即"怜子",爱你之谓也。这两句是说,两人的爱情遭到阻挠,为了与对方长相厮守,只好毅然离家出走,辗转流离,历尽千辛万苦。

这首极其纤小的歌辞,前三句都用了比兴手法,以"种莲"起兴并喻指初恋,彼此在心田里播下了爱情的种子;以"藕生"比喻爱情成熟,在苦难中结为配偶。诗歌运用比兴与谐音双关的手法,叙写了一对恋人艰难曲折的爱情经历。四句诗中,言恋爱,言结合,言"流离",言"辛苦",语短情长,言简意丰,诗意隽永,耐人寻味。

盛唐时期的诗人崔国辅《怨词二首》,也是巧用比兴,颇具含蓄之美。
其一:

> 妾有罗衣裳,秦王在时作。
> 为舞春风多,秋来不堪着。

女主人公翻检衣箱,发现前朝帝王赏赐的罗衣,引出对青春往事的回忆。"罗衣裳"既暗示主人公宫女的身份,又寓有她青春岁月的一段经历;"秦王"泛指帝王,衣裳是"秦王在时"所做,意味着秦王已故,衣物亦旧。昔年因歌舞博得君王欢心而获赐,度过美好青春时光;末句语意陡转,述说眼前秋凉,罗衣不能再穿,遭遇冷落。春秋并非仅指季候,分明还暗示岁月的流逝。正因为有过去频繁的宠召,才有久而生厌导致的今朝冷遇。一个"为"字,十分巧妙地道出了秋扇见捐的悲剧命运的必然性。

诗中蕴含着丰富的潜台词,感慨系之于鲜明的今昔对比。句句皆似在惜衣,其实旨在惜人,衣和人之间构成隐喻关系,属于典型的比兴合用手法。宫女悼惜罗衣,实乃自伤身世。"春""秋"对比,"不堪"作结,语意沉痛至极,此为该诗解读的时间密码与情感密码。

解读至此,其实尚未触及诗心。唐人作宫怨诗,固然多有为宫女不幸鸣不平者,但诗人借宫怨以讽喻现实,或感叹自身遭遇,亦不在少数。清代桐城派散文大师刘大櫆说此诗是"刺先朝旧臣见弃",颇有见地。

再看其二:

> 楼头桃李疏,池上芙蓉落。
> 织锦犹未成,蛩声入罗幕。

这首诗的抒情主人公是思妇,其丈夫或游宦,或征戍,不在身边。她独处幽闺,曾见楼外桃李凋谢,芙蓉零落;时光荏苒,转眼已是深秋,自己也青春不再,不由得无限惆怅。

第三句化用"织锦回文"的典故,思妇织锦欲寄相思,然思绪繁乱,终未织成。前秦苻坚时代,秦州刺史窦滔被贬流沙后另觅新欢,妻子苏蕙盼其回家团聚,遂由思念转为悲怨,用五色丝线将八百四十一字组成的数千首回文诗织成锦绣寄给窦滔。窦滔读到这些哀婉动人的情诗,痛悔不已,随即遣送情妇,迎接苏蕙到任所,夫妇和好如初。末句以景结情,用蟋蟀鸣声入于深闺罗帏,渲染秋夜凄凉的气氛,抒发难寄相思的伤感。秋凉已至,倏忽又是一年,不禁令人倍增哀怨。

崔国辅诗作深得南朝乐府民歌妙趣,以五言绝句见长。殷璠《河岳英灵集》云:"国辅诗婉娈清楚,深宜讽味;乐府数章,古人不及也。"《怨词二首》其二,明写"织锦",其实无疑寄寓着期盼"夫君"回心转意,再次团聚的愿望,但诗心凝聚于"未成"二字,满纸凸显遗憾。

崔国辅,山阴人,开元十四年(726)进士及第,历官山阴尉、许昌令、集贤院学士,官至礼部员外郎。天宝十一载(752),因受京兆尹王鉷一案牵连,贬为复州竟陵郡司马,《怨词二首》显然是其自叹遭受贬谪、君臣难以遇合等身世遭遇之作。

晚唐诗人杜牧《七夕》与崔国辅《宫怨二首》如出一辙:

银烛秋光冷画屏,轻罗小扇扑流萤。
天街夜色凉如水,坐看牵牛织女星。

此诗明面上是写失意宫女生活的孤寂幽怨。解读密码全在"坐看"二字。

首句写秋天夜景,用一"冷"字,既点明初秋时间氛围,又暗示主人公内心之孤凄;第二句写其扑萤以打发无聊时光,排遣愁绪。第三句写夜露深重仍不能眠,以待临幸。天街,本是帝都之中轴线,天街如水,暗喻君情凉薄。结句落在"坐看"二字上,银河迢迢,牵牛织女虽被阻隔,然七夕犹能相逢,借宫女"坐看"银河而歆羡牵牛织女,含蓄表达其幽闭深宫而终不得见帝君的心中悲苦。

于七夕之节,杜牧自比坐看牵牛织女之宫女,含蓄地抒发迁客逐臣心系长安,怀帝阍而不见的幽怨,此又一层婉转曲折也。

可见,诗意除了正面表达的委婉曲折,还须揣摩其背面隐藏的旨趣。再以唐代"大历十才子"之一的李端《听筝》为例:

鸣筝金粟柱,素手玉房前。

欲得周郎顾,时时误拂弦。

这首小诗,寥寥数语,就在读者面前描绘了一幅线条流畅、神态活泼的舞台人物速写图。首先映入读者眼帘的,便是弹筝者手中正在拨弄的乐器,特别是那闪烁着点点金色光斑的弦柱。接着,诗人又引领读者把欣赏的目光落到正在琴弦上跳动的洁白如玉的那双纤手上,当然还有弹奏的环境,那间十分雅致的琴房。接下去诗人不去直接描写女子的弹奏技艺,或者表现古筝极富感染力的音乐形象,而是出人意料地描写女子为了引起知音者的注意,故意错拨筝弦。"曲有误,周郎顾。"此处用三国时精通音律的周瑜的典故,以"周郎"代知音;而"时时误拂弦",说明并非偶尔失手,也绝非技艺低下,而是有意为之。

"误"字之妙,表明这种故意的失误完全出于寻求知音激赏的一片苦心。或许当时坐在一旁的"周郎"沉醉在音乐境界中而忽视了她本人。弹筝女心思原本不在听者赏音,而在于其一"顾",怎么办呢?她灵机一动,故意不时地弹错一两个音符,借以惊动知音的"周郎"。为了所爱慕的人多看自己两眼,便故意将弦拨错,弹筝女藏巧于拙,不以言喻而以音传,其蕙质兰心、柔情蜜意,虽含而不露,然全都跃然纸上。

若李端自比"周郎",则其倾心于弹筝美人,欲美人"误拂"以便借指正之机进一步接触,其诗意的委婉曲折便更进一层。此背面之处,恰恰是众人最容易忽视的诗歌真意所在。

古人谓"含蓄",状难写之景如在目前,含不尽之意见于言外。刘勰《文心雕龙》主张"辞约而旨丰,事近而喻远"。司空图《二十四诗品》则极力主张"不着一字,尽得风流",其所谓"语不涉难,已不堪忧"的含蓄表达,即虽未说到苦难的情状,读时却能使人十分哀伤,收到感人肺腑之效。

譬如,崔护七绝《题都城南庄》:

去年今日此门中,人面桃花相映红。
人面不知何处去,桃花依旧笑春风。

崔护,字殷功,博陵(今属河北)人,贞元十二年(796)进士及第,大和三年(829)任京兆尹,同年为御史大夫、广南节度使。孟棨《本事诗》和宋代《太平广记》都记载过此诗"本事":崔护春闱落第后,独自到长安南郊散心,口渴求饮,一美丽少女施水后,在庭院桃树下含情凝视;次年清明节重访不遇,于是题写此诗。

全诗四句,包含前后两个场景相似、相互映照的场面。"去年今日此门中,人面桃花相映红",诗人抓住"寻春遇艳"整个过程中最美丽动人的一个典型细节——"人面桃花相映红",不仅为艳若桃花的少女设置了出场的美丽背景,正面衬托出了少女脉脉含情、光彩照人的面庞,而且含蓄委婉地表现出诗人目注神驰、意夺情摇的情状。还是春光烂漫的季节,还是桃花掩映的庭院,然而,去年使这一切都增光添彩的"人面"却不知何处去,而今只剩下门前一树桃花依旧在春风中凝睇含笑,触发了诗人对往事的美好回忆和好景不长的遗憾之情。

该诗以"笑"写"悲",愈增其悲。寻芳不遇的怅惘,物是人非的悲苦,还有未曾言说的落第之失意,皆在此对比反衬之下,力透纸背。一个"笑"字,蕴含无限情意;而"依旧"二字,则含有无限怅惘,乃是解读此诗之密码。

五

计白当黑，内敛隽永
——李白诗风的另一面

杜甫在炼字、炼句、炼意等方面刻意用功，自言"为人性僻耽佳句，语不惊人死不休"（《江上值水如海势聊短述》）；李白为诗，则极力主张"清水出芙蓉，天然去雕饰"（《经乱离后天恩流夜郎忆旧游书怀赠江夏韦太守良宰》）。邵祖平《唐诗通论》颇为中肯地指出，李白是"自然派之神而圣者"，杜甫是"功力派之神而圣者"，且"唐之初、盛，自然者比较居多"，而"时至中、晚，风尚所致，人人自欲探骊珠，家家自拟抱荆玉，而诗锻炼苦吟日著，故工力派为绝盛，几欲尽夺当时自然派之席"。

李白个性豪迈不羁，其天纵之才，不可羁勒，后人尊之为"诗仙"。其诗歌以天马行空般的想象、大胆雄奇的夸张、清新飘逸的语言，营造瑰丽奇特的意境，成为浪漫主义诗歌的典范。可以说，李白诗歌大多情真意远，不加藻饰，天趣自然。然其诸多篇什，看似自然天成，其实也多含蓄蕴藉，不可不察。

以最能体现李白清新自然风格的诗篇之一《山中与幽人对酌》为例：

> 两人对酌山花开，一杯一杯复一杯。
> 我醉欲眠卿且去，明朝有意抱琴来。

这首小诗不依声律，纯属歌行风格，开篇就有一种不可羁勒之势，将两人对酌的快意表达得酣畅淋漓。"我醉欲眠卿且去"一语，如口语一般，将酒酣耳热之际的那种真率洒脱的风度表现无遗，此处暗用陶潜与客饮酒尽兴时的原话作为语典，显得含蓄蕴藉；结尾再用伯牙抱琴访友的典故，自然地流露出酒逢知己、情交莫逆的喜悦心情。从对酌到相约改日再饮,短短四句,跌宕起伏且尽显自然天真之趣,尤其是"抱琴来"三字,表明今已尽兴,再约明天,用典自然贴切而不露痕迹。

李白,字太白,号青莲居士,祖籍陇西成纪,出生于西域碎叶城,四岁时随父迁至绵州生活。李白天才英特,曾师从《长短经》的作者、著名高道赵蕤学习帝王术和纵横术。为人任侠好义,轻财重施,被州郡荐举"有道科",不就。开元十三年(725),李白"仗剑去国,辞亲远游",出巴蜀故地,漫游天下。在荆州,李白拜访道教名流司马承祯;在随州,经道友元丹丘引荐,师从茅山派高道胡紫阳学习炼气养生之术,并经其介绍入赘安陆许家,与故宰相许圉师孙女结为夫妻。从开元十五年(727)开始,李白度过了"酒隐安陆"的十年悠闲时光。开元十七年(729)起,在许家附近的碧山(即白兆山)桃花岩,李白曾携妻隐居将近两年。《山中与幽人对酌》此诗就作于这一时期。

李白隐居桃花岩时期的诗歌,还有七绝《山中问答》亦颇有清新自然之味:

问余何意栖碧山,笑而不答心自闲。

桃花流水窅然去,别有天地非人间。

这首诗意淡远的七绝,以问答形式展开,并用桃花源的典故抒发了作者隐居生活的自在天然的情趣,也体现了作者的矛盾心理。

"问余何意栖碧山,笑而不答心自闲。"起句突兀而有悬念,接句迷离而颇蕴藉。正当读者期待揭晓谜底时,诗人却宕开一笔,以"笑而不答"的神态描摹,给读者留下了无尽的想象空间。"桃花流水窅然去,别有天地非人间。"明写碧山桃花随着溪水窅然远去的自然美景,暗示"何意栖碧山"的答案:此处别有天地,胜似桃源仙境。李白师法陶潜《饮酒·其五》"忘言"之意,并暗用《桃花源记》典故,以桃花在自然的法则下开了又谢,并随着流水漂向远方,揭示盛衰皆有不同的自然之美。这种审美情趣,正好反映了诗人任运天真、酷爱自由的人生追求。

诗人采用这种"不答"而答、似断实续的写法,最后以"非人间"三字作结,这一诗心密码使诗境显得似近实远,诗情似淡实浓,诗意含蓄蕴藉,余韵悠长。

李白自言"十五好剑术,遍干诸侯;三十成文章,历抵卿相"。他从不掩饰自己的政治野心,也不屑按部就班走科举仕进这一寻常之路,而是期望通过"终南捷径"抬高身价,引起朝廷注意。开元十八年(730),三十岁的李白第一次到长安走上"历抵卿相"的求仕之路,他通过出身安陆许家、时任光禄卿的许辅乾介绍,拜访宰相张说,冀其引荐给玄宗,不料张说抱病在床,嘱其次子张垍照拂。张垍将李白介绍给道号"持盈"的玉真公主之后,就再也没下文。李白两次到终南山楼观台玉真公主的别馆干谒,献《玉真仙人词》,随后在其别馆隐居了一段时间,并留下了长叹"大道如青天,我独不得出"的《行路难》这一流传千古的不朽诗篇。

《下终南山过斛斯山人宿置酒》一诗,当属李白初入长安隐居终南山玉真公主别馆时期的作品:

> 暮从碧山下,山月随人归。
> 却顾所来径,苍苍横翠微。
> 相携及田家,童稚开荆扉。
> 绿竹入幽径,青萝拂行衣。
> 欢言得所憩,美酒聊共挥。
> 长歌吟松风,曲尽河星稀。
> 我醉君复乐,陶然共忘机。

该诗以田家、饮酒为题材,显然受到了陶诗的影响,但着意渲染,色彩鲜明,洋溢着清新俊逸的气息,与陶潜写景平淡恬静又有所不同。诗人写自己在月夜从终南山隐居之处下来,去造访一位复姓斛斯的隐士。

首句"暮从碧山下",以"暮"字带出"山月"及"苍苍",以"下"字带出"随人归"和"却顾","碧"字又关联第四句"翠微"。"山月随人归"一语中,山月脉脉含情,与人形影相随,比陶诗"带月荷锄归"情味浓郁许多。第三、四句以"却顾"带出诗人对暮色苍茫的终南山美景的眷恋,正好与后面斛斯相携至家、美酒共挥、欢言长歌的盛情形成对照,借以衬托斛斯山人待友之诚。结尾卒章显志,以"我醉君复乐,陶然共忘机"含蓄地表达酒醉情浓,友情真诚之旨趣。诗心密码尽在"忘机"二字。

诸多选本将结尾两句译为"我喝醉酒主人非常高兴,欢欣愉悦忘了世俗奸诈心机",显然是把高兴得泯灭主客差异的"陶然忘机"与忘记了机巧奸诈之心的典故"鸥鹭忘机"混为一谈了。譬如刘学锴《唐诗选注评鉴》即将"忘机"注释为"消除机巧之心"。天宝元年(742),因深受玄宗器重的正一派道士吴筠等人推荐,李白被召至长安,供奉翰林。李白的道术与修为,颇受吴筠认可。若自我标榜没有机巧奸诈之心,并以这一做人的起码要求赞誉道隐终南的斛斯山人,岂不荒谬可笑!

"机"与"機",在古代原本是不同的两个字。"機",在此通"异",意为"殊异";故有"機羽"(奇异的羽毛)"機服"(即异服,奇异的服装)之说。诗中的"忘機",是说诗人自己喝醉后反客为主,在风入松涛、寒月弄弦的意境中,歌吟嵇康名曲《风入松》,不停地给斛斯山人劝酒,直至月朗星稀,主人开心醉倒,宾主二人全都忘记了彼此的身份和差异。如此,方显盎然诗趣。

再以李白的乐府小诗《玉阶怨》为例:

> 玉阶生白露,夜久侵罗袜。
> 却下水晶帘,玲珑望秋月。

《玉阶怨》本是乐府旧题,内容多写"宫怨"。李白袭用旧题作此五言古诗,其意宛然,但全诗四句,无一"怨"字,全以状写形相出之,从而造成一种"怨"的"境界"。

"玉阶生白露,夜久侵罗袜"两句中,一个"生"字,已将夜渐深、露渐浓,伊人伫立玉石砌成的宫殿台阶上之久,悉数绘出。而罗袜生寒,所待之人迟迟不来,则伊人内心之"怨",已隐约可见。结尾"却下水晶帘,玲珑望秋月"两句中,"却下"二字虽是虚字,却至为传神,似断实连,转折自然,直抵妙境,让读者想见伊人回房放下水晶帘时,纵有千般不甘,万般不舍,也只有毅然决然将无限幽怨与明月一并拒之窗外;然而谁料玲珑透明的水晶帘,让伊人在看似不经意间隔帘望月之时,内心顿起波澜。

一个"望"字,用所见之圆月衬托孤寂之伊人,不仅将眼前秋月之圆自然而然地带出,而且引导读者借助想象缓步进入诗情最幽微之处,那种因重楼深锁,关山迢递,心上人似乎只能千里婵娟与共的幽怨,尽在不言之中。此等计白当黑的笔法,使得诗歌奇趣顿出。正可谓情思宛转,含蓄蕴藉,余韵悠长,不绝如缕。

清代沈德潜《古诗源》上说《古诗十九首》"大率逐臣弃妻,朋友阔绝,游子他乡,死生新故之感。或寓言,或显言,或反复言"。可见,弃妇宫怨之诗,与逐臣失意之辞,其所表达的人类共同情感,在本质上是相通的。因此,崔国辅、李白等人的"宫怨诗",不能简单看作是替宫女"代言",而应视为"逐臣失意之辞"。

天宝元年(742),李白因玉真公主和贺知章的推荐,以诗赋进献玄宗,受到赏识而供奉翰林,陪侍皇帝左右。天宝三载(744),政治理想无法实现、厌倦了御用文人生活的李白被赐金放还。

李白在此诗中没有"显言",而是巧借女主人公"宫怨"之辞,寄寓君臣心意不通、自己不得玄宗赏识的苦闷,其主旨含而不露,意境幽邃深远,可谓绝代之珍品。

此诗寥寥二十字,给读者提供的解读密码却有三个字:望秋月。自《诗经·陈风·月出》开启"望月怀人"之先河后,此类诗作便如雨后春笋,层出不穷。如张九龄"海上生明月,天涯共此时"(《望月怀远》)、李白"举头望明月,低头思故乡"(《静夜思》)、韦应物"闻道欲来相问讯,西楼望月几回圆"(《寄李儋元锡》)之类的诗句,其中"明月""望月"等意象,皆凝固为君臣和谐或夫妇团圆之类的文化符号。

《玉阶怨》中的"秋月",特指中秋之月,既是时间密码,又是文化密码,这在古人为常识,在今人则已为隔膜。

天宝元年(742)八月,年过不惑的李白在玉真公主、道友元丹丘与道士吴筠等人的鼎力推荐下,被朝廷征召,高唱"仰天大笑出门去,我辈岂是蓬蒿人"而入京。其时,贺知章闻李白之名,首先到旅馆访之,见其《蜀道难》,惊为天人,呼为"谪仙",与李白倾酒尽醉,并解下所佩金龟结账,留下了"金龟换酒"的佳话。经贺知章推荐,玄宗命其在翰林院供奉。天宝三载(744)初,时年八十四岁的贺知章因病恍惚,上疏请度为道士,辞官归里,玄宗诏令百官在长乐坡为之饯行,李白以翰林待诏身份写下了七律应制诗《送贺监归四明应制》。不过,李白以忘年之交身份所写的七绝送别诗《送贺宾客归越》要比那首应制诗清新自然得多:

> 镜湖流水漾清波,狂客归舟逸兴多。
> 山阴道士如相见,应写黄庭换白鹅。

全诗紧扣"归越"二字,不仅以镜湖"清波""归舟"等意象形象地表现了性情中人、雅号"四明狂客"的贺知章逸兴遄飞的鲜明个性,而且还用王羲之为道士书写《黄庭经》换取其一群白鹅的韵事,含蓄地赞美贺知章深受时人推崇的草、隶书法艺术。用典精切自然,抒情委婉深挚,诗艺堪称炉火纯青。

贺知章晚年之作《回乡偶书》二首,亦清新可爱,颇有自然隽永之味,与李白堪为同调:

> 少小离家老大回,乡音无改鬓毛衰。
> 儿童相见不相识,笑问客从何处来。

> 离别家乡岁月多,近来人事半消磨。
> 惟有门前镜湖水,春风不改旧时波。

送别贺知章后,遭受权贵排挤的李白随即于三月上疏自请还山,被玄宗赐金放还。初夏,在洛阳与杜甫相识,旋往开封,请高如贵天师授其道;秋,与高适、杜甫共游河南梁、宋等地;冬,北上安陵(今河北沧州吴桥县北),其后由高天师授箓于济南紫极宫道观,安家山东任城,漫游于东鲁。天宝五载(746),李白南游吴越,秋天到会稽,才得知贺知章已辞世。想起当年"金龟换酒"的往事,前来贺知章故宅凭吊的李白,不禁凄然神伤,作两首《对酒忆贺监》诗以追念前辈故友,其一为:

> 四明有狂客,风流贺季真。
> 长安一相见,呼我谪仙人。
> 昔好杯中物,翻为松下尘。
> 金龟换酒处,却忆泪沾巾。

李白用"风流"二字概括"四明狂客"贺知章的特点,并由此展开对其人的追忆;"风流"并非仅用来形容贺知章的言谈风采,还带有无限的追念之情。时任工部尚书、后曾任宰相的陆象先对人说过:"(贺)季真清谭风流,吾一日不见,则鄙吝生矣。"《旧唐书·贺知章本传》也曾引陆象先此语评价道:"贺兄言论倜傥,真可谓风流之士。"随后,诗人以"金龟换酒"的风流往事为中心,不事雕琢,平平道来。昔日诗酒风流的狂客,如今化为尘土,使得诗人悲伤与感恩交融,倾注于往昔相见相知的情景追忆之中。明代诗论家陆时雍在《诗镜总论》中赞之为"绝去形容,独标真素"。

从诗歌审美角度来看,该诗所蕴含的深情浅趣,恰好符合李白"清水出芙蓉,天然去雕饰"的诗歌主张,但诗心密码"风流"二字,极为含蓄隽永,断然不可忽视。

李白晚年投奔当涂县令、族叔李阳冰,居于宣城一带,其时《赠汪伦》《独坐敬亭山》等小诗,无不清新可爱。李白南游吴越时所作的《梦游天姥吟留别》与第二次入长安时的《蜀道难》等诗歌,更是以大胆的夸张和雄奇的想象,独树一帜。尤其是《蜀道难》一诗,想象之丰富,感情之激越,气势之雄伟,文笔之奇崛,蕴藉之深厚,堪称前无古人后无来者,其雄奇本乎傲然耿介之自然天性,非学而得也。后面将单独赏析,在此不赘。

诗肠欲曲,婉而多讽
—— 诗歌的春秋笔法

诗贵含蓄,尤以不动声色的叙事、议论为上;而将含蓄与讽刺巧妙结合,则是诗人惯用的春秋笔法。

譬如,盛唐诗人祖咏《终南望余雪》一诗:

> 终南阴岭秀,积雪浮云端。
> 林表明霁色,城中增暮寒。

祖咏为开元十三年(725)杜绾榜进士。《南部新书》卷乙:"祖咏试《雪霁望终南》诗,限六十字。成四句,纳主司,诘之,对曰:'意尽。'"宋人计有功《唐诗纪事》卷二十也有类似记载。由此可知,祖咏早年应试于长安,主考官赵冬曦要求考生以"雪霁望终南"为题,按照省试诗的要求,完成六韵十二句的五言排律,结果祖咏仅写了四句,因"意尽"而不愿画蛇添足,竟被破格录取。唐代进士科的考试,到中宗复位后始定型为"三场试"格局,每场决定去留，首场诗赋考试乃是关键，祖咏却如此率性而为，考官竟也别具慧眼为之违规破格，遂被《唐才子传》传为佳话。

《此木轩论诗汇编》亦曰："如此不拘，诗安得不高？意尽即不须续，更难在举场中作如此事。"

中国古典文学专家霍松林先生在赏析此诗时指出，从长安城中遥望终南山，所见自然是它的"阴岭"，即山之北面，而且唯其"阴"才有"余雪"，"阴"字下得很确切；"秀"是望中所得的印象，既赞颂了终南山，又引出下句"积雪浮云端"这一"秀"的具体内容，其中"浮"字下得十分生动，且"积雪浮云端"一句写出了终南山高耸入云，表达了作者的凌云壮志；"明"字下得好，但"霁"字更重要，因为终南山距长安城南约六十里，只有在雨雪初晴之时，才能看清它的真面目；"林表"承"终南阴岭"而来，自然在终南高处，只有终南高处的林表才明霁色，表明西山已衔半边日，落日的余光平射过来，染红了林表，也照亮了浮在云端的积雪。而结句的"暮"字，也已经呼之欲出了。

霍先生抓住"阴""秀""明""霁""暮"等字眼，可谓细致入微，然未触及诗之内核，颇让人引以为憾。

全诗咏物寄情，意在言外，意境清幽，含蓄之至，诗之落脚处亦即诗心密码，即"城中增暮寒"这个一语双关的"寒"字，是全诗灵魂之所在。千载而下，唯明代徐用吾《唐诗分类绳尺》指出其"结句有讽"，可谓正解，然其"点到为止"，世人终究莫名所以。诗中所蕴含的志气慷慨的天下寒士举子眺望终南山而不得"终南捷径"之悲，却无人领会得出。

唐诗重视名句警语的锻造，尤其是五律、七律，即使全篇不能记诵，经典名联往往也能脱口而出，原因在于古人于炼意、炼句、炼字用功尤甚。而个别关键字眼，往往是整首诗歌的灵魂之所在，若悟之不透，就会全篇皆迷。

幽州卢藏用隐居终南山，受武则天征召做了左拾遗。睿宗时期，官至尚书左丞的卢藏用指着终南山对司马承祯说"此中大有佳处"，司马承祯却讥之为"仕宦之捷径"。这就是"终南捷径"典故之来历。

武则天执政时期,多次下令举荐人才,致使天下士子奔走于公卿权贵之门,请托、行卷之风盛行。玄宗开元、天宝年间,"考功举人,请托大行,取士颇滥"(《旧唐书·王丘传》)。城中春寒料峭,此"寒"是诗之表,满腹才学、怀抱诗文无人可以"干谒"、无人可以汲引则是诗之里。读诗若不及此,岂能理解身处开元盛世却难登龙门的祖咏"意尽"之悲叹!有人以杜甫所言"寒士受冻"之意解之,其谬亦可知矣。

《唐摭言》卷十之《载应不捷声价益振》,也记载了一则类似的故事:唐僖宗乾符年间,蒋凝参加博学宏词科考试,作赋按要求须换八个韵,他只完成了四韵,剩下部分就空着交卷离场。主考官请蒋凝完成全赋,他以意尽告之。等到评卷时,发现蒋凝之赋更佳,但因不合规格而未能录取,考官因此长叹不已。此事随即传遍京城,有人称道说:"曰头花钿满面,不若徐妃半妆。"

名列中唐时期"大历十才子"的韩翃,有《寒食》诗云:

春城无处不飞花,寒食东风御柳斜。
日暮汉宫传蜡烛,轻烟散入五侯家。

韩翃少有才名,天宝十三载(754)中进士后,曾在平卢淄青节度使侯希逸幕府任从事,后罢官闲居长安十年。

唐之亡国,先伤于藩镇割据,后败于宦官专权。依靠太监李辅国、程元振的力量登上皇位的代宗,开启了宦官掌握兵权的恶例。今之众人,多浮在语言文字的表面,罔顾韩翃所处的时代,依照俞陛云《诗境浅说续编》中"八荒无事,宫廷之闲暇,贵族之沾恩,皆在诗境之内"的说法,以为全诗充溢着对皇都春色的陶醉和对盛世承平的歌咏。

其实,此诗"飞花"之语固妙,然诗心只在"五侯"二字。

汉成帝刘骜封其五个舅舅王谭、王商、王立、王根、王逢时为侯;东汉大将军梁冀擅权,将其叔父梁让、儿子梁胤及亲族梁淑、梁忠、梁戟等五人皆封为侯。或因此以为"五侯"指权贵豪门。

其实，此诗中的"五侯"并非泛指权贵豪门，而是特指恃宠干政的宦官。因诛灭以梁冀为首的外戚集团有功，东汉桓帝在同一天封宦官单超、徐璜、具瑗、左悺、唐衡等五人为侯，史家遂称之为"五侯"。其亲族横行霸道，作恶多端。诗用该典，蕴意深远，以汉代唐，借古讽今，说宫内宦官们违背寒食禁令，竟像晋代石崇那样，以蜡烛生火做饭，暗含讽刺之意，显系春秋笔法。

清代宋顾乐《唐人万首绝句选》评曰："气骨高妙不待言，用'五侯'寓讽更微。"吴乔《围炉诗话》曰："此诗在德宗建中初，只'五侯'二字见意，唐诗之通于《春秋》者也。"宋、吴两家之言，可谓切中要害。

《本事诗》和《太平广记》都曾记有一段逸事：

汴宋节度使李勉起用韩翃为幕僚，当时韩翃已年老，年轻的同事多不了解他，只有一个姓韦的巡官与之相处甚笃。韩翃不得志，多称病在家。某天深夜，韦巡官叩门，祝贺他荣升驾部郎中、知制诰，韩翃非常吃惊，以为弄错了。原来，建中初年，唐德宗李适身边急需一个起草文告的人，中书省先后推荐了两人，德宗都不满意。中书省请示再三，德宗才批示"用韩翃"。当时还有一个江淮刺史与韩翃同名同姓，中书省只好将两人同时上报，最后德宗批示任用写"春城无处不飞花"的韩翃。次日早上，李勉及其僚属都来祝贺，韩翃才相信是真的。

据《旧唐书·宦官传·李辅国》记载，代宗李豫即位后，宦官李辅国与程元振因为拥立有功，愈加骄横。李辅国私奏代宗曰："大家但内里坐，外事听老奴处置。"大历十四年（779），李适即位后，一改代宗重用宦官的做法，严禁宦官干政，用杨炎为相，废租庸调制，改行"两税法"，颇有一番中兴气象。初登大宝的李适赏识韩翃，或许正是因为韩诗既讽刺了宦官恃宠专权之弊，又具有不言而喻的含蓄之美吧。可惜，德宗后来重用奸相卢杞，导致民怨沸腾，历经数次变乱后，最终还是委任宦官为禁军统帅，未能慎始敬终。

韩翃因"春城无处不飞花"一诗而被唐德宗赏识，擢升为驾部郎中、知制谐,时来运转,后来不断晋升,官至中书舍人。

元稹有一首抒发盛衰之感的五言怀古绝句《行宫》,也是蕴藉深厚的婉讽之作:

> 寥落古行宫,宫花寂寞红。
> 白头宫女在,闲坐说玄宗。

这首短小精悍的五绝,倾诉了宫女的无穷哀怨,寄托着诗人昔盛今衰的深沉感慨,意境深邃,诗味隽永。

白居易《上阳白发人》一诗揭示,天宝末年不少宫女被潜配上阳宫,幽闭冷宫四十多年,成了白发婆娑的宫人。这些"寥落古行宫"里的白头宫女,却是玄宗天宝末年历史的见证人。因此,"说玄宗"三字,作为诗心密码,大有深意:玄宗早年励精图治,开创了历史上著名的"开元盛世",晚年宠幸杨贵妃,耽于享乐,重用奸相李林甫、杨国忠之流,导致天宝年间发生"安史之乱",大唐从此走向衰亡之途。这沧桑的历史,白头宫女们如何能够说完?

再以晚唐诗人金昌绪《春怨》为例:

> 打起黄莺儿,莫教枝上啼。
> 啼时惊妾梦,不得到辽西。

虽然通篇只说一事,诗人却并未一语道破,而是采取倒叙手法,句句相承,环环相扣,蝉联而下,一气呵成,形成一个不可分割的整体。每一句都令人产生一个疑问,下一句刚解答这个疑问,却又令人产生一个新的疑问。好似抽丝剥茧,极尽曲折之妙,最后才揭开谜底——"不得到辽西"。结尾"辽西"二字,含蓄隽永,乃是闺中少妇日夜思念的征夫之所在,亦是此诗文本解读的密码。

辽河以西营州、燕州一带,为唐代东北边境军事要地,隋朝曾在此设置辽西郡,故名"辽西"。则天万岁通天元年(696)、玄宗开元二十二年(734),

朝廷曾先后派建安王武攸宜、幽州节度使张守珪进击契丹、奚等少数民族。玄宗天宝之后，辽西战事频仍，戍卒长年不得还家，埋骨荒陲者甚众。

闺中少妇不怨辽西征夫不能归家团聚，只怨黄鹂鸟儿啼鸣致使二人相会辽西的美梦惊醒，怨情之深重凄婉，不言自明。可见，此诗主旨在于借"闺怨"含蓄地讽喻现实：朝廷穷兵黩武，将帅无能，连年征战，致使百姓妻离子散，苦不堪言。

晚唐诗人金昌绪，大概生活在宣宗大中之前，其生平及生卒年代不详，仅有此诗传世，也是难得之佳作。

七

今昔对比，蕴藉深厚
—— 诗歌对比手法的妙用

含蓄不是隐晦，但解读此类诗歌，必须知人论世，在掌握相应的文化常识的基础上，还必须明了诗歌创作的基本手段，因声求气，吟咏玩味，方能把握作品的旨趣与精神内核。

以刘禹锡《乌衣巷》为例：

> 朱雀桥边野草花，乌衣巷口夕阳斜。
> 旧时王谢堂前燕，飞入寻常百姓家。

这首吊古抚今之作，思出常格，精练含蓄，是刘禹锡怀古组诗《金陵五题》中的第二首。

"朱雀桥""乌衣巷"，是东晋王、谢两大士族聚居之地。诗人以燕栖旧巢唤起读者想象,以野草花、夕阳斜为背景,仅仅选取王、谢堂前燕子,如今飞入寻常人家一事,寥寥几句,就在今昔对比之中道尽陵谷沧桑,将人世变迁的无常蕴藉其中。语浅味深,含而不露。

其《酬乐天扬州初逢席上见赠》更是含蓄之至:

> 巴山楚水凄凉地,二十三年弃置身。
> 怀旧空吟闻笛赋,到乡翻似烂柯人。
> 沉舟侧畔千帆过,病树前头万木春。
> 今日听君歌一曲,暂凭杯酒长精神。

敬宗宝历二年(826),刘禹锡罢和州刺史返洛阳,此时白居易从苏州返洛阳,二人相逢于扬州,白对刘的遭遇深表同情,在宴席上作《醉赠刘二十八使君》:"为我引杯添酒饮,与君把箸击盘歌。诗称国手徒为尔,命压人头不奈何。举眼风光长寂寞,满朝官职独蹉跎。亦知合被才名折,二十三年折太多。"刘禹锡于是写此诗作答。

刘诗首联紧承白诗末联"亦知合被才名折,二十三年折太多"两句,就自己被贬遭弃的境遇,表达了愤懑不平。颔联写自己归来的感触:老友已逝,只有无尽的怀念之情,人事全非,自己恍若隔世之人。无限悲痛怅惘之情,不禁油然而生。诗人于是以"病树"和"沉舟"自喻,宕开一笔:沉舟侧畔,千帆竞发;病树前头,万木争春。颈联一洗伤感低沉情调,尽显慷慨激昂气概,充分展示了诗人面对世事变迁、宦海沉浮时的豁达胸襟。尾联点明酬赠题意,既是对友人关怀的感谢,也是与友共勉,表现了诗人坚定的意志和乐观的精神。全诗感情真挚,沉郁中见豪放,不仅反映了深刻的人生哲理,也具有很强的艺术感染力。

其中,颔联用"闻笛赋"和"烂柯人"典故,表达对故友的哀悼和人世沧桑之感,可谓蕴藉深厚,令人回味无穷。

"闻笛赋"指向秀《思旧赋》。"竹林七贤"之一的向秀,在老友嵇康、吕安被司马昭阴谋杀害后,应本郡所派去洛阳上报户籍、税收等情况,途经嵇康、吕安故居,时值夕阳西下,听到邻人吹笛,满怀凄怆,以隐晦的笔法写下了一篇短小的《思旧赋》以悼念亡友。刘禹锡用这一典故,悼念"永贞革新"失败后死于贬所的王伾、被赐死的王叔文,以及遭贬而死于柳州刺史任上的柳宗元等朋友。

"烂柯人"典故出自任昉《述异记》。晋人王质入信安郡石室山伐木,见童子数人下棋而歌,于是上前观看,童子给他一枚枣核样的东西让他含在嘴里,久而不觉饥饿。后来童子问他为何还不离去,他起身一看,斧柄已完全朽烂。王质回乡发现,同时代的人都不在人世了。刘禹锡经历多年贬谪,此番回来,物是人非,故以此典故表达恍如隔世的沧桑之感。

刘禹锡诗歌用典贴切,取境优美,辞藻瑰丽,其豪迈乐观的精神于此诗颈联可见一斑,难怪有"诗豪"之称。

再以杜牧《遣怀》为例:

落魄江南载酒行,楚腰纤细掌中轻。
十年一觉扬州梦,赢得青楼薄幸名。

晚唐诗人杜牧,京兆万年人,宰相杜佑之孙,家世显赫,少有才名,文武兼修,以济世之才自负。敬宗宝历元年(825)作《阿房宫赋》,震惊朝野,长安士人争相传抄,一时洛阳纸贵。大和二年(828),太学博士吴武陵拿着杜牧《阿房宫赋》向主考官崔郾极力推荐,时年二十六岁的杜牧在洛阳参加进士考试,被录取为第五名进士,授弘文馆校书郎,后来入江西观察使幕,转淮南节度使幕,晚年官至中书舍人。

诗从"落魄"起,以"薄幸"收,其中"薄幸"二字,即此诗着眼点与解读密码。文宗大和七年至九年(833—835),杜牧客居淮左名都,在淮南节度使牛僧孺幕府任推官,转掌书记,扬州之纤腰丽质所见极多,然无一知音真赏,其不怨青楼女子无情,却反躬自省,自嗟薄幸,并非只是因繁华梦醒而忏悔诗酒风流。因为起笔"落魄"二字,早已透露出诗人实不满于自己沉沦下僚、寄人篱下的境遇,抒发了知音难遇、不得见重于时的伤感。

据孟棨《本事诗》记载,杜牧进士及第后,曾和朋友们到城南文公寺游览,只见一位寺僧披褐独坐,听其所言,似乎句句暗含禅机。禅师看到风流倜傥的杜牧,就问道:"这位公子是谁?"旁人争相告白:"他就是今年进士科、贤良方正能直言极谏科连战连捷,名震京师的大才子杜牧啊!"那位禅师回头微微一笑道:"我怎么就没听说过呢?"年少轻狂的杜牧听禅师这么一说,仿佛兜头一瓢凉水,顿时若有所悟,便题《赠终南兰若僧》诗一首,曰:"北阙南山是故乡,两枝仙桂一时芳。休公都不知名姓,始觉禅门气味长。"

杜牧与李商隐合称"小李杜",其诗歌以七言绝句见长,多咏史抒怀之作,立意奇特,含蓄精练。诗风俊爽雄健,与李白近似。

八

含蓄直白,各有千秋
—— 含蓄的审美特质

含蓄固然非常符合中国人审美的文化心理,但有时真情不加掩饰地自然流露,也别有一番趣味。"大历十才子"之一的李益,其乐府诗《江南曲》即可为证:

嫁得瞿塘贾,朝朝误妾期。
早知潮有信,嫁与弄潮儿。

该诗叙写闺怨,前两句用平淡朴实的语言叙述了丈夫常年在外经商这一可悲可叹的事实,后两句陡起波澜,翻新出奇,曲折而传神地表达了抒情主人公的怨情。全诗从一个不同寻常的角度切入,深刻地揭示出闺中少妇由盼生怨、由怨而悔的内心世界,展示了她充满苦闷和怨恨的心情。

李益,字君虞,陇西狄道(今甘肃定西临洮)人。大历四年(769)齐映榜进士,两年后参加制科考试,授郑县主簿。三年满秩后,入凤翔节度使李抱玉幕府任职。大历十二年(777),李抱玉病逝后,李益辗转多地,久不得升迁。建中元年(780)至甘肃灵武依朔方节度使崔宁。李益擅长绝句,尤以七绝为妙,有边塞诗代表作《从军北征》《塞下曲三首》《夜上受降城闻笛》等。建中四年(783)再次参加制科考试,以书判拔萃登第。因久居下僚,仕途失意,李益后来弃官漫游于燕赵等地,于贞元十二年(796)入幽州节度使刘济幕府,任幽州营田副使,直至唐宪宗元和元年(806)后才被朝廷召回,任职都官郎中,迁秘书少监。大和元年(827)以礼部尚书致仕。

情至真能感人,而情至痴,亦能感人。闺中思妇因朝朝被瞿塘贾"误"了相会佳期,转而羡慕潮水有"信",遂有移情于弄潮儿的念头,不计其他,其情痴可见一斑。思发无端,无理而妙。不过,文面上的"痴情",也不能简单视之,而应与诗人身世遭遇联系起来思考。唐宪宗时期,蒋防在其传奇小说《霍小玉传》写下了李益负心薄幸,辜负妓女霍小玉,致使其相思成疾而亡的故事。李益宦海沉浮三十余年,其《江南曲》不宜以普通的"闺怨"诗看待,或许饱含着仕途失意的感慨,或许隐含着辜负佳人的忏悔,也未可知。

追求"语不惊人死不休"的杜甫,尤其讲究炼字炼句,其诗语言精警动人,含蓄深沉,佳句频出。

肃宗至德元载(756)六月,安史叛军进攻长安,"大索三日,民间财资尽掠之",后又纵火焚城,使得昔日繁华的京城瓦砾遍布,几成废墟。八月,杜甫将家小安置在鄜州羌村,得知太子李亨已在甘肃灵武即位,随即孤身赶往肃宗行在,结果中途被叛军俘虏,押至沦陷后的长安。次年三月,正值暮春时节,诗人触景伤怀,写下了《春望》这首传诵千古的五律:

> 国破山河在,城春草木深。
> 感时花溅泪,恨别鸟惊心。
> 烽火连三月,家书抵万金。
> 白头搔更短,浑欲不胜簪。

该诗落笔即写春望所见,道出感伤乱离之意。前四句重在写景,描绘春日长安凄凉破败之景,饱含兴衰感慨。时经安史之乱,州郡残破,残山剩水,满目萧然。一"破"一"在",极其传神,反差强烈,意境深沉;一个"深"字,足见草木之欣荣,更反衬城中人烟之寥落,国破之惨状。先由此引出"感时",再引出"恨别",以"花溅泪"和"鸟惊心"反常之情景与前句紧密关联,益增离愁别恨,遂将乱离人之伤悲,如实呈现。

后四句重在抒情,写诗人思念亲人,心系家国,充满凄苦哀思。品"感时"与"恨别"之语,已觉动人心旌,再随诗人放眼远望,烽火连绵不息,盼望家书而不至,更觉精警动人。老杜于此,并未善罢甘休,在怀人伤乱、百无聊赖之际,搔首踌躇,顿觉白发萧疏,不可簪挽,又将衰老之感伤,融进国破乱离的悲痛之中,令人悲不自禁。

全诗字字沉着,感人至深,结尾"白头搔更短"更是言有尽而意无穷,直可催人泪下。清代何焯《义门读书记》说其"只以'不胜簪'终之,凄凉含蓄",可谓深得其旨趣。由"感时"而起,由"恨别"而终,抓住这两个诗心密码,则由春望所触发的怅恨绵绵无绝,而又如在目前了。

韩愈《荆潭唱和诗序》曰:"欢愉之辞难工,而穷苦之言易好也。"忧悒之情,近真而易深;欢娱之情,近伪而易浅。杜甫不单能工穷苦之音,写欢娱之情,虽然直白,亦能因真挚而动人。譬如,《闻官军收河南河北》:

> 剑外忽传收蓟北,初闻涕泪满衣裳。
> 却看妻子愁何在,漫卷诗书喜欲狂。

> 白日放歌须纵酒，青春作伴好还乡。
>
> 即从巴峡穿巫峡，便下襄阳向洛阳。

安史之乱爆发后，饱经磨难的杜甫携家小避乱成都，忽闻官军收复河南河北的捷讯，见太平有望，流离可免，感极而悲，悲定后喜，喜极而泣，故一时兴会淋漓，有"初闻涕泪满衣裳""漫卷诗书喜欲狂"种种举动。快乐陡生，喜不自禁，故曰白日放歌纵酒；春和景明，恰似知己，故曰请其作伴还乡。怎样回去呢？经蜀道到长安，要过剑门等重重关隘险阻，路途虽近但崎岖难行，一路上如何按捺得住急不可待的心情？不如从成都取道巴渝，然后顺江东下，转汉水到襄阳，再走官道回洛阳，何其快捷！归途虽远，然归心似箭，故曰"即从巴峡穿巫峡"；道路平安，而心情愉悦，故曰"便下襄阳向洛阳"。

兵凶多年，流离之苦郁结于心，压抑既久，忽逢此机会喷薄而出，竟至宣泄无遗，其轻松畅快之真情，自然毕露矣。

可见，诗歌未必只有含蓄才契合民族的审美心理，与"含蓄"截然相反的"直白"，也能因其"无理"而妙趣横生。

因象求意,由典辨旨
——王维《使至塞上》的八大误读点及诗旨辨正

> 单车欲问边,属国过居延。
> 征蓬出汉塞,归雁入胡天。
> 大漠孤烟直,长河落日圆。
> 萧关逢候骑,都护在燕然。

[意象密码]　征蓬;归雁;大漠孤烟;长河落日

[典故密码]　单车;属国;居延;燕然

[主旨密码]　都护在燕然

王维,盛唐时期杰出的山水田园诗人,《使至塞上》是其最具代表性的边塞诗之一。《全唐诗》与《王右丞集笺注》原注为"时为御史监察,塞上作"。

玄宗开元九年(721),王维状元及第,授太乐丞,任职仅数月,就因属下伶人舞黄狮子犯禁而被贬为济州司仓参军,十四年(726)辞任后,曾隐居淇上、嵩山等地。十七年(729),王维回长安闲居。十九年(731),其妻病故,王维不复续娶,直至终老。二十一年(733)十二月,张九龄授中书侍郎同中书门下平章事(宰相),主理朝政,王维已经冷却的政治理想重新燃起。次年,赋闲多年的王维赴东都洛阳献诗名相张九龄,受其赏识,擢升至从八品上阶的右拾遗这一清要职位,隶属中书省,任职东都。

与侍中裴耀卿、中书令张九龄同朝为相的礼部尚书、同中书门下三品李林甫,因谄附玄宗宠妃武惠妃而备受玄宗信任。开元二十四年(736),裴耀卿、张九龄因遭口蜜腹剑的奸相李林甫排挤,先后被罢相。这年十月,王维随玄宗车驾返回长安,仍为右拾遗。

开元二十五年(737),被王维赞为"所不卖公器,动为苍生谋"的贤相张九龄由尚书右丞相再贬荆州大都督府长史,奸相李林甫独掌朝政大权,大肆排斥异己。是年秋,王维也被排挤出京城长安的权力中心,以监察御史衔奉命出使河西节度使崔希逸所部,在途中作此诗。次年七月,崔希逸改任河南尹,王维随后也离开了河西返回长安。

今人多认为此诗是开元二十五年(737)三月,崔希逸自凉州向南入吐蕃二千余里,在青海西大败吐蕃,王维慰问崔部时所作,然时与事皆误。

戴伟华教授《〈使至塞上〉与崔希逸破吐蕃事无关》[1]一文,依据吐蕃《大事纪年》《编年史》及樊衡《河西破蕃贼露布》等文献指出,破吐蕃的主帅其实是安禄山叔父安波主,崔希逸青海西一战只是此役的一部分,《旧唐书》与《资治通鉴》所记时间二、三月实为十二月之误。安史之乱后,人们或因忌讳而隐瞒了这段历史,后来唐史修撰者亦未能采用《河西破蕃贼露布》等史料。戴文考证甚详,在此不赘。

是年九月十五日,王维在河西幕府作《为崔常侍谢赐物表》,十一月四日作《为崔常侍祭牙门姜将军文》,文中"王师不战,无汗马之劳""天下无事,今上好文"等语,还有王维《凉州赛神》《凉州郊外游望》等诗歌所描写的情形,皆可证明当年河西无战事。

从《使至塞上》诗意来看,王维秋天从长安出发,出使河西,目的地是居延,途经萧关,过黄河,所见大漠孤烟、长河落日奇景,激发了诗人建功立业

---

[1] 载《历史研究》,2014年第2期,第162—167页。

的豪情。施蛰存、朱东润、霍松林、叶嘉莹、孙绍振等诸多名家大师对该诗文本的误解，除了写作背景及"过""出""入"等动词，主要还涉及诗歌意象、典故、文化常识等八个关键点，故逐一加以阐释。

其一，"属国"。

起句"单车欲问边"，"单车"即"单车之使"的简称，用的是李陵《答苏武书》"足下昔以单车之使，适万乘之虏"之语典，一个"欲"字，足见离边塞尚远。"属国过居延"中的"属国"，并非指附属于汉族朝廷而存其国号的少数民族属国，而是汉代掌管藩属国事务的官职"典属国"的简称。苏武北海牧羊十九年，归汉后就曾授予品级不高的典属国之职。王维同一时期的边塞诗《陇头吟》结尾以"苏武才为典属国，节旄空尽海西头"，为关西老将未能封侯而鸣不平。可见，诗人连用与苏武有关的"单车之使""典属国"这两个典故，紧扣诗题"使"字着笔，意在强调自己的使臣身份，且有悲凉意味。王维出使后转任的河西节度判官，属于临时差遣性质的使职，御史监察是其所带宪衔。"单车欲问边，属国过居延"，此联对仗极其工整，但上下两句意思完全相同，施蛰存说犯了宋诗所谓"合掌"的毛病，不过，唐诗并没有"合掌"之忌。

其二，"居延"。

居延，因匈奴居延部落而得名，意为天池，汉代称居延泽，唐代称居延海，在今额济纳河及其汇成的居延海一带，处于内蒙古西北与蒙古国交界处。《水经注》所谓"弱水流沙"即指此。《后汉书·郡国志五》"居延，有居延泽，古流沙"一语，下注曰"献帝建安末，立为西海郡"，故居延海又有西海、瀚海等名称。古居延海由东、西居延海和天鹅湖三部分组成，甘州张掖河往北流，改称弱水，至青山头分成两条支流：西为穆林河，注入西居延泽；东为纳林河（额济纳河），注入东居延泽，在丰水期居延海合成一湖。严耕望《唐代交通图考》附图七有明确的标注。考古发现，唐代居延大同城，遗址在今内蒙古额济纳旗达来呼布镇东南约十九公里外。

"属国过居延"一般注本均指王维路过居延，譬如朱东润主编的《中国历代文学作品选》注为"经过居延属国",《叶嘉莹说初盛唐诗》也解为"居延是唐朝的一个属国""经过了边塞上很多依附于唐的外族小国"[1]。"过居延"之"过",并非"经过,越过",而是"到,访"。施蛰存《唐诗百话》说"不知为什么这里却说过了居延,才出萧关",并由此误以为王维地理概念错误;林庚、冯沅君主编《中国历代诗歌选》也认为是写唐朝"边塞的辽阔,附属国直到居延以外"。可见,朱、叶、施、林等人皆误以为王维此行是"路过居延"。

太宗贞观二十一年(647)置燕然都护府,治所在西受降城(今内蒙古乌拉特中旗西南乌加河北岸)东北四十里,管理漠南漠北的铁勒、回纥诸部各羁縻府州,辖区包括现在的蒙古国、俄罗斯叶尼塞河上游,以及贝加尔湖地区,居延属燕然都护府下辖的瀚海都督府。高宗龙朔三年(663)治所迁至碛北(漠北)回纥本部(今蒙古国哈拉和林),改名瀚海都护府;总章二年(669),又改名安北都护府;则天垂拱三年(687),因后突厥兴起于漠南,安北都护府治所南迁至同城镇(即大同城),用以安置漠北归附的突厥部落,居延仍属安北都护府管辖,不久安北都护府又南迁至凉州(武威)西边的西安城。

睿宗景云二年(711),将陇右道黄河以西析为河西道,设立河西节度使,管辖凉、甘、肃、瓜、沙、伊、西等七州,其中最西端的伊州、西州,于次年划归新设的北庭节度使管辖。与此同时,驻守同城镇的同城守捉使由安北都护府改隶河西节度使。据《元和郡县图志》卷四十《陇右道下》,因在西北军事格局中战略地位日益突出,天宝二年(743)将"在居延水两汉中"的"同城守捉"升格设置为"宁寇军",有士卒八千五百人,统领居延地区的军事防务。《资治通鉴》卷二百一十五也载有天宝初年河西节度使战略地位及所辖范围等:"河西节度断隔吐蕃、突厥,统赤水、大斗、建康、宁寇、玉门、墨离、豆卢、新泉八军,张掖、交城、白亭三守捉,屯凉、肃、瓜、沙、会五州之境,治凉州,兵七万三千人。"按照惯例,河西节度使兼任赤水军使。河西驻军中实力最强

---

[1] 叶嘉莹:《叶嘉莹说初盛唐诗》,中华书局2018年版,第144页。

的野战军团赤水军,置凉州西城(赤乌镇),管兵三万三千,马一万三千匹。

考之史实,揣摩文本,不难推测,王维当年"属国过居延"目的地不是河西节度副使崔希逸所在的驻地凉州(今甘肃武威),而是处于吐蕃、突厥两股强大势力之间,河西节度使所辖,同城守捉使所在的前线战略要塞——居延大同城。有王维《出塞作》一诗可为佐证:"居延城外猎天骄,白草连山野火烧。暮云空碛时驱马,秋日平原好射雕。护羌校尉朝乘障,破虏将军夜渡辽。玉靶角弓珠勒马,汉家将赐霍嫖姚。"该诗结尾明确点明赏功劳军主旨,足证王维此次秋天出塞,是到同城守捉所在的居延大同城,代表朝廷宣慰军民,检查军备情况。这正与唐军对吐蕃大战前的准备工作相吻合。联系王维在河西节度判官任上所写的《为崔常侍谢赐物表》及《为崔常侍祭牙门姜将军文》的内容中提到的"九月十五""十一月四日"等时间信息来分析,可推知王维是出使居延之后,再返回凉州就任幕府判官一职的。《叶嘉莹说初盛唐诗》说"王维做了右拾遗后,中间一度出使到塞上"[1],时间、地点及职衔皆不确。

其三,"征蓬"。

"出汉塞"纵有那么一丝豪情,但"征蓬"毕竟是蓬草,不会改变其随风飘荡的特点,它根本无法随心决定自己的去向,因此,不难感知"征蓬"意象所蕴含的遭受排挤的愤懑之情。

施蛰存先生因江南人把像蓬草一样随风卷地而来的尘土叫作"蓬尘",而将"征蓬"释为"地上飞卷的尘沙",误矣!"征蓬"典故出自《诗经·卫风·伯兮》"伯也执殳,为王前驱。自伯之东,首如飞蓬"一语,蓬是一种根部易折断,随风翻飞的野生植物,诗中说自从丈夫随国君出征之后,自己无心打扮,头发乱蓬蓬的。后世诗人常用这一意象表达相思、离别等情感,"征蓬"遂成为羁旅漂泊之代称。

---

[1] 叶嘉莹:《叶嘉莹说初盛唐诗》,中华书局 2018 年版,第 144 页。

孙绍振《月迷津渡——古典诗词个案微观分析（修订版）》中说："国家军队很争气，打了大胜仗，而一个中央大员，王命在身，前往庆功，却一点兴奋感、自豪感都没有。把自己比喻为征蓬，王维身上的贵族气荡然无存，好像身不由己的平民，不能驾驭自己的命运，随风飘荡，沿途那么多景观，他都没有感觉，却只看见'归雁'往'胡天''归'去。"[1]孙所谓"中央大员""庆功"等，显然违背情理。《新唐书·百官志三》云："监察御史十五人，正八品下，掌分察百寮，巡按州县，狱讼、军戎、祭祀、营作、太府出纳皆莅焉；知朝堂左右厢及百司纲目。""庆功"之说本就子虚乌有，而"监察御史"虽比"右拾遗"高了一级，却不过是宪衔。一个"正八品下"的"卑品"虚衔官员，竟被视为"中央大员"，其误解不可谓不深！

其四，"归雁"。

"归雁"指秋雁，此时本应南归，却反见其在北方天空飞翔，诗人将渺小的"归雁"置于辽阔的"胡天"之下，借以抒发去国怀乡、羁旅漂泊的苦闷。

霍松林选注《唐诗精选》等选本多将"归雁"释为"春暖后从南方飞回的大雁"，韩兆琦《唐诗选注集评》则释为"秋天向南归去的雁行"，前者季节有误，后者方向相反，皆不妥当。大雁属候鸟，产卵繁殖在西伯利亚一带，越冬则飞至南方。若春天大雁回归胡地，则欣然有归家之感，岂不与"征蓬出汉塞"意义完全相反？若是向南飞，显然又与"入胡天"之意相悖。

其五，"孤烟"。

清代赵殿臣《王右丞集笺注》注有二解：一云古代边防报警时所燃狼粪，"其烟直而斜，虽风吹之不散"；二云塞外多旋风，"袅烟沙而直上"。

其实，诗中"孤烟"并非军事报警用的狼烟，亦非炊烟或者其他烟雾，而是指唐代边防用来通报平安的烟火，俗称"平安火"。张籍《凉州词三首》其

---

[1] 孙绍振：《月迷津渡——古典诗词个案微观分析（修订版）》，上海教育出版社2017年版，第166页。

二曰:"巡边使客行应早,每待平安火到来。"《资治通鉴·唐肃宗至德元载》曰:"是日,(哥舒)翰麾下来告急,上不时召见,但遣李福德等将监牧兵去潼关。及暮,平安火不至,上始惧。"唐镇戍"凡烽候所置,大率相去三十里",每日初夜,放烟一炬,谓之"平安火"。初夜时辰为戌时,太阳到达地平线,被地平线遮住的那一刻就是入夜时分。当地秋天晚七点半左右太阳落山,王维见到"孤烟""落日"应在此时。

其六,"萧关"。

关中为四塞之地,东有函谷,南有峣武,西有散关,北有萧关。其中,萧关即是屏护关中地区的北大门。唐李吉甫《元和郡县图志》卷三《关内道三》曰:"萧关故城,在(平高)县东南三十里。"唐平高县,即今宁夏固原。《元和郡县图志》又曰:萧关县"南至州一百八十里,本隋他楼县,大业元年置,神龙三年废,别立萧关县,以去州阔远,御使中丞侯全德奏于故白草军城置,因取萧关为名"。《唐书·地理志》载:"神龙元年省(他楼县),置萧关县。白草军在蔚茹水之西,至德后没吐蕃。"也就是说,唐中宗神龙三年(707)撤掉了隋炀帝大业元年(605)设置的他楼县,改置萧关县,后又迁至蔚茹水(今清水河)以西的白草军城(今固原市七营乡以北的北嘴村古城遗址,即唐萧关故址)。这一带处于六盘山东侧,泾水蜿蜒其下,多深谷险阻,是关中通往塞外的重要军事屏障。唐代从长安到凉州的"丝绸之路",至咸阳后分为南北两条:一条是南驿道秦州道,即凤翔—陇关道,经凤翔、陇州、秦州、渭州、临州、兰州至凉州;二是北驿道乌兰道,即邠州—萧关道,经邠州(治新平,今彬州)、泾州(治安定,今甘肃平凉泾川县北)、原州(今宁夏固原)、会州(今甘肃白银会宁县内)至凉州。其中,供给充足、安全便捷的首选驿道,即北驿道乌兰道。王维经安定、平凉、瓦亭故关北上,再经原州平高县和武州萧关,沿蔚茹水至鸣沙县,再沿黄河附近折向东北抵达灵州(灵武),在唐代最大、最繁忙的会宁关渡口(位于今甘肃靖远县城双龙乡北城村的乌兰津)渡过黄河,再从贺兰山脉东南麓的灵武县取道河西走廊抵达凉州。严耕望《唐代交通图考》附图六对此驿道有着明确的标注。

严耕望《唐代交通图考》第二卷有关"会宁关"的解释曰:"由会州略沿黄河东岸西北行一百八十里至会宁关,为开元十三中关之一。渡河而西至乌兰关,为乌兰县治(约今景泰 E104°10′·N37°10′治东)。此为通西域之重要孔道,故具舟五十艘以待行旅。"[1]

以诗中所写景物来看,在萧关一带的清水河谷、泾水河谷以及额济纳旗居延海一带,都不可能看到"大漠孤烟"和"长河落日"之景。"长河"定为黄河无疑。严耕望《唐代交通图考》第二卷还载有:"(会宁关与乌兰关)两关对夹河津,具舟五十待行旅,是为关内河西交通军事之要冲。"[2] 在甘肃白银市所属的靖远县和景泰县交界的黄河拐弯处的乌兰津,处于会宁关与乌兰关(今甘肃白银景泰县五佛乡境内)两座雄关夹峙之下,是唐代乌兰道必经渡口,王维取北驿道过萧关,必从此处过黄河入河西走廊。在乌兰津附近所见大漠,与河西腾格里戈壁东南缘最为符合。施蛰存先生以为王维地理概念错误,实为不知王维经行路线所致。

其七,"候骑"。

诗中"候骑"并非指"斥候"之类的巡逻侦察的士兵,而是指驿使。《史记·匈奴列传》载:"汉孝文皇帝十四年,匈奴单于十四万骑入朝那、萧关,杀北地都尉(段)卬,虏人民畜产甚多,遂至彭阳。使奇兵入烧回中宫,候骑至雍甘泉。"

唐司马贞《史记索隐》引北魏崔浩注解曰:"候,逻骑。"故今人以此多误以为"候骑"是巡逻兵。"逻骑"即巡逻的骑兵,用于了解和侦察军情变化等。"斥候",也作"斥堠",属于古代的侦察兵,分步、骑两种。"堠",古代指瞭望敌方情况的土堡。《尚书·禹贡传》:"斥候而服事。"斥,即斥兵,侦察兵;

---

[1] 严耕望:《唐代交通图考》第二卷"篇拾壹",北京联合出版公司2021年版,第413页。
[2] 严耕望:《唐代交通图考》第二卷"篇拾壹",北京联合出版公司2021年版,第419页。

候,则类似于观察哨、岗哨之类的哨兵。汉刘熙《释名》曰:"五百斛以上还(环)有小屋曰斥候,以视敌进退也。"所谓"斥,度也","候,即候望"。从构词形态来看,"候骑"之"候",则也应该是候望、等候之意,"候骑"解释为"等候(并传递)消息的骑兵",相当于传递紧急军情消息(或文书)的驿使。譬如,《后汉书·光武帝纪》有:"会候骑还,言大兵且至城北,军陈数百里,不见其后。"其中,"候骑"即作此解。

其八,"燕然"。

燕然山,即今之蒙古国杭爱山。唐初始在归顺的周边各边远少数民族部落疆土上设立一种特殊行政区划,包含羁縻都护府、都督府、州、县四级,习惯上总称羁縻州,又称蕃州,如为回纥所置的就有瀚海、燕然、金徽、幽陵、龟林、卢山六府。据《新唐书·地理志》载,河北道突厥羁縻州顺州辖有燕然县,侨治阳曲县;关内道回纥羁縻州有燕然州,属灵州都督府管辖,侨治回乐县(今宁夏灵武西南,吴忠市北),此地为朔方节度治所,不属于河西节度使管辖范围。故"都护在燕然",此"燕然"并非指"燕然羁縻州",而是特指属燕然都护府管辖之下的"居延"这一目的地。

《使至塞上》一诗,首联用忠君爱国但又充满悲剧色彩的苏武"单车出使""陷于居延",流放北海牧羊十九年,最终归汉后得官"典属国"这一系列典故,不仅表明诗人单车出使居延边塞,而且以苏武自比,委婉地表达了出使居延的孤寂、失意以及对前途的担忧等复杂心情。

颔联由眼前边塞所见的飞蓬、大雁等景象着笔,饱含深意:诗人自比飞蓬、大雁,说自己像随风飘飞的蓬草一样离开了关中北大门的萧关要塞,像秋天的大雁本应南归,我却反而进入北方胡地的天空之下。"蓬""雁"意象,分别饰以"征""归",将蓬头垢面,居无定所,身不由己,被迫飘荡天涯的愤懑,委婉道出。

颈联以"孤烟"衬托"大漠",以"落日"衬托"长河",再用一"直"字描摹烽火台的平安火劲拔之态,用一"圆"字描绘黄河西边鲜红的落日浑圆之形,显得格外开阔而醒目。诗人抓住塞外景物的典型特征,将"大漠""长河"等意象摹写得鲜明生动,意境也格外雄浑苍凉,故后世诗家赞其"独绝千古"。

尾联暗用东汉名将窦宪大破匈奴后在燕然山刻石纪功的典故,以"萧关逢候骑,都护在燕然"收束全篇,有虚有实,虚实结合。"萧关"是实写,已抛在身后;"燕然"是虚写,仍远在天涯。施蛰存《唐诗百话》中说王维用"燕然"这个地名,"恐怕只是对当时的节度使恭维一下,比之为窦宪",并说王维为了韵脚,将虞世南《拟饮马长城窟》"前逢锦衣使,都护在楼兰"中的"楼兰"改为"燕然",这一改却改坏了[1];叶嘉莹先生也认为王维"用这个典故是为了赞美镇守边塞的将军,赞美他的武业功绩",并因此认定这"也属于王维的未能免俗之处,因为这既不是真感受,也没有真感情",王维"与这个镇守边塞的将军并没有什么感情,也许他们都从来没有见过面,王维只是觉得我到塞上来,就应该歌颂歌颂他"[2]。此类说法,显然消解了诗中所蕴含的昂扬向上的盛唐精神,将王维庸俗化。

遭受打击和排挤的王维,经行黄河渡口乌兰津,偶见长河落日和大漠孤烟,内心震撼不已。回望萧关,早已不见来时踪迹;放眼远眺,居延仍然遥不可及。内心混杂着失意、悲伤、苦闷、担忧等复杂情绪的诗人,一经遭遇大漠孤烟、长河落日这般雄浑壮阔之景,个体渺小的生命也因此被点燃,一股悲壮坦然、昂扬慷慨的精神顿时灌注全身。河西节度使下辖的居延大同城——同城守捉所在,也就是诗人此行的终点,原本属于燕然都护府啊!一想到"燕然",诗人自然联想到窦宪在燕然山刻石纪功的故事,此时,他能不热血沸腾吗?如此,则情与景谐,情景交融,被王国维誉为"千古壮观"的写景名句才不至于落空甚至被低俗化解读!

诗题说"使至塞上",而不说"使凉州""使至居延",只是表明出使到了

---

[1] 施蛰存:《唐诗百话》,上海人民出版社2019年版,第97—98页。
[2] 叶嘉莹:《叶嘉莹说初盛唐诗》,中华书局2018年版,第145—146页。

"塞上",并未说抵达目的地。"居延"和"燕然",皆有双关意味,既指诗人出使的目的地居延大同城,又与苏武"陷于居延"、窦宪"燕然勒功"的典故暗中关联,且两者首尾呼应,由低沉到高昂的转换显得非常自然,属于隐含诗心的典故密码。

结句"都护在燕然"一语,蕴藉深厚,令人回味无穷。意象与典故的巧妙融合,形成了该诗含蓄的风格。

殷璠论诗尤重"兴象"与"风骨",视"风骨"为盛唐之音的基本特征。天宝末年,他将开元二年至天宝十二载间的24位诗人的234首诗歌选入《河岳英灵集》,并在序言中将王维列为"河岳英灵"之首,居于王昌龄等人之上,此举绝非偶然。

见"归雁"就说"春天",把"属国过居延"当作"越过居延等附庸国",视"燕然"为庸俗地"赞美镇守边塞的将军",如此解诗,无疑消解了崇高的盛唐精神,流毒匪浅!至于中学教材中将"属国"解释为"附属国"并进一步阐释为"这里指吐蕃的军队",将"征蓬"解释为"飘飞的蓬草"并阐释为"这里指唐朝出征的军队",其逻辑之荒谬与混乱,显而易见。

意象繁复，蕴藉深厚

——李清照《声声慢》的"愁"思详解

寻寻觅觅，冷冷清清，凄凄惨惨戚戚。乍暖还寒时候，最难将息。三杯两盏淡酒，怎敌他晓来风急？雁过也，正伤心，却是旧时相识。

满地黄花堆积，憔悴损，如今有谁堪摘？守着窗儿，独自怎生得黑？梧桐更兼细雨，到黄昏、点点滴滴。这次第，怎一个愁字了得！

[时间密码]　乍暖还寒时候；晓；雁过

[意象密码]　雁；黄花；梧桐；细雨；黄昏

[文本密码]　怎一个愁字了得

李清照，号易安居士，齐州济南（今山东济南）人。宋代婉约词派代表，有"千古第一才女"之称。著有《易安居士文集》《易安词》，已散佚。后人有《漱玉词》辑本，今有《李清照集校注》。

李清照出身书香门第。父亲李格非是济南历下人，进士出身，苏轼的学生，官至提点刑狱、礼部员外郎。藏书甚富，善属文，工于辞章。母亲是状元王拱宸的孙女，很有文学修养。她小时候就在良好的家庭环境中打下坚实的文学基础。徽宗建中靖国元年（1101），十八岁的李清照嫁给吏部侍郎赵挺之之子、时年二十一岁的太学生赵明诚。婚后,她与丈夫赵明诚致力于书画金石的搜集整理,相濡以沫,共研学问,度过了一段幸福的时光。金兵入据中原后,流寓南方,境遇孤苦。

李清照能诗,但留存不多,部分篇章感时咏史,情辞慷慨,与其词风不同。李清照词,形式上善用白描手法,自辟途径,语言清丽。其论词强调协律,崇尚典雅,提出词"别是一家"之说,反对以作诗文之法作词。

易安词风格,以靖康之难,即钦宗靖康二年(1127)为分界线,分为前后两期:前期浅斟低唱,多写其悠闲生活,格调清新妩媚、细腻婉转,如《点绛唇·蹴罢秋千》《如梦令·常记溪亭日暮》《一剪梅·红藕香残》等;后期多悲叹身世,写离别相思怀旧之情,以愁苦为基调,风格沉郁凄婉,苍凉悲楚,如《武陵春·风住尘香》《永遇乐·落日熔金》等。

从风格来看,《声声慢》显系后期作品。该词通过写残秋所见、所闻、所感,抒发凄凉愁苦之情,如泣如诉,感人至深,堪称悲秋诗词的典范。结句"怎一个愁字了得","愁"为词眼,据此看来似乎主旨鲜明,其实"愁"之意蕴极为丰富,非探骊不可得珠。

上片写寻觅无着,酒难浇愁,北雁南飞,又触发思乡等愁绪。

开篇连下七组十四个叠字,委婉细腻地表达了词人遭受深创剧痛之后的愁苦,看似信手拈来,实则是从动作、神态、环境以及内心感受等不同角度切入,自疑而信,由浅入深,由表入里,层次分明且曲尽思妇之情,将凝聚于心头的深重之愁逐层剖出,使得凄凉而惨痛的氛围笼罩全篇。傅庚生先生《中国文学欣赏举隅》对此十四叠字言之甚详,在此不赘。

梦里山河依旧,夫君尚在身边,遂有半梦半醒时分的寻觅之举。孤枕难眠,晓寒入骨,词人下"乍暖还寒时候"一语,多以为"乍暖还寒"只有早春可用,深秋时节应是"乍寒还暖",其实词人所选取的切入口只是深秋一日之晨,而非一季之候。清晨日出,故言"乍暖";晓寒犹重,故言"还寒"。"时候"一词,古汉语里指季节、节候,也可指时间的某一点、某一段。词人故意用这类模糊的字眼作为文本的"时间密码",其实大有深意:说明此"愁"从春到秋,从早到晚,由来已久,深入内心。"乍暖还寒时候"六字,实为文本的时间密码。

"三杯两盏淡酒,怎敌他晓来风急",正与上句"乍寒还暖"相合,说明愁浓如斯,清晨借以解除宿醒的"扶头卯酒"毫不管用。明代潘游龙《古今诗余醉》、赵世杰《古今女史》、陆云龙《词菁》、清代朱彝尊《词综》、夏秉衡《清绮轩词选》、云山卧客《诗余神髓》以及现当代俞平伯《唐宋词选释》等选本皆作"晓来风急",正契合词旨。从"晓"到"黄昏",以"拉伸"手法极言"愁"时跨度之长。现当代名家选本如胡云翼《词选》、龙榆生《唐宋名家词选》、夏承焘《唐宋词选》,以及袁行霈主编《中国文学史》、罗宗强主编《中国古代文学史》等权威版本以及中学教材皆作"晚",大概以为上片"晓"字与下片"黄昏"相抵牾吧。殊不知后世传抄过程中出现的这一改动,实为不解词人心曲及抒情技巧,误会深矣!

《宋词鉴赏辞典》所录吴小如鉴赏,引俞平伯《唐宋词选释》注解曰:"'晓来',各本多作'晚来',殆因下文'黄昏'云云。其实词写一整天,非一晚的事,若云'晚来风急',则反而重复。上文'三杯两盏淡酒'是早酒,即《念奴娇》词所谓'扶头酒醒';下文'雁过也',即彼词'征鸿过尽'。"其"晓来"之择,颇具慧眼。[1]

除"晓"之外,"雁过"这一物候亦是文本解读的时间密码。谚语云:"八月雁门开,脚下带霜来。"大雁春天雨水节气后开始北返,秋天白露节气开始南归,故南来秋雁这一昔年在北方故乡的"旧时相识"所引起的"伤心",经春历秋,可谓由来已久。

下片由秋日高空转向庭院。满院菊花盛开,秋意正浓,可是自己因忧愁而憔悴不堪,根本无心赏花摘花,故曰"如今有谁堪摘",既表达了无心摘花

---

[1] 夏承焘等:《宋词鉴赏辞典》上册,上海辞书出版社2013年版,第990页。

的郁闷,又抒发了惜花伤逝的情怀。"守着窗儿",独自枯坐无聊,愁怀难解,只好期盼天黑入眠,谁知"梧桐更兼细雨",直到黄昏,"点点滴滴"敲在心头,深夜难眠可想而知。从"晓"到"黑",从"春"到"秋",经过词人如此"拉伸"之后,时间跨度变长,则愁情也随之深长。"梧桐"等句,化用温庭筠《更漏子》"梧桐树,三更雨,不道离情正苦;一叶叶,一声声,空阶滴到明"的词意,更显怨深愁绝。最后,词人不说愁如江海,而是独辟蹊径,化多为少,以"怎一个愁字了得"收束全篇,将茫然纷乱的愁绪全都浓缩在"愁"字这一词眼之中!

但吴小如以为全词的主旨只是"悲秋",显系浅尝辄止,未得骊珠。其结论是:"这首词大气包举,别无枝蔓,逐件事一一说来,却始终紧扣悲秋之意,真得六朝抒情小赋之神髓。"[1]

那么,李清照之"愁",究竟有哪些具体而深刻的内涵呢?

首先,从文本中的意象角度进行解读。

三杯两盏"淡酒",借以浇愁,然不敌愁情深重,终如王实甫所言"酒入愁肠,化作相思泪"。刘禹锡说"自古逢秋悲寂寥",秋天"晓风"劲急,进一步渲染愁情。"雁",叫声凄厉,易触发伤心情怀;而雁足传书,则常用于思亲悼亡;赵嘏说"乡心正无限,一雁度南楼",雁作为候鸟,南北往返,又有忧国怀乡之意。"黄花"即菊花,花中四君子之一,象征凌寒高洁品格或隐士、斗士精神,李清照前有名句"人比黄花瘦",今以"满地堆积"写容颜憔悴、老境伤感。李煜说"寂寞梧桐深院锁清秋","梧桐"牵愁惹恨,象征离情别恨;因有凤栖梧之传说,它又可象征高洁;又因古代传说梧是雄树,桐为雌树,同生同死,故象征忠贞爱情。秦观说"无边丝雨细如愁","细雨"即象喻愁丝。李商隐说"夕阳无限好,只是近黄昏",此时的"黄昏"意象,早已不复"东篱把酒"的况味,而是呈现出人生将尽、国家亦处在风雨飘摇中的悲凉意味。

---

[1] 夏承焘等:《宋词鉴赏辞典》上册,上海辞书出版社2013年版,第991页。

淡酒、大雁、黄花、梧桐、秋风、秋雨、黄昏等诸多意象，构成了全词灰暗、阴沉的总体色调，这与词人暮年的凄凉心境是完全吻合的。

其次，从知人论世角度切入。

宋钦宗靖康元年（1126），金兵大举南下进犯中原。次年三月，李清照的丈夫赵明诚奔母丧南下金陵，顺便携带十五车金石文物精品存放江南。五月，徽、钦二帝被金兵掳掠北上，北宋灭亡。八月，赵明诚奉诏知建康府。十一月，当地驻军哗变，留在青州故居"归来堂"做逃难准备的李清照只得携带一批精品文物书册，仓皇逃离，绕东海，经楚州，入运河，从瓜洲南渡长江至镇江。恰逢乱军攻陷镇江，烧杀抢掠，李清照几死于乱军刀下。而此刻，"归来堂"来不及运走的十余屋金石文物等珍贵资料全部毁于兵燹。高宗建炎三年（1129）八月，赵明诚病逝于建康，四十六岁的李清照无儿无女，安葬丈夫后，又值金军南下入侵，只得避乱奔走，追随南宋小朝廷流亡到浙东；冬季，金兀术率兵南渡长江，入侵浙东、浙西等地。绍兴元年（1131），李清照至越，赁居绍兴土民钟氏之家，一夕书画被盗，图书文物散失殆尽。次年到临安，饱尝颠沛流离之苦，半生珍藏丧失殆尽，加之重病在身，李清照几乎陷入走投无路的绝境。国破家亡，不幸竟至于斯。此时，张汝舟觊觎其所剩无几的金石文物，对其照顾有加，骗得四十九岁的李清照再嫁给他。不到半年，张汝舟便露出市侩真面目。受到虐待甚至殴打的李清照为脱离其魔爪，被迫选择告发丈夫科考作弊过关的匿罪以求离婚。按照大宋律法，状告丈夫必须入狱监禁，后来幸而在宋高宗倚重的翰林学士綦崇礼干涉下，李清照方得离婚，仅坐了九天牢便出狱了。

宋高宗绍兴二十五年（1155），没有子嗣、孑然一身的李清照，怀着对逝去亲人和故土的无尽思念，在极度孤凄中悄然离世。

可以说，靖康之变后，李清照经历了国破、家亡、夫死以及伤于人事等种种人生磨难，其丧夫之痛、孀居之苦、故国之思、亡国之恨、乱离之悲、老病之哀，全都集中体现在这首哀婉深沉的《声声慢》词中了。因此，千古绝唱《声声慢》应视为词人之绝笔。

　　清代李调元《雨村词话》高度评价李清照词，十分中肯："易安在宋诸媛中，自卓然一家，不在秦七（秦观）、黄九（黄庭坚）之下。词无一首不工，其炼处可夺梦窗（吴文英）之席，其丽处直参片玉（代周邦彦）之班，盖不徒俯视巾帼，直欲压倒须眉。"

神思之玄

　　诗人神与物游，思接千载，视通万里，其想象与联想已妙不可言。
　　而那些让人澄怀观道，在拈花微笑中透过色相领悟微妙至深禅境的诗歌，更是别有情趣，无理而妙。此类诗歌的妙旨，须从道家玄理与佛家禅理切入，最好还要有实证实修的功夫，以便获得顿悟的智慧。

禅道诗歌与旨趣深探

只可自怡悦,不堪持赠君
——道、禅诗歌的审美趣味

神思,本指想象,后来引申为创作中包括回忆、联想、想象、分析、组合等在内的多种艺术构思手段。陆机《文赋》形容艺术想象为"精骛八极,心游万仞"。刘勰《文心雕龙》将《神思》篇置于创作论部分之首,称神思为"驭文之首术,谋篇之大端",并具体描绘道:"古人云形在江海之上,心存魏阙之下:神思之谓也。文之思也,其神远矣,故寂然凝虑,思接千载,悄焉动容,视通万里。"足见艺术想象对诗文创作的重要性。

禅境或曰道境,是中国传统艺术的最高理想境界。诗人神与物游,或睹物兴情,寄慨遥深,或静了群动,空纳万境。中国传统诗歌艺术的创造以意境为中心,艺术审美思维必然围绕意境而展开。严羽《沧浪诗话》"以禅喻诗",揭示了诗歌"不涉理路,不落言筌"的特点,他极力主张诗歌"妙悟说":"禅道惟在妙悟,诗道亦在妙悟。"那些让人澄怀观道,在拈花微笑中透过色相领悟微妙至深禅境的诗歌,更是别有情趣,无理而妙。从诗歌鉴赏的现实情况来看,因不懂道家玄理、佛家禅理而被曲解或误解的诗篇不在少数。

什么是禅?佛曰不可说,不可说,一说即是错。佛法大意,不落言筌。故谈禅说道之诗,只宜自悟,实难阐释。

先请看陶弘景《诏问山中何所有赋诗以答》这样一首小诗:

> 山中何所有?岭上多白云。
> 只可自怡悦,不堪持赠君。

陶弘景,字通明,丹阳秣陵(今江苏南京)人,南朝齐梁间思想家、文学家、医学家,道教茅山上清派祖师。自幼聪颖异常,博学多识,淹通三教,著有《本草经集注》《陶氏效验方》《药总诀》《真诰》《养性延命录》等,其《答谢中书书》还被选入人教版初中教材。

齐高帝萧道成代宋自立后,拜陶弘景为左卫殿中将军。永明十年(492),陶弘景辟谷养生已臻于通幽探微之境,遂辞官隐居于句曲山华阳洞。梁武帝萧衍早年与陶弘景交往甚密,及至代齐称帝,屡请出山,皆遭其婉拒,但每逢有吉凶征讨大事,无不咨询,一月中常有数封书信,时人谓陶弘景为"山中宰相"。

梁武帝对其弃官归隐颇不以为然,诏问"山中何所有",意在劝其出山,而诗人则淡淡答道:"岭上多白云。"的确,山中没有高轩骏马的荣华,也没有钟鸣鼎食的富贵,只有那轻淡缥缈的白云。在诗人心目中,"白云"行踪飘忽,是无拘无束、超尘脱俗的人生境界的象征,而"白云"的真趣,只有行高志洁的隐士才会欣赏,名利场中的凡夫俗子是难以理解的。因此,诗人以"只可自怡悦,不堪持赠君"作为总结,表明诗人偏爱山野林泉以及山上悠然的白云,却无法让梁武帝理解其中情趣,就像不可拿山中白云赠送一样。

陶弘景以此诗作答,在替梁武帝感到惋惜的同时,委婉拒绝了其出山的要求,寥寥几句,写得风轻云淡,却令人回味无穷。其中"白云"意象所蕴含的情思,与玄道契合,妙不可言。

在以儒道佛三家为核心的中国传统文化体系中,儒家思想一直处于正统地位,而道与佛则此消彼长,但也在历史上占据着重要地位。唐朝开国之后,朝廷独尊道教。唐高祖李渊将道教列于三教之先;太宗李世民在道教徒支持下取得帝位后,被尊为国教的道教得以进一步复兴;高宗李治封道教太上老君为"太上玄元皇帝",并将《道德经》列为上经,置于《论语》之上,正式作为国家科考的内容。道家清心寡欲、与世无争的思想,可以为某些失意的文人士大夫提供精神慰藉,因此在道教盛行的唐代涌现出了吴筠、李白、孔巢父等一大批道门诗人。

吴筠,字贞节,华阴人,唐代著名道士,也是著述最丰富的道门作家之一。《旧唐书》卷一百九十二《吴筠传》记载:"少通经,善属文,举进士不第。""筠尤善著述,在剡与越中文士为诗酒之会,所著歌篇,传于京师。""尝于天台、剡中往来,与诗人李白、孔巢父诗篇酬和,逍遥泉石,人多从之。"

声誉日隆的吴筠引起了唐玄宗的注意,天宝初年被"元缥鹤版,征至京师",供奉翰林。由于久处山林,不习惯宫廷生活,加之受到宫廷供奉僧人排挤以及权贵压制,吴筠不久便请求回到嵩山,师从冯齐整学习正一派道法,后成为该派的重要传人。

吴筠《翰林院望终南山》诗曰:

迹系心无极,神超兴有余。
何当解维絷,永托逍遥墟。

与其谈玄说道、令人费解的诗篇不同的是,吴筠这首供奉翰林时期表达苦闷、渴望解脱的小诗,颇为浅显。

著名女道士李冶则入世甚深,她的诗歌对人性的洞察几乎臻于化境,其《八至诗》曰:

至近至远东西,至深至浅清溪。
至高至明日月,至亲至疏夫妻。

李冶,字季兰,乌程(今属浙江湖州)人,有"女中诗豪"之称,她与薛涛、鱼玄机、刘采春并称"唐代四大女诗人"。晚年被召入宫中。兴元元年（784），因曾上诗叛将朱泚，被唐德宗下令乱棒扑杀。

李冶幼时，其父任职于复州竟陵郡（今湖北天门），曾受龙盖寺方丈智积禅师之托收养过弃儿陆羽，故与茶圣陆羽有姐弟之谊。据《唐才子传》载，李季兰"美姿容，神情萧散，专心翰墨，善弹琴，尤工格律"。六岁时，她曾写过一首咏蔷薇的诗："经时未架却，心绪乱纵横。已看云鬓散，更念木枯荣。"诗中"架却"谐音"嫁却"，小小年纪如此早熟且作这般惊人之语，其父忧心忡忡地说："此女聪黠非常，恐为失行妇人。"十一岁时，李冶入剡中玉真观修道，后与吴越一带文人雅士酬唱往来，交契匪浅。

该诗平中见奇，意味深长。前三句所言"东西""清溪""日月"，如层云叠嶂，只为烘托最后一句"诗心"所在的峰峦："至亲至疏夫妻。"

夫妻之间，亲可誓同生死，疏则反目成仇，甚至不共戴天。从肉体和利益的密切关系来看，夫妻无疑是世上距离最近的"至亲"，但另一方面，同床异梦的无爱夫妻彼此之间的心理距离无疑又是最遥远的，可谓"至疏"。若非饱经人间情事沧桑巨变，如何说出这等通达透彻的隽语！

"东西"可以近在身边，也可远在天边，说的是事物的远近具有相对性这一常识，却又是深刻的辩证思维。"清溪"比江河湖海"浅"是实情，但它可以倒映天光云影，还有美丽的山峦，莫测高深，揭示了现象与本质这一矛盾的对立统一。"日月"高悬，可以洞幽烛微，可是，它们能洞察夫妻之间隐秘的内心世界吗？前三句对末句"诗心"的结穴起到了"兴"的作用。如果说该诗前两句妙在饶有哲理和兴味，则末句契合大道之妙，在于悟透世相人生，极为冷峻犀利。

李冶《相思怨》一诗抒写对情人的思念，极为深挚：

> 人道海水深，不抵相思半。
> 海水尚有涯，相思渺无畔。

> 携琴上高楼,楼虚月华满。
> 弹着相思曲,弦肠一时断。

这首五言律诗,深得汉乐府民歌言语直白之妙,而意境高远,不同凡响,兼有《古诗十九首》之风。

前四句全用虚笔,用较喻修辞,以海水作比,兼用反衬,极言相思情深,无边无际。后四句则属实写,述说高楼弹琴,清冷的月光洒满空寂的高楼,孤独寂寞之感油然而生,在《相思曲》的凄凉旋律中,情肠与琴弦一起断绝。

尾联"弹着相思曲,弦肠一时断"两句,是说《相思曲》一曲未终,而弦、肠并断,诗歌到此高潮部分戛然而止,言有尽而意无穷。

李冶凭其诗才,在微妙的感情世界纵横驰骋,确实堪称"女中诗豪",然其入世之深,用情之痴,足见其在道的修为上还没有顺其自然的洒脱,更无天人合一的高妙。

禅的意思是"静虑",指安于一身,息虑而寂定。禅宗主张"直指本心,见性成佛",以清净自性寻求人生烦恼的解脱,而解脱的最好办法无非是顿悟;诗人主张"张之于意而思之于心",需要有灵感的触发和情感的共鸣,从而获得智慧的火花。禅是心底最为灵动的状态,诗是文学中最为灵动的语言,而禅修和诗歌创作都需要悟性,于是,诗与禅经由妙悟这一媒介而结下了不解的因缘。

宋代诗人吴可《学诗》组诗,颇能说明诗与禅皆需一定功力和火候,也需顿悟式的机缘才能变得通透。其中有一首这样写道:

> 学诗浑似学参禅,竹榻蒲团不计年。
> 直待自家都了得,等闲拈出便超然。

禅门有初关、重关、牢关"三关"之说,参禅者破此三关,方能达到禅宗开悟的境界。参禅者初登解脱之门,由参话头引出无漏慧,由无漏慧再明自家本心，见自家本性，识得七尺之躯不过地水火风因缘而成，悟出心性空寂，是为破初关。明心见性之后，再用无漏慧对治种种烦恼，使烦恼调伏，乃知一切尽是真性之妙用，此时色空无碍，获大自在，即为透出重关。但烦恼的调伏绝非一朝一夕可成，还需种种对治功用，待到烦恼完全消除，所有无明执着，自然消融，最终达到无修无证、任运现成的境界，才算是透出最后的牢关。

禅门三关好比参禅者要经历的三种不同境界。"落叶满空山，何处寻行迹"（韦应物《寄全椒山中道士》）为第一重境界，参禅者执着地寻找禅的本体，却渺无所得，举目所见无非客观对象。"空山无人，水流花开"（苏轼《十八大阿罗汉颂》）为第二重境界，参禅者粗通禅理，却因拘泥于"我即空"，于道似有所悟而实未彻悟。"万古长空，一朝风月"（天柱崇慧禅师语）则是第三重境界，此境界中可直接体验到在时间是瞬间永恒，在空间则是万物一体，也就是"我即佛、佛即我"的神秘感受，超越时空，超越一切有无之分别，获得了从所有束缚中解放出来的自由感，这时才算真正开悟。此后，饥来即食，困来即眠，既不计较世俗事务，也不枯坐修行，一切皆空，又无所谓空，进入"超凡入圣"的最高禅境。

佛，是梵语"佛陀耶"译音简称，意为智慧、觉悟，可译为"觉者"。佛是圆满觉悟的人，而不是神。佛有"三觉"，即自觉、觉他、觉行圆满。佛法，就是无量的智慧，无量的觉悟，是佛在圆满觉悟后，为方便众生觉悟，将其所认识到的宇宙人生的真相，如实宣示出来的言教。

对于众生而言，佛法不可用知性去把握，只能凭直觉领悟。宋代佛鉴慧勤禅师《颂古七首》其四《离四句绝百非》曰："美如西子离金阙，娇似杨妃倚玉楼。犹把琵琶半遮面，不令人见转风流。"佛鉴笔下的这位美女，其实不过是一个隐喻。佛法介于可见与不可见、可闻与不可闻之间，如美人的绰约风姿一样，"直下便是，动念即乖"，靠语言文字是传达不出其魅力的。

因此，禅宗主张"不立文字""以心印心""教外别传"，但"不立"不等于

"不用"。"立"是执着,譬如以手指月,不去看月,反而盯着手指头看,即是执着于文字表象。六祖慧能曰:"佛法在世间,不离世间觉。离世觅菩提,恰如求兔角。"再完美的语言,也有表达的局限性,故《菩萨璎珞本业经》说:"言语道断,心行处灭。"慧能《坛经》也说:"诸佛妙理,非关文字。"因此,对于禅诗的解读,尤其不能执着于文字的表象。

古人强调为文须"文以载道",而禅师们写诗则是"诗以说禅"。其开悟诗、见道偈,多是触事明理之作。

禅宗五祖弘忍之后,以神秀为代表的"北宗禅"力主"渐修",通过不断修行而从世俗的烦恼中获得解脱,从而达到佛的境界,故神秀的见道偈为:"身是菩提树,心如明镜台。时时勤拂拭,勿使惹尘埃。"以慧能为代表的"南宗禅"力主"顿悟",固守清净的"自性"这一本心,而不被尘世间的种种欲念困扰,真正做到五蕴皆空。慧能写下了不同于神秀的见道偈:

菩提本无树,明镜亦非台。
本来无一物,何处惹尘埃?

凡夫通过"时时勤拂拭"的修行之道,可以"自净其意",不堕三恶道,然后承受佛教正法,达到"明心"开悟境界,故五祖为神秀偈拈香礼拜;"本来无一物"是说"空中无色",与佛法第一义即大乘所证之"空"性相应,了知身、心、尘之败坏无常,诸法空性,不生不灭,是"见性"的境界,故五祖传衣钵于慧能。神秀说事,重在修道境界;慧能说理,事关佛法大义。故二者不可同日而语。

落叶满空山，何处寻行迹
—— 禅诗的意境与审美

一些高僧大德，行住坐卧，语默动静，皆魅力十足，从而引发久处红尘的士大夫们无限追慕。尤其是唐宋时期，不少诗人游走于三教之中，多少沾染了一些佛性与禅味，有的则受六祖慧能《坛经》"若欲修行，在家亦得"的主张影响，在家禅修，明心见性，获得身心自在。因此，一些浸染着禅意的诗歌，或借明月松涛等清虚之境呈现禅境，或参拜禅师了悟因果喜得禅悦，或不染红尘非色非空自带禅风，种种禅诗，多不胜数。

以盛唐孟浩然《晚泊浔阳望庐山》为例：

> 挂席几千里，名山都未逢。
> 泊舟浔阳郭，始见香炉峰。
> 尝读远公传，永怀尘外踪。
> 东林精舍近，日暮空闻钟。

开篇起笔突兀，气势高远，描述了诗人所乘的轻舟云帆高挂，掠过烟波浩渺的万里长江，无数名山都未登临的情形，既给读者留下了广阔的想象空间，又抒发了诗人对于庐山的热烈向往之情。接着以"始见"二字轻轻点染，烘托出诗人泊舟浔阳城外、鄱阳湖口，举首见到庐山的惊喜。前四句如行云流水，一气直下，叙事空灵而感情蕴藉深厚。

仰望香炉峰上的烟云暮霭，诗人神思飞越，想到在这里创建东林寺并与僧俗结白莲社的净土宗祖师慧远，不由得景仰其弃绝尘俗的高洁情怀。此刻，东林精舍近在眼前，在苍茫暮色中，山寺晚钟声声撞击着诗人的内心。

对于远公的景仰与怀念,未能入寺瞻仰的遗憾与惆怅,以及人生的失意与感伤,全都融入诗歌结尾令人"空闻"的清越悠扬的钟声之中了。

该诗上半首重在从视觉角度直接实写"远望"庐山,下半首则重在从意中所想间接虚写"仰望"慧远,表达了诗人对远离红尘的出家人的欣羡与景仰之情。

常建《题破山寺后禅院》一诗,在描绘古寺禅院生活环境时则重在突出其清虚空灵的禅趣妙境:

> 清晨入古寺,初日照高林。
> 竹径通幽处,禅房花木深。
> 山光悦鸟性,潭影空人心。
> 万籁此俱寂,但余钟磬音。

破山寺即兴福寺,在今江苏常熟西北虞山上。诗人所游破山寺后禅院,乃寺中幽深僻静之处,故起首二句点题,交代旭日初升照耀虞山丛林之际诗人进入古寺的行踪,其下六句愈转愈静,突出丛林之幽静。由竹径渐至禅房深处,唯有鸟声潭影而已。诗人以一个拟人化的"悦"字写鸟性,明媚山光使飞鸟更加欣悦,顿觉诗意盎然;再以一"空"字来说禅心,清澈潭影令诗人万缘放下,刹那归于空寂。末句"但余钟磬音",以动衬静,愈见其静,且有余音袅袅、瞬间顿悟之感。

据清代顾安《唐律消夏录》载,欧阳修对"竹径""禅房"二句非常钦佩,曾多次仿写都不满意。后之赏者也多以"竹(或作'曲')径通幽"两句为妙。其实,"古""高""幽""深"等字眼,无不是为诗眼"空人心"之"空"做铺垫。"空"字乃此诗之解读密码无疑。尤为高妙的是,"但余钟磬音"的"余"字,更反衬出"空"之佛理意境。

唐代殷璠在其所撰《河岳英灵集》中,以常建诗"旨远""兴僻",将其列于卷首,竟在李白、王维、孟浩然诸人之前。殷璠尤爱其"山光悦鸟性,潭影空人心"之句,以为警策,确有道理。

孟浩然听闻东林寺钟,远望精舍而心生向往;常建游破山寺,歌咏寺中静趣。他们对僧院生活的羡慕之情表达得比较含蓄,戴叔伦《赠鹤林上人》一诗则在字里行间都洋溢着士大夫阶层对禅师生活的极度向往:

日日涧边寻茯苓,岩扉常掩凤山青。

归来挂衲高林下,自剪芭蕉写佛经。

戴叔伦早年曾到家乡润州(今江苏镇江)鹤林寺拜见玄素禅师并题赠此诗。

茯苓生于松根之下,有健脾安神之效,传说千年茯苓食之可以成仙。鹤林玄素住世八十五年,青年戴叔伦见其高寿,以想象对其生活加以美化:每天闲暇无事去寻长生不老之药以益寿延年,居住在环境幽静的风水宝地栖凤之山,寻得茯苓归来就把袈裟挂在树上,再剪下芭蕉叶去抄写佛经。

殊不知僧人不会像道士那样炼丹采药以求长生不老,鹤林上人每天不知要接待多少朝参者,根本不可能会有"岩扉常掩"的闲适清净!

宋代释普济《五灯会元》卷上就载有鹤林玄素的一则逸事。某天,一个屠夫到鹤林寺拜谒玄素禅师,希望他到自己家里办供,玄素欣然前往,僧俗皆感惊讶。玄素解说道,众生无论贤愚,佛性平等一致,只要有缘,都应度化,哪里能分什么职业贵贱!可见其忙于度化众生,并不清闲。

中唐时期著名政治家、文学家、哲学家李翱,在文宗大和七年(833)由桂州刺史、桂管都防御使改任潭州刺史、湖南观察使。澧州药山寺恰好在其治下。李翱久仰药山惟俨禅师,屡请不至,只好枉驾拜山,侍者通报太守驾到,惟俨正执经诵读,未予理睬,性急的李翱说了一句"真是见面不如闻名啊",随即拂袖而出。惟俨抬头说:"太守何得贵耳贱目?"李翱不由得心头一震,若有所悟,立即回头拱手致歉,向惟俨请教"如何是道"。惟俨上指青天,下指地上盛水的器皿,问他"会么",李翱茫然不解。惟俨缓缓说道:"云在青天

水在瓶。"李翱心下忽有所悟,当场口占一首《赠药山高僧惟俨二首》以赠,其一曰:

> 炼得身形似鹤形,千株松下两函经。
> 我来问道无余说,云在青天水在瓶。

惟俨禅师修持有道,颇有几分仙风道骨,像仙鹤一样栖息于松关之下,专注于两函佛经之中;我向禅师请教佛法大义,他却让我明白了"云在青天水在瓶"的道理。

结句"云在青天水在瓶"一语,看似平常,却蕴含佛法智慧,成为后世的"口头禅"之一。云在天上自由飘荡,水在瓶中一动不动。人呢?在天地之间,无论在官在民,既有自由,又有诸多身不由己的地方,唯有打破种种束缚自身的无形的"瓶",才有可能蒸腾成天上的云气,获得身心的解脱。

其后,李翱向惟俨禅师请教"如何是戒定慧",答曰:"贫道这里无此等闲家具。"李无法揣测其玄旨,惟俨随即开示:"太守欲得保任此事,直须向高高山顶立,深深海底行。闺阁中物,舍不得便为渗漏。"后来李翱拜在惟俨门下,成为其法嗣之一。

李翱《赠药山高僧惟俨二首·其二》道:

> 选得幽居惬野情,终年无送亦无迎。
> 有时直上孤峰顶,月下披云啸一声。

药山惟俨的道场,位于洞庭湖边,依山傍水,环境清幽,颇有山林野趣;这样的高僧大德,不像自己在官场上那样终年忙于迎来送往的世俗应酬。南宗禅在青原行思之后,又经江西马祖道一、百丈怀海与湖南石头希迁、药山惟俨两代人的发扬光大,声望如日中天。传说惟俨有一次夜坐山顶,忽见烟消云散,皓月当空,于是起身长啸,声音居然传到澧阳以东九十里的村落,第二天一早村民相互询问"昨夜是谁在长啸",辗转问到药山寺小和尚,方才得知。李翱听到汇报,惊讶之余写下此诗送给惟俨。

第三句"有时直上孤峰顶"一语双关,点明全诗主旨:既说惟俨老和尚登上山顶是常事,又赞他以理事圆融、体用无碍的禅风登上了禅宗的高峰。

以上这些,都是从旁观者的角度对禅师的赞赏之作,还不是大修行者的禅悟之诗。

一月普现一切水,一切水月一月摄
—— 禅者的诗歌境界

唐代著名诗僧皎然继王昌龄《诗格》之后,在其《诗式》中对"意境"问题进行了较为系统的阐述。皎然认为,诗思的触发首先就是一个"取境"的问题,诗人通过诗"境"来寄予无限情思,读者也只能通过这个"境"来领会诗人寄寓其中的情思;好的诗境,不仅应该表现出艺术境界的动态之美,而且应与禅悟之境相通,他甚至在《秋日遥和卢使君游何山寺宿敡上人房论涅槃经义》一诗中明确表示:"诗情缘境发,法性寄筌空。"皎然以诗境表现禅境,写了不少诸如《禅思》《禅诗》之类的谈禅证性的诗歌,很具有代表性。

皎然,字清昼,自称谢灵运十世孙,世居湖州长城县(今浙江湖州长兴)弁山。"幼负异才,性与道合",盛有文名。玄宗天宝三载(744)于润州长干寺出家,天宝七载(748)在常州福业寺依律宗高僧坚道守真受具足戒。天宝后期曾漫游各地,后回湖州,居杼山妙喜寺。皎然中年时代"谒诸禅祖,了心地法门",并未拘于律宗一家,而是遍访名山,受天台宗、南北禅宗等影响甚多,他甚至还举行过密宗的冥斋,修炼过道教的胎息功法,晚年对慧能开创的南宗顿悟禅法尤为倾心。皎然的禅诗众体兼备,虽缺乏新颖奇警之美,却能给人以佛性启迪和禅悦享受,其诗歌造诣在唐代诸僧之上。

皎然五言散律《寻陆鸿渐不遇》:

> 移家虽带郭,野径入桑麻。
> 近种篱边菊,秋来未著花。
> 扣门无犬吠,欲去问西家。
> 报道山中去,归时每日斜。

陆羽,字鸿渐,行三,时人多称之为陆三山人。三岁被弃,蒙龙盖寺住持智积禅师收养,教以佛门文字,可他却醉心于儒学而逃出寺院,混迹于戏班,受到复州竟陵郡太守李齐物赏识,学有所成。安史之乱后,随乱民顺江东下,后定居湖州,与皎然结为缁素忘年之交。陆羽早年业儒,中年近道,晚年向佛,卒葬于湖州杼山皎然塔旁。一生著述甚丰,传世之作有《茶经》。

这首律诗全无对仗,属于律诗变体"散行格"。前半部分紧扣诗题中的"寻"字落笔,写陆羽隐居地的景物;后半部分则重点写寻访不遇的情形。诗人只描绘了城外僻静而幽雅的住处,篱边新种而未开的菊花。写到"扣门无犬吠",诗题"不遇"之意已现。诗人茫然无措,似有不甘,去问西邻,得知陆羽行踪。全诗语言毫无雕饰,晓畅自然。诗人对陆羽并未进行任何直接的刻画,但其卓尔不群的形象却呼之欲出,完全符合"不着一字,尽得风流"的禅诗审美趣味。

世人看到"野径""桑麻""菊花"等意象,就以为诗人运用侧面烘托手法刻画了一位高蹈出尘的道家隐士形象,殊不知"诗心"所在的"报道山中去,归时每日斜"两句,刻画的是陆羽醉心茶事,每天早出晚归,到山中采茶品泉的积极有为的儒者形象。

《全唐诗》卷三〇八录存有陆羽《〈六羡〉歌》一首,歌曰:"不羡黄金罍,不羡白玉杯,不羡朝入省,不羡暮登台。千羡万羡西江水,曾向竟陵城下来。"陆羽在异地得知竟陵智积禅师圆寂，哭之甚哀，并作此诗以寄怀。黄金罍、白玉杯，代指财富；中书省、尚书台，代指进入朝廷中枢为官。陆羽采用这些象征荣华富贵的意象，连用四个"不羡"，反衬"千羡万羡"的"西江水"，表达了对他有养育之恩的智积禅师的深切怀念。

再看皎然《问遥山禅老》一诗：

> 天与松子寿，独饮日月精。
> 复令颜子贤，胡为夭其生？
> 吾将寻河源，上天问天何不平。
> 吾将诘仙老，大道无私谁强名。
> 仙老难逢天不近，世人何人解应尽。
> 明朝欲向翅头山，问取禅公此义还。

皎然早年对于人生寿夭穷通等有着很多困惑，总想一探究竟。老天为何让餐风饮露、吸日月之精华的赤松子活到一千二百岁而不衰老，却让颜回这样的贤人夭亡？谁说天道无私，常予善人？他还要诘问老子，甚至想要追根溯源飞上银河质疑天公。可见，其天赋异禀似乎并未帮助他早证菩提妙谛。

然而，现实中的他"仙老难逢天不近"，也不知道世间还有什么人能够帮自己解除生死的困惑，据说禅门有寸铁杀人的手段，片言只语就可以让人斩断妄想，顿悟自性，于是打算求助于太湖边翅头山的禅僧。

不过，皎然后期有不少诗歌写坐禅修行的独特体验，境界非凡。以《南池杂咏五首·水月》一诗为例：

> 夜夜池上观，禅身坐月边。
> 虚无色可取，皎洁意难传。
> 若向空心了，长如影正圆。

"水""月"是佛教典籍中象征开悟的经典意象。诗家以镜中花、水中月指诗中灵活而不可捉摸的意境，佛家则以之比喻虚幻的景象。诗人连续多个月夜在四面环水的沙洲草堂之上打坐参禅，因虚明皎洁的月色而放空身心，悟出了人生虚空的本性；同时又提醒世人，倘若不能踏实修持而一味执着于追求空见之心的境界，则不可能了脱生死，得证善果，正如月总会有阴晴圆缺，寄望于明月长圆只能是打妄想。头顶一轮明月，正是佛家常说的开悟的象征。因此，从"空心"这一诗心密码不难看出，此诗貌似吟咏山水景物之作，实为坐禅悟道之诗。

再看《溪上月》：

秋水月娟娟，初生色界天。
蟾光散浦溆，素影动沧涟。
何事无心见，亏盈向夜禅。

诗人摒弃神思，坐禅入定，心如止水，万念皆空，达到无心应物之境，体悟到物我泯化、空寥寂灭的禅趣，于是借盈亏之月作喻示。月色这一单纯的视觉意象，仿佛穿过空明澄澈的心地，照亮了禅者幽深的生命内核。禅宗津津乐道的"于境观心"和"因色见心"，在此诗中借助秋水映照月色的澄明澹定之境，得以充分呈现。

贞元初年，皎然居于苕溪草堂，对以前所著诗文及《诗式》颇不以为然，曾多次对弟子谈及诗文扰其禅者真性。贞元五年（789），皎然与湖州刺史李洪谈起此事，李说他是"小乘偏见"，被点醒的皎然对文学的执念直到此时才被破除。在佛学造诣颇深的李洪影响下，皎然对禅学的体认已达到了马祖道一禅风的极致——任心直行，一切系于心而不系于行。

女道士李季兰以诗试探，皎然以《答李季兰》一诗明志：

天女来相试，将花欲染衣。
禅心竟不起，还捧旧花归。

其诗充满戏谑之味,却又意态庄重,不失禅门高僧的身份。

受皎然推崇的诗僧灵澈上人,九岁即出家会稽云门寺,曾修行于嵩阳,扬名于杼山,游学于长安,后遭贬汀州。灵澈晚年栖居庐山,有《东林寺酬韦丹刺史》一诗,至今仍广为流传:

年老心闲无外事,麻衣草座亦容身。
相逢尽道休官好,林下何曾见一人?

元和二年(807),韦丹出任江南西道观察使,与灵澈上人有酬唱往来,当他寄诗给灵澈述说归隐想法时,看透世情与人性的灵澈,写下此诗作为回复。

"林下何曾见一人?"很容易被误解为对韦丹之类的士大夫系念官场又向往林泉的讥诮。实际上,灵澈上人也曾抵挡不住名利的诱惑,并因此而被逐出京师长安。在他眼里,士大夫们总喜欢说辞官归隐好,不过是口头禅罢了,何曾会有彻底放下的明心见性!当灵澈彻悟人生的荒谬,对那些被名缰利锁羁绊的士人,只剩深深的同情与悲悯,何来讥讽?

灵澈所处的中唐时期,禅宗山头林立,各派宗风多有不同,甚至彼此之间明争暗斗。若说该诗有讽,也恐怕是对禅门中缺乏真正禅修之人这一现实的讽刺吧!

灵澈深为世俗所欣赏的《天姥岑望天台山》,至今多被误解:

天台众峰外,华顶当寒空。
有时半不见,崔嵬在云中。

明代杨慎《升庵诗话》卷十四赞许此诗为"绝唱",却未能指出其妙处。钟惺《唐诗归》卷三十二则赞它"极深,极广,极孤,极高,二十字中抵一篇大游记",其深广、孤高何在,亦未道明,至于以"大游记"视之,则更是偏离其意旨。

诗人立足于天姥山岭，眺望天台山，描绘其山势险峻与气势雄伟，使人如临其境。在清朗的时日，卓然挺立于群峰之间的天台山主峰华顶，映衬着高空清冷的天光，展现着巍峨的雄姿。然而，一旦遇到风卷云漫，华顶便只留下一截山峰与天比高；待到云雾渐渐散去，崔巍的华顶似乎又露出了它模糊不清的真容。"境"是千变万化的，而人的"识"却是相对的，故大乘佛教唯识学认为，世上诸相皆非相，各种存在的"物象"本体在心，为体之用。

诗人以虚实结合的写法，寥寥几笔却颇能启人禅思：如何才能识得天台华顶的本来面目？

寒山与拾得这两位唐代高僧，民间以为菩萨化身，称他们为"和合二仙"。寒山屡举进士不第，三十多岁即隐居于天台山寒岩，对世俗荣利，全不措怀。其留下的三百零三首杂诗被后人汇集成《寒山子诗集》。

著名的"寒山问拾得"，所表现出来的那种豁达大度、超然洒脱，备受后人推崇：

昔日寒山问拾得曰：世间谤我，欺我，辱我，笑我，轻我，贱我，恶我，骗我，如何处治乎？

拾得云：只是忍他，让他，由他，避他，耐他，敬他，不要理他，再待几年你且看他。

寒山子诗歌明白如话却又充满脱俗气韵，以通俗机智的语言表现人生哲理，既有佛教禅宗旨趣，也有道家隐逸情怀，甚至可说糅合了佛、道等各家思想。其诗中之禅，可谓另辟蹊径，别有妙趣。《寒山子诗集》中有一首即可见其特色：

吾心似秋月，碧潭清皎洁。
无物堪比伦，教我如何说？

诗人说自己清净的禅心，如秋月一般皎洁，似碧潭一般清幽，没有什么可以比拟,也实在难以言说。

诗人假借"秋月"比喻心之体,"碧潭"比喻心之用。月色皎洁,比喻佛心清净光明,解脱无碍;月光洒落在清澈的碧潭之上,映照得秋月亦格外皎洁。禅者之心,在此最高禅境之中,已完全超脱了情感、知识、逻辑的限制,呈现出澄明晶莹的境象,达到了水月相忘、物我合一、圆融互摄的境界。正如永嘉大师《证道歌》所云:"一月普现一切水,一切水月一月摄。"

了知诸法性寂灭,如鸟飞空无有迹
—— 诗佛王维的禅诗旨趣

佛教传入中国以后,与中国传统的老庄哲学等发生了剧烈的碰撞、深刻的交融,那些与林泉烟霞为伍的士人,在山水审美意识中也渐渐受到佛教的影响。在儒道佛皆被尊崇的唐代,文化呈现出开放和包容的特点,诗人们谈禅论道之作比比皆是。如李白《别东林寺僧》《宿清溪主人》,杜甫《题玄武禅师屋壁》《上牛头寺》等,皆是由外观禅,在写景、抒情中表达对禅意的向往。而有"诗佛"雅称的王维,在很大程度上接受了佛经《维摩诘经》的思想,成为唐代诗人中深悟佛理禅趣的第一人,他在山水田园诗创作方面,不仅努力追求山水审美"静"与"远"的境界,而且将个人的禅修体验与诗歌创作紧密结合,其山水田园诗往往极具"空"的禅趣。

以其五律《终南别业》一诗为例:

> 中岁颇好道,晚家南山陲。

> 兴来每独往,胜事空自知。
>
> 行到水穷处,坐看云起时。
>
> 偶然值林叟,谈笑无还期。

  首联叙说诗人中年以后即厌倦尘俗,而笃信佛教,安居终南山辋川别业;颔联再言兴之所至便独来独往,"静"赏怡情,颇能自得其乐。

  颈联则紧承上联"胜事空自知"而展开叙述,随意"远"行,直到无路可走,逆流而上非为探究源头却意外抵达了流水的尽头,索性坐下来,闲看白云无心以出岫;尾联突出"偶然"二字,与林叟樵翁笑谈,竟流连忘返。

  中间两联,融"空"之禅趣入"静"与"远"之幽邃禅境,将诗人随遇而安、既生菩提之心就不再退转的情形作了形象描述。正因为随处偶然,所以处处"无心"。水穷云起,正如世事变幻;此心歇处,即是无上菩提。诗心所在的"空"字,足见诗人天性淡逸,超然物外,极其安详自在,其禅心恰如行云流水,无住亦无沾,了无挂碍。

  再看《过香积寺》一诗:

> 不知香积寺,数里入云峰。
>
> 古木无人径,深山何处钟。
>
> 泉声咽危石,日色冷青松。
>
> 薄暮空潭曲,安禅制毒龙。

  首联写诗人要去寻访位于长安南边樊川附近的净土宗祖庭香积寺,却又不知道它的具体位置所在。诗人从"不知"落笔,足见此行任性洒脱,与《终南别业》"兴来每独往"如出一辙;行不数里就见到了白云缭绕的山峰,"云峰"二字意在点明香积寺隐藏在幽深的终南山里。

  中间两联,具体写诗人在深山密林中的目见耳闻。古木参天,小径无人;耳闻钟磬之声,却不知具体从何处而来。颔联分别从视觉和听觉着墨,以"无人"与"何处"紧承开头"不知"二字,烘托出环境的僻静幽寂。颈联则用倒装句式,突出"危石"上入耳的"泉声"、"青松"上触目的"日色"这两个特殊的意象,以一"咽"字状其幽静,以一"冷"字状其隐僻。诗人虽意在山寺,却并未从正面描摹,而是侧面描写周围景物,以映衬烘托香积寺之幽胜。

尾联在以"古木""泉声"等意象创造出幽寂意境的基础上,先以"薄暮"二字呼应前面的"日色",交代时间,再叙写诗人看到幽深曲折的潭水空明澄澈,进而联想到北魏杨衒之《洛阳伽蓝记》等佛教史籍上有关葱岭"毒龙"的典故,最后曲终奏雅,卒章显志,流露出"安禅制毒龙"的情思,彰显诗人万虑皆息的澄明心境。

"安禅"指屏息杂念而坐禅。《佛报恩经》云:"山林树下,安禅静默。""毒龙",佛教传说盘陀国境内葱岭一带有一条龙,一旦发怒,就吐毒风、雨雪,飞沙走砾。《洛阳伽蓝记》卷五引《宋云行记》云:"至不可依山,其处甚寒,冬夏积雪。山中有池,毒龙居之。昔有商人止宿池侧,值龙忿怒,咒杀商人。盘陀王闻之,舍位与子,向乌场国学婆罗门咒。四年之中,尽得其术。还复王位,复咒池龙,龙变为人,悔过向王。"故佛教常以"毒龙"比喻心猿意马似的妄心。结句所表达的通过坐禅屏息杂念,制伏妄心的追求,恰好体现了王维"晚年惟好静"的禅意志趣。

循此鉴赏思路,则很容易走进王维隐居辋川别业时所作的五绝《辛夷坞》的意境之中:

> 木末芙蓉花,山中发红萼。
> 涧户寂无人,纷纷开且落。

全诗采用比兴手法,诗意含蓄凝练且具有民歌意味。胡应麟《诗薮》说,此诗让人"读之身世两忘,万念皆寂,不谓声律之中,有此妙诠"。

山中含苞待放的辛夷花,如同荷花一样,在枝条的末端挺出,花萼白里透红,绚丽多姿;在这亘古寂静、阒无人迹的幽涧边,它顺应着自然的本性,纷纷绽放,又纷纷凋谢,也不管有没有人欣赏。

诗人由且开且落的辛夷花,联想到形态相似的木芙蓉,进而再联想到水芙蓉(荷花)这一最具禅宗象征意味的事物,然后通过幽静的意境表现诗人以"空寂"的禅心观照宇宙所获得的内心安宁。心生则种种法生,心灭则种种法灭。诗人"以物观物",深知"凡有所相,皆是虚妄"的道理,故而以一种不沾不滞的心态看待外物,并由此获得人生彻悟与身心解脱:世事浑如花开花落一般虚幻不实,一切美丽与喧嚣都会归于寂灭;所谓境由心造,世间荣辱所带来的人生烦恼,其实都源自自己的内心;唯有做到既无生之欢喜,亦无死之悲哀,方能"对境心不起,菩提日日长"。

抓住"芙蓉"这一禅意密码,深究"开且落"的禅趣,方能走进诗人精心营造的诗境与禅境融为一体的澄静而空灵的超然境界之中。

王维《辋川集》中与《辛夷坞》类似,表现禅理的诗歌还有很多,譬如《华子冈》一诗:

飞鸟去不穷,连山复秋色。
上下华子冈,惆怅情何极。

《华子冈》表面上是在写眼前之景,说今年每座山峰的秋色与去年相似,只有去年的飞鸟带走了流逝的时光,一去不复返。诗人停下脚步,在经常上下的山路上怅然若失。

其实,"飞鸟"作为中国古典诗歌经常使用的意象之一,本是人生际遇与个体命运的终极焦虑的象征。譬如,陶渊明"羁鸟恋旧林"所表达的是,诗人如同鸟儿一般从挣脱牢笼,到彷徨不定,再到回归旧林,内心经历了几番挣扎之后,臻于任真自得境界的愉悦。而王维笔下的"飞鸟"意象则与陶诗不同,化用了佛家的典故,以空中飞鸟暗寓寂灭之意。泰戈尔的经典诗句"天空没有留下鸟的痕迹,但鸟儿已飞过",与之有异曲同工之妙。佛经中以飞鸟比喻寂灭的例子比比皆是,如《华严经》有云:"诸佛觉悟法,性相皆寂灭;

如鸟飞空中,足迹不可得。""了知诸法性寂灭,如鸟飞空无有迹。""若有欲知佛境界,当净其意如虚空。"只有抓住"飞鸟"这一佛家的核心意象,方可触及该诗所蕴含的一切皆空、万物都将归于寂灭的主旨之所在。

王维的禅修功夫相当了得,其坐禅修行的超级体验,则有《鹿砦》一诗为证:

空山不见人,但闻人语响。

返景入深林,复照青苔上。

从字面上看,这首诗描绘的是鹿砦附近空山深林傍晚时分的景色。落笔先写空山寂静无人,再以动衬静,以"但闻"引出偶尔传来的人语之声;人声过后,空山又重回万籁俱寂,在夕阳余晖的映照下,深林愈显清幽,连青苔上都可见淡淡的清辉。整首诗创造了一种幽静而光明的象征性意境,虽说也可算是"诗中有画,画中有诗",但如此解读,诗意显豁,淡而无味。

若从禅修的角度来解读,则此诗显然是王维在描述自己在鹿砦庵堂内坐禅入定,证得自性光明的独特体验:经过闭眼调身、调息、调心后,再观想"空山",刚开始时还会听见外界人语等声响,冥想一会之后,思维专注于"空山"境界,随后排除了外部环境干扰,渐臻息虑状态;等到入静至一定程度,思虑言语皆无,身心已然融化到了空山乃至无限的宇宙之中,达到了"言语道断、心行处灭"的入定境界,于恍惚中见到类似于夕阳余晖普照四方的"性光"。

由空山落笔,再到空谷传音,已见其空;人语过后,因禅定而开悟,最后以所见"性光"映照着象征不染红尘、阒无人迹的青苔意象收束,表现了诗人坐禅入定过程中的豁然开朗。该诗全用描绘,丝毫不诉诸议论,使得禅意盎然。

五

摄动是禅禅是动，不禅不动即如如
——白居易的禅诗境界

在唐代的诗人中，对佛教最为投入的当数白居易。白居易实证实修，与王维堪有一比。

白居易，字乐天，号香山居士，栖心释氏，修习禅定，通读《金刚三昧经》等佛教典籍，是一位笃信佛法且造诣颇深的居士。《旧唐书·白居易传》云："居易儒学之外，尤通释典。"每任职一方，他必寻访佛寺，学无常师。元和年间（806—820）曾参学于京兆兴善法堂，任杭州刺史时参访鸟窠道林禅师，在与济法师书信往来之间常叩询佛经经义疑难，后来又师事洛阳圣善寺法凝禅师，受其"观、觉、定、慧、明、通、济、舍"八字心要，并将修学体悟作《八渐偈》。白居易还多次到长安兴善寺问道于大彻禅师，参学南宗顿悟禅法；晚年分司东都洛阳，他拿出自己全部俸禄修建龙门香山寺，寺成后撰《修香山寺记》。自德宗贞元十九年（803）受戒于马祖道一洪州禅传人佛光如满禅师后，白居易与他的师徒情谊延续了三十多年。他与如满禅师在香山寺结香火社，临终时，还特意叮嘱家人将他安葬在香山寺如满禅师灵塔之侧。《五灯会元》卷上"佛光（如）满禅师法嗣"下有"白居易侍郎"条目，说他久参佛光禅师并得其心法，兼禀大乘金刚宝戒。

其七律《赠草堂宗密上人》写道：

> 吾师道与佛相应，念念无为法法能。
> 口藏宣传十二部，心台照耀百千灯。
> 尽离文字非中道，长住虚空是小乘。

神思之玄

少有人知菩萨行，世间只是重高僧。

华严宗五祖宗密大师主张"佛儒一源""顿悟资于渐修"。从该诗可以看出，白居易对终南山圭峰草堂寺的宗密大师"禅教合一""宗通说理"的风范特别崇拜，而对马祖洪州禅等禅法颇有微词，可见该诗是其受戒于如满禅师之前的作品。

首联盛赞圭峰大师修行之道与佛道相契合，不仅自己处于"念念无为"的空寂禅心之中，而且又不落入死水，对佛教八万四千法门无不精通。说空能空到底，说有则万法备，这是多么了不起的境界啊！

颔联则说圭峰大师之口如同一部大藏经，可以随时向人们宣传佛教"三藏十二部"大法，他得到禅宗七祖菏泽神会真传，在"教外别传"的禅法上也是一代祖师，弟子遍天下，如同"心台照耀百千灯"。

颈联"尽离文字"一句，是诗人对当时日渐兴盛的马祖道一洪州禅法、石头希迁石头禅法以及兴盛已久的牛头法融的牛头禅法提出的间接批评，其立场与圭峰大师完全一致。这三家禅法都标榜"不立文字"，不少祖师更是"呵佛骂祖"。虔诚的白居易对此无法接受，他认为禅宗虽"不立文字，教外别传"，但也应"不离文字"，离开了佛的经教，就绝非"中道"，就属偏颇，极易使人误入歧途。也难怪，洪州禅法、石头禅法出人意料，习惯了数百年来的常规修习之法的僧俗，一下子难以接受。"长住"一句，则是对另一类只知坐禅，局守于四禅八定不问世事的某些禅师的批评。诗人借此反衬出圭峰大师在这两点上有过人之处。

尾联"少有人知"两句是说，对什么是真正的"菩萨行"，世上没有多少人了解，世人看重的不过是所谓"高僧"的神通、名望以及地位等外在因素，对于高僧必须具备的"菩萨行"这一关键内因，却少有人关心。只因菩萨畏"因"，而凡夫重"果"罢了。世人无知，看不到圭峰大师呕心沥血致力于"禅教合一"这样的菩萨行,竟然还非议他"落入文字",真是可悲之极。

元和十年(815)六月,宰相武元衡在上朝时被平卢节度使李师道派遣的刺客刺杀,当场身亡,御史中丞裴度也受了重伤。时任东宫左赞善大夫的白居易上书请求严惩凶手,掌权者以其僭越言事,贬之为江州司马。此后,白居易对人生的虚幻无常有了更深刻的体会,并在佛法中找到了生命的答案和立身处世的精神支柱。

元和十二年(817)元宵节,在庐山东林寺跟从智满禅师学禅的白居易,写下了七律《正月十五日夜东林寺学禅偶怀蓝田杨主簿因呈智禅师》:

> 新年三五东林夕,星汉迢迢钟梵迟。
> 花县当君行乐夜,松房是我坐禅时。
> 忽看月满还相忆,始叹春来自不知。
> 不觉定中微念起,明朝更问雁门师。

始建于东晋,位于庐山北麓香炉峰下的东林寺,是净土宗(莲宗)的发源地。"蓝田杨主簿",即白居易妻兄杨汝士。这年春节过后,白居易独上庐山,向东林寺智满禅师学习禅法,在东林寺藏经楼阅读慧远大师文集并深受启发,直到元宵节也未下山。

首联点明时间、地点,渲染东林寺幽静的环境,与尘世元宵之夜的喧闹形成鲜明对比。颔联则将正在欢度元宵的"偶怀"之人蓝田杨主簿与正在坐禅的自己进行对比。"花县"用晋代河阳令潘岳在县内遍种桃花的典故,代指杨汝士元宵所处的欢乐之境;因僧舍周围常种植松树,故以"松房"代指禅院僧舍。

颈联是诗人自述坐禅时未能做到澄心息虑、心如止水,见到圆月而心底忽然泛起俗念,想到妻兄,还感慨不知不觉中春天就来了。尾联中,白居易在检讨自己初习禅定时火候把握不好以致"微念起"的同时,以"明朝更问雁门师"一语收束全篇,表明了进一步请教明师指点以加强禅修求得精进的决心。东林寺创始人慧远大师为雁门楼烦（今山西宁武附近，东晋侨置于广陵郡内，即今江苏扬州一带）人，故称"雁门师"。诗人以"雁门师"尊称东林寺住持智满禅师，并扣住题目"呈智禅师"。

从诗中可知，白居易此时坐禅的功夫还没有达到入定的境界。

元宵节过后，白居易邀请智满禅师一道去看自己为学禅而在香炉峰下建造的草堂进展。三月二十七日，草堂落成，白居易特意撰写《草堂记》表达"终老于斯"的愿望，智满禅师也出席了当时的庆典活动。四月九日，白居易又邀请参加草堂庆典仪式的嘉宾好友同游大林寺，写下了著名的禅诗《大林寺桃花》：

> 人间四月芳菲尽，山寺桃花始盛开。
> 长恨春归无觅处，不知转入此中来。

孟夏四月，百花早已凋零，可是大林寺这一深山古寺的桃花却刚刚盛开。诗人正为春色不再、春去无觅而惆怅不已，却与山寺中这些吐蕊绽放的娇艳桃花不期而遇，不由得由衷地感到欣喜。诗人以"不知"彰显惊喜，以春天"转入此中来"赞叹山寺美景，同时暗喻诗人所尊崇的佛门净土宗不染世尘，春光久驻。

以其七律《读禅经》为例，可以一探白居易的禅学究竟：

> 须知诸相皆非相，若住无余却有余。
> 言下忘言一时了，梦中说梦两重虚。
> 空花岂得兼求果，阳焰如何更觅鱼。
> 摄动是禅禅是动，不禅不动即如如。

从首联可以看出，白居易对般若中观之学，显然是结合禅修实践下了苦功的。《金刚经》云："凡有所相，皆是虚妄"，"若见诸相非相，即见如来。""有余依涅槃"，证道可得到罗汉果位；"无余依涅槃"，则最终可成就佛的果位。"住"即执着，如果执着于大乘无余依涅槃的最高境界，本身就着"有余"之相了，不是根本的佛境界。

颔联则表明，对于"言下顿悟""得意忘言"之类的禅修体验，也不能沾沾自喜，还得对那些"得意""顿悟"进行"一时了"，否则都会像"梦中说梦"那样虚妄不实。须知语言文字本身如渡河之舟、指月之手，只是为了说法的方便，佛禅真理只可意会不可言传，言语之道断而不可言说，心念之处灭而不可思念。

颈联中的"空花"即"梦幻泡影"，是无"果"可得的；"阳焰"也作"阳焱"，是指浮尘为日光所照时呈现出的一种远望似流水般浮动的自然景象，佛经中常以之比喻虚幻不实的事物。诗人用禅宗的譬喻提醒人们，以世俗的欲求之心来求证佛果，如同在幻化的水中寻觅鱼的踪迹一样，纯属枉费心机。

尾联则强调禅不是死水一潭，而是如同粼粼波光一样在"摄动"之中"寂而常照，照而常寂"的，即使到了这样的境界，也仍需放下知见，直至"不禅不动"时，才算真正达到了永恒存在的真如境界。

神秀北宗禅，主张渐悟，讲究坐禅观静；慧能南宗禅，主张顿悟，反对凝心静坐。虽说四禅八定是禅修的基本功课，但诗人以此诗表明，破除迷信和妄求，放下一切，不刻意追求禅定，才有可能达到如如不动的真禅定境界。白居易此诗，可以看作是他晚年孜孜不倦地修行证悟的成果，其对禅修的理解，有着相当的深度，在唐代学佛居士中罕有其匹。

白居易对佛学广参博收，不拘一派，对禅宗、密宗、华严皆有修习，而晚年则归心于净土宗，将家事和世事置诸脑后，仅以布衣蔬食度日，夜则跏趺坐禅，虔心念佛求往生极乐世界。其所作的《念佛偈》至今仍脍炙人口：

> 余年七十一，不复事吟哦。
> 看经费眼力，作福畏奔波。
> 何以度心眼，一句阿弥陀。

行也阿弥陀,坐也阿弥陀。

纵饶忙似箭,不废阿弥陀。

日暮而途远,吾生已蹉跎。

旦夕清净心,但念阿弥陀。

达人应笑我,多却阿弥陀。

达又作么生,不达又如何。

普劝法界众,同念阿弥陀。

及至到来无一事,庐山烟雨浙江潮
—— 苏轼诗歌的禅理妙趣

苏轼以儒家积极进取的精神进入仕途,却又推崇道家无为而治的政治理想。一生夹在新旧两党之间,屡遭贬谪,历经坎坷。乌台诗案,促使他将儒家用世意志与道家超旷精神熔铸成儒道互补的文化人格。然而,其文化人格中圆融无碍的佛陀智慧却往往被忽视。

苏轼《戏答佛印》一诗,就颇有禅趣:

远公沽酒饮陶潜,佛印烧猪待子瞻。

采得百花成蜜后,不知辛苦为谁甜。

元丰三年(1080),苏轼因"乌台诗案"入狱,次年被贬为黄州团练副使。在黄州,苏轼常扁舟草履,放浪山水之间,与渔樵杂处。庐山归宗寺住持佛印,与之诗禅酬和,往来密切。

东晋慧远法师在庐山结"莲社",当时名流纷纷入社,唯有陶渊明屡请不至。某日陶渊明前来赴会,众人喝茶,嗜酒如命的陶却要饮酒,慧远只好为他一人破例。苏轼以渊明自喻,把禅风高古、机辨险峻的云门宗禅师佛印比作慧远,说他为自己破戒"烧猪"。为破除执着之心,呵佛骂祖是禅师的家常便饭。云门宗祖师文偃为破除弟子执着心,有一次在讲到释迦牟尼初生,一手指天一手指地,周行七步,目顾四方说"天上天下,唯我独尊"时,评说道:"我当时若见,一棒打杀与狗子吃却,贵图天下太平。"佛印烧猪肉,破执扫相,打破了执着心与分别心,大有云门文偃的宗风。他自己不吃,纯为款待苏轼而烹制,这与蜜蜂辛苦采花酿蜜自己不享用有何不同?个中禅意机趣,妙不可言。

苏轼淹通三教,早年就有不少充满禅理妙悟的诗作。宋仁宗嘉祐六年(1061),苏轼出任凤翔府签判,苏辙送至郑州后返回开封,写了《怀渑池寄子瞻兄》寄赠,诗曰:

相携话别郑原上,共道长途怕雪泥。
归骑还寻大梁陌,行人已度古崤西。
曾为县吏民知否?旧宿僧房壁共题。
遥想独游佳味少,无方骓马但鸣嘶。

此前五年,苏辙随其兄苏轼离蜀赴汴京参加进士考试,途经渑池县时,曾被委任为渑池县主簿,但未就任。宿于僧寺期间,兄弟二人曾在老僧奉闲住持的寺院墙壁题诗。苏辙诗中感慨在渑池充满偶然性的人生经历,苏轼便步韵和了一首《和子由渑池怀旧》:

人生到处知何似?应似飞鸿踏雪泥。
泥上偶然留指爪,鸿飞那复计东西。
老僧已死成新塔,坏壁无由见旧题。

神思之玄

> 往日崎岖还记否？路长人困蹇驴嘶。

为仕宦或名利而东奔西走的人生，到底像什么呢？不过是像那觅食的飞鸿，天冷避寒于南方，天暖又飞回北方罢了。它的爪子在北方的雪泥上偶然留下的几许印痕，很快就会消逝，它哪里会放在心上？老和尚奉闲已圆寂，只留下一座新的骨灰塔，我们也难有机会再去看当年题诗的破墙了。还记得当年崤山通往渑池的那段崎岖旅程吗？路远人疲，骑的马累死了，所换乘的驴子也累得嘶鸣不已。

该诗前两联，重点在富有禅意的"雪泥鸿爪"之喻；后两联则暗中阐明了雪泥鸿爪所蕴含的世事无常、人生偶然的禅理，同时也呼应了苏辙的"旧宿僧房壁共题"的怀旧之情。

雁过寒潭，潭不留影；风过疏竹，竹不留声。人生来去无定，充满了未知与偶然，那些犹如飞鸿踏在雪泥之上偶然会留下的指爪痕迹，待到鸿飞雪化，全都会消逝不见；人生所经历的坎坷与磨难，回头再看也不会留下痕迹。人生之无常，正如《金刚经》所谓"如梦幻泡影，如露亦如电"。此诗与苏轼因乌台诗案而遭贬黄州之后所作的《念奴娇·赤壁怀古》"人生如梦"之说，有异曲同工之妙。

苏轼在黄州时，曾于元丰六年（1083）闰六月写有一首七言绝句《琴诗》，又名《题沈君琴》：

> 若言琴上有琴声，放在匣中何不鸣？
> 若言声在指头上，何不于君指上听？

该诗前后两句都是一个假设，一个反问，藏答于问，说明要弹奏出美妙的琴声，仅有良琴或高明的弹奏技巧都是不行的。琴与指的关系问题，其实是一个高深的哲学问题，涉及认识论中主客观的关系，它揭示出任何事物都是矛盾的统一体，事物与事物之间都是相互联系、相互依存、既对立又统一的关系。

如果仅将苏轼此诗当哲理诗来解读,未免流于浮浅。佛教缘起论认为,"诸法因缘生,诸法因缘灭"。世间一切事物,既非凭空而有,也不能单独存在,一切都是因缘和合而成,一旦因缘散失,事物本身也就归于乌有。《楞严经》曰:"譬喻琴、瑟、箜篌、琵琶,虽有妙音,若无妙指,终不能发。"《楞严经》以琴譬喻宝觉明心,于诸幻境中从未生灭,琴不过是一个依幻说觉的假借之物;琴具妙音,则比喻众生本具佛性,但倘若畏惧菩提路远,不肯勤修无上觉悟之道,则其功用就不能得以显现。

苏轼巧借琴与指的关系,揭示幽微难传的"缘起性空"佛理,却毫无佛禅偈颂的枯寂之感,当属以诗说禅的经典之作。

纪昀在评点《苏文忠公诗集》时说:"此随手写四句,本不是诗,搜辑者强收入集,千古诗集有此体否?"纪昀贯彻儒籍,旁通百家,曾任《四库全书》总纂修官,为乾隆时期学界领袖,其《阅微草堂笔记》中虽有百余篇宣扬因果报应的故事,但从他以不合诗体对苏轼此诗加以批评来看,足见其对佛法大义并不精通,也未能理解《琴诗》的妙旨。

元丰八年(1085),年幼的哲宗即位,高太后临朝听政,司马光被重新起用为相。不久,苏轼被召还朝,任礼部郎中,短期内几经擢升,直至翰林学士、知制诰、知礼部贡举。可是,当他看到旧党尽废新法、腐败不堪时,再次提出谏议,结果遭到保守势力的排挤。元祐四年(1089),苏轼自请外放,出知杭州。元祐八年(1093),高太后逝世,失去守护神的苏轼被调为定州太守。绍圣元年(1094),新党东山再起,执政的章惇等人对"元祐党人"疯狂报复,苏轼首当其冲,被贬为宁远军节度副使,惠州安置。在惠州期间,苏轼有一首《题惠州灵惠院》:

> 直视无前气吐虹,五湖三岛在胸中。
>
> 相逢莫怪不相揖,只见山僧不见公。

该诗有一段题记写道:"惠州灵惠院壁间,画一仰面向天醉僧,云是蜀僧隐峦所作,题诗于其下。"

东坡精于书画,见到画中仰面朝天的醉汉气势不凡,赞叹其"直视无前气吐虹"。"五湖三岛在其中",画中的醉汉看来像是仙人,他胸中仿佛装着五湖甚至还有传说中的蓬莱、方丈、瀛洲这三座海外仙岛。"相逢"两句,诗人借醉汉的口气,说不要责怪他不起身向诗人作礼迎接,因为他只认得山僧,而不认得自己这位官场中人,那就只好免礼了!

佛教认为,人是由色、受、想、行、识这"五蕴"和合而成的,在人身的集合体中,并没有一个常住不变的"我",此即"三法印"之一的"诸法无我"。早已彻悟"此身非我有"的诗人,以诙谐活泼的语句,将臻于无我境界、身心获得解脱的禅趣悄然呈现出来。其中,"不见"二字,禅味无穷。

苏轼晚年参禅悟道已臻于登堂入室的境界。徽宗建中靖国元年(1101)苏轼遇赦从海南儋州北还,病逝于常州。其临终前留示儿子苏过的七绝《庐山烟雨》,与其说是一首诗,不如说是得道高僧的见道偈:

> 庐山烟雨浙江潮,未到千般恨不消。
> 及至到来无一事,庐山烟雨浙江潮。

就像那庐山幻化无方的烟雨,又像那钱塘江翻腾起伏的海潮,在没有到达这样的胜境之前,心中总会感到无比遗憾;可是,等你到此胜境之后,却发觉不过尔尔。

《五灯会元》卷十七载有宋代青原惟信禅师"参禅三境"之说:"老僧三十年前,未参禅时,见山是山,见水是水;及至后来亲见知识,有个入处,见山不是山,见水不是水;而今得个休歇处,依前见山只是山,见水只是水。"参禅之前眼光总是停留在事物的表面,分别计较之心很重,习惯于固执己见,故而见山是山,见水是水;参禅入道之后,顿悟境由心生、四大皆空,看到山时不被山的表象所迷惑,见到水时也不单纯当水而观想,这种对自我以及万物的否定,让认知觉悟跃升到了一个全新的层次;而达到更高禅境时,则觉知宇宙万物原本就是圆融归一的,了悟"色即是空,空即是色"的大道,臻于见山可攀山、见水可渡水,如来如是、我亦如是的妙境。

青原对山水的这三个阶段的认识,说的是入禅的三种境界,其实与唯物辩证法"肯定 — 否定 — 否定之否定"的认知规律有着异曲同工之妙。

东坡此诗,匠心独运,首尾两句完全相同,在音韵回环中让人了悟生死轮回,写得唯美而富有禅意。诗人超越物象的境界,以对庐山烟雨浙江潮的真实感怀,揭示出了包括功名利禄在内的一切美好事物,等你见识过之后就会明白不过如此罢了,启迪后人了悟色空大道,断绝执念,获得身心的解脱和自在。

半亩方塘一鉴开,天光云影共徘徊
—— 朱熹诗歌禅意的解读

南宋理学大师朱熹出生于福建尤溪县的一个儒学世家,字元晦,号晦庵。其父母及外祖等人皆虔诚信佛,并与高僧大德交往甚密。

据《朱子语类》等记载,绍兴十三年(1143),其父朱松于福建建瓯病逝前夕,将朱熹托付给刘子翚、刘勉之、胡宪三位好友。这三位理学名家,皆是热衷佛学之人。朱熹依随刘子翚生活时,儒籍佛典兼习,且深受刘氏所皈依的曹洞宗宏智正觉的默照禅法影响。十五岁时,朱熹正式皈依于在密庵潜修的道谦禅师,每日随之修习禅定。绍兴十七年(1147),十八岁的朱熹得中建州乡贡。次年,赴都城临安考试,所带行李中,书籍仅一本临济宗师大慧宗杲的《大慧语录》。宗杲针对当时流行的葛藤禅和枯木禅的"语默二病",极力提倡"看话禅"。年仅十九岁的朱熹以自己的学禅心得在考场随性发挥,高中进士。

朱熹一路访禅问道,经过桐庐,隐约见到山中佛寺,心潮起伏,写下了《桐庐舟中见山寺》一诗:

> 一山云水拥禅居,万里江楼绕屋除。
> 行色匆匆吾正尔,春风处处子何如。
> 江湖此去随沤鸟,粥饭何时共木鱼。
> 孤塔向人如有意,他年来借一蘧蒢。

首联中"云水""江楼"表明"山寺"乃"舟中"所见。颔联中,"行色匆匆"谓行程匆忙,无法驻留;"春风处处"言春风和煦,心情愉悦。但舟中见到山寺之后不免心生向往,故有关切寺僧生活现状的"子何如"之问。

颈联中,"沤鸟"即"鸥鸟",象征闲适自在的隐士;而因鱼昼夜不阖目,故以"木鱼"作为警醒僧众一心向佛的法器。诗人以此表明,自己"此去"虽然愿意过上像鸥鸟一样自在的隐逸生活,但更期盼能与寺僧一起在木鱼声中习禅修行。尾联在这一情感基础之上,以寺内"孤塔"似乎有意召唤自己,进一步表明希望将来寺中有自己的一席之地以便探求禅谛,得证菩提。

朱熹及第后,曾特意寻访西子湖畔的天台宗胜地上天竺寺,结识了法号也叫"晦庵"的慧明法师。其后,他或出游访禅,或潜心钻研《坛经》《华严经》等佛典。绍兴二十三年(1153)五月,朱熹出任泉州府同安县主簿,并受学于二程理学的继承人李侗,始转而看重儒家"圣贤言语";绍兴三十年(1160)到福建延平,正式拜李侗为师,朝夕受教,数月后离去。

此后,朱熹虽以维护儒家正统地位为己任,但在其所建立的理学体系之中,以华严宗、禅宗"一法遍含一切法"的佛理与儒家太极思想相结合,在张载"万物同属一气"观点和程颐"理一分殊"概念的基础上,深入阐明"一理"

与"万物"的关系,并提炼出更系统的"理一分殊"学说,他还用佛家"月印万川"的比喻来解释"理"生"万物"的道理。

朱熹有一首广为传诵的《春日》诗多被误解,其诗曰:

> 胜日寻芳泗水滨,无边光景一时新。
> 等闲识得东风面,万紫千红总是春。

该诗的字面意思是说:我选择了一个春光明媚的美好日子观赏花草,来到泗水河边,只见无边无际的风光景物全都换上了新颜;轻易就可辨认出春天的面貌,到处万紫千红总归是春天的景致了吧。

首句"寻芳"二字,点明主题,人们因此误以为此诗仅仅是一般的游春踏青之作,却不知其中深蕴禅趣。

生活在南宋的朱熹,毕生都未曾到过金人占领的泗水流域,根本不可能在泗水之滨游赏,故单纯理解为游春,于情理不通。诗中的"泗水",实为暗用孔子在洙、泗之间弦歌不绝、讲学传道的典故,所谓"寻芳泗水滨",用的不是"敷陈其事而直言之"的"赋",而是"比"的手法,喻指在《论语》等儒家经典中寻求圣人之道;同样,"无边光景"则比喻其道至大,无所不包,如化雨春风一般焕发万物生机,表达了诗人对孔圣仁道及中庸的推崇。最后,诗人以"东风"比喻圣人教化之力,以"万紫千红"比喻圣人教化之功,撷取四季中最富代表性的春天的特征,寓哲理于形象之中,以类似于禅宗顿悟的谈禅手法,不露痕迹地揄扬孔圣儒学。全诗通过"寻芳"的所见所感,比喻春日读书求道忽有所得,犹如春光满眼,妙不可言。

庆元二年(1196),为避权臣韩侂胄之祸,朱熹与门人黄干、蔡沈、黄钟来到闽赣交界的新城福山双林寺侧的武夷堂讲学。在此期间,曾应南城县上塘蛤蟆窝村吴伦、吴常兄弟之邀,到该村讲学,并在该村写下了与《春日》一样深得禅趣的《观书有感二首》。

其一:

> 半亩方塘一鉴开，天光云影共徘徊。
> 问渠那得清如许？为有源头活水来。

前两句是说，一年四季，阴雨晦明，天光云影，都曾在"半亩方塘"这面澄澈明净、清光可鉴的镜子中"徘徊"过——来去之间，这面镜子既映照过其景象，却又终究没有留下痕迹。

后两句诗人则抓住塘水既深且清，能反映天光云影这一特点，通过设问的方式，揭示"流水不腐"的道理。孤立地看，"方塘"是无从找到其"清如许"的答案的，诗人于是开阔眼界，探寻"源头"，终于发现"方塘"因为有永不枯竭的"源头活水"，故能永葆清澈，映照天光。

池塘要有"活水"才不至于成为一潭死水，读书人也只有博览群书，不断接受新知识与新思想，不囿于一家之见，才不至于头脑僵化，思想保守，社会的发展也只有不断创新，才会更有活力。观书有感，一通百通，非禅宗顿悟而何？

其二：

> 昨夜江边春水生，艨艟巨舰一毛轻。
> 向来枉费推移力，此日中流自在行。

冬天枯水季节，巨舰搁浅于江滩，无法推移；一旦严冬过后，春雨来临，万千溪流汇入大江，江水满溢，巨舰又可以在江中自由航行了。

《周易·系辞传下》曰："君子藏器于身，待时而动，何不利之有？"只要把握时机，巧用四两即可拨千斤。《国语·越语》曰："时不至，不可强生；事不究，不可强成。"越王勾践听从了范蠡的建议，卧薪尝胆，对外耐心待机，对内十年生聚，终于一举灭吴雪耻。天时未至，舟大水浅，众人推移也只会枉费气力。比喻只有具备了必要的条件，顺应事物的规律，才能达到一种透脱无碍、自由自在的境界。

因此，从《观书有感》这两首诗中不难发现，诗人强调的是读书与创作时灵感勃发的重要意义，也可以说既是在修养工夫上主张"持敬以静为主"的格物之后的致知，也是其将参禅所悟，用于阐述阅读感悟，借物明道的一种形象的表达。

八

师唱谁家曲，宗风嗣阿谁
—— 禅诗的流风余韵

南宋释道济，也是一位值得称道的禅门诗人。他原名李心远，台州人，于杭州灵隐寺出家，后来移居净慈寺。因不守戒律，嗜好酒肉，举止痴狂，被称为"济癫僧"。其《湖中夕泛归南屏四绝》之四，亦颇有禅趣：

> 五月西湖凉似秋，新荷吐蕊暗香浮。
> 明年花落人何在？把酒问花花点头。

五月的西湖，却凉爽如秋，新荷吐蕊，清香四溢；等到明年荷花谢时，今天写诗的人又会在哪里呢？

"把酒问花"，颇能显示道济无拘无束的"狂禅"的个性。而诗心密码"花点头"三字，化用了"顽石点头"的典故。晋末高僧竺道生曾辅佐师父鸠摩罗什翻译《般若经》，在《涅槃经》未曾传译的情况下，勇敢提出该经中所说的"一阐提也能成佛"主张，结果被拘泥经文字句的僧众逐出僧团。他在苏州虎丘聚石为徒，演说《涅槃经》，而使顽石点头。道济用这一佛教典故，说明佛性常住不变而一切悉有，并以此表明自己已证得无余涅槃，非为实灭，应身入灭而法身不生不灭。全诗毫无哀伤遗憾的气息,让人感到法喜充满,妙不可言。

据说有一位供养道济几十年的居士,请他写一幅字却一直未能如愿,等道济写完此诗留赠居士时,笔一扔就圆寂了。作为得道的高僧,道济从心所欲地扔下这副臭皮囊,了无挂碍地涅槃了!

刘基,字伯温,精通易经术数,辅佐朱元璋开创大明王朝,封诚意伯,与宋濂、高启并称"明初诗文三大家",其晚年《辞职自遣》诗曰:

> 买条黄牛学种田,结间茅屋傍林泉。
> 因思老去无多日,且向山中过几年。
> 为吏为官皆是梦,能诗能酒总神仙。
> 世间万事都增价,老了文章不值钱。

刘伯温深知鸟尽弓藏、功成身退的道理,年仅六旬就主动请辞。该诗以极其平实的语言和略带自嘲的口吻,表达了归隐田园的决心。

首联和颔联抒发思慕林泉的道隐情怀。颈联说为吏为官的荣华富贵所带来的无限风光,到头来不过是一场梦,不如喝酒吟诗这种神仙般的生活来得痛快。"为吏为官皆是梦"一语,则显然有佛禅的思想在内;"能诗能酒总神仙"一语,则又蕴含着道家诗酒风流、修道成仙的价值理念。尾联抒发了感慨,表面上是说物价都在上涨,只有自己这老头子的文章反而越来越不值钱,不能再依靠文章谋生了。看似在照应开头"买条黄牛学种田",以便自食其力,实则暗喻自己为朱元璋打天下出谋划策,使命已完成,如今派不上什么用场,要明哲保身了。诗心密码,尽在"文章不值钱"的自嘲之中。

明代心学大师王阳明《夜坐》诗曰:

> 独坐秋庭月色新,乾坤何处更闲人。
> 高歌度与清风去,幽意自随流水春。
> 千圣本无心外诀,六经须拂镜中尘。

> 却怜扰扰周公梦，未及惺惺陋巷贫。

与程颐、程颢的"道学"在对待"格物致知"上偏重于华严宗的"理事"不同，王阳明"心学"在讲"格物致知"时偏重于禅宗的"明心见性"。

首联表明，王阳明强调"宇宙便是吾心，吾心便是宇宙"，他日常修行用功，也讲究打坐参禅，明心见性。所不同的是，王阳明"禅观"的内容并非佛典与禅宗公案及祖师语录话头之类，而是儒家的"仁义"与"诚敬"等。他看透了"乾坤"之间的变化，成为天地间超然物外的"闲人"，因此"独坐秋庭"能够有"月色新"的感受，而非肃杀悲愁之感。颔联表明，参透了乾坤的玄关，心中得到了自在，这种如"春意"一样生机盎然的"闲情"，通过高歌一曲，让清风带走，心中的"幽意"让流水带走，无异于圣贤般开阔的心胸！

颈联则说，要达到这种至高无上的圣人胸怀，方法很简单，要像禅宗那样到自己内心去探求，因为"心外"是没有"诀窍"的，一切都在心中。只要你把心中的"尘埃"拂净，你的心与儒家"六经"所载的圣贤之道自然就相通了。尾联则说，如果想要治国平天下却又深感没有周公那样的才干，不妨学习颜渊，哪怕身居陋巷，穷得连饭都吃不上，仍可潜心追求大道，成为孔门最杰出的弟子，后世尊崇的"复圣"。如此，则圣人之道可得。

近代禅宗泰斗虚云大师有一首诗，颇见禅意：

> 杯子扑落地，响声明历历。
> 虚空粉碎也，狂心当下息。

光绪二十一年（1895）腊月，时年五十六岁的虚云大师在扬州高旻寺打禅七，入定后万念顿息，待到晚上放香时开目一看，忽见大光明如同白昼，内外洞彻，隔着墙壁能见香灯师小便，又能见西单师蹲在厕所，甚至远处江中行船及岸边的树色，也无不了然。至第三晚，护七师冲开水溅到他手上，茶杯坠地碎响，顿时大彻大悟，于是写下了这首见道偈。

虚云大师禅坐用功日久，值此杯子坠地粉碎这一"明历历"的响声，使他当下息心顿悟：习禅而执着于追求"虚空"的境界，也是一种应该去除的执念，否则如何成佛？如今"虚空"粉碎了，种种虚妄念头也一并泯灭了。

禅诗作为禅者生命体验的一种特殊表达方式，在语言表达等方面有着独特的审美特征，往往采用非常态的意象营造富有禅意的意境，采用佛教故事和语典表达菩提觉悟，甚至不拘诗歌的音韵节律，多用明白晓畅的白话，使得这类诗歌或典雅，或通俗，呈现独特的艺术魅力。

佛道争衡背景下的文本真伪例谈

——以《呈黄龙禅师》为例

古诗文文本失真的问题，多因传抄刊印者的失误所致，但也有故意为之者。譬如，乾隆时期《四库全书》的删削篡改，佛道争衡时彼此编造公案或窜改诗文以攻讦对方。

佛道之争虽属宗教冲突，但二者之兴衰，多与当政帝王的爱憎有关。东汉以来，佛道之争就时有出现。南北朝时期，北魏太武帝、北周武帝推崇道教，下诏毁佛像，拆佛寺，焚佛经，坑沙门，死伤惨烈；唐武宗宠信道士赵归真，下令拆毁佛寺四千六百余所，逼迫僧尼二十六万多人还俗。这就是佛教发展史上著名的"三武灭佛"浩劫。

李渊建唐，因老子姓李，予道教以特殊礼遇。面对佛道之争，武德八年（625），朝廷确定道、儒、佛之顺位。高宗显庆五年（660），僧道又因《老子化胡经》而引发论争，其后道教、佛教摄取彼此的经典教义教理，编造经文，相互对抗，这一情形后来愈演愈烈，延续甚久。

名列道教"八仙"之首的吕洞宾，被《全唐诗》收录的四卷诗歌中有一首《参黄龙机悟后呈偈》：

> 弃却瓢囊摵碎琴，如今不恋水中金。
> 自从一见黄龙后，始觉从前错用心。

寻道之人，以一瓢乞食饮水，以一囊盛随行衣物，琴剑随身，而真正的得道者根本无须这些外在的东西。此诗意在表明，吕洞宾参见黄龙禅师开悟后，彻底否定了从前所修之道，对那些得以成就的金丹之类，全都抛却。

据南宋时期云门宗释正受所撰《嘉泰普灯录》与临济宗释普济所撰《五灯会元》记载，吕洞宾途经鄂州黄龙山，见有紫气成华盖状，疑有异人在此，于是入山察看，正赶上黄龙禅师击鼓升堂。黄龙见到大名鼎鼎的吕洞宾，于是厉声呵斥："座旁有窃法者！"吕洞宾毅然上前，问道："一粒粟中藏世界，半升铛内煮山川。且道此意如何？"黄龙指着他说："这守尸鬼！"吕洞宾道："争奈囊有长生不死药。"黄龙接着道："饶经八万劫，终是落空亡。"吕洞宾心中惊讶，以剑击其肋，剑不能入，于是再拜，请教佛法妙旨。黄龙诘问他说：我且不问你"半升铛内煮山川"，只问你如何是"一粒粟中藏世界"。吕洞宾当下顿悟，于是作了上述诗偈。

道家内丹修炼，以人体为鼎炉，以体内精、气为药物，通过炼精化气使得精、气、神凝聚而结成圣胎，从而脱胎换骨而成仙。"一粒粟中藏世界，半升铛内煮山川"出自吕洞宾诗歌《七言》。上句中，"粟"指内丹修炼所成的"黍米玄珠"，即金丹，讲的是上丹田泥丸宫金丹结成如同一粟，包罗宇宙万象，潜藏万有，生发万物，亦有阴阳五行、昼夜寒暑往来变化，此乃天人合一的境界；下句中，"半升铛"即"土釜"，道家丹道术语中指脐下三寸的中宫黄庭，此处是《老子》所谓"玄牝之门"，是乾坤交媾、性命相合、阳神圣胎凝结温养的内鼎神室，结丹、烹炼、脱胎、温养皆在此处，"煮山川"讲的正是内丹修炼的过程，合起来呈现的是道家修炼成仙后金丹包藏万象，摄受大千世界的气象，这与佛家远离颠倒梦想、证得诸法实相皆空相是同样境界。

禅宗以精神解脱为终极目的，道教则以肉体和精神的双重解脱为终极目的，吕祖参黄龙故事的核心，实质上是佛与道的性命之争。黄龙晦机（海机）禅师凭借佛教万法皆空的理论以及建立在这一理论基础上的禅宗心性论，指斥前来参禅的吕洞宾是"守尸鬼"，以此讥讽道教"长生不老"的追求，这仅是破身执，并未破心执，还是有我相，这表明黄龙根本不明白吕洞宾这两句所呈现的境界及其真实含义。尤其不合情理的是，吕祖竟然还顺着"守尸鬼"的批评，乖乖跳入其事先设置的陷阱之中："争奈囊中有长生不死药。"其实，吕洞宾在《敲爻歌》中就极力主张性命兼修："只修性，不修命，此是修行第一病。只修祖性不修丹，万劫阴灵难入圣。达命宗，迷祖性，恰似鉴容无宝镜。寿同天地一愚夫，权握家财无主柄。"他把长生不死、寿同天地而不修性者称为"无主柄"的"愚夫"。可见，黄龙以"饶经八百劫，终是落空亡"这种回避今生当世而只重心性的"明心见性"主张，来否定主张性命双修的吕洞宾，不仅毫无说服力，而且显得十分狭隘。因为按照正常的逻辑，吕洞宾倘若听闻黄龙"落空亡"的说辞，不仅不会"飞剑胁之"，反倒会先认同其说，并在其修性主张的基础上进一步强调修命的重要意义。

吕洞宾《江州望江亭自记》曰："世多称吾能飞剑戮人者，吾闻之，笑曰：'慈悲者，佛也。仙犹佛尔，安有取人命乎？'吾固有剑，盖异于彼。一断贪嗔，二断爱欲，三断烦恼，此其三剑也。"其"三剑"之说，足见其内丹心性修炼的基本立场和主张。

黄龙晦机的禅法源自德山（宣鉴）—岩头（全奯）一系，以棒喝交织的手段接引后学而著称，但这则吕洞宾参黄龙的公案，作为晚唐至两宋时期道家内丹派兴起后佛道争衡的典型案例，显然是禅门好事之徒为了表明"佛高于道"而编造的一个宗教神话。黄龙登台说法，开示众生，竟斥责吕洞宾"窃法"，殊无道理；得道祖师吕洞宾剑击黄龙本就违背情理，剑不能入更显荒唐。为攻击道教，《嘉泰普灯录》卷二十四"应化圣贤"甚至将道教内丹祖师吕洞宾作为禅宗黄龙晦机的法嗣；明代冯梦龙话本小说集《醒世恒言》之《吕洞宾飞剑斩黄龙》也搬演了这个宗教神话。

仅从诗偈文本来看，"始觉从前错用心"固然是对主张"性命双修"的吕祖的彻底否定，但于重视心性修炼的禅宗而言，也无疑是自毁根基。文本既拙且伪，显而易见。

同样，道教人士也有不少攻击佛教的行为。譬如南宋初年著名道士曾慥汇集道教修炼方术精要撰成《道枢》，其所节录的钟离权《灵宝毕法》和施肩吾《钟吕传道集》这两部钟、吕金丹派秘典中，就有不少贬斥佛教的内容。明初宫廷承应戏《吕纯阳点化度黄龙》则与《嘉泰普灯录》《五灯会元》等针锋相对，极力宣扬"道高于佛"的思想。

明代道教全真龙门派第五代宗师无我子（张静定）《吕祖全书》辑录《吕祖志》所载吕洞宾事迹后，又作了"补遗"三十二条，其中有一条便是"参谒黄龙"：

值黄龙诲机禅师升座，吕祖登擂鼓堂听讲。禅师诘问座下何人，吕祖曰："云水道人。"禅师曰："云尽水枯何如？"吕祖曰："旱杀和尚。"禅师曰："黄龙出现。"祖曰："飞剑斩之。"师大笑曰："咄！固不可以口舌争也。"遂与指明大道。祖因呈偈曰："弃却瓢囊摵碎琴，大丹非独水中金。自从一见黄龙后，嘱咐凡流着意寻。"遂礼拜辞去。

吕祖诗偈有多种不同版本，这里"大丹非独"与《全唐诗》所录的"如今不恋"四字不同，且末句作"嘱咐凡流着意寻"。

从无我子这则"参谒黄龙"的内容可见，佛道是彼此尊重的，吕洞宾对禅法已通透无碍，与黄龙对禅时尽显凌厉机锋，"飞剑斩之"一语致使黄龙理屈词穷，故黄龙只得以"不可以口舌争"停止对禅。不过，"大丹非独水中金"之说极其平淡，与内丹祖师吕洞宾身份不太吻合，而"嘱咐凡流着意寻"虽说是黄龙提醒他要从自性上下功夫，也未脱离吕祖"性命双修"的宗旨，但未能呈现吕祖金丹正道修行的次第，显得平淡无味。很显然，这则"补遗"是诗才平庸的道门学人为消除公案的不良影响所做的改写。

据现存最早的禅宗史书《祖堂集》卷十二载："黄龙和尚嗣玄泉，在鄂州，师讳诲机。"《景德传灯录》卷二十三载："鄂州黄龙山诲机禅师，清河人也。姓张氏，唐天祐中游化至此山。"唐昭宗天祐年间是904—907年，其时吕洞宾已有一百多岁。从这一点也可证明，吕祖参黄龙的公案及诗偈显系后人编造。

据《五灯会元》载：吕岩真人，字洞宾，京川人也。唐末三举进士不第，偶于长安酒肆遇"八仙"之一的钟离权，授以道家金丹延命之术，修而有成。

吕洞宾父亲吕让，系潭州刺史吕渭第四子，官终海州刺史，生卒不详。

吕洞宾的出生年代有多种说法，德宗贞元十四年（798）一说比较合理，这一年其伯父吕温进士及第。宪宗元和年间（806—820），吕洞宾赴长安应举，寄居旅馆，道士钟离权送一如意枕以点化他入道，吕洞宾黄粱梦醒，顿悟人生虚幻，遂放弃科考返乡，散尽家财救济饥民，随即出家学道，并留诗一首以示家乡亲人及耆宿。据元代苗善时所辑《纯阳帝君神化妙通纪》所载，吕洞宾原诗为七律：

> 擒碎葫芦踏碎琴，飘然拂袖出儒林。
> 太初实相纯如玉，元始真如莹若金。
> 丹焰冲天神莫测，剑锋入地鬼难寻。
> 自从一觉黄粱后，始信从前枉用心。

葫芦是悬壶济世的儒士良医的标配，而象征五行与文武之道的七弦古琴，则是儒士移风易俗、导人向善、教化百姓的利器。因此，此诗首联表明，诗人见到钟离权后，就不再以良医良相为人生目标，决心弃儒就道了。颔联中，"太初实相"指源自虚无的先天一炁，气也，亦即命也；"元始真如"又叫元始天尊，意为万物的本原，神也，亦即性也。性命混合，为先天之体；神气运化，乃后天之用。《性命圭旨》说："何谓之性？元始真如，一灵炯炯是也。何谓之命？先天至精，一气氤氲是也。"可见，颔联是说神形兼修、性功和命功皆练，将会使得身心坚纯如同金玉。

颈联以"丹焰冲天"和"剑锋入地"象征一旦性命双修的金丹炼成，必然道根深厚，道功非凡，而鬼神莫测。尾联则呼应首联，觉今是而昨非，更加坚定一心向道的决心。

综观全诗，主旨鲜明，起承转合结构谨严，中间两联对仗工整，且用道家原典上的有关说法及道家修炼的成效，表达崇道向道之心，与吕洞宾弃儒入道时的心志契合无间，可以断定为吕诗原作。

而《全唐诗》所录《参黄龙机悟后呈偈》四句，第二句"如今不恋水中金"

不仅语言显得平淡乏味，与第一句的衔接极不自然，情感表达也远不如"飘然拂袖出儒林"来得顺畅，而且与"始觉从前错用心"这一自我否定的主旨构成了低级的重复，改动痕迹十分明显。冯梦龙话本小说故意将"一觉黄粱"窜改为"一见黄龙"，清代彭定求编纂《全唐诗》时，依照冯梦龙版本而录入，遂致谬说流传。

早在齐梁时期，就出现了陶弘景这一淹通三教的典范；到了隋唐，禅宗大量吸收老庄道家思想的精华，道家则援佛入道以全性功修炼，"仙佛合宗"的态势已有呈现。金元之际，王重阳创立道教全真派，更是公开打出了"三教合一"的旗号，直接将禅宗的修炼秘法纳入道教心性修炼体系之中。可以说，隋唐以来三教合流已成为中国文化融合的基本特征，后世的佛道人士囿于门户之见，彼此争衡其实毫无意义。若百岁吕祖真有参谒后生黄龙的故事，也应是佛道相互切磋的一段佳话，硬要突出谁高谁低，只会暴露其狭隘与浅薄。

吕洞宾曾游庐山归宗寺，书钟楼壁曰：

> 一日清闲自在身，六神和合报平安。
> 丹田有宝休寻道，对境无心莫问禅。

从道家内丹修炼的角度来看，吕洞宾游庐山归宗寺所题之诗，足以证明当时其"性命双修"的大功已经告成，一通百通，无须再去寻道问禅了。

"六神"，是指道家所说的主宰人的心、肺、肝、肾、脾、胆的六位神灵，分别是心神守灵、肺神虚成、肝神含明、肾神育婴、脾神魂停、胆神威明。六神彼此和谐，则能量具足。日日"清闲自在"，自然"六神和合"；"六神和合"，当然也会"清闲自在"。如此，则诸邪不侵，平安无恙。"丹田有宝"是指内丹结成。道家修炼有外丹和内丹之别。外丹是以铅汞之类炼成的长生不老之药，即前面所谓"水中金"；而内丹则是道家修炼辟谷吐纳之术和打通大小周天并将精、气、神的能量凝聚而成的产物。内丹结成于丹田，即为成道的象征，如此则无须外求大道，就像禅师对境无心，不再起分别妄想，就证明禅功告成无须再去参禅一样。

吕洞宾遍访佛道高人，多方参学，求新求变，致力于三教合一，并未囿于门户之见。自吕洞宾之后，丹道之术大兴于世。

空山无人，水流花开

—— 王安石《登飞来峰》《泊船瓜洲》的禅境与写作背景

且看王安石《登飞来峰》：

飞来山上千寻塔，闻说鸡鸣见日升。

不畏浮云遮望眼，自缘身在最高层。

王安石所登飞来峰，一说是在浙江绍兴城外的宝林山，一说在今杭州西湖灵隐寺前的飞来峰。传说宝林飞来峰从琅琊郡东武县飞来，故名飞来山，唐宋时山上有应天塔，又名塔山。

对于此诗写作的时间背景，学者多认为是宋仁宗皇祐二年（1050）夏，时年三十岁的王安石鄞县知县任满，回江西临川故里，途经绍兴或杭州时所写，此说显然不妥。

这首被后人误读的诗歌，若从佛学的角度来解读，则颇见禅意。

开篇以"千寻"突出飞来峰上古塔之高，实为暗写自己的立足点之高；以"闻说"转而虚写登塔观看旭日东升的壮丽景象，实为阴云密布未见日出。诗的后两句由写景变为议论抒情，因为"身在最高层"，所以诗人特意强调"不畏"二字，使得浮云蔽日、理想受阻的忧虑一扫而空，诗人的心胸格局一览无遗。

王安石初涉宦海，固然有不凡抱负，可借登高望远之机抒发情怀，但该诗所表达出的不惧一切阻挠的壮志豪情，绝非一个小小县令所具有的，也与杜甫《望岳》"会当凌绝顶，一览众山小"迥异。揣之诗意，诗人身处"最高层"，在政治上高瞻远瞩，无惧阻挠，极力推行改革的勇气和决心彰显无遗，断为宋神宗熙宁三年（1070）王安石第一次拜相之后开始推行新法遇阻时所作，恐更贴切。

人的认识总是受限于其所处的位置和层次，想要达到最高境界，就必须登上"最高层"。这其中不光蕴含着登高才能望远的哲理，还有诗人拨云见日、明心见性的禅学觉悟。

有人问灵云志勤禅师："如何出离生老病死？"志勤曰："青山原不动，浮云任去来。"意即生老病死即使如浮云一样来来去去，只要内心坚定如青山，就不会因生老病死的影响而生起烦恼。《坛经》诗偈亦有"不见一法存无见，大似浮云遮日面"之类的说法。

在诗歌中，"浮云"意象喻指眼前的困难、障碍，以及一切阻挠变法的势力。"不畏浮云"的境界，与王安石当时所处的地位是分不开的。变法虽然招致保守势力的阻挠，困难重重，但因有神宗皇帝支持，身居宰相高位的王安石对自己的能力和变法的前景还是充满信心的。

王安石少负异禀，于学无所不窥，虽以兼济天下为己任，但淡泊名利，不贪财色，也不爱官，被梁启超视为三代以下唯一的完人。王安石闲暇常读佛经，重视程度远超圣王之道。

熙宁七年（1074），因反对派攻击，王安石被迫辞去宰相职务，改任江宁知府，第一次变法失败。熙宁八年（1075）二月，王安石再次拜相，奉诏入京。进京途中，他与高僧宝觉登临金山，写下了脍炙人口的《泊船瓜洲》：

京口瓜洲一水间，钟山只隔数重山。
春风又绿江南岸，明月何时照我还？

京口与瓜州仅隔一江，而回望金陵钟山也不过只隔了几重山而已；二月春风又染绿了江南，明月何时才能照耀着我重返江南呢？

据南宋洪迈《容斋续笔》卷八记载，王安石这首绝句，"吴中士人家藏其草，初云'又到江南岸'。圈去'到'字，注曰'不好'，改为'过'，复圈去而改为'入'，旋改为'满'，凡如是十许字，始定为'绿'。"因炼字推敲，此诗备受后人称道。

神思之玄

对《泊船瓜洲》的写作时间与背景,主要有三种说法:一是熙宁元年(1068),王安石自江宁赴汴京任翰林学士,途经瓜洲时所作;二是熙宁七年(1074)四月,王安石第一次罢相,自汴京还江宁,途经瓜洲所作;三是熙宁八年(1075),王安石第二次拜相,自江宁赴京途经瓜洲时所作。诗人受擢升却想着"还乡",其中第一种观点显然不合情理;第一次罢相自汴京返金陵,若解为诗人期待重返朝廷再展宏图,却与盼望再回江南的诗意相左;唯有第三种观点合乎情理,却因众多名家误解诗意而遭否定。

诗人再次拜相,本应施展安邦济世的抱负,就任途中就思返,可见其已萌生退意。王安石何以会打退堂鼓?因天灾人祸,神宗对变法动摇,王安石坚请罢相,出知江宁府,推荐支持变法的韩绛接任宰相,吕惠卿任参知政事,继续推行变法。不料野心家吕惠卿不仅不与韩绛合作,而且为阻止王安石再次入朝拜相,先是借机陷害王安石弟弟王安国,并弹劾王安石,诽谤他"罔上要君",继而曝光王安石写给他的私人信件,信中"无令上知此一帖""无使上知"等语,使得神宗与王安石之间顿生隔阂。变法因此毁于投机分子与阴险小人吕惠卿之流。他王安石此次回朝只有一个目的,那就是将吕惠卿逐出朝廷。

王安石心生退意,除了改革遇阻使其深知其道难行,还与其佛学思想密切相关。佛家以佛心为体,佛性为用。作为政治家,他进行改革无非为了造福社稷,度化众生,而这一切都有赖于一个"缘"字,缘至则聚,缘尽则散,不可执着。如今君臣心中有"隔",他深知变法势难再行了,看破放下,不如归去。

可见,因"隔"而思"还",诗心密码就在此二字。

王安石夜宿镇江金山寺,同时还留下了《与宝觉宿龙华院三绝句》,其三写道:

与公京口水云间,问月何时照我还。

> 邂逅我还还问月,何时照我宿金山?

从中可见,诗人在京口之夜,不仅表达了希望早日卸任回乡的心愿,而且还反复以"问月"这一具有禅宗意味的特别举动,来表达一心向佛、早证菩提的愿望。此诗即是《泊船瓜洲》的旁证。

如果说《登飞来峰》还处在"落叶满空山,何处寻行迹"的第一重禅境,那么《泊船瓜洲》显然已近于"空山无人,水流花开"的第二重禅境了。

熙宁九年(1076),王安石长子王雱为变法出力甚多,升任龙图阁直学士,但他背着父亲指使人给吕惠卿罗织罪名,结果反被老奸巨猾的吕惠卿抓住把柄,使得王安石极为被动,愧恨交织的王雱因弄巧成拙忧心而亡,年仅三十三岁。悲痛至极的王安石关心寡居的长媳生活,又被别有用心的政敌造谣污蔑"扒灰"。时年五十五岁的王安石遂多次托病请辞,十月,王安石辞相,外调镇南军节度使、同平章事,判江宁府,终于回到江南。

晚年的王安石看破红尘,潜心佛典,如比丘僧一样茹素参禅,一心向佛,深受兜率从悦禅师敬重。这一时期,王安石的许多禅诗都已经达到出神入化的境地,如《钟山即事》:

> 涧水无声绕竹流,竹西花草弄春柔。
> 茅檐相对坐终日,一鸟不鸣山更幽。

诗人通过涧水、绿竹、花草、茅檐等意象创造的幽深闲逸意境,抒发了神离尘寰、心无挂碍的超脱情怀。"茅檐相对坐终日"一语,常被人误以为寂寞至极,甚至饱含政治失意,诗人其实是借以表明通过坐禅获得了身心解脱。"一鸟不鸣山更幽"一句,卒章显志,表明因"坐"得"幽"。"一鸟不鸣"意在表明,远离朝廷后不再有攻讦之事;"山更幽"则直截明快地描述尘缘放下后坐禅所体验到的佛家"空"境,用语平淡自然却蕴藉深厚。

王安石晚年与真净克文探讨《圆觉经》等佛经要义,佛学造诣颇深。在

《传灯录》及《居士分灯录》中,王安石列名为临济宗黄龙派高僧真净克文禅师的门下弟子。

晚唐灵云志勤禅师见桃花而开悟,留下一首悟道偈:

三十年来寻剑客,几回落叶又抽枝。
自从一见桃花后,直至如今更不疑。

灵云说自己多年来一直在寻找握有可斩断烦恼的智慧宝剑的得道高僧,以求证得菩提,结果一无所得。有一天偶然看到一树桃花灼灼盛开,就因之触发灵机,豁然开悟:花开花谢正如人生的生死流转,放下我执,随缘而化即可;何况自性本来清净,哪需外求!沩山灵祐反复诘问,遂与之印可,并赞为"从缘荐得,永无退失"。

王安石《寓言二首》其一,却质疑灵云:

太虚无实可追寻,叶落松枝谩古今。
若见桃花生圣解,不疑还自有疑心。

佛性禅心,空如太虚,原本并非实有,何来追寻之说!松叶从枝头脱落的一刹那间的幻象,从古至今不知道欺骗了多少世人!即此两句,足见王安石禅悟智慧极高,非常人所及。若说灵云见桃花而了悟大道,生出圣解,其自认为不疑之处仍让人产生怀疑。为何怀疑他?也许他只是在名相上加以分辨,才去我执,又被法缚,落入了"生圣解"的禅病之中。《楞严经》言:"不作圣心,名善境界;若做圣解,即受群邪。"王安石疑灵云没有达到言语道断、心行处灭的解脱境界,不无道理。

《寓言二首》其二:

本来无物使人疑,却为参禅买得痴。
闻道无情能说法,面墙终日妄寻思。

王安石以其超群的颖悟智慧,在这首诗中表达了对禅宗哲学的见解。

第一句中的"本来无物"之说,出自六祖慧能"本来无一物,何处惹尘埃"这一得法偈语。慧能此偈说明法性本空,并由此指明顿悟自性,即可见性成佛。第三句中的"无情能说法",乃禅门公案。六祖慧能的弟子南阳慧中基于般若实相之理,认为有情之物与无情之物皆有"佛心",且"佛心"遍及一切处所。后来洞山良介问之于沩山、云岩,在云岩处有所省悟,以偈呈之曰:"也大奇,也大奇,无情说法不思议。若将耳听终难会,眼处闻声方得知。"

第四句中的"面墙",原指禅宗初祖达摩面壁参禅,后来坐禅遂称面壁或面墙;"寻思",意为思索,其实也暗用了禅宗典故,"思"又指青原行思。石头希迁十二岁时依六祖慧能披剃出家,成为其最后一个弟子,在慧能入灭之际,年幼的希迁问:"和尚百年后,当依附何人?"慧能道:"寻思去!"希迁不明其意,常静处独坐,寂若忘生,终不得悟。时六祖门下首座弟子行思驻锡于青原山静居寺,希迁后来得一长老指点,到此拜行思为师,后来受其印可:"众角虽多,一麟足矣!"青原行思以古代传说中只有一只角的瑞兽麒麟,喻赞希迁在众人之中最优秀。

王安石在此诗中连用禅宗数典,借以说明"本来无一物"的说法很容易使人产生疑惑,倘若因为参禅不当而变得痴迷执着,那就会使疑惑更多;一旦听说无情之物也能说法,便每日面壁打坐,念念寻思,反而会远离佛法大道。诗人讽喻说,不明禅宗妙旨却终日打坐,非但不能参透禅机得到法益,反而会更添一重障碍受到法缚。从此诗看,王安石是深悟佛法空性与坐禅之道的。

禅境第三重是"一朝风月,万古长空"。"万古长空"是虚幻的永恒,佛法如同万古长空,过去存在,未来也将永恒存在;"一朝风月"本质上就是"万古长空",它虽只是"万古长空"一点或曰一截,短暂且难以捉摸,但若没有"一朝风月"这个着力处,也就无从觉悟"万古"的"空"性。从《钟山即事》与《寓言二首》等诗意来看,王安石已然把自己放下,悟透"空"性,抵达了第三重禅境。

综上所述,若从禅学视角解读《登飞来峰》与《泊船瓜洲》等诗,则禅意盎然,更能切中诗歌内核。

古诗文"心"读解码
文心密码

李必能 著

宁波出版社
NINGBO PUBLISHING HOUSE

图书在版编目（CIP）数据

古诗文"心"读解码．文心密码/李必能著．-- 宁波：宁波出版社，2022.6
ISBN 978-7-5526-4606-1

Ⅰ．①古… Ⅱ．①李… Ⅲ．①古典诗歌—中国—高中—教学参考资料②文言文—高中—教学参考资料 Ⅳ．① G634.303

中国版本图书馆 CIP 数据核字（2022）第 100113 号

古诗文"心"读解码：文心密码
GUSHIWEN XINDU JIEMA WENXIN MIMA

李必能　著

出版发行	宁波出版社
地址邮编	宁波市甬江大道 1 号宁波书城 8 号楼 6 楼　315040
责任编辑	张爱妮　朱璐艳
责任校对	陈金霞
装帧设计	金字斋
印　　刷	宁波白云印刷有限公司
开　　本	787mm×1092mm　1/16
印　　张	13
字　　数	185 千
版　　次	2022 年 6 月第 1 版
印　　次	2022 年 6 月第 1 次印刷
标准书号	ISBN 978-7-5526-4606-1
定　　价	80.00 元（全二册）

如发现缺页或倒装，影响阅读，请与出版社联系，电话：0574-83875165
（版权所有　翻印必究）

目　录

序章：以"冰山理论"解读汪曾祺《金岳霖先生》.................................001

匠心之致

诗文匠心与文学策划..014

无始无终，无极无尽
　——《愚公移山》的宇宙时空观..033

至人、神人和圣人
　——《逍遥游》呈现的几种不同层次的自由境界.....................038

先忧后乐，与友共勉
　——范仲淹《岳阳楼记》多重旨趣浅探.....................................046

时空之秘

时空密码与文本主旨..052

"俯仰"天地，悟透"死生"
　——王羲之《兰亭集序》的时空密码与人生态度.....................066

眼角眉梢都是"恨"
　——从《西湖七月半》时空密码看张岱国破之悲愤.................077

与时代及汉学彻底决裂的宣言
　　——姚鼐《登泰山记》时空密码与意旨探究 085

物象之神

物象密码与文本意蕴 098

化身西山，高标傲世
　　——柳宗元《始得西山宴游记》之"西山"寓意浅探 118

天人合一，山水比德
　　——欧阳修《醉翁亭记》的山水与人格形象 124

三代遗愿，半世悲凉
　　——归有光《项脊轩志》中的物象密码及其深层意蕴 131

文化之奥

文化密码与文本旨趣 142

对个体生命存在的哲学忧思
　　——欧阳修《秋声赋》"天人合一"旨趣探秘 161

心忧国事，随缘自适
　　——前、后《赤壁赋》的解读密码与文化旨趣探秘 169

叹"简"笑"陋"，别有寓意
　　——略谈苏轼《石钟山记》主题的"显"与"隐" 186

后记：文本解读，其实是一场勇往直前的孤身探险 199

序　章

以"冰山理论"解读汪曾祺《金岳霖先生》

汪曾祺《金岳霖先生》一文，最初发表于《读书》杂志1987年第5期。入选高中语文教材后，教学期刊论之者众，开公开课者亦多喜其"有趣"，却从未见识其为文之用心者。

"西南联大有许多有趣的教授，金岳霖先生是其中的一位。"开篇第一句中的"有趣"二字，是表现人物真性情的"文眼"，也是文本解读的核心密码。

上课时不摘帽子，眼镜镜片一只白，一只黑，样子有点怪，不禁让人莞尔；

"今天穿红毛衣的女同学回答问题"，这种提问方式别出心裁；

"林国达君垂直于黑板，这是什么意思？"以怪异的问题回答怪异的提问，幽默机智；

陈蕴珍问他为什么要搞逻辑这门枯燥的学问，他说觉得它很好玩；

一堂符号逻辑选修课往往最后成了他与王浩二人的对话，这种苏格拉底对话式教学方式，可见其教学别具一格；

应邀去讲"小说和哲学"，却不给东道主面子，讲座时不仅说小说和哲学没有关系，而且还把右手伸进后脖颈捉跳蚤，捏在手指里看看，甚为得意，大有六朝名士扪虱而谈的遗风；

和云南斗鸡同桌用餐，和教授的孩子比试水果大小，似乎童心未泯；

林徽因死后，有一年，金岳霖在北京饭店请客，当天恰好是林徽因生日，似乎可见其痴情重义……

循着"有趣"这一脉络,透过"怪""好玩""为人天真"等种种表现,读者不难发现,在金岳霖先生奇特的外貌与行为举止、别具一格的教学风格、和乐天真的性情背后,隐含着对专业、对情感、对生活的痴迷与热爱。

这一层次只是冰山露出海面的七分之一,读至此境界,仅可博一"笑"而已。

汪曾祺在《思想·语言·结构》一文中说过:"中国画讲究'留白','计白当黑'。小说也要'留白',不能写得太满。"[1]他非常推崇海明威的"冰山理论",曾在《小说创作随谈》一文中说:"海明威这句话我很欣赏:'冰山之所以雄伟,就因为它露在水面上的只有七分之一。'在构思时,材料比写出来的多得多。"[2]露出水面的"七分之一",喻指文本呈现的部分;而隐藏于水下的"七分之六",读者则应通过文本的提示深入探究。

迫于时势或复杂的人际关系,作家写作时往往会写得比较含蓄甚至非常隐晦。读者唯有透过文字表面,有所疑,进而探究其"不言之言",方可进入文本解读第二层次——"思"。

眼镜片一白一黑,难道是效法魏晋名士阮籍的"青白眼"?常年戴着一顶呢帽,并尽可能压低帽檐,头微微仰着,那他的眼睛究竟有什么毛病呢?金岳霖眼睛怕光,曾对西南联大的学生说:"我年轻的时候眼睛不好,不好到什么程度呢?因为我这个眼睛左眼近视800度,右眼远视700度,结果来一个汽车,我看到七八个,然后我就不知道该躲哪一个了,可能七八个哪一个都不是真的。"他眼睛差到如此程度,竟成学界泰斗,难道不值得钦佩?

他的学问好到什么程度?文末写道:"金先生治学精深,而著作不多。

---

[1] 汪曾祺:《汪曾祺的写作课》,江苏凤凰文艺出版社2020年版,第55—56页。
[2] 汪曾祺:《汪曾祺的写作课》,江苏凤凰文艺出版社2020年版,第144页。

除了一本大学丛书里的《逻辑》，我所知道的，还有一本《论道》。其余还有什么，我不清楚，须问王浩。"晚年金岳霖认为三本书就能概括他一生："我要谈谈我的书，我只写了三本书。比较满意的是《论道》，花工夫最多的是《知识论》，写得最糟的是大学《逻辑》。"《知识论》手稿在西南联大跑警报时不幸丢失，不得已又写了一遍，前后费时十余年。这部被冯友兰誉为"道超青牛，论高白马"的巨著，将西方现代哲学的逻辑分析方法与中国哲学相结合，创立了独树一帜的哲学体系。新中国成立后，张岱年碰见金岳霖，问《知识论》可曾写好，金答曰："已经写好了，我写了这本书，我可以死矣。"从1948年底完稿，到1983年即金岳霖去世前一年，时隔35年，这部饱经磨难、凝聚了其毕生心血的《知识论》，才得以由商务印书馆正式出版。其间辛酸，可想而知。汪曾祺"我不清楚"之说，不过是故意卖个关子，提醒读者用心揣摩此处"留白"罢了。

作为中国现代哲学的开山祖师，金岳霖一生桃李满天下，得意门生有清华大学哲学教授沈有鼎、台湾大学哲学教授殷海光等，文章为何只选取哈佛大学、牛津大学教授王浩这位"相貌颇'土'，脑袋很大，剪了一个光头"的门生作为代表？仅仅因为他是享誉国际的数理逻辑大师吗？要知道，文中也说过"金先生的好学生不止一个人"啊！有心的读者，追踪王浩，就会发现此处暗伏着对金岳霖学术生涯评价的线索。

在新中国成立初的知识分子改造运动中，曾被学生认为"在是非真妄之际一点也不含糊"的金岳霖，自我检讨并先后参与对杜威、罗素、胡适、梁漱溟等人的批判，直至1952年4月17日在《光明日报》上发表《批判我的唯心论的资产阶级教学思想》，才算检讨过关。金1953年加入民盟，1956年又加入中国共产党，完全接受了历史唯物主义思想，彻底放弃了原来自由主义知识分子的政治立场。1958年，金岳霖随某文化代表团访英，时任牛津大学逻辑与数理哲学高级讲师的王浩，借机安排恩师在牛津哲学教师会上做了一个不长的报告。金岳霖谈到，因为马克思主义救了中国，所以他放弃了以前所研究的学院哲学，变成了一个马克思主义者。据王浩回忆，当时听讲的大部分教师觉得金的论证过于简单，"可是因为金先生的英式英语特别高雅漂亮，牛津的教师大多数对他很尊敬"。从1925年归国算起，到1984年去世为止，金岳霖的学术生命以1949年新中国成立为界，分成泾渭分明的两个阶段。正如王浩所说，1949年之后他的学术生命实际上已经死掉了。金岳霖这位西南联大著名教授，新中国成立后学术生命竟然终止了，岂不令人深思？

金岳霖和云南斗鸡同桌用餐，和教授的孩子比试水果大小，并非童心未泯那么简单。追踪这只享有特殊待遇的斗鸡来历，就会发现金岳霖对林徽因感情的线索。林徽因坦荡，金岳霖克制，梁思成宽容，三人皆诚信磊落之君子。金岳霖终身未婚，将林徽因的孩子视同己出，关怀备至，梁再冰、梁从诫称之为"金爸"。金岳霖晚年腿脚不便，梁从诫搬来与其同住，并为其养老送终。

"林徽因死后，有一年，金先生在北京饭店请了一次客，老朋友收到通知，都纳闷：老金为什么请客？到了之后，金先生才宣布：'今天是徽因的生日。'"

不少人把"有一年"误作"第二年"，譬如岳南在《南渡北归：离别》（2015版）《悲回风》一章中就言之凿凿，说是"1956年6月10日"，实不知惜墨如金的汪曾祺运笔之妙与深意所在，不然，"次年""翌年"岂不更准确凝练？其时，林徽因已作古多年，梁思成不顾女儿梁再冰、儿子梁从诫、老友张奚若等人坚决反对，一意孤行要娶林洙。汪曾祺故意含糊其词，用"有一年"来写老金宴请老友，意在引人深思梁思成弟子程应铨的悲剧。林洙前夫程应铨因支持梁的学术观点，1957年被打成"右派"，妻离子散，后来梁思成却突破人伦执意迎娶林洙。金岳霖认为，梁可再娶，但唯独不能娶林洙。设宴劝阻未成，金岳霖席间公开宣布与梁一刀两断，张奚若等人也纷纷与之当场断交。金岳霖北京饭店请客，对梁而言分明是鸿门宴，汪曾祺岂仅是为了突出金对"林下美人"的痴情？

金岳霖晚年写回忆录,第一句话便是"我同毛主席吃过四次饭"。毛主席要他"接触接触社会",恰逢北京市政府因尼克松要来访华而取缔了人力三轮车,他只好让平板三轮车师傅每天带他到王府井一带,东张西望,不胜惬意,着实"有趣"。那时,担任过民盟中央常委并受毛主席关照的大哲学家金岳霖,要去协和医院看眼疾,竟因造反派不许而无公车可用,当时知识分子的处境岂不令人深思!

哥伦比亚政治学博士金岳霖虽是哲学票友,但在"中西合璧"方面远比同辈胡适、冯友兰更在行。《论道》被贺麟称为"一本最有独创性的玄学著作",其原创性思想之丰富,在中国现代哲学中罕有其匹;而《知识论》更是中国哲学史上首次构建完整的知识论体系的开山巨著。

纵观金岳霖一生,被人津津乐道的只有两件事:一是研究哲学,建立独步天下的哲学本体论和认识论体系,被视为开创中国近现代逻辑哲学的"泰斗";二是爱林徽因,明知得不到她却"逐林而居",至死不渝地守护着她,被视为柏拉图式精神恋的一代"情圣"。

放弃一生至爱,并无怨无悔地痴情守护一辈子,晚年的金岳霖有过后悔吗?明知付出毕生心血的学问属于真理,最终却改弦易辙信仰历史唯物主义,晚年的金岳霖有过后悔吗?

至此,汪曾祺通过描绘金岳霖先生这样一个典型形象,引发读者思考现当代知识分子悲剧命运的用意,仿佛海平面下的冰山,若隐若现。

其实,汪曾祺先生"计白当黑""以实带虚",其无着墨处,亦是文章的重要组成部分。某些地方看似"闲笔",实则大有深意。

这里自然就涉及本文解读的"第三层次"——通过西南联大的一些大大小小的知识分子在新中国成立前后,尤其是反右、"文革"时期的悲惨遭遇,让人思考并探究其命运悲剧的根源,此乃"冰山"之下的绝大部分。读至此境界,当"泣"数行下,此即文本解读的第三层次。

金岳霖西南联大的同事,值得重点关注的是作者在文章开篇特意提到的沈从文。

抗战开始，沈从文与"左"翼作家关系恶化，成为"自由主义文学"等一系列论争中的批判对象。鲁迅曾说沈从文是"自由人""第三种人"，他在编辑《中国新文学大系·小说二集》时就没有收录沈的小说。1948年3月，郭沫若在香港生活书店出版的《大众文艺丛刊》第一辑《文艺的新方向》上发表《斥反动文艺》一文，给沈从文、萧乾等作家画像，斥责沈从文是专写颓废色情的"桃红色"作家，是"'看云摘星'的风流小生"，并予以"反动派"的阶级定性。1949年3月，有人指使学生将《斥反动文艺》抄成大字报张贴在沈从文任教的北大校园里，还贴出了"打倒新月派、现代评论派、第三条路线的沈从文"的标语。受此刺激，沈从文曾用保险刀片割手腕动脉及脖子自杀，幸而被救。这年7月召开"第一次文代会"，四十七岁的沈从文被排斥在外，随后又被迫离开北大，作为"统战对象"进入中国历史博物馆工作。在蛰伏一段时间后，他从1957年到1963年，发表了大量学术文章，出版了《中国丝绸图案》《唐宋铜镜》《龙凤艺术》《战国漆器》《明锦》《中国的瓷器》等学术专著，从一个著名作家"转业"为学者。"文革"一来，沈从文受到无休止的审查、批斗。1969年，他随文化部有关人员下放到湖北咸宁乡下的五七干校劳动改造，垦荒，放鸭子。1972年因心脏病才得以返京治疗。1981年，多卷本《中国古代服饰研究》出版，填补了我国文化史上的空白，奠定了沈从文历史学家、考古学家、古代服饰学家的地位。

汪曾祺在《沈从文转业之谜》中说："这一番改行，可真是亦悲亦喜，悲喜难言；亦得亦失，得失难言。步入冷径仍采花，花非昨日花，人非昨日人。"著名作家沈从文被迫"转业"成考古学家、历史学家，岂非个人与时代的莫大悲剧？

金岳霖在西南联大的同事好友，除建筑学家梁思成、林徽因夫妇，还有教育家和文学家杨振声、政治学家张奚若等人。汪曾祺《沈从文先生在西南联大》一文指出：沈先生的这些朋友共同的特点，"一是都对工作、对学问热爱到了痴迷的程度；二是为人天真到像一个孩子，对生活充满兴趣，不管在什么环境下永远不消沉沮丧，无机心，少俗虑"，"这些人的气质也正是沈先生的气质"。

可是，这些无机心、少俗虑的知识分子，却在新中国成立前后的各种文化、政治运动中遭受冲击甚至批斗，他们的人生无不充满悲剧色彩。

林徽因早年在极其恶劣的条件下考察古建筑，染上了肺结核。1953年，梁思成、林徽因夫妇为北京老城墙存废问题与北京市副市长吴晗等领导发生冲突，倔强的林徽因一气之下竟拒绝继续吃药治疗。1955年2月，在全国范围内陆续开展了对"以梁思成为代表的资产阶级唯美主义的复古主义建筑思想"的批判。4月，林徽因病逝，享年五十一岁。"文革"爆发，梁思成又被造反派打成"反党分子、混进党内的大右派、反动学术权威"，多次受到批斗。

五四运动中火烧赵家楼的革命闯将杨振声，早年留学哥伦比亚大学，获教育心理学博士，后又入哈佛大学继续攻读，1924年回国后在北京大学、燕京大学、清华大学等校担任教授，1930年出任青岛大学首任校长，1938年任西南联大常委会秘书长、中文系教授。抗战胜利后负责北京大学北迁筹备工作并任教。1952年院系调整时，年过花甲的杨振声因曾与胡适关系密切而被北大疏远，下放到东北人民大学担任中国文学史教研室主任。杨振声此前做过胃切除手术，处在抗美援朝志愿军大后方的长春，几乎顿顿都只有硬高粱米饭，因此患上肠梗阻，不得不切除全部小肠，将十二指肠直接接在大肠上。1954年他被家人接回北京住院，1956年3月病逝，终年六十六岁。

辛亥革命功臣、著名的"棱角先生"张奚若，1952年接替马叙伦出任新中国第二任教育部部长。在1957年5月的整风运动中，他针对当时党和政府工作中存在的问题，做出了"好大喜功，急功近利，否定过去，迷信将来"的十六字评价，因此在反右运动中受到不少批评，幸有周恩来力保，毛泽东关照，他才没有被打成右派。

至此，方见冰山下的七分之二。

金岳霖的学生，除了在台湾的殷海光、在国外的王浩，还有在大陆的与汪曾祺和王浩关系都很密切的王景鹤，以及陈蕴珍、王树藏、刘北汜、施载宣等人。

王景鹤，1939年考入西南联大物理系，毕业后曾与汪曾祺同在昆明黄土坡某中学教书，1946年秋去台北建国中学任教，1949年闯关回大陆，在北京四中教数学。因在台湾任教的这一段经历，他在镇反、肃反运动中多次被当作暗藏的反革命分子审查，饱受折磨。1956年调入新成立的北京师范学院数学系任高等数学分析教授兼数学分析教研室主任。"文革"期间，又屡遭批斗。

刘北汜，著名编辑、作家，民盟成员。1943年毕业于西南联大历史系，1946年9月经沈从文介绍进入上海《大公报》从事副刊编辑工作。1966年"文革"爆发后，《大公报》被迫停刊，刘北汜被下放劳动改造。

施载宣，1939年考入西南联大，与萧珊同班。他创建联大剧艺社并担任社长，因扮演《阿Q正传》"小D"一角出名，遂以"萧荻"为笔名。1957年整风及反右运动中，他所在的中国作协机关刊物《新观察》杂志社成为重灾区，主编、副主编都被打成右派。施载宣因"右派向党进攻，萧荻'袖手旁观，隔岸观火'"罪名，被取消预备党员资格，打成右派，下放到《羊城晚报》。

陈蕴珍，作家、俄语翻译家。1938年与巴金订婚，1939年考入中山大学，随后转入西南联大外文系试读，后转入历史系。她与王树藏、杨苡三人合住一室，排行老三，被呼为"小三子"，遂以萧珊为笔名，1944年夏与巴金结婚。新中国成立后，任《上海文学》《收获》编辑。巴金则于1950年当选中国作协上海分会主席、上海市文联副主席，1957年任《收获》主编。1966年8月，中国作协上海分会贴出了攻击巴金的大字报，不久巴金被关进"牛棚"。1967年5月，《人民日报》发表署名文章，点名批判巴金。1968年，巴金和萧珊夫妇频遭批斗。巴金被下放到上海奉贤县五七干校劳动改造，久病的萧珊因是"罪人"家属，长时间不准入院正式治疗。1972 年 8 月 13 日，身患直肠癌的萧珊在手术后病逝于上海，时年五十五岁。被审查的巴金没有通信自由，连萧珊病逝也不敢通知亲友。他对萧珊一往情深，"文革"结束后写了《怀念萧珊》《再忆萧珊》《一双美丽的眼睛》等催人泪下的怀念文章。

金岳霖的学生中，命运最惨的要数与陈蕴珍情同姐妹的王树藏。1941年寒假后，被萧乾抛弃的王树藏与联大同学马西林结为伉俪，并由沈从文写信介绍给武汉大学文学院院长陈西滢，转学到位于四川乐山的武汉大学。两人在校加入共产党，后去延安。1949年新中国成立后，马西林担任哈尔滨工业大学党委常委、总务长，王也在哈工大任职。1958年，马西林负责筹建哈工大富拉尔基重型机械学院，王随之调任学院基础部主任。萧乾1957年被打成右派，下放到农场劳改，"文革"中又屡遭冲击。因保护萧乾，王树藏频遭批斗，被打成了不会说话、眼睛发直、大小便失禁、行为疯癫的"植物人"。"文革"结束后，萧乾得知她的悲惨遭遇，对当年遗弃王树藏非常痛悔，后来写了《心债》《外调奇遇》等文章以示忏悔。

汪曾祺在构思这篇不到三千字的散文时，所想到的材料何止这些！通过精心剪裁之后，他在通过文字呈现金岳霖先生"有趣"表层意味的同时，还融入了许多"言外之意"，引领读者思索金岳霖先生联大的同事与学生等有关人事，进而深思造成他们悲剧命运的原因。

读至这一层次，也不过触及冰山之下的七分之三而已。

《金岳霖先生》一文提到的西南联大有名有姓的教授，还有闻一多、朱自清，以及大力支持联大办学的云南省国民政府主席龙云及其长子龙绳武等人。

闻一多，1946 年 7 月 15 日在云南大学为民盟负责人李公朴举行的追悼会上发表《最后一次讲演》，下午又主持《民主周刊》记者招待会，进一步揭露暗杀事件真相。散会后，时年十八岁、以优异成绩考入西南联大的闻立鹤，在接父亲返回联大西仓坡宿舍途中，突遭国民党特务围攻，闻一多身中十余弹，当场遇难。闻立鹤身中五弹，肺部被打穿，右腿被打残。新中国成立后，闻立鹤进入铁道部门工作，1958年被打成右派，"文革"中两次下放农村劳动改造。1979年多次向原单位要求平反未果，患上抑郁症，1981年3月病逝。

朱自清，出席成都各界举行的李、闻惨案追悼大会并报告闻一多生平事迹，由自由主义知识分子转变为革命民主主义战士。1948年6月，朱自清在《抗议美国扶日政策并拒绝领取美援面粉宣言》上签名。8月12日，因胃穿孔病逝于北平。

值得一提的是，朱自清长子朱迈先，1936年在北平崇德中学就读期间秘密加入共产党，七七事变后入扬州中学继续高中学业，1937年10月任中共扬州特支书记。1938年经中共长江局批准，他与江都文化界救亡协会流动宣传团集体加入国民党军第三十一军，投身抗战。桂林失守后，朱迈先被派到新十九师师长蒋雄手下任政治科中校科长兼政工队长。1949年12月，在桂北第八专署专员蒋雄手下担任秘书的朱迈先，代表桂北国民党军政人员向共产党领导的桂林市政府联系起义，使桂北军区七千余人接受和平改编。朱迈先在广西军政大学结业后，被分配至桂林松坡中学任教。1950年12月，朱迈先与蒋雄在镇反运动中被捕，押送至蒋雄家乡湖南新宁县监禁。1951年11月，年仅三十三岁的朱迈先，被新宁县法院以"匪特"罪判处死刑，其时距毛泽东主席在《别了，司徒雷登》一文中褒扬朱自清"一身重病，宁可饿死，不领美国的'救济粮'""表现了我们民族的英雄气概"仅过去两年零三个月。朱迈先遗孀傅丽卿多年奔走、申诉，直到1984年，他才得以平反昭雪，恢复名誉。

抗战胜利后，蒋介石趁"云南王"龙云表弟卢汉率第一集团军赴越南接受日军投降之机，指挥心腹杜聿明在昆明发动军事袭击，解除龙云本兼各职，押往重庆软禁，后转至南京。1948年12月，龙云辗转逃到香港，1949年8月在香港发表声明与蒋介石彻底决裂，并策动卢汉和平起义。1950年龙云回国，出任西南军政委员会副主席、国防委员会副主席。1957年被错划为右派，1959年12月复任全国政协常委，1962年6月病逝，中央统战部随即宣布摘掉龙云右派帽子。1980年6月，中共中央为龙云平反并恢复名誉。

龙云长子、蒋介石干儿子龙绳武，1949年随父在香港通电起义后被任命为云南省政府委员。其三弟龙绳曾，暗中接受蒋介石"川滇黔康反共救国军总司令"的任命，纠集数万土匪武装发动暴乱，1950年6月被击毙，龙绳武因此一直滞留香港未到任，1954年接受蒋介石总统府中将参议虚衔，去了台湾，晚年遁入空门。

若能深入思考文中诸如闻一多、朱自清、龙云等"点到为止"的人物，进一步探究其子女在新中国成立后的遭遇，则看似散漫的文本的深层意蕴，便会由"隐"而"显"。几乎可以说，除了游泳"淹死"的林国达同学，文中提到的西南联大的每一个人物，甚至包括杨振声的游戏文章《释鳜》里提到的陈岱孙、叶企孙等未直接点名的联大教授，都可视为解读文本"水下"部分的系列密码。

联系金岳霖先生及其同时代的人物在改朝换代式的时代剧变中的遭遇，不难发现，《金岳霖先生》一文还隐藏着作者对新中国成立前后的历次政治运动与文化运动的反思，对知识分子丧失自由精神的悲叹等诸多深层次的内涵。

解读至此，始见水下冰山七分之四的奇观。

汪曾祺1939年夏考入西南联大中文系。他特别推崇的中文系教授，除了闻一多、朱自清、杨振声，再就是讲授"现代文艺"的沈从文了。因在联大创办《文聚》杂志，发表了一些习作，汪曾祺受到沈从文赏识。据说因体育和英语不及格，中文系主任罗常培未让汪曾祺毕业，而多年以后，沈从文还为此对罗耿耿于怀。

离开联大后，汪曾祺在昆明教中学，并在沈从文指导下写小说。新中国成立后，汪在北京市文联所属的《说说唱唱》杂志任编辑，后又调任中国民间文艺研究会《民间文学》编辑。反右运动中，他被划成右派，下放到张家口沙岭子农科所劳动改造两年后，摘掉右派帽子。在沈从文鼓励下，汪曾祺根据切身经历与思考写成短篇小说《羊舍一夕》，发表于《人民文学》1962年第6期。后经多方努力，汪调入北京京剧团任编剧，并继续小说创作。1963年他接手执笔改编京剧《芦荡火种》，大获成功。江青调阅他的档案后，虽认可其才华，却指示"控制使用"。直到1970年5月，汪曾祺根据《芦荡火种》执笔改编的京剧样板戏《沙家浜》获时任中央"文革"小组组长的江青赏识，得以在"520"群众大会上登上了天安门城楼。1972年江青授意北京京剧团改编《草原烽火》，还点名让汪写词。此外，他还参与京剧样板戏《杜鹃山》剧本写作。因此，在"四人帮"垮台后，汪曾祺一度被认为是投靠过江青的人，还为此做过多次检讨。

对于知识分子在时代巨变中的人生际遇，汪曾祺可谓深有感触。尤其是西南联大众多师生的命运悲剧，让他不吐不快而又欲言又止。汪曾祺《金岳霖先生》一文，既是给以金岳霖为代表的知识分子画像，又是借他人之酒杯浇自己心中之块垒。

解读至此，则冰山之下的七分之五六隐然可见。

余下的七分之一二，即本文最为隐秘的深层主旨，汪曾祺先生在"文革"结束十年之后犹自深扃固钥，不欲轻以示人，而我对这一微旨似有所悟，却未敢完全苟同，故留白以待真读书人。

像《金岳霖先生》这样一篇当代著名作家的散文，所记人物皆是受人瞩目的当代名人，尚且如此费解，至于那些言如鳌咳、语不可知的古诗文，千百年来被误解的不知凡几！

匠心之致

文学重在联想和想象,因此古人常借焚香、对弈、品茗、听雨、赏雪、候月、酌酒、莳花、寻幽、抚琴,享受"十雅"生活情趣之机,触发创作灵感,形诸篇什。

诗文的匠心往往与文学活动的策划密不可分,鉴赏古代散文,从作者为文的匠心切入,更容易探得文心。

诗文匠心与文学策划

一

风景随摇笔，山川入运筹
——传世诗文的策划活动

古代文人骚客多愁善感，借焚香、对弈、品茗、听雨、赏雪、候月、酌酒、莳花、寻幽、抚琴，享受"十雅"生活情趣之机，触发创作灵感，形诸篇什。君子登高必赋。尤其是在仕途受挫、人生黯淡的日子里，或登高望远，或游园赏景，或饮酒送别，往往会留下不少佳作。

以苏轼不足百字的抒情小品《记承天寺夜游》为例：

元丰六年十月十二日夜，解衣欲睡，月色入户，欣然起行。念无与为乐者，遂至承天寺寻张怀民。怀民亦未寝，相与步于中庭。庭下如积水空明，水中藻荇交横，盖竹柏影也。何夜无月？何处无竹柏？但少闲人如吾两人者耳。

孟冬十月，寒夜寂寥，百无聊赖，苏轼"解衣欲睡"，却见"月色入户"做伴，睡意顿消，于是"欣然起行"，至承天寺寻同遭贬谪的张怀民，与之分享这份喜悦。竹柏之影如水藻、荇菜纵横交错，一对步月幽人，置身于"积水空明"的庭中，仿佛《庄子·秋水》中从容出游的鲦鱼，忘怀得失，尽享悠游之乐。

"何夜无月？何处无竹柏？但少闲人如吾两人者耳。"

作者连发两问，却不置答，而是以"但少闲人如吾两人者耳"这一声慨叹煞尾。竹虚心劲节，柏坚韧顽强，而头顶的一轮明月则是开悟之象，而这些恰是其匠心之所在。他深感月色与竹柏常有，而能欣赏的"闲人"却不常有，于是倍加珍视自然的美好，并由此顿悟生命的意义，从而达到心灵澄澈透明、"物我同一"的精神境界。

刘熙载《艺概·文概》第二零九条曰："坡文多'微妙'语。其论文曰'快'、曰'达'、曰'了'，正为非此不足以发'微'阐'妙'也。"苏轼此文中"闲人"之叹，显然亦系韩愈所谓"奇怪之辞"、刘熙载所谓"微妙"之语，它虽有那么一丝谪居的悲凉，但蕴含更多的则是自慰与自豪。

正如苏轼在同一时期的《临皋闲题》里所言："江山风月，本无常主，闲者便是主人。"仕途失意者，随缘自适，一变而为"造物者之无尽藏"的享用者。彼将我"闲置"，我却有"闲情"赏月，其旷达情怀通过"闲人"这一文本密码显露无遗。

类似苏轼见月色入户而欣然起行的此种触发文学创作灵感的举动，宽泛而言，皆可归之于策划。

不过，也有不少更为典型的策划案例。

王勃，隋代思想家王通（又称文中子）之孙，与杨炯、卢照邻、骆宾王合称"初唐四杰"。敏而好学，六岁能文，被誉为"神童"。九岁读颜师古《汉书注》，作《指瑕》十卷以纠其错。十六岁以幽素科及第，授朝散郎、沛王（李贤）府文学，步入仕途。因作《檄英王鸡》，遭高宗贬逐。在虢州参军任上，因杀死官奴曹达而犯死罪，幸遇大赦而未被处死，但其父王福畤因之受到连累，由雍州司功参军左迁交趾县令。

太宗李世民的幼弟、滕王李元婴，工书画，妙音律，擅长画蝴蝶，颇具艺术才情。唐高宗永徽四年（653），时任洪州都督的李元婴修建江南名楼滕王阁以为歌舞享乐之所。上元二年(675)八月,洪州都督阎伯屿重修滕王阁竣工,定于重阳节在赣江畔的滕王阁举行盛大宴会。在阎伯屿看来,滕王阁不仅是洪州当地绝无仅有的地标建筑,而且还是政治与文化地位的象征。于是,他精心策划此次文人雅集,广邀官场好友以及当地文人名流,并让擅长文学的女婿"孟学士"事先准备好诗文,意欲借此机会使其一鸣惊人,扬名立万。而王勃此时前往交趾探望父亲,恰好途经南昌,应邀参加,躬逢其盛。

酒过三巡,诗文助兴。都督阎公吩咐笔墨纸砚伺候,遍请诸人,宾客纷纷推让,都说孟学士词章为众人所仰,非他莫属,唯有王勃年轻气盛,竟毫不谦让,欣然对客操觚,一挥而就。

据五代王定保《唐摭言》卷五"以其人不称才试而后惊"一篇记载:"及以纸笔巡让宾客,勃不辞让。公大怒,拂衣而起;专令人伺其下笔。第一报云:'南昌故郡,洪都新府。'公曰:'亦是老生常谈!'又报云:'星分翼轸,地接衡庐。'公闻之,沉吟不言。又云:'落霞与孤鹜齐飞,秋水共长天一色。'公矍然而起曰:'此真天才,当垂不朽矣!'遂亟请宴所,极欢而罢。"

次年春夏之交,王勃南下抵达交趾,陪伴远谪于此的父亲王福畤,八月返程,渡海溺水,惊悸而亡,年仅二十七岁。一代文学巨星,就此陨落,其《滕王阁诗并序》竟成绝唱。

才华横溢的王勃,在撰写《滕王阁序》时不忘恭维贤主都督阎公,嘉宾新州刺史宇文大人、王将军,当然也未落下众口称赞的"孟学士"。他以董仲舒梦见蛟龙入怀而著《春秋繁露》、扬雄著《太玄经》而梦见自己口吐凤凰这两个典故,出之以"腾蛟起凤,孟学士之词宗"一语,凝练而又隽永。"落霞与孤鹜齐飞,秋水共长天一色"的写景名句,关尽千古登临之口;"老当益壮,宁移白首之心?穷且益坚,不坠青云之志"的价值取向,激励后人奋发向上。

王勃融写景、叙事、抒情、议论于一炉,留下了用典繁复、名垂千古的绝唱《滕王阁诗并序》。阎伯屿策划初衷虽有私心,然其为性情中人,能慧眼识珠,使得楼以文传,文以楼传。滕王阁盛会堪称文坛千古策划之佳话。

与"初唐四杰"同时代的陈子昂,字伯玉,梓州射洪(今属四川)人。他从小体弱多病,受其父陈元敬影响,习武强身,并养成了慷慨任侠、仗义疏财的品格。十八岁那年,因用剑误伤他人,便痛下决心弃武从文。天赋异禀的陈子昂,没过几年便满腹经纶,初入东都洛阳应举,因无人荐引,寂寂无闻的陈子昂毫无意外地落第了。所幸家财不菲,生计无忧,他干脆与妻子留在京城长安生活,等待下次金榜题名的机会。

明代冯梦龙《智囊全集》记有陈子昂的一则逸事:

在长安苦于不为人知的陈子昂,一日闲逛东市,见一老者售卖一把胡琴,要价百万,富豪贵族相与传看,皆不识货。陈子昂走上前把玩一番,对随从说:"你赶紧回去用辇车拉一千缗钱来替我买下它。"围观者差点惊掉了下巴:"这是什么胡琴啊,这么贵重?"陈子昂答道:"我擅长弹奏这种胡琴。"众人纷纷要求他现场弹奏一曲。陈子昂说:"你们真想听我演奏的话,明天请到宣阳里舍下,我备下酒宴,恭请各位听我抚琴。"

次日,长安东市西边的宣阳里,热闹非凡。众人酒足饭饱,静等这位一掷千金的青年登台演奏。谁知陈子昂在众目睽睽之下,高举胡琴,猛然摔下,朗声说道:"在下是蜀人陈子昂,有诗文百轴,奔走京师,不为人知,大丈夫当建功立业,哪里应该留心胡琴演奏这种贱役!"随即将事先准备好的诗文分送与会者。一日之内,陈子昂名满京华。

这就是"伯玉摔琴"的故事。

文明元年(684),陈子昂进士及第,授秘书省正字,后上书论政受到临朝称制的武则天赏识,升任右卫率府胄曹参军、右拾遗。万岁通天元年(696),契丹李尽忠等攻陷营州,武则天派轻率寡谋的侄儿武攸宜率军征讨,次年兵败。危急之时,随军参谋陈子昂请遣万人以为前驱,不允;后又进言,不仅不听,反被降为军曹。渴望建功报国的陈子昂遭此挫折,于是登临蓟北楼(即幽州台),回想当年燕昭王在此筑黄金台求贤招致乐毅等人的往事,抚今追昔,慷慨悲吟,留下了其最为著名的一首诗——《登幽州台歌》:

> 前不见古人，后不见来者。
> 念天地之悠悠，独怆然而涕下！

可见，陈子昂不仅是一名策划高手，更是初唐诗坛著名的行为艺术家。

唐玄宗开元年间曾任泾县县令的汪伦，也是一位可与陈子昂媲美的策划奇才。

因留恋桃花潭美景，卸任后的汪伦，特意将其家由黟县迁至泾县桃花潭畔。天宝年间（742—756），汪伦听说李白旅居南陵族叔李阳冰家，便欣然修书，邀他到家中做客。作为李白的铁杆粉丝，汪伦深知李白挚爱美酒与桃花，对其"酒隐安陆，蹉跎十年"时期所作《山中问答》等诗倒背如流："问余何意栖碧山，笑而不答心自闲。桃花流水窅然去，别有天地非人间。"于是在信中说："先生好游乎？此处有十里桃花。先生好饮乎？此处有万家酒店。"李白欣然而至，汪伦笑言："桃花者，十里外潭水名也，并无十里桃花；万家者，开酒店的主人姓万，并非有万家酒店。"他搬出用桃花潭水酿成的美酒款待李白数日，李白不以为欺，反而被汪伦的盛情所感动。李白在东园古渡乘舟欲往万村，登旱路去庐山，汪伦在古岸阁上设宴为李白饯行，并拍手踏歌相送，又命人挑来两坛美酒，牵来一匹骏马赠予李白。临别时，李白深感汪伦的盛情，作《赠汪伦》诗一首：

> 李白乘舟将欲行，忽闻岸上踏歌声。
> 桃花潭水深千尺，不及汪伦送我情。

此诗开篇直叙实事，毫无纤巧语句，仿佛信手拈来，后二句却犹如异峰突起，令人叫绝。"桃花潭水深千尺"，兴也；"不及汪伦送我情"，比也。此乃《诗经》所创的"比兴合用"手法。全诗精妙之处在"不及"二字。若说"恰似汪伦送我情"，则是庸常的比喻。李白不落窠臼，先言桃花潭水之深，再写汪伦情谊之重，其中"不及"二字，既有较喻，又有夸张、衬托，不仅彰显递进之美,将看似泛泛的离别之情写得豪气满纸,而且让诗歌意境再次升华,韵味十足。正如清人沈德潜《唐诗别裁》点评:"若说汪伦之情比于潭水千尺,便是凡语,妙境只在一转换间。"

全诗语言清新俊逸,想象丰富奇特,虽寥寥二十八字,却是李白诗中流传最广的佳作之一。更令人击节赞叹的是,汪伦巧借诗仙李白之手得以名垂千古,诚可谓"策划"之高人矣!

就个人的诗文策划活动而言,其用心往往易被人忽视甚至误解。譬如韩愈撰《鳄鱼文》,苏轼作前、后《赤壁赋》,姚鼐写《登泰山记》,皆有精心策划,却总被读者无视,甚至屡遭误解。

诗坛的策划,当以西晋惠帝元康六年(296)石崇、潘岳等三十多位士族、文人举行的"金谷诗会"为首倡。

石崇出任南中郎将、荆州刺史时,在荆州"劫远使商客,致富不赀",暴富后曾上演过与晋武帝舅父王恺斗富的丑剧。为显示自己高雅的文化品位,更为了享受财富和权力带来的荣华富贵,他在洛阳城东十里远的金谷涧,修了一座"金谷园"。为给即将回长安去的征西大将军、祭酒王诩饯行,石崇便与潘岳等一干文人墨客精心策划了一场别开生面的"金谷诗会"。石崇等人在金谷园宴游赋诗,叙言中怀,备娱目欢心之物,极尽奢华之能事。其本质无非寻欢作乐、醉生梦死。在西晋乱亡前夕,面对眼前的奢华及其背后隐藏的恐惧,石崇在《金谷诗序》中流露出了"感性命之不永,惧凋落之无期"的生命无常之感,这也是他长期在出仕与遁隐之间徘徊的心路历程的写照。不过,这次高调而奢华的诗坛盛宴,终于让石崇以另外一种形象青史留名,恐怕也是其初衷之一。

东晋穆帝永和九年(353)三月初三上巳节,王羲之与谢安、孙绰、支道林等江南名士在会稽山阴之兰亭举行"修禊"之事,以除不祥。众人列坐水滨,曲水流觞,赋诗以志。王羲之不仅为这次精心策划的诗坛盛会挑选了"上巳节"这样一个具有消灾祈福的文化意味的特殊的日子,而且选择了具有古朴野趣的自然山水之兰亭作为盛会的活动场所。这里是春秋时越王勾践种兰的兰渚山麓，东汉时建有驿亭，故得兰亭之嘉名。屈原曾在诗歌中将兰喻为君子，故后人以兰为君子高洁而有德泽的象征。选择兰亭，其中当然寄寓有感物喻志的审美人格精神。

当然，兰亭盛会最引人瞩目的当属曲水流觞、诗酒唱酬。张岱《夜航船》云："兰亭流觞曲水，不始于兰亭。周公卜洛邑，因流水以泛酒，故诗曰：'羽觞随波。'"可见，这一雅事并非王羲之首创，而是有着悠久的历史。但王羲之作为"贤主"，广邀江南文人雅士作为"嘉宾"，并使这一盛会良辰、美景、赏心、乐事"四美"具备。不仅如此，王羲之还为盛会编辑《兰亭诗集》并撰写序言，留下了"千古第一行书"《兰亭集序》，其策划之用心是毫无疑义的。

王羲之早年儒道并重，讲究忠孝，用世之心甚殷，同时又向往山林之趣，对道家淡泊自守、逍遥遁世也十分推崇。面对兰亭山水美景，想到世事变迁、老之将至，他在序中不禁慨叹："向之所欣，俯仰之间，已为陈迹，犹不能不以之兴怀，况修短随化，终期于尽！古人云：'死生亦大矣。'岂不痛哉！"他在明了"死生之大"时，感悟到"修短随化"，深叹"后之视今，亦犹今之视昔"，表现出的是具有人类整体普适性的超越个体生命的心灵觉醒。在俯仰宇宙，游目骋怀之际，王羲之已然获得了精神超脱与自由的启迪，流露出了决然退出官场，逍遥林泉的想法。

兰亭雅集之时，王羲之吟咏了一首诗："仰视碧天际，俯瞰渌水滨。寥阒无涯观，寓目理自陈。大矣造化工，万殊莫不均。群籁虽参差，适我无非新。"其中"仰视"两句，与《兰亭集序》中"仰观宇宙之大，俯察品类之盛"如出一辙，其所见之景，并非纯粹的客观存在之景，而是贯注了诗人情感与心性的情致化景物，诗末最后一句表明，宇宙万物虽有差别，但它们给作者的感受都是崭新的、可爱的。结尾一个"新"字，更是集中展现了王羲之的精神风貌，也表达了他心中酝酿着新的人生追求与对自然生活的向往。

与金谷诗会相比，兰亭诗会由环境的变易直接导致了意境的超越，可谓推陈出新,遗响千载。金谷以椒房画阁、歌舞女乐骄世,俗不可耐;兰亭以茂林修竹、清流激湍胜出,美不胜收。而石崇《金谷诗序》和王羲之《兰亭集序》所反映的两晋时期文人士族不同的人生趣味和价值取向,其高下立判。"风雅兰亭"完胜"繁华金谷",毋庸赘言。《兰亭集序》一文亦因与其书法艺术及诗坛盛会相得益彰而得以流传千古。正如苏轼在《题右军斫脍图》中所言:"兰亭之会,或以比金谷,而以逸少比季伦,逸少闻之甚喜。金谷之会,皆望尘之友也。季伦之于逸少,如鸥鸢之于鸿鹄。"

王羲之精心策划的兰亭诗会,得天时、地利、人和,在艺术上推陈出新,可谓是史上诗坛盛会策划的最佳典范。

文坛策划,当数滕子京为岳阳楼求记、求匾等系列活动最为经典。

宋仁宗庆历二年(1042),滕子京因战功卓著,治边有方,被范仲淹举荐为天章阁待制,加环庆路都部署,并接替他出任庆州知州。身负文武奇才、与范仲淹友善的滕子京,为众所嫉,调入京师不久即被诬告在泾州知州任上滥用官府钱财,并遭到御史弹劾,结果被贬为凤翔府知府,随即迁虢州知州。庆历四年(1044)春,再贬岳州知州。

岳州经济困窘,三角债的困局久未破解。滕子京略施巧计,张榜民间,通过由官府出面清理宿债,一半献助官府的方式,向民间"老赖"伸手,筹措资金重修了与黄鹤楼、滕王阁并称"江南三大名楼"的岳阳楼。

在岳阳楼落成前夕,滕子京深知"山水非有楼观登览者不为显,楼观非有文字称记者不为久,文字非出于雄才巨卿者不成著"的道理,于是精心策划,请画师绘制《洞庭晚秋图》,将岳阳楼及周围景物一并绘入画卷,又命僚属从杜甫、韩愈、柳宗元等前贤及本朝名人的诗赋中选出与洞庭湖岳阳楼有关的诗赋汇编成集,并亲自撰写了一篇情真意切的《与范经略求记书》,派亲信快马加鞭前往,请在邓州任职的知交范仲淹为岳阳楼作记。随后,又请名重当时的书法大家苏舜卿书石,篆书大师邵𫗦篆额,世人谓之"四绝"。

滕子京因名楼岳阳楼及范仲淹名篇《岳阳楼记》而声名远播,名垂后世,可以称得上将文章与名胜结合起来的策划典范。

元丰六年（1083），张怀民因反对新法而被贬为黄州主簿，与苏轼过从甚密。他不以贬谪为怀，在寓所西南筑亭以览江流胜景。此时恰好苏辙在黄州探望兄长，张怀民请苏轼为之题写"快哉亭"匾额，并请为文深得欧阳修之神韵、平和厚重、深淳温粹的苏辙为之作《黄州快哉亭记》。文、额俱美，与亭并传。

古人欲以诗文传世，往往多具策划意识。正如刘长卿《湖南使还，留辞辛大夫》诗云："风景随摇笔，山川入运筹。"

手抉云汉分天章，天孙为织云锦裳
—— 韩愈散文的匠心与策划例谈

刘熙载《艺概·叙》开篇即曰："艺者，道之形也。"作家的思想情感，必须借助相应的艺术形式来呈现。

名家大师的经典散文之所以能广为流传，除精心策划外，往往在于其艺术形式的独创性。匠心独运的篇章，更容易激发解读者探索的欲望，不过，也容易因此遭受误解。

位居唐宋八大家之首的韩愈，主张文以贯道，其文以气势雄壮著称。皇甫湜《谕业》称其文"如长江秋注，千里一道，冲飙激浪，瀚流不滞，然而施诸灌溉，或爽于用"。苏洵《上欧阳内翰书》则曰"如长江大河，浑浩流转"。苏轼《潮州韩文公庙碑》更是高度赞扬韩愈："文起八代之衰，而道济天下之溺；忠犯人主之怒，而勇夺三军之帅。"

唐宪宗元和十二年（817），宰相裴度兼任淮西宣慰处置使、彰义军节度使，聘韩愈为行军司马，参赞军机。淮西乱平，韩愈以功升刑部侍郎。十四年（819）正月，韩愈因上《论佛骨表》谏迎佛骨，触怒宪宗，险些被杀，幸亏宰相裴度、崔群等人营救，才被贬为潮州刺史。时年五十余岁的韩愈拖着病弱之躯，携带家小离京前往潮州途中，年仅十二岁的女儿不幸病殁于商州层峰驿。潮州自古为瘴疠之地，民生多艰。据《太平寰宇记》载，鳄鱼遇江水上涨，随水而上，至潮州城为害人畜，"鳄溪"因此又名"恶溪"。

《新唐书》云："初，愈至潮，问民疾苦，皆曰'恶溪有鳄鱼'，食民畜产且尽，民以是穷。"于是韩愈在四月二十四日撰《鳄鱼文》，并派军事衙推官秦济以羊、猪各一头投于恶溪潭水，咒告鳄鱼迁徙。

其文如下：

维年月日，潮州刺史韩愈使军事衙推秦济，以羊一、猪一，投恶溪之潭水，以与鳄鱼食，而告之曰：

昔先王既有天下，列山泽，罔绳擉刃，以除虫蛇恶物为民害者，驱而出之四海之外。及后王德薄，不能远有，则江汉之间，尚皆弃之以与蛮、夷、楚、越；况潮岭海之间，去京师万里哉！鳄鱼之涵淹卵育于此，亦固其所。今天子嗣唐位，神圣慈武，四海之外，六合之内，皆抚而有之；况禹迹所掩，扬州之近地，刺史、县令之所治，出贡赋以供天地宗庙百神之祀之壤者哉？鳄鱼其不可与刺史杂处此土也。

刺史受天子命，守此土，治此民，而鳄鱼睅然不安溪潭，据处食民畜、熊、豕、鹿、獐，以肥其身，以种其子孙；与刺史亢拒，争为长雄；刺史虽驽弱，亦安肯为鳄鱼低首下心，伈伈睍睍，为民吏羞，以偷活于此邪！且承天子命以来为吏，固其势不得不与鳄鱼辨。

鳄鱼有知，其听刺史言：潮之州，大海在其南，鲸、鹏之大，虾、蟹之细，无不容归，以生以食，鳄鱼朝发而夕至也。今与鳄鱼约：尽三日，其率丑类南徙于海，以避天子之命吏；三日不能，至五日；五日不能，至七日；七日不能，是终不肯徙也。是不有刺史、听从其言也；不然，则是鳄鱼冥顽不灵，刺史虽有言，不闻不知也。夫傲天子之命吏，不听其言，不徙以避之，与冥顽不灵而为民物害者，皆可杀。刺史则选材技吏民，操强弓毒矢，以与鳄鱼从事，必尽杀乃止。其无悔！

《古文观止》等版本作《祭鳄鱼文》。韩愈门生李汉为其编纂文集时，将本文与《毛颖传》《送穷文》《瘗砚铭》四篇编入杂文之列。林云铭《韩文起》指出："文中只用'告'字，并无'祭'字，故李汉编入杂著，不列祭文卷内。后人不知此意，把题目硬添一'祭'字。今依李本为确。"全文无一"祭"字，仅见"告""辨""约"等字眼，却气势踔厉，笔力千钧，可见并非"神兮来歆"的祭文，亦非"诚能感物"的名篇，更非世人所谓"游戏文字"，而是一篇义正词严的战斗檄文。

《旧唐书·韩愈传》载："祝之夕，有暴风雷起于湫中。数日，湫水尽涸，徙于旧湫西六十里。自是潮人无鳄患。"《新唐书·韩愈列传》亦云："祝之夕，暴风震电起溪中，数日水尽涸，西徙六十里，自是潮无鳄鱼患。"后世多以此为附会之说、无稽之谈，韩愈亦因此饱受诟病。

林纾《韩柳文研究法·昌黎文研究法》误以为鳄鱼非海中物，讥韩愈此文有"呆气"，曰："然在当时读之，自见其忠；自后人观之，不免有呆气。试问鳄鱼一无知嗜杀之介虫，岂知文章？又岂知有天子之命？且鳄非海中之物，半陆半水，在斐州恒居苇阳之间，断无能驱入海之理。"更有甚者，胡适在其《白话文学史》中竟认定："他在潮州任内，还造出作文祭鳄鱼，鳄鱼为他远徙六十里的神话，这更可鄙了。"[1] 红学家吴世昌《重新评价历史人物——试论韩愈其人》一文步其后尘，亦云："既然说到韩愈在潮州的情况，自然令人

---

[1] 胡适著，季羡林主编：《胡适全集》第11卷，安徽教育出版社2003年版，第547页。

想到那篇著名的《祭鳄鱼文》。这真是中国文学史上弄虚作假、欺世盗名的一篇杰作。"吴文结尾甚至总结道:"历来文学史的编著者写韩愈的事迹,都是根据《新旧唐书》的,却没有任何一部文学史指出:韩愈为自我宣传而捏造的'鳄鱼搬家'的神话,竟被史臣当作历史材料写正史的传记。"[1]

韩愈深知"鳄鱼冥顽不灵,刺史虽有言,不闻不知也",为何还煞有介事地写此檄文并以羊、猪献于鳄鱼呢?

正文第一段首先回顾漫长的历史,通过古代圣明的先王与德薄的后王对比,大胆归咎于后王,并阐明鳄鱼得以长期肆虐为患的原因,接着折笔回锋,以今非昔比晓谕鳄鱼,强调天子神圣慈武,刺史县令缴税进贡有责,从而揭示"鳄鱼其不可与刺史杂处此土也"这一全文总纲。正文第二段强调刺史受命天子,守土治民,为民除害是其职责所在,鳄鱼抗拒刺史即是抗拒天子,其后果之严重不言而喻。退一步讲,即使刺史驽弱,也绝不会向鳄鱼低头而为吏民所羞,故"其势不得不与鳄鱼辨"。在待之以礼、晓之以理后,接着便是震之以威、绳之以法,故正文第三段正式堂而皇之地宣布驱逐鳄鱼的命令:"尽三日,其率丑类南徙于海,以避天子之命吏。"既导之以路,又宽之以期,可谓仁至义尽。若七日后终不肯迁徙,则是"傲天子之命吏","皆可杀",而且"必尽杀乃止"。行文至"其无悔"三字,戛然而止,可谓斩钉截铁。

恶溪,在潮安境内,又名鳄溪、意溪,韩江经此合流,向南入海。今人研究唐代潮州水陆地图并考证得知,韩愈所驱鳄鱼系以人畜为食的咸水鳄,其"西徙"路线即恶溪与韩江入海之路,史载不虚。

那么,韩愈使人一"投"一"告",鳄鱼便西迁六十里,难道真有神助?

北宋沈括年轻时至福建,当时王举直任潮州知州,钓到一条巨鳄,画图作序以记其事。其《梦溪笔谈·异事(异疾附)》载有此事并曰:"土人设钩于大豕之身,筏而流之水中,鳄尾而食之,则为所毙。"可见当时潮州土人不

---

[1] 载《文学评论》,1979年第5期,第13—14页。

仅会钓鳄鱼，还会用竹筏载着身上设置钓钩的大猪，诱其追逐吞食，从而毙杀之。此法极有可能源自韩愈潮州驱鳄之举。

韩愈到任潮州前，当地百姓视鳄鱼为水中之神灵，每当鳄鱼成灾时，都向恶溪投下屠宰的牲畜，以求平安。韩愈到任伊始，访贫问苦，集思广益，试用毙鳄之法，且做且看，故有"三日""五日""七日"之说，并以撰文告知鳄鱼这一令人不可思议的举动，巧借神权之力以增神秘之感，又树代天巡牧之威。恶溪鳄鱼死伤惨重，借雷电交加、河水暴涨之机，"率丑类南徙于海"，亦在情理之中。

韩愈当众向鳄鱼宣战，并下"限期通牒"，借此召开一场别开生面的驱鳄动员大会，开启潮州治理鳄患之先河。潮人感其德政，恶溪遂更名韩江。

北宋宰相陈尧佐任潮州通判时，受韩愈驱鳄启发，用"大茶药"泡煮猪、羊以毒杀鳄鱼，并在渔人的指点下用马尾棕织成网罟，捕获一头大鳄鱼。他鸣鼓于市，当众宣读自己所撰的《戮鳄鱼文》，发动潮人治理鳄患。

韩愈《鳄鱼文》仅仅是针对鳄鱼这一丑类的檄文吗？

文章结尾"与冥顽不灵而为民物害者，皆可杀"一语，锋芒直指毒害百姓的恶物，可谓卒章显志的解读密码。除了鳄鱼这一祸患，似乎还另有所指。

针对那些"为民物害者"，刺史"选材技吏民，操强弓毒矢"作为与之周旋的对策，显然是针对"恶人"而非"鳄鱼"的。

不少鉴赏者脱离文本，以为韩愈此文寓意讽谏，目标指向安史之乱以来割据一方的藩镇。譬如徐柏容、郑法清主编的《韩愈散文选集》在《题解》中说："也有人认为此文是'托物寓意'，属于寓言，当时社会主要矛盾是藩镇割据，霸占一方，抗拒朝廷。韩愈此文就是对此而发。"[1] 韩愈以鳄鱼喻藩镇之说，显然并不切合文本以及潮州当时的情形。

刺史官职，源于秦汉，又称刺使，职掌监察。"刺"即检核问事，"史"为御

---

[1] 徐柏容、郑法清主编：《韩愈散文选集》，百花文艺出版社2012年版，第226页。

史。西汉中后期由朝廷下派的监察官演变为地方军政长官。唐高祖武德元年（618）改郡为州，以太守为刺史，玄宗又改州为郡，以刺史为太守，肃宗仍复旧制。可见，唐代刺史与太守职责相同。当时，韩愈属正四品下阶的下州刺史，是潮州地方军政长官，其下除司马等上佐外，还设有录事参军事，统领司功、司仓、司户、司法、司兵、司士等六曹参军事，负责处理各方面的事务。

唐玄宗为加强边防军事力量，设置八个节度使以统辖边地军队，安史之乱后，内地亦设节度使以适应战争形势。节度使不仅统兵，且兼任所在州的刺史，兼理民政。后来节度使皆加京官或御史大夫衔，并兼观察、营田、度支等使衔，集军事、行政、财政、监察诸权于一身，成为割据一方的诸侯，此即所谓"藩镇"。

元和十二年（817），岭南节度使崔咏卒于任，宪宗钦点以正直威严、和善勤勉闻于当朝的孔子第三十八代孙、国子监祭酒孔戣，带御史大夫衔接任岭南节度使兼广州刺史。孔戣在任期间（817—820），减免钱粮，禁卖人口，严惩贪暴，政声卓著。元和十四年（819）十月，孔戣第三次祭南海神并扩建神庙，礼成之时，韩愈调任袁州（今江西宜春）刺史，仍受孔戣之请欣然命笔以记其盛，碑文由"八司马"之一、时任循州刺史的陈谏书丹。此碑即广州现存最古老的唐碑——南海神庙"南海神广利王庙碑"。据碑文记载，韩愈贬潮州期间，与孔戣数次见面，两人惺惺相惜，友谊笃深。

一州武力，无非保境安民。若说韩愈仅凭那些"材技吏民"，兵械直指"藩镇"，岂不可笑？

韩愈主政潮州八个月，除驱逐鳄鱼外，政绩主要有三：

一是兴学育才，捐俸助教。据嘉靖《潮州府志》载，韩愈初至潮州，"首置乡校，延赵德为师，捐俸百千为举本，收其赢余给学生厨馔费。自是潮笃于文行。"韩愈《潮州请置乡校牒》亦有捐俸禄百千兴办州学等记载。他访知潮州海阳籍老进士赵德，其人虽未中吏部之选，但"沉雅专静，颇通经，有文章，能知先王之道"，便荐其"摄海阳县尉，为衙推官，专勾当州学，以督生徒，兴恺悌之风",使荒废已久的州学焕发生机。至北宋初年,潮州遂有"海滨邹鲁"之誉。

二是劝课农桑,兴修水利。韩愈重视农业、兴修水利的史料,皆出自潮州百姓口碑。驱鳄之后,为防鳄患和水患,韩愈又发动百姓在城北竹竿山至凤城驿修筑了一道长约七百丈的恶溪堤防,即今之北堤;在今潮州磷溪镇,韩愈亲临考察,倡修金沙溪水渠以除当地内涝之患。韩愈在兴修水利的同时大力推广北方先进的耕作技术,其在潮州所作《祭大湖神文》《又祭大湖神文》《祭城隍文》《祭界石神文》《祭止雨文》等祭神文章,或祈风调雨顺,或驱邪消灾,皆以百姓稻蚕耕织为念,急民之所急。

三是赎放奴婢,禁止蓄奴。虽然唐律禁止贩卖奴婢,但地处岭南的潮州,山高皇帝远,豪强地主与贪官污吏抢夺掠卖奴婢之风甚盛。唐代皇甫湜在《韩文公神道碑》中写道:韩愈对"掠卖之口,计庸免之,未相计直,辄与钱赎。及还,著之赦令。"韩愈以民为本,着手革除当地"没良为奴"的陋习,下令奴婢可用工钱抵债,钱债相抵即获自由,不抵者可用钱赎回。

考其德政,其实不难发现:韩愈《鳄鱼文》以浩然正气驾驭文字,在借神权以宣扬天命王权的同时,敲山震虎,一箭双雕,对掠卖人口的地主豪强、贪官污吏之类的"恶人"予以警告乃至声讨,为其施行赎放奴婢的德政做足了铺垫。其"托物寓意"之深意,应作如是观。

韩愈关心民瘼,为民除害,德润古今,道济天下,堪称为官一任、造福一方的典范,因此深受潮州百姓景仰,恶溪遂更名韩江,竹竿山(东山)更名韩山,其他诸如韩浦、韩渡、景韩亭、昌黎路、祭鳄台、侍郎亭、韩山书院、韩文公祠堂,无不因韩愈而得名,甚至连其手植的橡木也被称为韩木。他以自己的实际行动在潮州百姓心中树起了一座不朽的丰碑,岂是胡适、吴世昌辈诋毁得了的?

宋代苏轼受潮州知州王涤请求,撰《潮州韩文公庙碑》,赞其"参天地,关盛衰,浩然而独存"。清代蔡世远《古文雅正》云:"公至末年,道气益壮厉,文益雄擅,读此可见。公守潮州,潮人思仰之甚,故凡山水皆以公姓为号。此以见振古人物,小用之则小效,诚心实政,自足感人。山水易名,流风百世,伟哉!"苏、蔡持论公允,绝非谬赞,堪称解人。

清初两广总督吴兴祚拜韩文公祠,题诗一首并勒石:"文章随代起,烟瘴几时开?不有韩夫子,人心尚草莱。"今人赵朴初居士《访韩文公祠口占》一诗亦赞曰:"不虚南谪八千里,赢得江山都姓韩。"

曹丕《典论·论文》曰:"盖文章,经国之大业,不朽之盛事。"《鳄鱼文》这一堪称经国与不朽的千古奇文,竟遭后世诸多名家误解,岂不令人深思叹惋?

再以韩愈《毛颖传》为例:

毛颖者,中山人也。其先明眎,佐禹治东方土,养万物有功,因封于卯地,死为十二神。尝曰:"吾子孙神明之后,不可与物同,当吐而生。"已而果然。明眎八世孙䨲,世传当殷时居中山,得神仙之术,能匿光使物,窃姮娥、骑蟾蜍入月,其后代遂隐不仕云。居东郭者曰㕙,狡而善走,与韩卢争能,卢不及。卢怒,与宋鹊谋而杀之,醢其家。

秦始皇时,蒙将军恬南伐楚,次中山,将大猎以惧楚,召左右庶长与军尉,以《连山》筮之,得天与人文之兆。筮者贺曰:"今日之获,不角不牙,衣褐之徒,缺口而长须,八窍而趺居。独取其髦,简牍是资。天下其同书,秦其遂兼诸侯乎?"遂猎,围毛氏之族,拔其豪,载颖而归。献俘于章台宫,聚其族而加束缚焉。秦皇帝使恬赐之汤沐,而封诸管城,号曰管城子,日见亲宠任事。

颖为人,强记而便敏,自结绳之代以及秦事,无不纂录。阴阳、卜筮、占相、医方、族氏、山经、地志、字书、图画、九流百家、天人之书,及至浮图、老子、外国之说,皆所详悉。又通于当代之务,官府簿书,市井货钱注记,惟上所使。自秦皇帝及太子扶苏、胡亥、丞相斯、中车府令高,下及国人,无不爱重。又善随人意,正直、邪曲、巧拙,一随其人,(后)虽见废弃,终默不泄。惟不喜武士，然见请，亦时往。

累拜中书令，与上益狎。上尝呼为中书君。上亲决事，以衡石自程，虽宫人不得立左右，独颖与执烛者常侍，上休方罢。颖与绛人陈玄、弘农陶泓及会稽褚先生友善，相推致，其出处必偕。上召颖，三人者，不待诏辄俱往，上未尝怪焉。后因进见，上将有任使，拂拭之，因免冠谢。上见其发秃，又所摹画不能称上意，上嘻笑曰："中书君老而秃，不任吾用。吾尝谓君中书，君今不中书邪？"对曰："臣所谓尽心者。"因不复召。归封邑，终于管城。其子孙甚多，散处中国夷狄，皆冒管城，惟居中山者，能继父祖业。

太史公曰：毛氏有两族，其一姬姓，文王之子，封于毛，所谓鲁、卫、毛、聃者也。战国时有毛公、毛遂。独中山之族不知其所本出，子孙最为蕃昌。《春秋》之成，见绝于孔子，而非其罪，及蒙将军拔中山之豪，始皇封诸管城，世遂有名，而姬姓之毛无闻。颖始以俘见，卒见任使。秦之灭诸侯，颖与有功。赏不酬劳，以老见疏，秦真少恩哉！

韩愈仕途坎坷，早年四度应试，贞元八年（792）方中进士，其后三次参加吏部博学宏词科考试，均未中选。后上书宰相求官，亦未成功，只得屈身幕府，两任节度推官。贞元十七年（801）通过吏部铨选，次年授国子监四门博士，后升监察御史，因上《论天旱人饥状》反遭京兆尹李实谗害，贞元十九年（803）十二月被贬为连州阳山令。其后十余年，官职屡经迁调，或升或降。元和六年（811）回京师长安任尚书省职方员外郎，次年复任国子博士。元和八年（813），韩愈自认才高学深却屡遭贬斥，作《进学解》感叹怀才不遇以抒愤懑。宰相看后颇为同情，于是调任其为比部郎中、史官修撰，奉命修撰《顺宗实录》。

中山人"毛颖"即毛笔。毛颖的好友"绛人陈玄""弘农陶泓""会稽褚先生"，指纸、墨、砚三物。

《毛颖传》应系韩愈在元和五年（810）前后所作。

韩愈继承前代史传、俳谐、咏物等文学传统，以诡奇的叙事方式，替一支兔毫秃笔立传，从考证其家族谱系落笔，进而记载它被俘、见用、遭弃及黯然辞世的一生。前面独取其"毛"以为伏笔，及叙至围毫载颖，聚族束缚，其家世部分，方为纪传正文；至于得管城之封而亲宠用事，直至"累拜中书令"，则细疏其才能与爵秩。纵观毛颖一生，它既是阴阳、卜筮等无所不通的能臣，又是"惟上所使"的忠臣，虽尽心竭力，然终不免落得在"老而秃"时因"不能称上意"而被弃置不用的悲剧结局。

宰相裴度读韩愈此文后，担心此文戏谑成分过多而影响文章的教化作用，说韩愈"恃其绝足，往往奔放，不以文立制，而以文为戏，可矣乎？可矣乎"。韩门弟子张籍《上韩昌黎书》以为"多尚驳杂无实之说"，因此担心"有以累于令德"；《上韩昌黎第二书》更是直接表达对"苟悦于众"写法的批评。《旧唐书》甚至指责此文"讥戏不近人情"，讥为"文章之甚纰缪者"。

而柳宗元《读〈毛颖传〉后题》，却引《诗经》"善戏谑兮，不为虐兮"一语及司马迁《史记·滑稽列传》为证，称其"尽六艺之奇味以足其口"，对其独特的审美娱乐功能大加赞赏；茅坤《唐宋八大家文钞·韩文》赞其"设虚景摹写，工极古今；其连翩跌宕，刻画司马子长"；胡应麟《诗薮·外编》则以为"今遍读唐三百年文集，可追西汉者仅《毛颖》一篇"；就连曾讥讽韩愈《鳄鱼文》有"呆气"的林纾，也赞《毛颖传》"为千古奇文"。

面对此匠心独运的奇文，张籍求其"醇"，柳宗元赏其"肆"，而韩愈论文，既曰"醇"又曰"肆"，二美兼备。读者如何找准文本密码，进而直抵文心，准确解读？

韩愈寓庄于谐，发其郁积，咏物、俳谐与传奇只是其表，借史传以抒怀才是其里。末尾"太史公曰"一段，显然大有深意。

"《春秋》之成，见绝于孔子，而非其罪，及蒙将军拔中山之豪，始皇封诸管城，世遂有名，而姬姓之毛无闻。"作者以孔子获麟绝笔的典故，暗示毛颖生命的终结，引领读者深究其悲剧的缘由。

鲁哀公十四年（前481）春，哀公与臣下打猎，捕获一只受伤的神兽，孔子一眼便认出是仁兽麒麟。天下有道，则凤凰来仪，麒麟在郊。孔子见其受伤而亡，叹道："唐虞世兮麟凤游，今非其时来何求？麟兮麟兮我心忧。"孔子既为春秋时代的混乱而忧伤，也为麒麟之死而深感命运难测。他遇麟而生，又见麟死，《春秋》已成，时年七十一岁的孔子从此搁笔不再著述。李白《古风·大雅久不作》就以"希圣如有立，绝笔于获麟"等诗句，表达了要像孔圣人，用春秋笔法除邪扶正，让正义辉映千秋的志向。

韩愈撰《毛颖传》之前，四试礼部，三考吏部，屈身幕府，宦海沉浮多年，亲见龙颜易怒，深知皇帝寡恩，至于群臣倾轧，尔虞我诈，早已屡见不鲜。他巧借为"毛颖"立传的形式，以其春秋笔法揭示历代文人的生存心态以及怀才不遇情结的历史成因，结尾画龙点睛，直指"赏不酬劳，以老见疏"的历史与现实，不仅将自己内心的"不平"鸣之于文，而且也替历代文人士大夫发声呐喊，最后以一句"秦真少恩哉"收束全篇，道出了封建时代的世态炎凉，表达了对君王薄情寡恩的不满。

刘熙载《艺概·文概》曰："昌黎自言其文'亦时有感激、怨怼、奇怪之辞'，扬子云便不肯作此语。此正韩之胸襟坦白高出于扬，非不及也。"他在赞美韩愈胸怀坦荡超出扬雄时，对韩文"怨怼、奇怪之辞"亦有所关注。

而苏轼更是别具慧眼，其《潮州韩文公庙碑》一文，有歌赞韩文匠心之妙与策划之奇："手抉云汉分天章，天孙为织云锦裳。"

无始无终,无极无尽

——《愚公移山》的宇宙时空观

太行、王屋二山,方七百里,高万仞,本在冀州之南,河阳之北。

北山愚公者,年且九十,面山而居。惩山北之塞,出入之迂也,聚室而谋曰:"吾与汝毕力平险,指通豫南,达于汉阴,可乎?"杂然相许。其妻献疑曰:"以君之力,曾不能损魁父之丘,如太行、王屋何?且焉置土石?"杂曰:"投诸渤海之尾,隐土之北。"遂率子孙荷担者三夫,叩石垦壤,箕畚运于渤海之尾。邻人京城氏之孀妻有遗男,始龀,跳往助之。寒暑易节,始一反焉。

河曲智叟笑而止之曰:"甚矣,汝之不惠!以残年余力,曾不能毁山之一毛,其如土石何?"北山愚公长息曰:"汝心之固,固不可彻,曾不若孀妻弱子。虽我之死,有子存焉。子又生孙,孙又生子;子又有子,子又有孙。子子孙孙无穷匮也,而山不加增,何苦而不平?"河曲智叟亡以应。

操蛇之神闻之,惧其不已也,告之于帝。帝感其诚,命夸蛾氏二子负二山,一厝朔东,一厝雍南。自此,冀之南,汉之阴,无陇断焉。

[文本密码] 北山愚公;河曲智叟

"愚公移山"的故事选自《列子·汤问》。

大多认为《愚公移山》一文的主旨，是通过愚公的坚持不懈与智叟的胆小怯懦，以及"愚"与"智"的对比告诉人们，无论遇到什么困难，只要有恒心，坚持不懈，就有可能成功。故历来解读为"表现人类征服自然的理想，赞美为追求理想而坚持不懈的奋斗精神"。过去人教版的教参甚至这样阐释："文章通过愚公移山的成功，反映了我国古代人民改造自然的伟大气魄和坚强毅力。"

回到《列子·汤问》的文本之中，不难发现"事物是否有大小、长短、同异"的商汤之问，是为了借夏革（棘）之口来阐述列子的宇宙观及其道家哲学思想。

针对商汤提出的问题，夏革在讲述"愚公移山"之前，先讲了龙伯国"大人"钓鳌的故事——

在渤海以东浩渺无际的大海上，有岱舆、员峤、方壶、瀛洲、蓬莱等五座仙山，每座山上下周围有三万里，山顶平地九千里，彼此相距七万里。因为五座大山无根，常随波涛起伏，天帝遂派禺疆安排十五只巨鳌为一班，用头顶着大山以防其漂荡不定。共分三班，六万年轮换一次。不料龙伯国有个身材极高的"大人"，几大步就跨到五座大山，一连钓起六只巨鳌，背回国内，烧灼鳌骨用来占卜吉凶，致使岱舆、员峤两座仙山漂流并沉没于北极附近的大海，寄居其中的仙圣被迫迁徙的不计其数。天帝震怒不已，削减龙伯国的版图使之日益狭小，缩短龙伯国人的身材使之逐渐矮小，一直到伏羲乃至神农时代，龙伯国人身高还有数十丈。

与高大的龙伯国人相对的是，中国以东四十万里有个僬侥国，国人身高仅一尺五寸；东北极地的诤人还要矮小，身长仅九寸。

夏革通过龙伯国人与僬侥国人、诤人的对比，让人们对形体上"大小"的区别有了初步的感知；紧接着，又拿以五百岁作为一个春季的冥灵大树、以八千岁作为一个秋季的大椿树，与朝生暮死的菌芝进行对比，让人们对时间上"长短"的区别有了一定的了解;再用形体庞大寿命极长的鲲鹏与细小至极且寿命极短的昆虫蠓蚋进行对比,进一步加深人们对"大小"与"长短"的印象。

《列子·汤问》接着又说:"江浦之间生幺虫,其名曰焦螟。群飞而集于蚊睫,弗相触也;栖宿去来,蚊弗觉也。"长江水滨这种名叫焦螟的小昆虫,成群结队地飞聚在蚊子的眼睫毛上,彼此还触碰不到;它们栖息或离去,蚊子一点儿也觉察不到。可是,黄帝和容成子这样的得"道"高人,以精神省察可以看到焦螟如嵩山一般魁然的形体,以元气谛听则可以听到它们发出的雷鸣般的响声。

"无极之外复无无极,无尽之中复无无尽。"单凭感官经验之"智",根本无法企及"道"的境界。因此,夏革极言天地广阔无垠,万物烦冗驳杂,事物各具生理、天分,各有其存在的状态,观察者受到自己生命时空的局限,根本无从确切知道其大小、长短、异同。列子无非是要借此告诉世人不能囿于视听的局限,而应该用视野更广阔的宏观思维方式,打破种种流于表象的大小、长短、同异的分歧,从而认识浩瀚宇宙时空的无限性,懂得时间是"无始无终"的,空间是"无极无尽"的道理。

如果仅从狭隘的现实时空来看,"搬家"肯定比"移山"要容易得多,"智叟"之"智"并无毛病,而"愚公"之"愚"定然不虚。

可是,如果放在无极无尽、无始无终的宇宙时空中来看,则智叟讥笑愚公"以残年余力"移山愚蠢至极,不过是以"小"笑"大"、以"短"笑"长"罢了,就好比是"焦螟之笑云鹏,朝菌之怪大椿"。智叟这种俗士的"小聪明",远远比不上愚公这样的得道之人的"大智慧"。

所以,面对智叟的劝阻,愚公驳斥道:"汝心之固,固不可彻,曾不若孀妻弱子。虽我之死,有子存焉。子又生孙,孙又生子;子又有子,子又有孙。子子孙孙无穷匮也,而山不加增,何苦而不平?"

首先,从空间上看,"智叟"觉得将土石投于"渤海之尾,隐土之北",路程无比遥远,而"愚公"则认为不过是往返几步的事情。

其次,从时间上看,"智叟"觉得愚公等人"寒暑易节,始一反焉",时间太过漫长,而"愚公"却认为"子子孙孙无穷匮也",亿代子孙移走太行、王屋大山不过是一瞬间的事情。

"智叟"以感官经验之"智"静态地看待世界,只看到了人的一生这样短暂的时间,他所看到的不过是时间尺度无比微小的"菌芝"眼中的世界,故而遇事总是"期功于旦夕"。相比之下,"愚公"却深知时间"无始无终"的特点,消除了感官和心智对于"至道"的障碍,看到了"子子孙孙无穷匮"的无尽时空,故而懂得"功成不必在我"的道理。

智叟目光狭隘而短浅,结果只能是"累乎于形";而愚公眼光开阔而长远,结果却能"契合于道"。

东晋张湛注《列子》,对愚公"以天地为一朝,亿代为瞬息,忘怀以造事,无心而为功"的表现大加赞赏,不仅仅是因为其"在我之与在彼,在身之与在人,弗觉其殊别,莫知其先后",更是因其忘怀事功、"功成而弗居"的思想"合乎道,顺于天"。愚公得"道"多助,连"邻人京城氏之孀妻"的"弱子"也"跳往助之",其诚心惊动了山神,甚至感动了天帝,天帝最终命夸娥氏二子背走了两座大山。

"帝感其诚",并非被愚公"坚持不懈,挖山不止"以及"人定胜天"的精神所感动,而是对其不期得失、不求一朝之美的无心境界的赞赏。

在"愚公移山"的故事之后,《列子·汤问》还以"夸父逐日"故事作为反衬。夸父凭借感官经验,以为太阳就在离自己不远的前方,很快就能追上,结果"道渴而死"。夸父以常人"短视"的认知方式追求"至道",酿成了灾难性后果。

对于"愚公移山"的旨趣,古今文人墨客多以雄心壮志来概括。譬如,晚唐罗隐《投浙东王大夫二十韵》一诗结尾道:"题柱心犹壮,移山志不忘。深惭百般病,今日问医王。"南宋陆游《杂感》有句云:"蹈海言犹在,移山志未衰。"皆是用愚公移山典故言其雄心壮志。毛泽东在中共第七次全国代表大会闭幕式上,借愚公移山的故事,号召全国人民挖掉帝国主义和封建主义这两座大山,给这则寓言注入了以奋斗为灵魂的全新的精神元素。这些都属于文学艺术的再创造。

今人若以"坚持不懈""人定胜天"之类来解读文本主旨,就颇有点"以貌取人,失之子羽"的味道了。

李子伟《"夸蛾氏"——"蚂蚁神"》[1]与王克家《〈愚公移山〉中"夸蛾氏"为"巨蚁神"补正》[2]通过考证指出:"夸者,大也;蛾者,蚁也。"孙绍振教授接受了这一有理有据的论断,在其《真语文拒绝"伪对话"》[3]一文中指出,文本逻辑显示愚公虽然不能移山,他的精神却能使神灵畏惧而移山,这种精神的性质,乃是大蚂蚁精神。愚公移山的寓言,是一首大蚂蚁移山精神的颂歌,进而将文本的主旨归结为歌颂愚公为了理想矢志不移的精神。此种解读显然属于无视文本本身哲学内涵而进行的文学联想与发挥,不可不察。

列子通过"愚公移山"这一故事,说明自然之理是无法穷尽的,有限无法了解无限,只有把目光放得更长远一些,最终才会有德(得);并以此告诫人们,切忌像智叟那样急功近利,而应像愚公那样,无心而为功。

许慎《说文解字》释"叟"为"老也,从又从灾",意指衰病的老头,又释"公"为"平分也,从八从厶",背厶(私)为公,故"公"乃无私之谓也。"智叟"不知言知,称其为"叟",可见并非真智;"愚公"不违大道,尊其为"公",可见并非真愚。

"北山愚公"与"河曲智叟",作为文本密码,深意存焉:山石坚固不移,象征人的先天禀性难易;河水活泼流淌,象征人的后天秉性多变。愚公固守先天素朴禀性,大智若愚,最终精诚所至,金石为开。

---

[1] 载《天水师范学院学报》,2003年第3期,第23—24页。
[2] 载《语文建设》,2008年第2期,第40页。
[3] 载《语文建设》,2013年第19期,第8页。

至人、神人和圣人

——《逍遥游》呈现的几种不同层次的自由境界

北冥有鱼，其名为鲲。鲲之大，不知其几千里也；化而为鸟，其名为鹏。鹏之背，不知其几千里也；怒而飞，其翼若垂天之云。是鸟也，海运则将徙于南冥——南冥者，天池也。《齐谐》者，志怪者也。《谐》之言曰："鹏之徙于南冥也，水击三千里，抟扶摇而上者九万里，去以六月息者也。"野马也，尘埃也，生物之以息相吹也。天之苍苍，其正色邪？其远而无所至极邪？其视下也，亦若是则已矣。

且夫水之积也不厚，则其负大舟也无力。覆杯水于坳堂之上，则芥为之舟，置杯焉则胶，水浅而舟大也。风之积也不厚，则其负大翼也无力。故九万里，则风斯在下矣，而后乃今培风；背负青天，而莫之夭阏者，而后乃今将图南。蜩与学鸠笑之曰："我决起而飞，抢榆枋而止，时则不至，而控于地而已矣，奚以之九万里而南为？"适莽苍者，三餐而反，腹犹果然；适百里者，宿舂粮；适千里者，三月聚粮。之二虫又何知！

小知不及大知，小年不及大年。奚以知其然也？朝菌不知晦朔，蟪蛄不知春秋，此小年也。楚之南有冥灵者，以五百岁为春，五百岁为秋；上古有大椿者，以八千岁为春，八千岁为秋，此大年也。而彭祖乃今以久特闻，众人匹之，不亦悲乎！汤之问棘也是已。穷发之北，有冥海者，天池也。有鱼焉，其广数千里，未有知其修者，其名为鲲。有鸟焉，其名为鹏，背若泰山，翼若垂天之云,抟扶摇羊角而上者九万里,绝云气,负青天,然后图南,且适南冥也。斥鷃笑之曰:"彼且奚适也?我腾跃而上,不过数仞而下,翱翔蓬蒿之间,此亦飞之至也。而彼且奚适也?"此小大之辩也。

故夫知效一官,行比一乡,德合一君,而征一国者,其自视也,亦若此矣。而宋荣子犹然笑之。且举世誉之而不加劝,举世非之而不加沮,定乎内外之分,辩乎荣辱之境,斯已矣。彼其于世,未数数然也。虽然,犹有未树也。夫列子御风而行,泠然善也,旬有五日而后反。彼于致福者,未数数然也。此虽免乎行,犹有所待者也。若夫乘天地之正,而御六气之辩,以游无穷者,彼且恶乎待哉?故曰:至人无己,神人无功,圣人无名。

[文本密码] 有所待;恶乎待

[主旨密码] 乘天地之正,而御六气之辩,以游无穷者,彼且恶乎待哉;至人无己,神人无功,圣人无名

《逍遥游》节选自《庄子·内篇》第一篇的主体部分。文章通过比较许多不能"逍遥"的例子,说明要想真正达到自由自在的境界,必须做到"无己""无功""无名"。

庄子所谓"逍遥",其义为悠游自得的样子;"逍遥游"是指超越时空,不受任何束缚,绝对自由地遨游于永恒的精神世界之中。

鲲化为鹏,从北冥飞到南冥,必须等待"海运"之时,借助六月的大风;"野马(游气)""尘埃",也须"生物以息相吹"。此番比较,表明它们与鹏鸟一样都"有所待",只不过凭借的"气息"大小不同罢了。

为了阐明这个道理，庄子连用大舟漂浮需要深水、草芥之舟漂浮只需杯水这两个比喻，进一步说明鹏鸟若要高飞九万里，必须有大风承载和辽阔的天空才能图谋南行的大事。

蜩与学鸠，飞不高，行不远，却自以为得到逍遥，因而嘲笑鹏鸟高飞远行的壮举。对此，庄子再以行路备粮的比喻予以反驳——"适莽苍者""适百里者""适千里者"的备粮各有不同，是因为行程远近不一样。鹏鸟、蜩蝉、学鸠形体不同，行程各异，因而凭借的风力不一。蜩与学鸠认识不到自己与鹏鸟的差异和自身的"所待"，反而嘲笑鹏鸟，实在可笑之至。

如此一来，庄子使我们明白：世间万事万物，大至鹏鸟，小至蜩蝉、学鸠乃至野马、尘埃，它们的活动都"有所待"，都是不自由的。

从万物皆"有所待"，到万物所待有"小大之辩"，再到世人亦皆"有所待"，庄子以寓言作为铺垫，不过是借由论述世间万物皆"有所待"，都没有绝对的自由，只存在"小自由"和"大自由"的区别，然后转入到对社会人生的深入探究，从而引领读者思考什么才是真正的"逍遥游"，并进一步阐明怎样才能达到"逍遥游"，亦即庄子理想中的最高境界，最后点明全文的主旨：唯有"无己""无功""无名"，才可能达到不同层次的"逍遥游"境界。

"故夫知效一官，行比一乡，德合一君，而征一国者，其自视也，亦若此矣。"那些才智足以授予一个官位、品行顺合一方百姓、道德符合君主心意、能力足使国人信任的人，他们自视甚高，自以为无比自由，其实不过是像斥鷃一样，只看到了自己眼前生活的自在以及在他人面前的风光罢了。在宋荣子看来，这些凭借智慧、品行、道德、才干积极入世获取名利地位的儒家贤人，不过是目光短浅的蜩、学鸠、斥鷃之类的可笑之辈，根本不应自鸣得意。

宋荣子何许人也？他有什么资格嘲笑这些在某方面比较出众的儒家贤者呢？

与尹文子一起开创先秦哲学流派"宋尹学派"的宋荣子，是一位主张"均平""寡欲""崇俭""非斗"的道家贤人。作为战国时期道家的先驱，他承继黄帝、老子自然之道的思想，并调和儒、墨，反对诸侯间的兼并战争，主张以"见侮不辱"来"救民之斗"，使天下安宁。他还提出"别宥"（即取消界限）的主张，并力图从主观上消除荣与辱、誉与非、美与恶、名与实的界限，其为人处世做到了"举世誉之而不加劝，举世非之而不加沮，定乎内外之分，辩乎荣辱之境"。在主观方面，宋荣子以其超脱世俗的人生哲学，抵达了调和万物的精神自由境界。因此，宋荣子嗤笑积极入世的儒家贤人，确实有很雄健的理由。不过，他虽然没有汲汲于世间的荣利，但他这一"笑"，却又"笑"出了自身的局限。因为他的"笑"是建立在"己"与"人"比较的基础之上的，在宋荣子心目中，无疑仍然存在着一个"己"。他虽认清了"我"与"物"的分际，却没有达到物我俱忘的境界；他虽辨明了荣辱的界限，却并没达到荣辱皆无的极致。也就是说，宋荣子已看破他者眼中的"我"（即"非我"），打破自我与非我的对立，清除了功名利禄的观念，但距离"无我""无己"还有很大的距离。因此，如果从"逍遥"的角度来看，宋荣子当与大鹏同属一个层次，虽比蜩、学鸠、斥鷃的境界要高得多，但仍然有内外荣辱之分，也就是"有我"，故未达到"逍遥游"的真境界。

列子，则是主张"清静""无为"的又一道家贤人。他对于"致福"（为君王和国家添福）这类"建功立业"的事情，并无追求；他也没有像宋荣子那样嘲笑别人。《列子·力命》曰："生生死死，非物非我，皆命也，智之所无奈何。"《列子·杨朱》曰："身非我有也，既生，不得不全之；物非我有也，既有，不得而去之。"列子深知，唯"道"循环往复，独立永存，世间万物有始必有终，寿夭、穷达、贵贱、贫富等皆由天命决定，生死有命，智慧再高也无法掌控，倒不如顺天应命，坦然接受所有的一切。

人言列子"贵虚"，但列子却说"虚者无贵"，他心目中的"虚"是极其彻底的，可谓有无皆忘，泯灭了寒暑、昼夜、轻重、贵贱等所有差别，本无所谓是，无所谓非。顺应规律，无所不是；违背规律，无所不非。列子比宋荣子更进一层，因为他心中根本没有他者眼中的"我"（即"非我"）的概念，也就是打破了"非我"与"非我"的对立。

由此可见，列子已达到了"内在无我""外在无物"的境界，显然超出宋荣子许多。但是，在庄子眼里，列子虽然能"御风而行"，高来高往，免于身体受累，获得了较大的精神自由，但无风则不能行，还是"有所待"，所以列子虽然摆脱了形体的束缚，但仍然在一定程度上受到外物的制约，并没有达到"逍遥游"的最高境界。

那么，"逍遥游"有哪几重境界呢？

首先，"逍遥游"的第一重境界，也就是"圣人"境界——"无名"。

达到这一境界的"圣人"，不求名声。

北京大学中国文学史教研室选注的《先秦文学史参考资料》在注释《逍遥游》时说："第三句，'圣人'，本是儒家理想中修养最高的人，而庄子却置于'至人''神人'之下，作为第三等。"[1]

其实，庄子所谓"圣人"并非儒家理想中修养最高的人，而是"逍遥游"的最低境界之人。《庄子·外篇·刻意》开篇就阐述了山谷之士、平世之士、朝廷之士、江海之士、道引之士这五种士人，并认为他们都需要磨砺自己的心志以到达"虚无恬淡"的状态，以便合乎"天德"。因此，文中提出了一种可以超越这五种士人的境界，即"不刻意而高，无仁义而修，无功名而治，无江海而闲，不道引而寿"。达此境界之人，一切顺其自然，毫不在意他人的毁誉，能够将上述五种人所作所为全都忘掉，而又能达成其所有目标，淡漠无心之极，而一切美好的东西都从之而来。这种境界，就是庄子所说的符合"天地之道、圣人之德"的境界，离大道已经很近了。可见，"无名"不仅不追求声名，而且还泯灭了"名"与"实"的界限。

宋荣子就是达到第一重境界——"无名"的人。

---

[1] 北京大学中国文学史教研室选注：《先秦文学史参考资料》，中华书局1962年版，第285页。

其次,"逍遥游"的第二重境界,也就是"神人"的境界——"无功"。

"神人"不求功业(无功),无所作为(无为),即老子所说的"为无为,事无事"。庄子认为这是修养较高的第二等人,离大道最近,因此排在第二位。

譬如,先秦哲学"贵虚学派"的创立者、道家贤人列御寇,因其思想学说贵"虚",后来被唐玄宗尊封为"冲虚真人",故其所著《列子》又被称为《冲虚真经》。列子主张清静、无为。他哪怕生活穷困而面有饥色,也要摆脱世间名利的羁绊,远离官场是非,清净修道。有人劝郑国执政子阳资助列子以博"好士"之名,于是子阳派人送给列子十车粮食,却遭列子婉言谢绝。面对妻子的不解与埋怨,列子笑着解释:"子阳因听了别人的话而送粮食给我,以后也可能因为听别人的话而怪罪于我,我怎能接受并非真正了解我的子阳的馈赠呢!"一年后,郑国发生变乱,子阳被杀,与其交往者皆受牵连,而列子却安然无恙。

列子是达到"神人"境界的第二等人。那么,"无功"的"神人"的境界又是什么状态呢?

在《庄子·内篇·逍遥游》中,有一段肩吾转述接舆的话:"藐姑射之山,有神人居焉,肌肤若冰雪,绰约若处子;不食五谷,吸风饮露,乘云气,御飞龙,而游乎四海之外。其神凝,使物不疵疠而年谷熟。"神人有如赤子,保全了人的天性,长生不老,辟谷绝粒,餐风饮露,腾云驾雾,自由自在地遨游于无穷的宇宙之间,精神内敛而丝毫不以世事为念,当然也不会被外物所伤。

不过,"无功"的"神人",还处在"有待"边缘,算不上真正的"逍遥游"的境界。

第三重境界——"无己"的"至人"境界,这才是真正"逍遥无待"的最高境界。

"至人",他们是忘掉了自我的第一等人。也就是说,庄子理想中的"至人",也叫"真人"。他们的人性本来纯洁素朴,后天也"能体纯素",唯神是守,使精神与天地自然合一。"至人"可以说是超凡脱俗、思想道德修养完全达到无我境界的人。就像老子一样,契合大道,"安时而处顺,哀乐不能入也",达到了道我合一、天人合一的最高境界。

道家对老子的尊称,即为"至人"。

老子认为天道"无为无不为",故主张道法自然,贵柔处弱,"绝智弃辩""绝伪弃诈""绝巧弃利",并以见素抱朴、少私寡欲、绝学无忧对治大道废弃后的病态社会。老子天人哲学思想的核心是道法自然,要求人们回归到本然的状态,不人为消除自然万物的恬然本性,"处无为之事,行不言之教"。

"至人"的境界是什么状态呢?《庄子·内篇·应帝王》云:"至人之用心若镜,不将不逆,应而不藏,故能胜物而不伤。"也就是说,"至人"的用心犹如镜子一样,任万物来去而不加迎送,如实反映而无所隐藏,所以能够胜物,却不被物所损伤。在《庄子·内篇·齐物论》篇首,庄子借南郭子綦之口说出"吾丧我"那则寓言,也很好地说明了"至人"的忘己、忘物,自得、自然的这种状态。至人超越了有限的时空,经过对自我的否定之否定,最终达到天人合一的境界,诚可谓"万古长空,一朝风月",融万古于一朝,寓永恒于瞬间。

"吾丧我"中的"我",是"因人而言",即相对于"非我"(你和他)的存在而言的;而"吾"只是"就己而言",即单纯的自我表达,并不牵涉他人。故从哲学意义上看,在"吾丧我"这个主宾结构中的"我",是与他者相对的存在者,是被他人辨认的我,而非自我认同的我,二者并非完全等同,因此"丧我"便使得"我"与"非我"的对立失去了可能。

如何才能达到"无己",也就是"吾丧我"的"至人"境界呢?庄子向世人指明了通往"至人"境界的道路——"乘天地之正,而御六气之辩,以游无穷"。

《庄子》一书,以《逍遥游》作为开宗明义的第一篇;而《逍遥游》全篇,先以鲲鹏变化开篇,再逐步阐述不同的逍遥境界,最后以"乘正""御辩""以游无穷"作为结穴点眼之笔,揭示了唯有遵循天地之间的大道和世间万物的规律,顺应风雨、阴阳、晦明等六气的变化,方能毫无凭借和依赖,自由自在地遨游于无穷无尽的宇宙,获得精神的彻底解放和绝对自由。

至此,庄子彻底打破了自我与非我、非我与非我、自我与自我的绝对分界,即是不是、然不然、可不可、非此即彼的思维方式,在世人面前树立起了逍遥无待、乘物游心的道家理想人格的三个标杆;并以其睿智的哲思,点燃充满理想主义色彩的唯美火炬,引领人们走上精神绝对自由的身心解脱之途:

所谓"无名",譬如宋荣子,打破自我与非我的对立,这是"逍遥游"的最低境界;所谓"无功",譬如列子,打破非我与非我的对立,这是"逍遥游"的较高境界;所谓"无己",譬如老子,打破自我与自我的对立,这是"逍遥游"的最高境界!

先忧后乐，与友共勉

——范仲淹《岳阳楼记》多重旨趣浅探

庆历四年春，滕子京谪守巴陵郡。越明年，政通人和，百废具兴，乃重修岳阳楼，增其旧制，刻唐贤今人诗赋于其上，属予作文以记之。

予观夫巴陵胜状，在洞庭一湖。衔远山，吞长江，浩浩汤汤，横无际涯，朝晖夕阴，气象万千，此则岳阳楼之大观也，前人之述备矣。然则北通巫峡，南极潇湘，迁客骚人，多会于此，览物之情，得无异乎？

若夫淫雨霏霏，连月不开，阴风怒号，浊浪排空，日星隐曜，山岳潜形，商旅不行，樯倾楫摧，薄暮冥冥，虎啸猿啼。登斯楼也，则有去国怀乡，忧谗畏讥，满目萧然，感极而悲者矣。

至若春和景明，波澜不惊，上下天光，一碧万顷，沙鸥翔集，锦鳞游泳，岸芷汀兰，郁郁青青。而或长烟一空，皓月千里，浮光跃金，静影沉璧，渔歌互答，此乐何极！登斯楼也，则有心旷神怡，宠辱偕忘，把酒临风，其喜洋洋者矣。

嗟夫！予尝求古仁人之心，或异二者之为，何哉？不以物喜，不以己悲，居庙堂之高则忧其民，处江湖之远则忧其君。是进亦忧，退亦忧。然则何时而乐耶？其必曰"先天下之忧而忧，后天下之乐而乐"乎！噫！微斯人，吾谁与归？时六年九月十五日。

[文本密码] 谪守；迁客骚人；古仁人之心

[主旨密码] 不以物喜,不以己悲;先天下之忧而忧,后天下之乐而乐

宋人王辟之《渑水燕谈录》载:"庆历中,滕子京谪守巴陵,治最为天下第一。政成,重修岳阳楼,属范文公正为记,词极清丽。苏子美书石,邵㻋篆额,亦皆一时精笔。世谓之'四绝'云。"

全文总共五段,主要内容略述如下——

第一段,叙述作记的缘由。"庆历四年春,滕子京谪守巴陵郡。"开篇第一句以"谪"字作为领起下文的关键词。"越明年,政通人和,百废具兴。"一个被"谪"之人能够做出这样的政绩,令人钦佩。这两句显然是从赞美滕子京的角度入手,但绝不仅仅是为了赞美,而是另有深意。"乃重修岳阳楼,增其旧制,刻唐贤今人诗赋于其上,属予作文以记之。"以"乃"字承上启下,说明"重修岳阳楼"并未劳民伤财,也非大兴土木供自己享乐,而是在"政通人和,百废具兴"的前提下完成的。

第二段,先概括写岳阳楼上所见之"大观",并以"前人之述备矣"总括,且巧妙照应了第一段中"刻唐贤今人诗赋于其上"一语。再用"然则"一词转入第二层次:"北通巫峡,南极潇湘,迁客骚人,多会于此,览物之情,得无异乎?"古往今来,南来北往的"迁客骚人",大多聚会于此,登高四望,他们观赏周围的自然景物所触发的情感该不会有所不同吧?

"览物之情,得无异乎?"这一带有推测意义的反问句,承上启下,引出了三、四两段的内容。

第三段先写"阴风怒号,浊浪排空""日星隐曜,山岳潜形""商旅不行,樯倾楫摧""薄暮冥冥,虎啸猿啼"这类属于"淫雨霏霏"天气状况下的凄凉之景,再写"迁客骚人"登上岳阳楼后触景而生的"情感"——"去国怀乡,忧谗畏讥,满目萧然,感极而悲",情感的重心落在一个"悲"上。第四段也是先写"上下天光,一碧万顷""沙鸥翔集,锦鳞游泳""岸芷汀兰,郁郁青青""长

烟一空,皓月千里"这类属于"春和景明"天气状况下的愉悦之景,再写"迁客骚人"登上岳阳楼后触景而生的"情感"——"心旷神怡,宠辱偕忘,把酒临风,其喜洋洋",情感的重心落在一个"喜"上。

一悲一喜,形成了鲜明的对照。霍松林先生以为"坐实了上面的'异'字"[1]。其实不然。因为无论是悲是喜,"迁客骚人"的心情都是因环境和景物的变化而变化的,无非是"以物喜""以己悲",因此实属"无异"。"得无……乎"作为文言固定结构,主要用来表示询问或揣度,相当于"该不会""莫不是""恐怕是"。如《战国策·赵策四》中触龙问赵太后"日饮食得无衰乎",意即"您每天的饮食该不会减少吧"。因此,"览物之情,得无异乎",应该译为"(迁客骚人)观赏自然景物而触发的感情,该不会(有所)不同吧"。

故第五段针对"迁客骚人"或忧或乐皆随处境改变这一问题,提出了"古仁人"所具有的"不以物喜,不以己悲"的心理特质,给自己和同样遭受贬谪的滕子京树立了一个具有理想化色彩的人生标杆。"何哉"这一问,发人深省:"古仁人"与一般的"迁客骚人"的不同之处在于,他们具有开阔的胸襟、宏大的抱负,高居庙堂则忧民,远处江湖则忧君,是所谓"进退皆忧",这是文章的第一层意旨。"然则何时而乐耶"这一问,则在第一层意旨的基础上进一步升华,提出了"先天下之忧而忧,后天下之乐而乐"这一崇高的人生境界,并以之与好友滕子京共勉,这是文章的第二层意旨。最后以"微斯人,吾谁与归"一语收束全篇,表面上是说"如果没有这样的人,我和谁一起相处呢",实际上是说,如果你滕子京因为遭贬就郁郁寡欢,不能像古仁人那样做到"进退皆忧""先忧后乐",就不配继续做我范仲淹的朋友!这是文章的第三层意旨,是对朋友的鞭策与规劝。

关于第三层意旨,范仲淹玄孙范公偁所著《过庭录》对滕子京求记与范仲淹作记之事,有如下记载:"滕子京负大才,为众忌嫉。自庆帅谪巴陵,愤

---

[1] 霍松林:《唐音阁鉴赏集》,河北教育出版社2000年版,第508页。

郁颇见辞色。文正与之同年友善,爱其才,恐后贻祸;然滕豪迈自负,罕受人言,正患无隙以规之。子京忽以书抵文正,求《岳阳楼记》,故记中云'不以物喜,不以己悲''先天下之忧而忧,后天下之乐而乐',其意盖有在矣。"亦可作为文本"规劝"之意的佐证。最后以"时六年九月十五日"一语特意交代写作时间。

滕子京,名宗谅,河南洛阳人,宋真宗大中祥符八年(1015)与范仲淹同榜中进士,志同道合,从此成为政治上的密友。

仁宗庆历二年(1042),西夏统帅举兵进犯泾原,宋军在定川寨惨败,主将葛怀敏阵亡,近万人被俘。西夏兵临泾州城下,时任泾州知州的滕子京动员百姓共同守城,又募集勇士出城侦察,传檄邻郡预作防备。不久,环庆路马步军都部署兼经略安抚招讨使范仲淹率一万五千援军,解泾州之围。战后,滕子京设宴犒劳羌族将士,通过追荐战死者并安抚其亲属等措施笼络民心,巩固边防。因战功卓著,治边有方,滕子京被范仲淹举荐为天章阁待制,接替其出任环庆路马步军都部署兼庆州知州。

次年,大地主官僚集团的代表夏竦、吕夷简被欧阳修、蔡襄等弹劾,相继遭罢免。范仲淹、韩琦等人执政并进行一系列政治革新,史称"庆历新政"。与范仲淹关系密切的滕子京,调入京师不久即被诬告在泾州知州任上滥用官府钱财,并遭御史弹劾,参知政事范仲淹与谏官欧阳修极力为之辩护,结果滕子京被贬官一级,出任凤翔府知府,随即迁虢州知州。庆历四年(1044)春,御史中丞王拱辰接连上疏弹劾滕子京,致使其被贬为岳州知州,谪守巴陵。

在岳州三年,极度苦闷的滕子京仍以国事为重,勤政爱民。不仅主持修筑了防洪大堤偃虹堤,使当地百姓免受水患之苦,主持修建岳州学宫发展当地教育,还略施巧计,向民间"老赖"伸手,迫使其纷纷把债款捐给官府,滕子京用这笔款项重修了与黄鹤楼、滕王阁齐名的岳阳楼。

到任之初,滕子京在调查走访中,就发现两大问题:一是作为巴陵岳州风景名胜名片的岳阳楼自开元三年（715）贬守岳州的张说重修以来，历经三百余年的风雨，已是柱朽楼倾，摇摇欲坠了；二是岳州民间的宿债烂账，涉及面极广且彼此牵连，金额巨大，如不及时根除这一"三角债"痼疾，很可能会导致越来越多的社会问题。

滕子京想出了一个一箭双雕的好办法——在州境之内广为张贴告示，鼓励债主将"老赖"姓名及所欠金额上报官府，由官府代为催讨，收缴款项一半由州衙统一核发给债权人，一半作为重修岳阳楼的捐款，并在岳阳楼旁立功德碑表彰债主及还债人。如此一来，死账变成活账，皆大欢喜。

滕子京于是广招能工巧匠，组织人马参照黄鹤楼、滕王阁的规制精心设计，亲自监工督造。在岳阳楼落成前夕，滕子京请画师将岳阳楼与周围的岳州城、君山岛、洞庭湖以及长江一并绘入画卷，题名《洞庭晚秋图》，命僚属从孟浩然、李白、杜甫、韩愈、柳宗元、李商隐等前贤及本朝名人的诗赋中选出与洞庭湖岳阳楼有关的诗赋七八十篇，汇编成集，并亲自撰写了一篇情真意切的《与范经略求记书》，派人快马加鞭，前往邓州交给在此任职的知交范仲淹。范仲淹参考《洞庭晚秋图》等资料，应邀撰写了这篇堪称千古绝唱的经典美文《岳阳楼记》。

后来，"泾州挪用公款案"经朝廷所派太常博士燕度复勘，所用钱数分明，并无侵占。滕子京治理岳州有功，于庆历七年（1047）初调任苏州知州。因积劳成疾，仅三个多月就病逝于苏州任所，时年五十六岁。

范仲淹由《孟子·梁惠王》"乐民之乐者，民亦乐其乐；忧民之忧者，民亦忧其忧""乐以天下，忧以天下"等语触发联想，在撰写《岳阳楼记》之时，紧扣一个"谪"字展开，从"览物之情"这一角度切入，通过"迁客骚人"无论悲喜，无疑都受到环境影响，突出其"以物喜""以己悲"这一不足之处，然后由反而正，逐步深入，彰显"不以物喜，不以己悲""先天下之忧而忧，后天下之乐而乐"的主旨，并暗寓规劝勉励之意，章法谨严，含蓄蕴藉，堪称散文神品。

时空之秘

屈原《天问》开篇即道:"遂古之初,谁传道之?上下未形,何由考之?"自古以来,时空问题就是一个令人不断探索与追问的重大问题。

破译时间和空间密码,探究其背后深意,往往是快速抵达古代散文文本核心的首选途径。

时空密码与文本主旨

遂古之初,谁传道之? 上下未形,何由考之?
——文本中的时空密码

传世诗文,多有策划。既有策划,所为诗文,则自有匠心存焉。

屈原《天问》开篇即道:"遂古之初,谁传道之? 上下未形,何由考之?"精于鉴赏者,在与作者进行心灵对话的同时,绝不会忽视文本中的时间与空间密码。

苏联著名文学理论批评家米哈伊尔·巴赫金在其《审美活动中的作者与主人公》《陀思妥耶夫斯基诗学问题》等作品中提出"时空体理论",赋予文学文本中的时间与空间表达以诗学价值。巴赫金认为,文学的生存意义需要借助时间与空间的表现方法才能得到有效呈现,而时间与空间紧密融合,互为表里,共同构建起一个展示文学内部生命世界和精神范式的经典文本,因此,时间与空间不仅仅是一种艺术形式与表现手段,更是进入文本内部获取终极表达的基本途径。譬如,巴赫金在《小说的时间形式和时空体形式》一文中指出:

这些意义不管怎样重要,要想进到我们的经验中去(而且是社会的经验),就必须采取某种时空的表现方法,也就是采取符号的形式,让我们可以听到可以看到(如方块字、数学公式、语言的表现、图表等等)。没有这种时空的表现形式,即使最抽象的思维也是无法进行的。因此,每次要进入意义领域,都只能通过时空体的大门。[1]

按照巴赫金"时空体理论",同样可以把时间和空间密码作为进入诗文文本意义领域的钥匙。

试以陶渊明《桃花源记》为例,重点分析如下:

晋太元中,武陵人捕鱼为业。缘溪行,忘路之远近。忽逢桃花林,夹岸数百步,中无杂树,芳草鲜美,落英缤纷,渔人甚异之。复前行,欲穷其林。

林尽水源,便得一山,山有小口,仿佛若有光。便舍船,从口入。初极狭,才通人。复行数十步,豁然开朗。土地平旷,屋舍俨然,有良田美池桑竹之属。

阡陌交通,鸡犬相闻。其中往来种作,男女衣着,悉如外人。黄发垂髫,并怡然自乐。见渔人,乃大惊,问所从来。具答之。便要还家,设酒杀鸡作食。

村中闻有此人,咸来问讯。自云先世避秦时乱,率妻子邑人来此绝境,不复出焉,遂与外人间隔。问今是何世,乃不知有汉,无论魏晋。此人一一为具言所闻,皆叹惋。

余人各复延至其家,皆出酒食。停数日,辞去。此中人语云:"不足为外人道也。"既出,得其船,便扶向路,处处志之。及郡下,诣太守,说如此。

太守即遣人随其往,寻向所志,遂迷,不复得路。

南阳刘子骥,高尚士也,闻之,欣然亲往。未果,寻病终,后遂无问津者。

---

[1] 钱中文主编,白春仁译:《巴赫金全集》第三卷,河北教育出版社1998年版,第460页。

文章以晋太元中武陵渔人误入桃花林的故事开篇,引出了一个"芳草鲜美,落英缤纷"的自然而朴实的世界。在这里,"土地平旷,屋舍俨然","阡陌交通,鸡犬相闻","男女衣着,悉如外人","黄发垂髫,并怡然自乐",没有苛捐杂税,也没有战争乱离,老少三代同堂,人们既善良又好客,一切都是那么宁静,那么美好。

为什么这里的人们生活如此安宁,人与人之间的关系也如此和谐?作者虽然没有明说,但"乃不知有汉,无论魏晋"这一文本密码隐约透露出原因:这里既没有改朝换代的争斗,也没有盘剥百姓的统治集团,只有自给自足的农耕生活。

"桃花源"这个类似于老子"小国寡民"的大同社会,无疑是令人神往的,它寄寓着久经战乱的陶渊明的政治理想。作者在结尾写太守遣人随渔人返寻所志,迷不得路,使读者从"无何有"的虚幻境界退回到现实之中,又在文末添上南阳刘子骥"欣然亲往"而"未果"一笔,卒章显志且又蕴藉无穷。

此文本的解读,除了"乃不知有汉,无论魏晋"这一涉及文本主旨的核心密码,还有两个不可忽视的关键密码——时间密码"晋太元"和空间密码"武陵"。

首先,应深究时间密码"晋太元"的深意。

太元(376—396)是东晋孝武帝司马曜的第二个年号,共计二十一年。太元二十一年(396)九月,安帝即位,次年改元隆安。《桃花源记》开首曰"晋太元中",显系陶渊明在刘宋年间记叙前朝之事的口吻。古人记叙时事,通常只记年号而不署本朝名号。如晋代王嘉《拾遗记》所记"晋时事"所有篇章中,皆只记年号而未冠以"晋"字。有学者以为《桃花源记》是"以避秦比避宋",断定其作于刘裕篡晋之后,是完全合乎情理的。

《宋书·隐逸传》云:"潜弱年薄宦,不洁去就之迹,自以曾祖晋世宰辅,耻复屈身后代。自高祖王业渐隆,不复肯仕。所著文章皆题其年月,义熙以前,则书晋氏年号,自永初以来,唯云甲子而已。"

《宋书》所言陶潜在宋高祖武皇帝刘裕当政时，文章纪年仅书甲子，足见其心系晋室。渊明曾祖陶侃是东晋名将，开国元勋，以军功升至侍中、太尉，都督八州军事，封长沙郡公，追赠大司马；祖父陶茂、父亲陶逸皆官至太守。外祖父孟嘉是东晋名士，曾在桓温幕府任从事中郎、长史等职。渊明八岁丧父，与母妹三人常依外祖孟嘉生活，其存心处世颇有外祖遗风。

渊明归隐后，虽远在江湖，仍不忘国事。晋安帝义熙十四年(418)，刘裕因军功而受相国、扬州牧之位，封宋公，加九锡，总揽朝政大权，是年十二月指使王韶之缢杀安帝司马德宗，扶持其弟司马德文继位，是为恭帝，改元元熙。元熙二年(420)六月，刘裕废晋恭帝，建国号宋，改元永初。次年，刘裕采取阴谋手段，命人用棉被闷死晋恭帝。

宋武帝永初二年(421)，陶潜《述酒》诗，就以隐晦的笔法叙述刘裕篡晋之事，并对刘裕残杀已经让位的晋恭帝一事表示了极大的愤慨。譬如，"豫章抗高门，重华固灵坟"，是说封爵豫章郡公的刘裕与天子分庭抗礼，晋恭帝已死，只剩下一座坟墓。高门，即皋门，指天子之门；重华，虞舜名，代指恭帝。"山阳归下国，成名犹不勤"两句，用对比手法表明，曹丕称帝后，废汉献帝刘协为山阳公，让其十四年后寿终于山阳，而晋恭帝司马德文被迫禅位，降为零陵王，迁居秣陵后，仍不免被虐杀，其命运远不如善终的山阳公刘协。刘协在青龙二年(234)三月寿终正寝，卒年五十四岁，魏明帝曹睿亲率群臣哭祭，同年八月以天子礼仪葬于禅陵，谥号"孝献皇帝"。《词源》释"献"为"贤"，可见是个美谥。而《逸周书·谥法解》有"不勤成名曰灵"等说法，谥曰"灵"的帝王多是不得善终者，"灵坟"显然是指晋恭帝司马德文的悲惨结局。

忠于晋室的陶潜骨子里对刘裕篡晋无比憎恨，当他无法改变黑暗的社会现实时，此后所写诗文不记宋王朝年号，而是用"义熙余"替代。可见，"晋太元"三字，大有深意。

其次，还须探究空间密码"武陵"及"桃花源"的来历与深意。

南朝萧齐时，武陵人黄闵所撰《武陵记》载有：

武陵山中有秦避世人居之,寻水号曰桃花源,故陶潜有《桃花源记》。

昔有临沅黄道真,往黄闻山侧钓鱼,因入桃花源。今山下有潭,名黄闻(潭),此盖闻道真所说,遂为其名也。

南朝萧齐之时距陶渊明所处时代不远,所记应当不虚。据武陵地方志所记,黄道真晋末居于临沅高吾山沅水边,打鱼为生,后"弃俗从道",修道于高吾山。

而更早的相关记载,则见于南朝刘宋时期盛弘之于元嘉九年(432)始撰的《荆州记》:

宋元嘉初,武溪蛮人射鹿,逐入石穴,才容人。蛮人入穴,见其旁有梯,因上梯。豁然开朗,桑果蔚然,行人翱翔,亦不以怪。此蛮于路斫树为记,其后,茫茫无复仿佛。

这一流传于高吾山一带的"鹿穴传说",从南朝至明清,在武陵方志和其他古籍中多有记载,其所述内容情节基本一致。可见,"鹿穴传说"当是《桃花源记》故事的第一原型,而弃俗从道的黄道真为自抬身价,虚构进入桃花源的故事,并禀告太守刘歆遣人与之俱往,则是其第二原型。

此外,紧抓"晋太元"与"武陵"及"桃花源"等时空密码探究文本深意时,亦不可忽视"刘子骥"这一人物密码。

这个没有赋税、没有战乱、邻里和睦、自给自足的世外桃源,无人不心向往之。故武陵太守得渔人之报,立即"遣人随其往",却"不复得路"。甚至连刘子骥这样好游山水的隐士,"欣然亲往"也未能找到,后人终于死了这条心。

文中说"南阳刘子骥,高尚士也",那么,刘子骥究竟何许人也?

据《晋书·隐逸传》记载:"刘驎之,字子骥,南阳人,光禄大夫耽之族也。驎之少尚质素,虚退寡欲,不修仪操,人莫知之。好游山泽,志存遁逸。"这里提到的光禄大夫耽,就是做过度支尚书的东晋著名清谈家、与陶渊明外祖父孟嘉同在桓温幕府时交契深厚的刘耽。《桃花源记》以刘子骥寻访桃源未果结尾，意在强调刘子骥不仅真有其人，而且与自家有渊源，此故事绝非虚构。

刘子骥先祖本是西汉宗室，被封为安众侯，定居南阳安众一带，故称为南阳人。刘子骥擅长史传学术，隐居于荆州阳岐山，以捕鱼为生。阳岐山枕长江，《寰宇记》言山"在石首县西一百步"。前秦苻坚兵临长江，时任荆州刺史的车骑将军桓冲，遣人乘船带着丰厚礼物征召刘子骥为长史，希望他出山规划宏图大计。刘只好从命，他一路上将礼物全都送给了有需要的穷人，见到桓冲后就极力陈说自己"于世无补"，不久辞去职务，隐居阳岐。

刘子骥仁爱恻隐，乐善好施，曾帮助百里之外一位素不相识的孤寡老妪置办棺材，并为其送终安葬，只因老妪生前曾对人叹惋说，只有刘长史这样德行高尚的人才可能帮忙埋葬她。

刘子骥信守然诺，好游山泽，而且还曾有过探寻"世外桃源"的传奇经历。另据陶渊明《搜神后记》载："刘驎之，字子骥，好游山水，尝采药至衡山，深入忘反，见有一涧水，水南有二石囷，一闭一开。水深广，不得渡。欲还失道，遇伐薪人，问径，仅得还家。或说囷中皆仙方灵药及诸杂物，骥之欲更寻索，终不复知处也。"

陶渊明为何对武陵渔人不提及其姓名，偏偏在文末强调"刘子骥"这位"高尚士"呢？显然，这里隐含着作者的情感与价值取向。黄道真为自抬身价编造桃花源的故事，绝非君子所为；若真有桃花源，黄道真返回尘世时，沿路做记号，并禀告太守，违背了之前与桃源人的约定，显系言而无信的小人。而刘子骥则不然，他听说有这样一处世外桃源，很高兴地亲自前往探寻。若真未找到，他只是抱憾而终罢了；若找到了，他谨记桃源人"不足为外人道"的叮嘱，守口如瓶，守护着世外桃源的宁静与安详，直至病终。如此对照，发人深省：世上并非只有"渔人"这类背信弃义的卑鄙小人，也有"刘子骥"这样信守承诺的高尚君子！

可见，陶渊明晚年塑造"桃花源"这一与污浊的社会相对应的美好境界，既寄托了对和平安宁的大同社会的向往,又有着对高尚君子人格的追求。

观古今于须臾,抚四海于一瞬
——散文的时空密码与主旨表达

苏轼因"乌台诗案"遭贬黄州后,有"一词二赋"光耀千古。

鉴赏"一词二赋"之时,不禁疑窦丛生:苏轼在宋神宗元丰五年(1082),也就是遭贬黄州的第三年,为何在七月十六日泛舟赤壁写下《念奴娇·赤壁怀古》一词之后,意犹未尽,又挥毫写下《赤壁赋》一文?在中元节出游赤壁之后,为何时隔三月又在下元节再游赤壁,写下后《赤壁赋》?

且看《念奴娇·赤壁怀古》:

大江东去,浪淘尽,千古风流人物。故垒西边,人道是,三国周郎赤壁。乱石穿空,惊涛拍岸,卷起千堆雪。江山如画,一时多少豪杰。

遥想公瑾当年,小乔初嫁了,雄姿英发。羽扇纶巾,谈笑间,樯橹灰飞烟灭。多情应笑我,早生华发。人生如梦,一尊还酹江月。

一首词,限于篇幅及体裁,很难充分表达出作者复杂的思想情感,但苏轼面对滚滚东流的大江,感慨"浪淘尽,千古风流人物"的同时,将自己与少年得志、功成名就的周瑜对比,最后在该词中发出了"人生如梦,一尊还酹江月"的千古长叹。这一叹,看似悲观消极,实则抒发了旷达情怀。

如何见其"旷达"?

禅宗常以月喻指人生短暂虚幻,象征佛性本自清净圆满,或明心见性的圆通之境；以水喻指人生的无常，象征生死流转。而"江月"或曰"水中月"，则常譬喻诸法缘起无自性、人生虚妄不实的道理。千江有水千江月，词眼"酹江月"三字，意为洒酒酬月以为心献，此举昭示苏轼已然看破如梦幻泡影般的虚幻人生，放下了功名之心，身心亦因之获得解脱。

主旨密码"酹江月"一旦与地点密码"赤壁"以及周瑜等三国时期的英雄豪杰关联起来，自会引人遐思：放眼千古，昔日得志如周郎的风流人物，都难免"浪淘尽"的悲剧结局，那么，权势煊赫又如何？功名富贵又何益？

而《赤壁赋》以"壬戌之秋，七月既望"这一时间开篇，后《赤壁赋》则以"是岁十月之望"开篇，游览时间恰好选在道教三官信仰中"地官赦罪"的中元节和"水官解厄"的下元节夜晚，若仅以巧合视之，恐难令人服膺；再者，泛舟游览之地选在黄州"赤壁"这一传说中的古战场，显然是为"吊古伤今"而来。

元丰四年（1081）宋夏灵州之战，大宋损兵折将约四十万人，其中仅西夏人决开黄河灌渠水淹灵州高遵裕所部围城宋军，溺亡冻毙者就有十余万人。下元节本是祭祀治水有功的大禹的节日，后来道教信仰中以水官总主水中诸大神仙，称之为洞阴大帝。每逢十月十五日，水官即来人间，校戒罪福，为人消灾解厄。宋代吴自牧《梦粱录》曰："水官解厄之日，宫观士庶，设斋建醮，或解厄，或荐亡。"苏轼在十月十五日再次夜游赤壁古战场，未尝没有暗含为己解厄并追荐灵州阵亡将士之意。

因此，在解读"一词二赋"之时，中元节、下元节这样的"时间密码"与"赤壁"这一"地点密码"，绝不可等闲视之。

同样，明末张岱在国破家亡后撰写《陶庵梦忆》，追忆明末风习，其为文亦多用时间与地点作为文本密码，引领读者深入其中与之进行心灵的对话。

先请看其《湖心亭看雪》原文：

崇祯五年十二月，余住西湖。大雪三日，湖中人鸟声俱绝。是日更定矣,余拏一小舟,拥毳衣炉火,独往湖心亭看雪。雾凇沆砀,天与云与山与水,上下一白。湖上影子,惟长堤一痕,湖心亭一点,与余舟一芥,舟中人两三粒而已。

到亭上,有两人铺毡对坐,一童子烧酒,炉正沸。见余大惊喜,曰:"湖中焉得更有此人!"拉余同饮。余强饮三大白而别。问其姓氏,是金陵人,客此。及下船,舟子喃喃曰:"莫说相公痴,更有痴似相公者!"

张岱在国破家亡后,追忆昔日繁华,饱含着刻骨铭心的自责与反省,其《陶庵梦忆自序》道:"遥思往事,忆即书之,持向佛前,一一忏悔。"

可是,陈平原却完全否定张岱"忏悔"之说,甚至在《"都市诗人"张岱的为人与为文》中,引美国学者欧文(Stephen Owen)的《追忆——中国古典文学中的往事再现》最后一章"为了被回忆"中所表达的对《陶庵梦忆》的观点说道:"无论是在自序里还是在回忆录的文本中,我们发现的只有渴望、眷恋和欲望,找不到一丝一毫的悔恨和忏悔。"殊不知,文学的语言具有很强的抗译性,欧文如何能轻易读出《陶庵梦忆》中的深意!陈平原不去深究文本,竟由此提出了比欧文更极端的看法:"张岱不只毫无忏悔之意,甚至还有夸耀之心。夸耀什么?夸耀自家的'真性情'。"[1]

真的如此吗?

作为世家子弟的张岱,有着非凡的审美情趣,确曾有过自视甚高的"真性情",然"年至五十,国破家亡",回首往事,恍如隔世之时,岂能毫无忏悔之意,只有夸耀!

文本的解读,绝不能只停留在文字的表面,而应通过文本所给的密码,因之深入到文本的核心。

崇祯五年(1632)十二月,张岱自山阴乘船到杭州,在西湖边自家庄园小

---

[1] 载《文史哲》,2003年第5期,第81页。

住。"大雪三日,湖中人鸟声俱绝。"接连几天大雪纷飞之后,张岱雇了一叶扁舟,穿着毛皮衣,带着火炉,在晚上八点左右独往湖心亭赏雪,只见天地间白雪皑皑,雪光水汽,弥漫一片,此时万籁无声,一片静寂,湖上的影子只有长堤的一道痕迹、湖心亭的一点轮廓、张岱乘坐的小船以及他与船夫两三粒人影而已!在这混沌一片的冰雪世界里,那种人生天地间、渺如沧海粟的感慨,简直呼之欲出。

当他突然发现铺毡对坐的两位金陵客,竟然在这漫天飞雪的晚上,命童子在亭中煮酒,不禁大为惊讶。而对方也惊喜道:"湖中焉得更有此人!"金陵客拉张岱与之同饮,确因雅趣而惺惺相惜。

可是,张岱"国破家亡"的悲愤何以见得?"忏悔"之意何以体现?

解读文本,首先得抓住设置的"警策"开头或结尾等要害处的时间密码和地点密码,知人论世,抵达文心。

先看时间密码"崇祯五年十二月"。

张岱以"崇祯五年十二月,余住西湖"开篇,看似寻常地交代时间与地点,其实不然。《陶庵梦忆》文集之中,凡纪昔日游览之作,皆标注明朝纪年,以示不忘故国。

其一,于国事而言,"崇祯五年"大有深意。

天启七年(1627)八月,明熹宗朱由校病逝,皇五弟信王朱由检奉遗诏嗣皇帝位,次年改元"崇祯"。崇祯元年(1628),陕西等地大旱,颗粒无收,赤地千里,民不聊生。王大梁、高迎祥等率流民揭竿而起,军饷不继、士气低落的官军根本不是义军的对手。一时之间,各地义军纷纷攻城略地,至崇祯四年(1631)便发展到三十六营,二十余万众。

崇祯五年(1632)六月初六,黄河于孟津决口,军民商户死伤无数,百姓流离失所,聚而造反者更众。夏秋之际,农民军转战河南、山西一带。九月,高迎祥、罗汝才、张献忠等多支义军聚集山西,分路出击,连克大宁、隰州、泽州、寿阳等州县,全山西震动;李自成则攻陷河南修武县。

后金皇太极在此前一年的"大凌河之战"采取围城打援策略,击败各路援军,逼降明朝守将祖大寿。受命支援大凌河守军的孔有德,因士兵哗变,于冬月发动"吴桥兵变",回师山东。崇祯五年(1632)正月,孔有德就攻破了登州,随后又围攻莱州。十月,官军围攻登州,孔有德、耿仲明等人后来突围至盖州,带着后金急需的舰队、红夷大炮、能工巧匠投降皇太极。至此,大明的关东门户洞开。

"崇祯五年"内忧外患交加,大明"国破"在旦夕之间。

其二,于家事而言,"崇祯五年十二月"更有深意。

是月二十七日,张岱父亲张耀芳辞世。文面上只呈现"湖心亭看雪"一事,其背后却隐藏着张岱对"家亡"的"悲痛"与"忏悔"。

张耀芳虽然科场失意,但雅好道家,精于导引之术。天启四年(1624),张耀芳至兖州充任鲁献王府右长史一职,常被喜好神仙之术的鲁献王召对于宣室。崇祯五年(1632)初,张耀芳卸任,返抵山阴龙山老宅。张岱《琅嬛文集·家传》载:"解事归,亦究心冲举之事,与人言,多荒诞不经,人多笑之……壬申十二月,先子强健如常,忽言'二十七日吾将去'。三日前,遍辞亲友,果于是日午时无疾而终。先子善饭,是日早膳,犹兼数人之餐。"

天启五年(1625)祖父张汝霖去世之时,时年二十八岁的张岱身在杭州,深以为憾,他曾在《三世藏书》一文中为自己未能保全祖父的藏书痛悔不已:"天启乙丑,大父去世,余适往武林,父叔及诸弟、门客、匠指、臧获、獠婢辈乱取之,三代遗书一日尽失。"

当身体康健如常的张耀芳突然对家人说"二十七日吾将去"时,张岱与众人一样以为荒诞不经,竟不以为意,不日即从山阴龙山老宅乘舟前往杭州西湖边张家别业小住,并在大雪三日之后前往湖心亭看雪。张耀芳果然于二十七日午时羽化。张岱极其平静地追叙其父死前三日遍辞亲友,一一诀别,并言当日早餐饭量依然数倍于常人,想必是接到辞别之信及时赶到,未留大憾。

作为长子的张岱因小住西湖而未能守候其父身边尽人子之责,其内心之痛文中虽未明说,但"忏悔"之情,已隐现于笔端。

再看地点密码"湖心亭"。

湖心亭,位于西湖中心,与滁州醉翁亭、北京陶然亭、长沙爱晚亭并称"中国四大名亭"。据《西湖志》等有关史志记载,亭名源自宋、元时西湖的湖心寺,寺外有南、中、北三塔,寺倾圮后,明世宗嘉靖三十一年(1552),杭州知府孙孟在北塔基址建振鹭亭,不久倾圮;明神宗万历四年(1576),按察监事徐廷裸重建,额题"太虚一点";万历二十八年(1600),司礼监孙隆叠石于四周,广其址,增建壮丽辉煌的喜清阁,统称"湖心亭"。

在湖心亭极目四望,群山如列翠屏,湖光尽收眼底,此即西湖十八景之一的"湖心平眺"。张岱曾为湖心亭撰联:"如月当空,偶以微云点河汉;在人为目,且将秋水剪瞳神。"

可以想见的是,张岱肯定熟悉胡来朝为湖心亭柱题写的名联:

> 四季笙歌,尚有穷民悲月夜;
> 六桥花柳,浑无隙地种桑麻。

胡来朝,字抒丹,号光六,万历二十六年(1598)进士,曾任浙江杭州司理,后擢升吏部文选司郎中,万历四十五年(1617)官至正二品的都察院右佥都御史。万历四十七年(1619),常以天下为己任的胡来朝谏阻神宗征调精锐部队与努尔哈赤决战,遭到训斥,结果明军于萨尔浒之战溃败,胡来朝忧愤而死。

当张岱回想昔日置身湖心亭的情景,想到前朝"笙歌""花柳"皆成过眼云烟,其"悲"若何?其"愤"又何以言说?

张岱在叙写自己在湖心亭强饮三大杯而别后,以船夫喃喃自语"莫说相公痴,更有痴似相公者"一句收束全文。其中这一"痴"字,表面上是张岱在借船夫这位旁观者之口说自己与金陵客一样,痴迷于冰天雪地、人鸟声俱绝的山水奇景,痴迷于超尘脱俗、孤寂自赏的雅致情怀,而实际上是在借此"忏悔"自视高雅的浅薄与无知。

所谓"痴"者,神思不足,病于无知也!并非如陈平原《"都市诗人"张岱的为人与为文》所言:"这里的'痴',是'一往深情'。我有真性情,别人也有。这么看待世界,就可以避免过分的偏执与孤傲。"[1]或以为"叙事奇妙,能见雅士豪情(即所谓痴)"[2],皆属皮相之见。

抚今追昔,张岱忏悔自己对大明行将覆亡的无知,对父亲道家修为的无知。若是早知国之将亡,还会有如此闲情逸致吗?若是早知父亲真的即将离世,还会住西湖别业,去湖心亭赏雪,而不在山阴龙山家中陪伴父亲走完人生最后一程吗?由己及人,"金陵客"倘若知道十三年之后江山易主,故都金陵将沦陷于清军统帅多铎大军的铁蹄之下,此刻还会有客居杭州煮酒赏雪于湖心亭的雅兴吗?

张岱《石匮书自序》提到,"有明一代,国史失诬,家史失诿,野史失臆",完全是一个"诬妄之世界",遂在明亡之际决心撰写《石匮书》。国破,他未像好友祁彪佳、王思任等人那样殉难死节;父死,他未守候在身边尽人子之孝。杭州经历兵燹后,他只得用一个"痴"字,凝聚其难以言说的无限痛悔。

如果无视时间密码"崇祯五年十二月"与地点密码"湖心亭""金陵"背后沉痛的家国情感,如何能揭示"莫说相公痴,更有痴似相公者"这一卒章显志的警策语所蕴含的国破家亡之悲愤、自视高雅之忏悔!

标题往往是文章的眼睛。古人常将时间密码或地点密码置于其中,甚至将二者并置为题,寄寓深意。张岱《西湖七月半》《扬州清明》等文题即是。

杭州西湖号称"人间天堂",七月半却是俗称"鬼节"的中元节,时间与地点反差如此之强烈,非刻意为之而何?尽管如此显明,张岱犹恐读者视而不

---

[1] 载《文史哲》,2003年第5期,第84页。

[2] 徐柏容、郑法清主编:《张岱散文选集》,百花文艺出版社2012年版,第47页。

见,竟又开宗明义,以为全篇之"警策":"西湖七月半,一无可看,止可看看七月半之人。"民谚云:"七月半,鬼乱窜。"巧借七月半名目寻欢作乐的杭州各色人等,恰似地狱放出的孤魂野鬼,亡国之悲愤开篇即已纤毫毕现。

无独有偶,同样是其《陶庵梦忆》中的《扬州清明》一文,亦是将祭奠先人的清明节这一"时间密码"与江南繁华名城扬州这一"地点密码"刻意并列作为标题,亦是开门见山,以"扬州清明日,城中男女毕出,家家展墓"开篇,将当年所见扬州士民借清明扫墓之机,踏青郊游,寻欢作乐的场景描摹而出。陈平原只看到张岱所写都市日常生活"富有诗意"的一面,却无视其文本中隐含的悲愤,只能令人深感遗憾。

试想,扬州人将慎终追远、祭奠先人的清明节过成了寻欢作乐的节日,而在明朝覆亡之际,却惨遭"十日屠城",张岱再写《扬州清明》,抒写国破家亡之悲愤,怎会是陈平原所谓"毫无忏悔之意,甚至还有夸耀之心","夸耀自家的'真性情'"!

通过破译时间和空间密码,探究文本背后的深意,即可快速而准确地抵达文心的这类散文,其实为数不少。譬如,桐城派古文大师姚鼐,有一篇入选中学语文教材的代表作《登泰山记》,题中"泰山"二字即是不可忽视的地点密码,而文中强调的登山时间"是月丁未"即十二月二十八日,坐日观亭观日出的"戊申晦"即月末二十九日除夕,则是别具深意的时间密码。

后面所附《与时代及汉学彻底决裂的宣言——姚鼐〈登泰山记〉时空密码与意旨探究》一文,解析甚详,在此不赘。

"俯仰"天地，悟透"死生"

——王羲之《兰亭集序》的时空密码与人生态度

　　永和九年，岁在癸丑，暮春之初，会于会稽山阴之兰亭，修禊事也。群贤毕至，少长咸集。此地有崇山峻岭，茂林修竹，又有清流激湍，映带左右，引以为流觞曲水，列坐其次。虽无丝竹管弦之盛，一觞一咏，亦足以畅叙幽情。

　　是日也，天朗气清，惠风和畅。仰观宇宙之大，俯察品类之盛，所以游目骋怀，足以极视听之娱，信可乐也。

　　夫人之相与，俯仰一世。或取诸怀抱，悟言一室之内；或因寄所托，放浪形骸之外。虽趣舍万殊，静躁不同，当其欣于所遇，暂得于己，快然自足，不知老之将至；及其所之既倦，情随事迁，感慨系之矣。向之所欣，俯仰之间，已为陈迹，犹不能不以之兴怀，况修短随化，终期于尽！古人云："死生亦大矣。"岂不痛哉！

　　每览昔人兴感之由，若合一契，未尝不临文嗟悼，不能喻之于怀。固知一死生为虚诞，齐彭殇为妄作。后之视今，亦犹今之视昔，悲夫！故列叙时人，录其所述，虽世殊事异，所以兴怀，其致一也。后之览者，亦将有感于斯文。

　　[时间密码]　修禊（三月初三上巳节，教化万民"道法自然"的黄帝的生日）

　　[地点密码]　山阴兰亭

[文化密码] 修禊；俯仰
[文本密码] 死生亦大矣

民谚云："二月二,龙抬头；三月三,生轩辕。"

东晋穆帝永和九年（353）春,王羲之精心策划,效仿西晋石崇"金谷诗会",在教化百姓"道法自然"的人文始祖轩辕黄帝的诞辰——三月初三上巳节,巧借"修禊"以祓除不祥的名目,召集江南名流贤士,在山阴西南二十七里处、越王勾践当年种兰的兰渚山,举办了一次名垂青史的文人雅集——"兰亭诗会"。

《风俗通义·祀典·禊》中解释："巳者,祉也。"三月上旬的第一个巳日,称为"上巳",在此日举行祓禊仪式,既为除病,又为祈求福祉降临。

在天朗气清、春风和煦之时,王羲之仰观浩渺的宇宙,俯察繁盛的万类,由"俯仰"一词触发文学联想,在短短324字的文章中,由"乐"到"痛",再由"痛"到"悲",在感受人生忧乐的同时,了悟生死大道,进而抒发了深沉的人生感慨。

首先,不妨从文本入手,探究王羲之这番感慨的用意所在。

王羲之仰观俯察之际,深深感受到"信可乐也"。为何而乐？乐在何处？请看：

暮春之初,修禊之日,天朗气清,惠风和畅,良辰也；

崇山峻岭,茂林修竹,清流激湍,映带左右,美景也；

仰观宇宙,俯察品类,游目骋怀,视听欢娱,赏心也；

群贤毕至,少长咸集,曲水流觞,一觞一咏,乐事也。

时佳,乃佳节之乐；景美,乃山水之乐；兴雅,乃游赏之乐；事趣,乃诗酒之乐。再加上会稽内史王羲之作为"贤主",江南名流作为"嘉宾",诚可谓"四美具,二难并"。

然而，王羲之在见到万类勃发时深深地认识到好景难在、人生苦短的现实局限：时光的快速流逝、事物的急剧变化，让人感受到个体生命极其短暂有限；无论是借其所爱、寄托情怀，还是不拘形迹、放纵生活，都无法对抗生命的衰老与死亡；过去所喜欢的东西，转眼之间，已经成为旧迹，更不用说寿命的长短，都要听凭自然造化的安排。

由此，王羲之不禁联想到了古人所说的"死生亦大矣"的名言，进而发出了"岂不痛哉"的慨叹。一个"痛"字，凝聚着王羲之深沉的人生忧患以及对生命局限的彻悟。这种"痛"，包含了他对人生短暂、世事无常、命运难测等诸多方面的感触。因此，他从不同处世形态的共性——"情"与"怀"出发，抒发了自己"重死生"的感慨。

"死生亦大矣！"或许有人会以为王羲之深入骨髓的苦痛在于生命的消逝，其实他还有其他更为悲痛的事存在：童年时代，父亲就成了政治斗争的牺牲品；自己混迹官场多年，也不得不经常委屈自己。除非生命终止，否则这种苦痛不会终结。

诚然，对于世人而言，生死毕竟是件大事，问题是无论寿命长短，终究是要死去的，结局都是一样的。因此，文中的"死生"应理解为偏义复词，"重死生"的重心在于"重生"——"怎样活"才是人生过程中最大的事情。

这里就必须探究"俯仰"二字的深刻内涵。

"仰观"和"俯察"，是实实在在的"抬头"与"低头"的动作；"俯仰之间，已为陈迹"，是说过去所喜欢的事物，在一低头与一抬头之间，已经成为过去，即"转瞬即逝"之意。这两者毫无疑义。问题出在对"夫人之相与，俯仰一世"这个"俯仰"的理解，几乎所有文本都把"俯仰一世"解释为："一俯一仰之间，一生已过。比喻人生短暂。"于是这句话也就被翻译成了"人与人相互交往，很快便度过一生"。

其实，仰观、俯察的动作与视觉相融合，使得王羲之在观照天地万物的同时，也有了审视自身的直观体验。在他眼里，充满勃勃生机和情思韵味的自然景物，并非游离于自己生命之外的无关事物，也不只是谈玄说理的凭借，而是具有灵性、可以启迪心智的参照物。崇山峻岭，茂林修竹，清流激湍，再加上明朗的天空与和畅的春风，让他感受到了"群籁虽参差，适我无非新"[1]，感受到了蕴含于自然山川中的勃发的生命力。向外，王羲之发现了山水自然的美；向内，则发现了自我独立人格的可贵。他在仰观和俯察的同时，通过体察万物而让心灵得以放飞，借以找到了迷失的自我。可以说，对兰亭山水的审美过程，其实是王羲之体认自我生命的路径。当他说出"游目骋怀，足以极视听之娱，信可乐也"的时候，他已然在宇宙天地和自然万物的参照系之中确立了自我生命的位置。

不难看出，王羲之在通过形体的俯仰与天地万物进行沟通之后，情感和思维受到触发，于是对个体生命状态进行了深入的反思：仰人鼻息或看人脸色生存（即"低头过日子"，是为"俯"），与逍遥自在、无拘无束地活着（即"昂首过日子"，是为"仰"），这两种生存状态，哪一种更接近自然、更符合自己内心的渴望呢？当然是后一种了。

王羲之"精骛八极，心游万仞"之时，或许已联想到嵇康"俯仰自得，游心太玄"的洒脱，已然从形体"俯仰"拓展到了心灵"俯仰"的领域，其"俯仰一世"的人生感怀，足见其个体生命的精神因之而得到了超越和升华。

既然"怎样活"才是真正的人生大事，"俯仰一世"就不能简单地理解为"很快便度过一生"，而应该理解为俯首低头是一辈子，昂首挺胸也是一辈子。在官场周旋多年、年届知天命的王羲之，俯仰由人，一切受人摆布，非其所愿——他不甘心总是在官场低头做人，苟且一生，而想要昂首于世，逍遥林泉。

何以见得？王羲之"俯仰"，源自《庄子·天运》所讲的一个故事。

在跟随孔子西游卫国之前，颜渊问鲁乐师金：夫子此次卫国之行会怎

---

[1] 转引自罗宗强：《玄学与魏晋士人心态》，南开大学出版社2003年版，第286页。

样?金认为,孔子倡导的仁与礼,根本不适合那个纷乱的时代,不可能被崇尚武力的诸侯所采用,于是告诉颜渊,孔子一定会遭受困厄。颜渊不明白其中的道理,金就联系生活中常见的吊杆汲水的情景加以阐述:"且子独不见夫桔槔者乎?引之则俯,舍之则仰,彼人之所引,非引人也。故俯仰而不得罪于人。"

拉下吊杆的这一端,它便俯身临近水面;放下吊杆的这一端,它就高高仰起。那汲水的吊杆,完全是因为人在牵引它,所以无论它是俯还是仰,都不会得罪于人。然而,孔子却拿不受欢迎的仁礼法度去要求别人,肯定会遭受困厄。

在官场上,唯有像桔槔一样受人操控,听话照做,才可能不至于得罪人。否则,只会遭受困厄。王羲之深有体会,岂愿继续苟且!

《庄子·德充符》里讲过王骀的故事——

鲁国人王骀受过刖刑,但跟随他学习的人与孔门弟子一样多。孔子的弟子常季对此大惑不解,于是问孔子:"王骀站着不能给人教诲,坐着不能议论大事,可他的弟子们却空怀而来,学满而归,难道真有像王骀这样行不言之教的圣人吗?这样的圣人运用心智又是怎样与众不同的呢?"孔子说:"王骀先生确实是一位圣人,我的学识和品行都远不如他。面对生死大事,他都能够毫无变化,即使天塌地陷,他也不会因此而丧失自我;他处于'无所待'的境界而不随外物变迁,能主宰事物变化而坚守自己的初心。"

这就是庄子假借孔子之口所说的"死生亦大矣,而不得与之变,虽天地覆坠,亦将不与之遗;审乎无假而不与物迁,命物之化而守其宗也"一语的来历。

"人生天地间,如白驹过隙,忽然而已矣。"在庄子看来,世界万物包括人的品性和感情,看起来千差万别,但如果泯灭差异,归根结底却又是齐一的,这就是"齐物"。因此,庄子从"道"的角度提出,既然"天地与我并生,而万物与我为一",那么,死即是生,生即是死,彭祖与殇子也没什么两样。因此,面对生死大事,像王骀那样的圣人,内心也就不会泛起丝毫波澜。

　　古往今来,生命的短暂,无疑会触动骚人墨客敏感的心弦,弹奏出哀婉的乐章。睹万类之繁盛,见山川之怡人,愈发觉得生之可恋,然而岁月不居,时节如流,不禁悲从中来。每当看到前贤兴发感慨的原因,与自己所感叹的好像符契一样相合的时候,王羲之虽然心里无法明说,但面对他们的诗文难免嗟叹感伤。虽然人生都很短暂,短暂到甚至可以忽略不计,但在王羲之看来,生与死、寿与夭还是有着显著差别的。他针对庄子"齐死生"的观点,用"固知"一语引出了"一死生为虚诞,齐彭殇为妄作"的看法。在俯仰之际,王羲之业已懂得了个体生命无论长短,都要服从造化的安排,而且最终必然走向消亡的道理。死亡的结局谁也无法避免,唯有怎样活着,才是自己可以选择的。生命的短暂,使王羲之不得不转而思考并寻找超越有限而达到永恒的途径。正如西班牙哲学家乌纳穆诺在《生命的悲剧意识》中所指出的那样:人总有寻求永恒生命的向往,由于这份渴望的鞭策,人才会有所作为,而为人类的文化生命开创新的局面;如果缺乏灵魂可以攀登的高峰,那么人就会沦为雅斯培所谓"萎缩为美学之超然的悲剧"。

　　正是因为认识到了"一死生"和"齐彭殇"的虚妄,王羲之才格外珍视有限的生命,他在引用古人"死生亦大矣"一语以抒发痛感的同时,对于今后的"活法"也应该有了深入的思考与打算。作为生命意识的"俯仰",一旦与宇宙天地之间的阴阳、虚实等生命节律契合,便会使人与自然万物的生命节奏达到同一,亦即"天人合一"的境界,从而"游心太玄",获得精神解放与自由。从某种意义上讲,王羲之对于长生不死的期盼已然放下,时光易逝、人生短暂的痛苦,因生命的忧患意识与窘迫状态而得以冲淡甚至基本消解。

　　因此,"俯仰"高度体现了王羲之以个体生命对宿命的抗争并终获解脱的"魏晋精神"。所谓"魏晋精神",其实就是以老庄为本,将玄学与佛学相融而形成的淡泊世俗名利、追求人格精神解放的"与道逍遥"的精神风度。在人生短暂的感叹之中,他寄寓了个体生命对精神自由的强烈追求,并含蓄地表达了与官场以及尘世生活彻底决裂的人生价值取向。

"固知一死生为虚诞,齐彭殇为妄作"之说,并非表明王羲之完全否定庄子"齐物""齐论"的观点,更不是反对庄子追求绝对自由的"逍遥"主张,而是在面对东晋沉重而黑暗的官场现实时,期望余生能够把握有限的生命时光,顺应自然天性,"乘物以游心",获得精神的解放与自由。人教版《语文选择性必修下册·教师教学用书》上认可的一类观点说道:"王羲之在文中表达了对庄子思想的批评。面对人必有死、欢愉易逝这样的必然结局,'一死生''齐彭殇'不过是一种虚妄的回避,不如直面苦痛。"[1]这种说法,显然误解了王羲之的本意。

早在南宋时期,桑世昌《兰亭考》就对当时宋人以"一死生为虚诞,齐彭殇为妄作"这种思想非王羲之所有为依据,断定《兰亭集序》属伪作的说法进行了批驳。20世纪中期,郭沫若又重提旧说以证《兰亭集序》书法之伪,其依据仍是尊崇老庄的王羲之不可能否定"一死生""齐彭殇"的观点。其实,玄学思想在东晋时期早已与名教合一,当时纯粹以庄子"齐物论"为人生导向者已甚为少见,像笃信张道陵五斗米道的王羲之,与王导、谢安等名流一样,大抵都是标榜自然而实则入世,其思想中羼杂有儒、释、道诸家。王羲之在《与谢万书》中,就曾流露出对与世无争的田园生活的无比向往。在宦海沉浮近三十年,他对东晋政治黑暗与官场险恶有了更为清醒的认识,但对于个人的去就,一直未能抽身而退,其内心深处常处于纠结与矛盾之中。

"岂不痛哉",为何而痛?"悲夫",为何而悲?或者说,王羲之的这种"悲""痛",除了生命的短暂与人生的不自由,还有没有什么其他更深层次的感受?

这里,还得"知人论世",联系王羲之的身世遭遇来做一番深入探究了。

王羲之的祖母是琅琊王司马睿母亲的亲姊,其父王旷与司马睿为姨表

---

[1]《语文选择性必修下册·教师教学用书》,人民教育出版社2020年版,第124页。

兄弟。西晋皇族争权引发"八王之乱",惠帝永宁二年(302),长沙王司马乂杀齐王司马冏,王旷携家族亲眷三百余口从琅琊临沂南下避乱,移居于江南洛社(今江苏无锡洛社镇),王羲之即出生于此地。怀帝永嘉元年(307)七月,因王旷等人游说,执掌朝政的东海王司马越采纳了过江之议,委任镇守下邳的司马睿为安东将军、都督扬州江南诸军事,移镇建邺。王旷亦率家族过江,入住建邺乌衣巷。次年,司马睿表荐心腹王旷出任淮南太守,掌握江北要冲的军政大权,此举使司马越深为忌惮。永嘉三年(309),前汉国主刘渊以石勒为前锋都督,以其子刘聪为统帅,进犯上党,包围壶关。并州刺史刘琨遣将救之,为刘聪所败。为防止司马睿坐大,太傅司马越听从东海太守王承的建议,放着离壶关较近的兖州、徐州兵马不调,却令远在淮南的王旷率三万孤军援救上党。其间除了太原王氏代表王承的建议,或许还有琅琊王氏家族王导等人的暗箱操作。结果,王旷在长平遭遇刘聪大军,部将施融、曹超阵亡,三万大军尽数覆灭。王旷兵败,是死是降,史书无载。作为司马睿南迁江左开创东晋王朝的首倡者以及游说司马越的关键人物,前途无量的政坛新星王旷,却像流星一样划过历史的天空,从此不知所踪。

此后,王羲之在母亲与兄长王籍之鞠育以及叔父王廙的教诲下成长。

大兴元年(318),司马睿在建康正式即位,史称晋元帝。王导因联络南方士族并安抚南渡的北方士族有功而被任命为宰相,王导堂兄王敦都督江、扬、荆、湘、交、广六州军事,掌握兵权。东晋王朝出现了"王与马,共天下"的政治局面。

之后,晋元帝重用侍中刘隗与尚书令刁协,推行崇上抑下、排抑豪强的"刻碎之政",意欲加强皇权,抑制琅琊王氏等士族门阀势力,不料激起了王敦之乱。永昌元年(322),王敦以诛刘隗、清君侧为名,从武昌起兵,向建康杀来。刘隗劝元帝尽除王氏诸人。王导每日率领王邃、王彬等兄弟子侄二十余人到宫阙外请罪,加之周顗为王导等人辩护,王氏家族最终化险为夷。元帝却因遭此变故郁郁而终。明帝太宁元年(323),时年二十一岁的王羲之与太尉郗鉴的女儿郗璇结婚。太宁二年（324），王敦兵败病死。次年，堂伯父王导荐以校书郎，王羲之予以拒绝，却接受岳父郗鉴推荐，以掌图书典籍的秘书郎一职步入仕途。成帝咸和九年（334），王羲之因才干出众，任征西将军庾亮首席幕僚长史。在庾亮幕府，他与同事殷浩结下了深厚的情谊。王导虑及王氏家族政治前途，尽力栽培王氏子弟，曾于咸康二年（336）苦劝王羲之回京城建康任职，并拟上表荐为侍中，但遭其再次拒绝。

永和二年（346），郗鉴的老部下蔡谟领司徒，与会稽王司马昱共同辅政，备受重用的建武将军、扬州刺史殷浩力邀王羲之出任护军将军。王羲之力辞。两年后，才出任护军将军。

永和七年（351），王述丁母忧。王羲之诏为右军将军并接替王述出任会稽内史。除礼节性地登门吊唁一次外，王羲之从此不再拜会他。上任伊始，适逢旱灾，王羲之果断省却报灾手续，先行开仓赈贷，并禁止酿酒以节约粮食。时君主幼弱，执政大臣昏庸，羲之常上疏为民请命，并严刑惩治贪腐，政声卓著。

当时，北方河洛地区陷入混乱，东晋朝野掀起一片北伐声浪。以会稽王司马昱及殷浩为首的中央政府，以荆州刺史桓温为首的方镇势力，都想利用北伐扩大自己的影响。殷浩与桓温不和，王羲之从大局出发，致信扬州刺史殷浩劝和，并晓以"国家之安在于内外和"的大义，浩不从。是年，桓温攻蜀获胜，势力大增，引起朝廷不安。王羲之从"度德量力"出发，陈述"千里馈粮"等困难，向司马昱阐明不宜北伐的道理；又以"政以道胜，宽和为本"为由，劝阻殷浩，但殷浩为桓温所逼，一意孤行，于永和八年（352）、永和九年（353）两度率师北伐许昌、洛阳，最终连战连败。王羲之的大局意识和政治远见，由此可见一斑。

王羲之一向鄙视与自己齐名的王述。永和十年（354），王述出任扬州刺史，加征虏将军，以北伐为由向会稽征调大批军用粮米，并派人到会稽"辨其刑政"，"求其得失"，使王羲之疲于应付。王羲之深以为耻，于是遣使入朝，请求划分会稽为越州，以期脱离王述管辖，不料使者措辞失当，王羲之遂成一时笑料。

王羲之对待堂伯父王导、顶头上司王述的态度，非常令人不解，甚至有人以为王羲之心胸狭隘。须知世上没有无缘无故的恨，若没有深入骨髓的"痛"，谁会如此？王旷的悲剧，王导、王述的父亲王承，岂能完全逃脱干系？

王旷陷落北方多年之后，王羲之与叔父王廙一起将其灵柩南迁，并与王羲之母亲合葬一处。"岂不痛哉"之"痛"，"悲夫"之"悲"，既有王羲之自己屈身官场的伤痛，又有因其父亲的悲惨遭遇而引发的对政治黑暗与人性扭曲的沉痛感慨。

永和十年（354）正月，大司马桓温上疏，逼朝廷废殷浩为庶人。不久又挟北伐余威，步步进逼以司马昱为首的朝廷中枢集团。殷浩被废，是导致王羲之退出官场的主因之一，而扬州刺史换成与其"不协"的王述，则是最直接的导火索。

其时，王羲之早已知事不可为，并担心家族受到牵连，"常恐死亡无日，忧及宗祀"。遂于永和十一年（355）"称病去郡"，并率妻子在父母墓前"誓墓不仕"，从此退出官场。其誓词曰："自今之后，敢渝此心，贪冒苟进，是有无尊之心而不子也。子而不子，天地所不覆载，名教所不得容。信誓之诚，有如皦日！"

王羲之少时体弱，且患有癫痫病，隔一两年发作一次。《太平御览》卷七三九引《语林》曰："少尝患癫，一二年辄发动。"因铅能医"风痫吐沫"，故其服铅丹以治癫痫。与此同时，王羲之也如其他魏晋名士一样，常服食以紫石英、白石英、赤石脂等做成的"寒食散"，以求气力强壮、延年益寿。"东床坦腹"，实为服食寒食散后散热之举。王羲之《服食帖》云："吾服食久，犹为劣劣。"《旃罽帖》又云："戎盐乃要也，是服食所须。"其所"服食"，即可治虚劳百病的寒食散也。王羲之为道术所误，年少因体弱而服食，年老因服食而病笃。久服铅丹与寒食散，后来出现了厌食、疼痛以及"中冷""风动"等因慢性中毒引起的疾病现象。

为解除病痛折磨，王羲之早已萌生归隐田园的想法。《晋书·郗愔传》云："（愔）与姊夫王羲之、高士许询并有迈世之风，俱栖心绝谷，修黄老之术。"直至告别官场之后，王羲之辟谷炼丹，纵情山水，才完全换了一种活法。

因此，"兰亭诗会"完全可以视为王羲之告别官场的一场重大彩排，是其两年后"誓墓不仕"人生大戏的序章。

《古文观止》云："通篇着眼在死生二字。只为当时士大夫务清谈，鲜实效，一死生而齐彭殇，无经济大略，故触景兴怀，俯仰若有余痛。"王羲之将兰亭诗会 37 首诗歌汇编成《兰亭集》，以"俯仰"触发人生感慨，以"死生"二字作为《兰亭集序》全篇的着眼点，《晋书·王羲之传》说"自为之序以申其志"，可谓一语中的。

此外，关于王羲之的生卒年，以权威著称的《辞海》曾出现过三个版本：其一，321—379 年；其二，307—365 年；其三，303—361 年。

参加兰亭诗会者共 42 人，赋诗者 26 人，其中孙统等 11 人成四言、五言各一首，15 人成五言各一首，王献之等 16 人诗不成各被罚酒三觞。史载王羲之一生有七子二女，其中有史可考的就是生于建元二年（344）的第七子王献之。这一年，晋康帝病逝，年仅两岁的司马聃继位，次年改元永和。兰亭诗会时王献之年仅九岁。王羲之将 37 首诗汇编成集，并借酒兴写下了《兰亭集序》这篇序文。除王献之外，王羲之儿子玄之、徽之皆参与此会并有诗作收入《兰亭集》。苏教版教材注解，以 321—379 年为王羲之生卒年，则兰亭集会时王羲之年仅三十二岁，此时所作《兰亭集序》被誉为"天下第一行书"，与其本传中所说"羲之之书晚乃善"显相抵牾；且不说《郗璿墓志》等考古材料可资参照，也不说王旷于永嘉三年（309）陷于上党后殁于北方，仅就其参加兰亭诗会的几个儿子的年龄，可知王羲之生卒年为 321—379 年的观点不值一哂。

眼角眉梢都是"恨"

——从《西湖七月半》时空密码看张岱国破之悲愤

西湖七月半，一无可看，止可看看七月半之人。看七月半之人，以五类看之。其一，楼船箫鼓，峨冠盛筵，灯火优傒，声光相乱，名为看月而实不见月者，看之。其一，亦船亦楼，名娃闺秀，携及童娈，笑啼杂之，还坐露台，左右盼望，身在月下而实不看月者，看之。其一，亦船亦声歌，名妓闲僧，浅斟低唱，弱管轻丝，竹肉相发，亦在月下，亦看月而欲人看其看月者，看之。其一，不舟不车，不衫不帻，酒醉饭饱，呼群三五，跻入人丛，昭庆、断桥，嚣呼嘈杂，装假醉，唱无腔曲，月亦看，看月者亦看，不看月者亦看，而实无一看者，看之。其一，小船轻幌，净几暖炉，茶铛旋煮，素瓷静递，好友佳人，邀月同坐，或匿影树下，或逃嚣里湖，看月而人不见其看月之态，亦不作意看月者，看之。

杭人游湖，巳出酉归，避月如仇。是夕好名，逐队争出，多犒门军酒钱，轿夫擎燎，列俟岸上。一入舟，速舟子急放断桥，赶入胜会。以故二鼓以前，人声鼓吹，如沸如撼，如魇如呓，如聋如哑。大船小船，一齐凑岸，一无所见，止见篙击篙，舟触舟，肩摩肩，面看面而已。少刻兴尽，官府席散，皂隶喝道去。轿夫叫，船上人怖以关门，灯笼火把如列星，一一簇拥而去。岸上人亦逐队赶门，渐稀渐薄，顷刻散尽矣。

吾辈始舣舟近岸。断桥石磴始凉，席其上，呼客纵饮。此时月如镜新磨，山复整妆，湖复颒面，向之浅斟低唱者出，匿影树下者亦出。吾辈往通声气,拉与同坐。韵友来,名妓至,杯箸安,竹肉发。月色苍凉,东方将白,客方散去。吾辈纵舟,酣睡于十里荷花之中,香气拍人,清梦甚惬。

[时间密码]　七月半(中元节,鬼节)

[地点密码]　西湖(人间天堂)

[文本密码]　西湖七月半,一无可看,止可看看七月半之人

对于明清之际的小品文大师张岱的《西湖七月半》一文,北京大学已故古典文献学专家倪其心先生在《中国古代游记选》中提到:"作者张岱在入清代以后,写这样一篇追忆明末杭州风习的小品,勾画出这一幅人情世态,是怀有国破家亡的悲愤的。"[1] 著名"长江学者"陈平原教授则认为,"月色苍凉,东方将白,连韵友、名妓也都走了,这时候,方才是'我'的西湖。'吾辈纵舟,酣睡于十里荷花之中,香气拍人,清梦甚惬。'这种雅趣,落在陈眉公、袁中郎笔下,很可能大加渲染,而张岱则只是一笔带过……饱经沧桑的张岱,只是淡淡一笑,自己享受就是了"[2]。陈平原欣赏的是张岱作为"高雅之士"所具有的"平常心",认为这点很难得。于是,各类教科书及教参皆因此认为本文体现了作者"抑浅俗,颂高雅"的主旨,抒发了鄙视庸俗的情怀。陈平原在《"都市诗人"张岱的为人与为文》一文中还指出:"《陶庵梦忆》《琅嬛文集》《西湖梦寻》这三册小书,有一个共同特点,那就是'遥思往事'。……诉说遥远的往事,很容易带有温情,而这种温情,多少掩盖了事物原本存在的缺陷,只

---

[1] 倪其心等选注:《中国古代游记选》,中国旅游出版社2000年版,第525页。

[2] 载《文史哲》,2003年第5期,第83页。

呈现其'富有诗意'的一面。"[1] 他甚至在论文"摘要"中强调:"他的'自叙'文体,可谓是'自嘲'的艺术,'自嘲'中仍有对自我'真性情'的坚持与夸耀,并非如有的论者所说有'忏悔'之意。"[2] 对于《陶庵梦忆》,陈平原标新立异道:"我的看法更趋极端:张岱不只毫无忏悔之意,甚至还有夸耀之心。夸耀什么?夸耀自家的'真性情'。"[3]

倪其心先生治学精深,知人论世,点到了张岱"国破家亡"的悲愤之情,然未能点明此文的构思巧妙之处,已令人不免有隔靴搔痒之憾;至于陈平原教授否定张岱的"忏悔"之意,以呈现"诗意"、夸耀"真性情"来看待《西湖七月半》乃至《陶庵梦忆》的文本,显然偏离了"文心",亦即张岱的本旨。

首先,文学鉴赏必须知人论世。

张岱,字宗子,又字石公,号陶庵,晚号六休居士,山阴(今浙江绍兴)人,晚明文学家、史学家。曾祖张元忭隆庆五年(1571)中状元,曾任翰林院编修;祖父张汝霖万历二十三年(1595)中进士,官至广西参议;父张耀芳,副榜出身,为兖州藩王鲁献王府右长史(相当于国相)。张岱出生于这样的仕宦世家,少为富贵公子,极爱繁华,好美婢,好精舍,好美食,好骏马,好古董,好花鸟,晓音乐,通戏曲,精于茶艺,书蠹诗魔,生活何其惬意!

《西湖七月半》选自张岱甲申(1644)国变之后"追忆少壮秾华"的文集《陶庵梦忆》。顺治二年(1645)六月,弘光帝朱由崧被俘之后,寓居杭州的潞王朱常淓奉朱由崧嫡母邹太后懿旨出任监国,但朱常淓却听从马士英的意见,派代表与清军和谈,奉表降清。农历六月十四日,多铎统帅的清军,不费吹灰之力就占领了杭州,浙江境内的王公贵胄随之纷纷归降。顺治三年(1646)九月至次年八月,为避兵祸,张岱隐居剡中,著书立说。这部熔"公安

---

[1] 载《文史哲》,2003 年第 5 期,第 82 页。
[2] 载《文史哲》,2003 年第 5 期,第 77 页。
[3] 载《文史哲》,2003 年第 5 期,第 81 页。

派"清新灵动与"竟陵派"幽深孤峭特色于一炉的散文小品《陶庵梦忆》，大概成书于顺治三年（1646）或四年（1647），乾隆四十年（1775）才初版行世。其所写"梦境"，皆甲申年明亡之前，即张岱四十八岁前的情景。

明清鼎革之际，改朝换代之状甚惨，张岱至交好友祁彪佳、王思任等皆自杀殉国。他由世家子弟遽然沦为前朝遗民，但因《石匮书》尚未完成，故未能死。其《陶庵梦忆·自序》曰："陶庵国破家亡，无所归止。披发入山，骇骇为野人。故旧见之，如毒药猛兽，愕窒不敢与接。作《自挽诗》，每欲引决，因《石匮书》未成，尚视息人世。"《自为墓志铭》也写道："甲申以后，悠悠忽忽，既不能觅死，又不能聊生，白发婆娑，犹视息人世。"经此巨变，恍如隔世。不愿卖身投靠清朝的张岱，布衣蔬食，常至断炊。是时，杭州的绮丽繁华在兵燹后已成过眼云烟，张家在西湖边的庄园"仅存瓦砾"，"凡昔日之弱柳夭桃，歌楼舞榭，如洪水湮没，百不存一矣。"[1] 回首前尘往事，张岱内心之痛楚，常人是很难想象的，岂会有那种夸耀真性情的心境？可见，将张岱在国破家亡之后所著的《陶庵梦忆》中的《西湖七月半》一文，理解为鄙视庸俗、夸耀自己清高雅洁的真性情，于情于理是完全说不通的。而陈平原教授竟还在《"都市诗人"张岱的为人与为文》中说："不管是《陶庵梦忆》，还是《西湖梦寻》，都是在'寻梦'，寻找早已失落的'过去的好时光'。国破家亡20年后，追忆昔日的繁华，这个繁华，包括家国、都市以及个人生活，有的只是感叹与惋惜，而看不出什么刻骨铭心的自责或反省。所以，说是'忏悔'，我觉得过于夸张。"[2]

其次，文学鉴赏还得深入到文本之中，一探究竟。

文章开篇即道："西湖七月半，一无可看，止可看看七月半之人。"开篇之奇崛，非深味之而不能得。

---

[1] 徐柏容、郑法清主编：《张岱散文选集》，百花文艺出版社2012年版，第133页。
[2] 载《文史哲》，2003年第5期，第81页。

暂且按下开篇之深意不表,先看看"七月半"的"五类人":其一是"楼船箫鼓,峨冠盛筵""灯火优傒,声光相乱"的"达官贵人";其二是"亦船亦楼""携及童娈,笑啼杂之,还坐露台"的"名娃闺秀";其三是"亦船亦声歌",与"名妓闲僧"浅斟低唱的"富家公子";其四是"不舟不车,不衫不帻,酒醉饭饱"、装疯卖傻的"无赖子弟";其五是"小船轻幌,净几暖炉""匿影树下""逃嚣里湖"的"文人雅士"。这些人,皆非真正的"看月"之人,只不过是"好名"而已,也就是借了"七月半""中元节"这个名目,寻欢作乐罢了。问题的关键在于,中元节本非欢乐之节。这种趣味,好比把"路上行人欲断魂"的"清明节"当作踏青郊游欣赏美景的节日一样,实在是一种恶俗之趣。

作者是不是"免俗"了呢?请看结尾:众人散尽之后,"吾辈始舣舟近岸。断桥石磴始凉,席其上,呼客纵饮。此时月如镜新磨,山复整妆,湖复颒面"。固然,张岱欣赏到了别人没有欣赏到的"西湖七月半"的美丽夜景,也享受到了俗人没有享受到的高雅的情趣。"向之浅斟低唱者出,匿影树下者亦出。吾辈往通声气,拉与同坐。韵友来,名妓至,杯箸安,竹肉发。"美酒佳肴,名妓韵友,歌喉婉转,箫笛悠扬,岂不快活!"吾辈纵舟,酣睡于十里荷花之中,香气拍人,清梦甚惬"。张岱在结尾写自己纵舟,酣睡于十里荷花之中,享受惬意的"清梦",看似颇为自得、自以为脱俗,其实不过是忏悔自己五十步笑百步而已,其本质上与前几类人同样是寻欢作乐,醉生梦死!

一旦把作者在《陶庵梦忆·自序》中所说的"真所谓痴人前不得说梦矣",与他彼时曾经享受过的"清梦"关联起来,其自我反思、自我忏悔的深意就跃然纸上了。

张岱在《陶庵梦忆·自序》中写道:"鸡鸣枕上,夜气方回,因想余生平,繁华靡丽,过眼皆空,五十年来,总成一梦。今当黍熟黄粱,车旋蚁穴,当作如何消受?遥思往事,忆即书之,持向佛前,一一忏悔。"这里,"忏悔"一词,即是关键。

再次,文学鉴赏必须把握触发作者文学联想的关键节点。

陆机《文赋》曰："立片言以居要，乃一篇之警策。""西湖七月半"作为标题，乃是文章的"眼睛"。开篇"西湖七月半，一无可看，止可看看七月半之人"之语，大有深意。杭州号称"人间天堂"，有著名的"西湖十景"；而"七月半"是中国道教文化中的"中元节"，佛教称为"盂兰盆节"，民间号为"鬼节"，传说此日地府洞开，鬼魂四出，故民谚有"七月半，鬼乱窜"之说。

此地，乃"人间天堂"杭州西湖；此时，乃"鬼魂四出"之"中元节"。如此反常，如此不合情理！而这，恰恰是文章深意之所在。若将"西湖七月半，一无可看，止可看看七月半之人"一句中的"人"字换成"鬼"字，方是正解！

彼时的西湖，张岱正和他同时代的一群人享受着歌舞升平与无边欢乐，完全是一派鲜花着锦、烈火烹油的盛况！殊不知，此时北方的异族铁骑即将撞开山海关的大门杀进中原，一个失业的驿卒正聚集着数以万计的饥饿的大军，向承平已久的大明帝国发起了毁灭性的进攻……

经历了"嘉定三屠"和"扬州十日"之后的大明王朝的子民，"留发不留头"，衣冠尽毁，简直身处人间地狱。如今，张岱再回过头来仔细看看，那些寻欢作乐的"西湖七月半"之人，包括自己在内，纯属鬼影幢幢，群魔乱舞，分明都是需要普度超生的"亡国之孤魂野鬼"啊！

至此，文中所蕴含的国破家亡之悲愤、自视高雅之忏悔，皆豁然而解。

陈平原教授只看到了文本中"达官贵人的摆阔""小名士的作态""高人的雅素"这些表层内容。著名古典文学专家周先慎也在其《析张岱〈西湖七月半〉》一文中强调："在文章里，他对那些只图满足于声歌之娱、宴游之乐的达官贵人投以轻蔑的嘲笑，自有其一定的积极意义，但他所沾沾自喜的不过是既'超庸奴'又'超责任'的高人逸士的风雅情怀……"[1]陈、周等人仅见文本所呈现的"高雅"，至少有失浮浅。

张岱《陶庵梦忆》中诸多篇什，其匠心也多有相通之处，可相互参照阅

---

[1] 文史知识编辑部编：《古代抒情散文鉴赏集》，中华书局1988年版，第253页。

读。譬如《扬州清明》一文,在构思上与《西湖七月半》有异曲同工之妙,也绝非陈平原教授所谓"说扫墓"也是展示"文章趣味"和"洒脱心境"的"绝好的社会文化史料"。

扬州清明日,城中男女毕出,家家展墓。虽家有数墓,日必展之。故轻车骏马,箫鼓画船,转折再三,不辞往复。监门小户亦携肴核纸钱,走至墓所,祭毕,则席地饮胙。自钞关、南门、古渡桥、天宁寺、平山堂一带,靓妆藻野,袨服缛川。随有货郎,路旁摆设古董古玩并小儿器具。博徒持小机坐空地,左右铺袒衫半臂,纱裙汗帨,铜炉锡注,瓷瓯漆奁,及肩螭鲜鱼、秋梨福橘之属,呼朋引类,以钱掷地,谓之"跌成";或六或八或十,谓之"六成""八成""十成"焉。百十其处,人环观之。

是日,四方流离及徽商西贾、曲中名妓,一切好事之徒,无不咸集。长塘丰草,走马放鹰;高阜平冈,斗鸡蹴鞠;茂林清樾,劈阮弹筝。浪子相扑,童稚纸鸢,老僧因果,瞽者说书,立者林林,蹲者蛰蛰。日暮霞生,车马纷沓。宦门淑秀,车幕尽开,婢媵倦归,山花斜插。臻臻簇簇,夺门而入。余所见者,惟西湖春、秦淮夏、虎丘秋,差足比拟。然彼皆团簇一块,如画家横披;此独鱼贯雁比,舒长且三十里焉,则画家之手卷矣。

南宋张择端作《清明上河图》,追摹汴京景物,有西方美人之思,而余目盱盱,能无梦想!

清明节,扬州城中家家户户都会外出祭扫先人的坟墓,而且在这一天内一定要祭扫完毕。扬州城外古渡桥、天宁寺、平山堂等处,楼船车马,络绎往来;走马放鹰,斗鸡踢球,弹筝奏乐,比武摔跤,不一而足。这样的热闹场景,只有游人如织的杭州西湖之春、南京秦淮之夏、苏州虎丘之秋"差足比拟"。如此浓艳靡丽,这哪里是"路上行人欲断魂"的清明节的景象,分明是一幅《清明上河图》一样的盛世欢乐的长卷啊!

陈平原教授说:"我们知道,'寻梦'和'忏悔'不是一回事。对于往事的追忆，当事人津津乐道，后来者心向往之，而这，正是张岱文章魅力所在。"[1]他以为张岱是在"津津乐道"，却不知是其回首往事时眼中流血、心内成灰的极端悲痛之语。

南明弘光元年（1645）四月十五日，清军统帅多铎挥师南下，随即于十八日包围了扬州城。二十四日夜扬州城破，督师史可法被俘就义。多铎因扬州军民拒绝投降，下令屠城，历时十日，屠戮八十万人。惨绝人寰的屠杀，致使繁华富庶的江南名城扬州顿成人间地狱，这就是历史上著名的"扬州十日"。

清明，原本是祭祀祖先的悲伤日子，扬州人却过成了寻欢作乐的喜庆节日，这是一种强烈的反差；曾经繁华千年的扬州城，在经过十日屠城之后变得满目疮痍，萧条之极，这又是一种强烈的反差。当张岱脑海里浮现出昔年所见"清明扬州图"的相关画面时，他自然而然地联想到南宋张择端的《清明上河图》，于是在文章结尾感慨不已：张择端在北宋覆亡之后，再绘《清明上河图》献给南宋高宗皇帝，其"追摹汴京景物，有西方美人之思"；"我"当时看到此情此景，能不产生相应的联想吗？

"西方美人"之典，出自《诗经·邶风·简兮》："云谁之思？西方美人。彼美人兮，西方之人兮。"朱熹《诗经集传》解释曰："托言以指西周之盛王，如《离骚》亦以美人目其君也。"至于以"西方"修饰"美人"，则是"叹其远而不得见之辞也"。

张岱在文章结尾借张择端《清明上河图》"追摹汴京景物"，来抒发故国之思、盛王之想，将国无明君之憾、国破家亡之悲、陵谷沧桑之叹，全都寄寓其中，而结尾"追摹"等语，实乃全文"警策"之所在。

---

[1] 陈平原：《从文人之文到学者之文》，生活·读书·新知三联书店2004年版，第97页。

与时代及汉学彻底决裂的宣言

——姚鼐《登泰山记》时空密码与意旨探究

泰山之阳，汶水西流；其阴，济水东流。阳谷皆入汶，阴谷皆入济。当其南北分者，古长城也。最高日观峰，在长城南十五里。

余以乾隆三十九年十二月，自京师乘风雪，历齐河、长清，穿泰山西北谷，越长城之限，至于泰安。是月丁未，与知府朱孝纯子颍由南麓登。四十五里，道皆砌石为磴，其级七千有余。泰山正南面有三谷。中谷绕泰安城下，郦道元所谓环水也。余始循以入，道少半，越中岭，复循西谷，遂至其巅。古时登山，循东谷入，道有天门。东谷者，古谓之天门溪水，余所不至也。今所经中岭及山巅，崖限当道者，世皆谓之天门云。道中迷雾冰滑，磴几不可登。及既上，苍山负雪，明烛天南。望晚日照城郭，汶水、徂徕如画，而半山居雾若带然。

戊申晦，五鼓，与子颍坐日观亭，待日出。大风扬积雪击面。亭东自足下皆云漫。稍见云中白若樗蒱数十立者，山也。极天云一线异色，须臾成五采。日上，正赤如丹，下有红光动摇承之，或曰，此东海也。回视日观以西峰，或得日或否，绛皓驳色，而皆若偻。

亭西有岱祠，又有碧霞元君祠。皇帝行宫在碧霞元君祠东。是日观道中石刻，自唐显庆以来；其远古刻尽漫失。僻不当道者，皆不及往。

山多石，少土。石苍黑色，多平方，少圆。少杂树，多松，生石罅，皆平顶。冰雪，无瀑水，无鸟兽音迹。至日观数里内无树，而雪与人膝齐。

桐城姚鼐记。

[时间密码]　乾隆三十九年十二月丁未；戊申晦
[地点密码]　泰山；日观峰
[文本密码]　自唐显庆以来；其远古刻尽漫失；雪与人膝齐

姚鼐明确地交代自己登泰山的时间是乾隆三十九年十二月丁未，即一七七四年农历十二月二十八日，而在日观亭观日出的时间是戊申晦，即农历月底最后一天——二十九日，这一天是除夕。

这不由得让人产生疑问：姚鼐为什么要顶风冒雪赶在年底登泰山，在万家团聚、辞旧迎新的传统节日除夕观日出呢？辞官归里的姚鼐，特意选择这一特殊的时期绕道泰安，在泰山顶上观日出，有没有什么深刻的用意呢？

姚鼐登上泰山极顶，并特意强调这一天是"戊申晦"，就是要明确告诉读者，这是十二月最后一天"晦"日，也就是中国传统节日"除夕"。在中国传统文化中，除夕有着"除旧布新"等特殊含义。"是月丁未，与知府朱孝纯子颍由南麓登。"民谚云："二十八，洗邋遢。""丁未"即十二月二十八日，民间多在这一天洗澡洗衣，除去旧年晦气，以迎新春。姚鼐到泰安后，连日风雪，在朱孝纯的知府衙门坐等天晴，其《于朱子颍郡斋值仁和申改翁见示所作诗题赠一首》写道："拟将雪霁上日观，当为故人十日留。""拟将"二字，即寓耐心等待、精心筹划之意。

文章开篇，姚鼐先是简单勾勒泰山所处地理位置，以鸟瞰的角度，把山水和齐长城置于广阔的天地之中,将泰山南北"汶水西流"与"济水东流"对举,进而点明"阳谷皆入汶,阴谷皆入济"。泰山南北两条流向截然相反的汶水、济水,与"最高日观峰",不仅为后文写在日观亭观日出埋下了伏笔,而且似乎蕴含着耐人寻味的深意。

"泰山岩岩,鲁邦所詹。"《诗经·鲁颂·閟宫》里的这两句诗,意思是说,无论在鲁国的什么地方,只要抬起头来,就能看见被后世誉为"五岳独尊"的泰山。雄踞于齐鲁平原之上的泰山,自唐虞、夏后氏巡狩,秦皇、汉武封禅以来,便被赋予了江山稳固、社稷安康等政治象征意义,寄寓着历代帝王心系天下的情怀。

《孟子·尽心上》"孔子登东山而小鲁,登泰山而小天下"一语,说的是孔子登上鲁国东山,整个鲁国尽收眼底;孔子登上泰山,则天下一览无余。孟子以此设喻,一是为了说明"观于海者难为水,游于圣人之门者难为言"的道理,二是为了说明士志于道,没有坚强的意志是不能达到顶峰的。因此,"小天下"一语,一则彰显泰山之巍峨、人的视野之开阔,二则表明人只有摆脱现实的困境,突破固有的眼界格局,才能洞察尘世间纷扰变幻迷雾背后的真相。

自孔子以来,人们对于五岳之首的泰山无疑有着一种朝圣般的心理情结。作为儒家孔孟文化与佛道文化结合的典范,泰山已成为历代文人士大夫的精神寄托。泰山这一地点密码,岂无深意?

姚鼐登泰山,不仅选择了一个特殊的日子,而且选择了一条与众不同的登山路线。"余以乾隆三十九年十二月,自京师乘风雪,历齐河、长清,穿泰山西北谷,越长城之限,至于泰安。"姚鼐穿过泰山西北山谷抵达泰安之前,"越长城之限"实地考察古代齐长城,走的已非寻常路径,显然带有考察的目的。姚鼐由南麓登泰山,不走东谷、天门溪水这一常规的捷径,而是另辟蹊径,循中谷,"越中岭,复循西谷,遂至其巅"。他所选择的这一条险峻的道路,四十五里,七千余级石阶,"迷雾冰滑,磴几不可登"。登顶之后,姚鼐以

"望晚日照城郭,汶水、徂徕如画,而半山居雾若带然"等寥寥数语,描绘出一幅美不胜收的泰山夕照图。次日五更,他与泰安知府朱子颖坐日观亭待日出,只见"亭东自足下皆云漫",稍后又见到"云中白若樗蒱数十立者,山也""极天云一线异色,须臾成五采"等绮丽景象。此刻,姚鼐不仅与好友朱子颖一起欣赏到了"一览众山小"奇景,而且共同感受到了东海红日喷薄而出的力量。

接着,姚鼐在介绍日观亭西的岱祠、碧霞元君祠以及乾隆皇帝登顶泰山所住行宫的方位之后,再交代是日"观道中石刻"这一主要活动。

最后,作者以简驭繁,在文末将自己游览所见的景物归纳为"三多"(多石,多平方,多松)、"三少"(少土,少圜,少杂树)、"三无"(无瀑水,无鸟兽音迹,至日观数里内无树),简练而准确地勾勒出了冰天雪地中的泰山苍劲峻峭的独特风貌。

结语"雪与人膝齐"这五字,以景结情,曲终奏雅,堪称抒情言志的神来之笔。前文"泰山夕照"与"东海日出"这两处浓墨重彩的描绘顿成泰山极顶这一枯寂荒凉之景的铺垫与反衬,此景恰与弃官归里的姚鼐此时"虽千万人吾往矣"的决绝心境相吻合:作者深知此去冰雪漫天,无水无树,且"无鸟兽音迹",但无论处境多么孤单,前途多么艰险,仍会义无反顾,九死不悔。

文学鉴赏需要"知人论世",必须对作者的经历及其所处的时代详加探究。清章学诚在《文史通义·文德》中论及评价前人作品时指出:"不知古人之世,不可妄论古人文辞也。知其世矣,不知古人之身处,亦不可以遽论其文也。"

先看看姚鼐所处的号称"盛世"的那个乾隆(1736—1795)时代。

康熙、雍正、乾隆祖孙三代,在统治上一以贯之的手段,就是"窒塞民智",至乾隆时期更是到了无以复加的地步。首先是通过科举考试,用官位爵禄作为交换,让天下士人以孔孟之思想代替自己的思想,将独立思考的能力拱手让给朝廷。除了用高官厚禄之类的"胡萝卜"笼络士人,还有更厉害的手段——挥舞文字狱这根"大棒"！

《清史稿》以及原北平故宫博物院文献馆编印的《清代文字狱档》等书上曾记录过"王肇基献诗案"这样一桩奇案：

乾隆十六年（1751）九月三日，山西巡抚阿思哈亲临法场监刑，蓬头垢面的逆犯王肇基被当众杖毙。这是乾隆即位以后下令处死的第一个因文字遭祸的精神病人。原来，八月初九是皇太后生辰万寿节，八月十三日是乾隆皇帝的生日，山西介休疯人王肇基，梦想弄个一官半职，将"恭颂万寿"的诗歌、对联呈献给汾州府同知图桑阿，无奈"诗字内错乱无文，语多荒诞"，于是汾州府知府李果与同知图桑阿将王肇基收禁于介休县监狱，并迅即将案情汇报给山西巡抚阿思哈。阿思哈接报后，唯恐府县两级官员办事不力，饬令将王肇基押解赴省收监，并将所献诗、联封存，以便亲加研审。在采取搜查王肇基的现住址、扣审同居亲属、去原籍调查等一系列行动的同时，阿思哈通过严刑审讯终于弄清了来龙去脉，随即将案情及审讯经过上奏朝廷，并说明了"据此呓语胡供妄想做官形状，及诗字内错乱无文，语多荒诞，似属病患疯癫之人"的情况。本欲牵出其他案件线索的乾隆接到奏折和公堂审讯记录后，似乎显得颇为失望，于是朱批道："知道了，竟是疯人而已。"但在后来，乾隆还是发布了对王肇基严惩的《王肇基立毙杖下母妻交地方官安插谕》："此等匪徒无知妄作，毁谤圣贤，编捏时事，病废之时尚复如此行为，其平昔之不安本分、作奸犯科已可概见，岂可复容于光天化日之下。着传谕该抚阿思哈将该犯立毙杖下，俾愚众知所炯戒。"

阿思哈于九月二日接到上谕，九月三日即将王肇基从大狱押往刑场。在如潮的围观者面前，王肇基被打得血肉模糊，惨死在棍棒之下。

无独有偶，乾隆十八年（1753）六月在山东济南府被凌迟处死的丁文彬，成为历史上记录的第一个因语言文字而惨遭凌迟极刑的疯子。这个穷困潦倒的精神病人，被舜妻尧之二女的传说给忽悠得鬼迷心窍，便在私人编著中以"王帝"自居，妄称衍圣公曾将其二女许配给他为"后"为"妃"，并分封父母及叔兄侄邻。如此荒诞不经之事，竟导致其兄与两个年满十五岁的侄子被秋后问斩，其余家人或入宫为奴，或杖责流放。在批阅"丁文彬逆词案"案情后，乾隆本已依议交付三法司"核拟速奏"再凌迟处死，但接到主审官山东巡抚杨应琚"该犯气体瘦弱，亟宜早正典刑"的奏报后，乾隆立刻改变主意，在六月十一日的上谕中明示："即照所拟先行凌迟示众，勿任瘐毙狱中，致奸慝罔知惩戒也。"从地方官到皇上，竟然都迫不及待地对一个狂悖的疯子处以极刑。

对丁文彬之类的疯子尚且如此残酷，乾隆时期"文字狱"之祸之烈，可见一斑！

据清史研究专家郭成康教授等人研究，乾隆朝记录在案的文字狱有130多起，超过顺治、康熙、雍正三朝之总和。其中，疯人逆词案，据不完全统计，就有乾隆十七年（1752）的杨烟昭案，二十年（1755）的杨淮震《霹雳神策》案、刘裕后《大江滂书》案，二十一年（1756）刘朝幹妄布邪言案等25起。而乾隆十六年（1751）的伪孙嘉淦奏稿案及十八年（1753）的胡中藻《坚磨生诗钞》案，除内阁学士胡中藻等大员被处斩外，遭革职查办的督抚以上的官员就有十几人，牵连的吏民超过千人，着实骇人听闻。在文字狱更趋严酷的血雨腥风中，天下士子与朝中官员的傲骨和正气丧失殆尽，一大批文化鹰犬应运而生。与之相应，文化学术界热衷复古、不谈当朝得失的"汉学"因"文网太密"而日益兴盛。

为钳制思想，清高宗乾隆又以"稽古右文"的名义，在乾隆六年（1741）及三十七年（1772）两次下诏征集天下图书，并想出了一个编纂《四库全书》的绝妙主意，以便从根本上将存世著作中不符合统治集团心意的内容予以禁毁。

乾隆三十八年（1773）闰三月初十日下旨开设《四库全书》修书馆，由永瑢、永璇、永瑆等三位皇子及刘统勋、于敏中等十三位大臣担任正总裁官，以纪昀、陆锡熊、孙士毅三人为总编纂官，姚鼐与戴震、邵晋涵、周永年等非翰林出身的八位著名学者破格当选《四库全书》纂修官。

乾隆三十九年（1774）八月，全国所进图书已达万余种。谁知此时乾隆突然变脸了：此前在正式文件中明言各地督抚在奏报之前"不必先行检阅"，但在八月所下的谕旨中明令所进图书有违碍者，必须销毁，且不再发还给原收藏者。很显然，乾隆先是使出一招"引蛇出洞"，然后再命令督抚们一起来禁毁图书，以图"斩草除根"。

据民国学者郭伯恭《四库全书纂修考》所载：

近人海宁陈乃乾汇诸家之目，去其重复，补其缺失……编《索引式的禁书总录》二卷……总合其所载，计：

全毁书目　二千四百五十三种

抽毁书目　四百零二种

销毁书版目　五十种

销毁石刻目　二十四种

然则求清帝禁书之实在者，执是可以索骥其大约矣。……十余年中所销毁之总数，至少当在十万部左右矣。[1]

"论世"之后，还得"知人"。

《四库全书》编纂伊始，时年四十四岁、正值盛年的姚鼐，却以衰病与养亲为由，乞求辞官归里，从此不再踏入仕途半步，难道不令人诧异吗？大学士于敏中、梁国治曾先后许以高官厚禄，均被姚鼐婉拒。姚鼐《复张君书》曾剖明心志："仕非苟焉而已，将度其志可行于时，其道可济于众。""从容进退，庶免耻辱之大咎已尔。"由此可见，姚鼐认为做官的目的，不是为了个人荣利，而是为了实现"道可济于众"的理想。深知官场险恶的姚鼐，为避免耻辱与祸端，从此急流勇退。

---

[1] 郭伯恭：《四库全书纂修考》，岳麓书社2010年版，第55—56页。

那么，乾隆二十八年（1763）中进士的姚鼐，在担任刑部侍郎兼《四库全书》纂修官，仕途一片光明时，究竟遇到了什么事情，让他下定决心辞官呢？

参与编纂《四库全书》不久，姚鼐与汉学派的总编纂官纪昀、编纂官戴震等人发生了激烈的学术纷争，此即清代儒学的"汉宋之争"，并因此导致了他在乾隆三十九年（1774）辞官。

汉学是汉代大儒郑玄等人所创的一种研究儒家经典的章句之学，宋学是包括周敦颐"道学"、陆九渊"心学"、二程和朱熹"理学"等在内的义理之学。"汉学"是"我注六经"，侧重于训诂考证、解释字句，"宋学"则是"六经注我"，侧重于阐发义理。此即汉学和宋学在方法论上的区别。单从学术上看，汉学与宋学同属经学范畴，"汉宋之争"主要在于两者不同的研究方法及各自所侧重的研究结果。

因为理学在实践方面讲求立志修身，重视道德自律，尤其是理学所包含的纲常伦理、君臣父子等说教符合清初统治者稳定与发展政局的需要，所以被抬到极高的地位。顺治三年（1646）所颁行的《科场条例》，规定科举考试内容以程朱理学对儒家经典的注释作为标准。康熙受其老师熊赐履影响，以宋儒的修齐治平、内圣外王之道作为治国方略，采取"崇儒重道"的国策，重用李光地、陆陇其、方苞等理学名臣，于是"通经以致用"、强调学问的治世功用的"宋学"占据了主导地位。但是，清初以程朱理学为主流的宋学，以独尊的姿态排斥一切异己学说，使得反对程朱理学的阎若璩、毛奇龄等学者以考证字义、史实作为突破口，攻击程朱理学的软肋，直接推动了汉学考据之风的兴起。清朝统治渐趋稳定后，经世思潮风光不再，"扬汉抑宋"的态势日趋显著，热衷复古且对统治者有百利无一害的"汉学"，在乾隆后期达到鼎盛。

当时，"汉学"学者放弃了顾炎武所倡的"通经致用"的"实学"思想主张，将经学蜕变为考据、训诂之学。譬如，同为《四库全书》编纂官的戴震，在谈到义理、考据、文章三者关系时，以"考核"自诩，而视文章为"等而末者"，大肆贬抑义理、文章，与力主"义理、考据、辞章"三者不可偏废的姚鼐产生了冲突，从而引发了汉宋之争。在姚鼐看来，崇尚鸿博、只重训诂考证的汉学派所做学问，穿凿琐屑，驳难猥杂，识见卑下，是畸形发展的"异道"，而程朱平生修己立德且能践履其言，宋明理学才是真正体现圣贤精神的学问。为了缓和与汉学学者的矛盾，姚鼐曾请求师事音韵文字、历算地理的学界权威戴震，但遭其拒绝。

清朝虽然将以程朱理学为主的"宋学"与重视训诂考据的"汉学"并立为官学，但由于统治者的个人喜好及不同历史时期的政治需要，两者的处境与地位并非固定不变。平心而论，清代汉学确因其"实证"方法在经典研究过程中让学者们看到了中国传统学术文化较为确切的面貌，但其过于注重一字一句的训诂，忽视对经典的灵魂——义理的阐发，逐渐由其所标榜的"朴实"转化为"虚无"，使经典研究失去了"经世致用"的价值。由此可见，清代宋学虽有不足，但汉学"灵魂缺失"的问题更大。"汉宋之争"最终以晚清理学的复兴而告终，亦在情理之中。

在乾隆授意下，以纪昀、陆锡熊、戴震等汉学派学者为首的《四库全书》编纂官，除了大肆禁毁科技制造以及明清之际有碍清朝统治的图书，还极力窜改诸如宋代叶隆礼《契丹国志》之类的古籍，甚至连《三国志》抄本、刻本上关羽的谥号也一律改为忠义，以"奖劝忠义，敦励臣节"。至于由馆臣臆改而制造的讹书，更是不计其数。宋明之人的文集奏议及杂史等著述中凡是有"贼""虏""犬羊""女真""夷狄"甚至"中国"之类的字眼，乾隆皆认为容易引起种族观念，悉命删改。至于涉及满族之地理人种等不美记载者，更不用说。郭伯恭《四库全书纂修考》指出："当时改易之风，不仅施之于明末清初之书，即宋人书之诋斥金人词句，亦无不删改。甚至颠倒次序，变易意义。其不易更动者，则故作阙文，或加以删削，有多至数百字者。"[1] 当时被销毁的书籍，"其数量竟相当于《四库全书》的四分之三，被抽毁的也相当于《四库全

---

[1] 郭伯恭：《四库全书纂修考》，岳麓书社2010年版，第47页。

书》八分之一弱"[1]。

《四库全书》名义上是为了汇集古今典籍,实际上是通过窜改古代典籍这一手段,蓄意误导人们对历史和文化的认知,是对中华文化的一次彻底清洗。不愿与之为伍的姚鼐,深知自己肩负的文化传承使命,坚定不移地选择退出《四库全书》的编纂。

乾隆四十年(1775)正月初一,即坐日观亭观日出次日,朱孝纯作《登日观峰图》,姚鼐为之题诗《题子颖所作登日观图》,进一步剖明心志。诗中"岂有神灵通默祷? 偶逢晴霁漫怀欣"两句抒发欣喜之情,虽曰"偶逢晴霁",实则刻意等到此日,尤其是"前生定结名山诺,到死羞为《封禅文》"两句,更是以司马相如临死都替汉武帝操心而留下代天子立言的绝笔《封禅文》这一典故,含蓄表达了自己辞官归隐、至死也不为大清王朝歌功颂德的坚定决心。

是月,姚鼐从泰安返京,接上家小南下,正式开启了后半生以讲学著述传承文脉的全新生活。

因此,一旦把《登泰山记》这一写景抒情的游记散文置于乾隆朝这样一个特定的时代背景之下,教参等资料以"抒发了赞美祖国河山的情怀"来解读文本所蕴含的"情",其荒谬可笑也就显而易见了。

另一方面,从文本解读的角度,还可以发现一些蛛丝马迹:"是日观道中石刻,自唐显庆以来;其远古刻尽漫失"一语,通译为"这一天,(还)观看了路上的石刻,都是从唐朝显庆年间以来的,那些更久远古老的石刻都已经模糊或缺失了"。"自……以来"无疑应与其后一句紧密关联,而非紧承"观道中石刻",因此正常的翻译应该是"从唐高宗显庆年间以来,那些久远古老的石刻全都已经模糊或缺失了"。可是,如此一来,它显然成了一个病句。然而,魔鬼就藏在这一反常的细节里! 通过"自唐显庆以来;其远古刻尽漫失"这一文本密码,姚鼐托言"石刻",巧妙地将《四库全书》所收录的唐高宗显庆

---

[1] 陈正宏、谭蓓芳:《中国禁书简史》,学林出版社2004年版,第230页。

以来凡涉及北方少数民族不美记载的有关典籍悉遭窜改这一惊天秘密揭露了出来。"漫失"之"漫",为"漫剥"之意,是说因剥蚀脱落而模糊不清。姚鼐借此悲叹:那些永恒如石刻的文化典籍,尤其是唐宋历史、宋明理学等方面的著作,因有违统治者心意,已经被删削、窜改得失去其本来面目了!

除《登泰山记》外,姚鼐在乾隆四十年(1775)正月还写过《游灵岩记》《岁除日与子颖登日观观日出作歌》《泰山道里记序》等多篇与泰山有关的诗文。是月,姚鼐从泰安北上接上家小离开京师南归,他曾给送别的友人出示《于朱子颖郡斋值仁和申改翁见示所作诗题赠一首》,其中"径辞五云双阙下,欲揽青天沧海流"两句颇能见其心迹。

郦道元《水经注》云:"汶水出朱虚县泰山……北过其县东……又北过淳于县西,又东北入于潍。"郦道元引前人言曰:"(汶)水出(朱虚)县东南峿山,山在小泰山东者也。"又注曰:"汶水自县东北径郚城北……又东北径管宁冢东……又东北径柴阜山北……汶水又东径安丘县故城北。"

姚鼐在给泰安地理学者聂鈫《泰山道里记》一书所作的《序》中写道:"余尝病天下地志谬误,非特妄引古记,至纪今时山川、道里、远近、方向,率与实舛,令人愤叹。""余疑《水经注》于汶水左右水源流方面,颇有舛误。"经过实地考察,他在《登泰山记》中开篇就以"泰山之阳,汶水西流"等语纠正了郦道元《水经注》等前人著作中的汶水东流入海这一谬误。这种重视"实证实修"的治学精神,不仅有力地击中了埋头于故纸堆、妄引古籍来考证古代之事的汉学学者的软肋,而且将地理学与文学巧妙融合,开创了游记散文的新范式。

在学者文人消磨才华以牟取名利甚至日益堕落的时代,姚鼐精心策划,决意不走寻常路,与好友朱子颖登东岳泰山,并以除夕在冰天雪地的泰山极顶观日出这一惊世骇俗的"行为艺术",向世人表明他以文章作为载道之器传承理学,与时代和汉学彻底决裂的坚定决心。

与时代逆向而行的姚鼐,极力主张"士自从所好""自行其志"等人格精神的独立,图变求新,与时俱进,自此先后主持扬州梅花书院、安庆敬敷书院、徽州紫阳书院、南京钟山书院四十余年,授徒众多,名满天下,更成就了其在清代文学史上无与伦比的崇高地位,正如他在《岁除日与子颖登日观观日出作歌》中所发出的豪迈宣言:

> 男儿自负乔岳身,胸有大海光明瞰。
> 即今同立岱宗顶,岂复犹如世上人?

《登泰山记》这样一篇寓情于景的游记散文,文辞凝练,状物精妙,真切表达了姚鼐辞官去京这一重大抉择背后所隐含的内心复杂的思想情感,不仅堪称"义理、考据、辞章"三者完美结合的典范之作,而且完全可以视为姚鼐针对朝廷与汉学派发出的宣言与挑战书。

姚鼐与方苞、刘大櫆并称"桐城三祖",被誉为"中国古文第一人""中国古文的高峰",仅从此文来看,足见其绝非浪得虚名。

物象之神

　　作家在创作时或寄意于物,或托物言志,因此散文中的物象,与诗歌意象一样,往往浸透着作者深挚的情感,有着特别的神韵。

　　其中的核心物象,则是文本解读的关键密码,尤需用心揣摩,否则根本触及不到文心。

物象密码与文本意蕴

一松一竹真朋友,山鸟山花好弟兄
——物象密码中的情韵

散文中的物象,与诗歌的意象一样,并非单纯的景物,而是浸透着作者情感、赋予其人格魅力的艺术形象。正如辛弃疾《鹧鸪天·博山寺作》词云:"一松一竹真朋友,山鸟山花好弟兄。"物象,尤其是核心的物象,往往是文本解读的关键密码。

先以陶渊明《五柳先生传》为例:

先生不知何许人也,亦不详其姓字,宅边有五柳树,因以为号焉。闲静少言,不慕荣利。好读书,不求甚解;每有会意,便欣然忘食。性嗜酒,家贫不能常得。亲旧知其如此,或置酒而招之;造饮辄尽,期在必醉。既醉而退,曾不吝情去留。环堵萧然,不蔽风日;短褐穿结,箪瓢屡空,晏如也。常著文章自娱,颇示己志。忘怀得失,以此自终。

赞曰:黔娄之妻有言:"不戚戚于贫贱,不汲汲于富贵。"其言兹若人之俦乎?衔觞赋诗,以乐其志,无怀氏之民欤?葛天氏之民欤?

文章依照人物传记的传统写法,开头说"先生不知何许人也,亦不详其姓字",随后又点明"五柳"名号的由来。清代毛庆蕃《古文学馀》卷二十六点评道:"无乡人之心,故不知何许人;无求名之心,故不详其姓字。"可见,作者远离官场是非后,不用思乡想家,无须功名富贵,故不知何人、不详姓字之说,实为隐逸之伏笔。

解读文本,首先必须抓住"五柳"这一物象密码。

柳树性喜湿润,耐寒,耐旱,也耐盐碱,生命力极其顽强,能在恶劣环境下生存。它的青枝绿叶总是低垂着,象征谦逊低调、朴实无华的品格;而且"柳"谐音"留",厌倦官场的陶渊明"著文章自娱",借种柳以"示己志",表达了敝屣名利、不惧贫贱、矢志扎根田园的追求。

柳为什么是五棵,而不是其他数目呢?数字"五"代表五行之数,在中华传统文化中有着特定的文化内涵,意味着通权达变、生生不息。陶潜自号"五柳先生",正是借此突出即使"箪瓢屡空"也能顽强生活下去的人生信念。

文本密码"忘怀得失"四字,既是"五柳"精神的写照,又是作者厌弃官场、归隐田园的心声。

结尾一段,作者仿照史官笔法为自己写"赞",歌颂五柳先生的真性情:一是不愁贫贱,不求富贵;二是诗酒为乐,返璞归真,像上古太平盛世帝王无怀氏、葛天氏治下的百姓一样,过着古朴的自由生活。

鲁国贤士黔娄死后,穿着旧袍子,垫着烂草席,停尸破窗之下,短衾竟然盖不住头和脚。曾子往吊,见后心酸不已,建议把布被斜盖以便殓葬,不料黔娄之妻却说:"斜之有余,不若正之不足,先生生而不斜,死而斜之,非其志也。"

值得留心的是,作者引黔娄之妻"不戚戚于贫贱"等语,用鲁国隐士黔娄的典故,不过是借以表明即使死后衾不蔽体,也要循道而行、安贫守贱的决心罢了。

像"五柳"这类直接通过描摹和叙述用来比拟的物象,可以称为"比象"或"喻象";而那些用以类比的物象,则可称为"类象"。无论是比象还是类象，都应根植于文化传统，深究其"象外之意"，深究物象的象征意义以及相关历史掌故背后的文化意义。

周敦颐《爱莲说》亦是运用"比象"的典型例子：

水陆草木之花，可爱者甚蕃。晋陶渊明独爱菊。自李唐来，世人甚爱牡丹。予独爱莲之出淤泥而不染，濯清涟而不妖，中通外直，不蔓不枝，香远益清，亭亭净植，可远观而不可亵玩焉。

予谓菊，花之隐逸者也；牡丹，花之富贵者也；莲，花之君子者也。噫！菊之爱，陶后鲜有闻。莲之爱，同予者何人？牡丹之爱，宜乎众矣！

菊比隐逸者，牡丹比富贵者，莲比君子者，此皆典型的"比象"。若把儒家人生追求比作一朵花，国色天香的牡丹是也；若把道家人生追求比作一朵花，凌霜不凋的菊花是也；若把佛家人生追求比作一朵花，出淤泥而不染的莲花是也。

"世人甚爱牡丹"，意为众人偏爱追逐荣华富贵；"予独爱莲"，则通过对比手法，不仅表达了对安贫乐道的君子人格的追求，还向后世呈现了其偏重于佛学的理学思想倾向。

周敦颐，字茂叔，后世尊为宋明理学之祖。公事之余，周敦颐常参禅问道，曾参学于临济宗黄龙派黄龙祖心、东林常总，以及云门宗佛印了元等高僧下，以"穷禅客"自居，其思想之渊源实在于禅宗。其传世著作《太极图说》及《通书》等，熔儒、释、道于一炉，从而开启了宋代儒家道学之先河。

对于"比象"蕴含的意义，有些作者可能会在文中更为直截了当地呈现，譬如刘基的《卖柑者言》：

杭有卖果者，善藏柑，涉寒暑不溃。出之烨然，玉质而金色。置于市，贾十倍，人争鬻之。予贸得其一，剖之，如有烟扑口鼻，视其中，则干若败絮。

予怪而问之曰:"若所市于人者,将以实笾豆,奉祭祀,供宾客乎?将炫外以惑愚瞽也?甚矣哉,为欺也!"

卖者笑曰:"吾业是有年矣,吾赖是以食吾躯。吾售之,人取之,未尝有言,而独不足子所乎?世之为欺者不寡矣,而独我也乎?吾子未之思也。今夫佩虎符、坐皋比者,洸洸乎干城之具也,果能授孙、吴之略耶?峨大冠、拖长绅者,昂昂乎庙堂之器也,果能建伊、皋之业耶?盗起而不知御,民困而不知救,吏奸而不知禁,法斁而不知理,坐縻廪粟而不知耻。观其坐高堂,骑大马,醉醇醴而饫肥鲜者,孰不巍巍乎可畏,赫赫乎可象也?又何往而不金玉其外,败絮其中也哉?今子是之不察,而以察吾柑!"

予默默无以应。退而思其言,类东方生滑稽之流。岂其愤世疾邪者耶?而托于柑以讽耶?

刘基这篇寓言体讽刺小品文,以一个"涉寒暑不溃""出之烨然,玉质而金色"的柑子作为文章的切入口,巧借杭州卖果者之口,淋漓尽致地嘲讽了那些武将文臣。"佩虎符、坐皋比",貌似干城之具,却武不能定国;"峨大冠、拖长绅",貌似庙堂之器,却文不能安邦。文武百官好似银样镴枪头,不能御盗、救民、禁奸、理法,却只会欺世盗名,醉生梦死,简直与"金玉其外,败絮其中"的柑子毫无二致。

除了花草树木及果蔬,鸟兽虫鱼等也常用作物象密码,譬如郦道元《水经注》的《三峡》一文中的"属引凄异"的"高猿"。

自三峡七百里中,两岸连山,略无阙处。重岩叠嶂,隐天蔽日,自非亭午夜分,不见曦月。

至于夏水襄陵,沿溯阻绝。或王命急宣,有时朝发白帝,暮至江陵,其间千二百里,虽乘奔御风,不以疾也。

春冬之时,则素湍绿潭,回清倒影,绝巘多生怪柏,悬泉瀑布,飞漱其间,清荣峻茂,良多趣味。

每至晴初霜旦,林寒涧肃,常有高猿长啸,属引凄异,空谷传响,哀转久绝。故渔者歌曰:"巴东三峡巫峡长,猿鸣三声泪沾裳。"

郦道元长期在北魏为官,未曾到三峡实地考察,但他以袁山松《宜都记》和盛弘之《荆州记》为蓝本而写的《三峡》一文,语言凝练,堪称神品。张岱《琅嬛文集》卷五赞道:"古人记山水,太上郦道元,其次柳子厚,近时则袁中郎。"

在概述"两岸连山""重岩叠嶂"的壮美之后,作者先写"夏水襄陵"时舟行千里的轻快,再写"清荣峻茂"的山水之秀美,最后落脚于"晴初霜旦,林寒涧肃"的深秋,其中"高猿长啸,属引凄异,空谷传响,哀转久绝"等寥寥数语,呈现的则是一种凄美的意境。

综观全篇,作者精心选取重岩叠嶂、素湍绿潭、绝𪩘怪柏、悬泉瀑布等诸多典型的景物,描绘三峡奇景,然最为核心的物象,则无疑是"高猿"。

为何在如此雄奇秀丽的三峡景观之中,郦道元偏要以猿鸣渲染悲凄氛围,形成强烈的反差?

《世说新语·黜免》载:"桓公入蜀,至三峡中,部伍中有得猿子者,其母缘岸哀号,行百余里不去,遂跳上船,至便即绝。破视其腹中,肠皆寸寸断。公闻之怒,命黜其人。"此即成语"肝肠寸断"由来。猿鸣本就悲凄,何况三峡有此故事?瞿塘峡、巫峡、西陵峡三峡,处处是急流险滩,舟行无比凶险,在此打鱼为生,实属别无选择。郦道元对三峡渔者的生存处境寄予深切同情,故结尾卒章显志,引渔者之歌突出猿鸣之哀:"巴东三峡巫峡长,猿鸣三声泪沾裳。"

"高猿"这一内蕴深厚的物象,属于需深究其历史掌故与文化内涵的"比象"。通过这一物象密码不难看出,《三峡》是一篇经典的山水小品散文。窥一斑而知全豹,《水经注》这部以水道为纲,记述流经之地的地形地貌、关隘名胜等内容的地理名著,被视为描绘山川景物、记录风土人情的文学经典,也就不足为怪了。

再以苏轼《放鹤亭记》为例:

宋神宗熙宁十年(1077),苏轼在徐州知州任上,常带宾佐随从拜会隐居修道的云龙山人张天骥。张山人养有两只善飞的驯鹤,并在冈岭四合的新居所在的东山之麓筑有一亭,名曰"放鹤亭"。元丰元年(1078)十一月初八,苏轼为之撰《放鹤亭记》并《放鹤招鹤之歌》,其文引经据典,揭示了"鹤"这一物象的意义:

挹山人而告之曰:"子知隐居之乐乎?虽南面之君,未可与易也。《易》曰:'鸣鹤在阴,其子和之。'《诗》曰:'鹤鸣于九皋,声闻于天。'盖其为物,清远闲放,超然于尘埃之外,故《易》《诗》人以比贤人君子。隐德之士,狎而玩之,宜若有益而无损者,然卫懿公好鹤则亡其国。周公作《酒诰》,卫武公作《抑戒》,以为荒惑败乱,无若酒者;而刘伶、阮籍之徒,以此全其真而名后世。嗟夫!南面之君,虽清远闲放如鹤者,犹不得好,好之则亡其国;而山林遁世之士,虽荒惑败乱如酒者,犹不能为害,而况于鹤乎?由此观之,其为乐未可以同日而语也。"

鹤,羽色素朴纯洁,鸣声嘹亮脱俗,神态清高安闲,超然于尘世之外,因其难以家养,故有"闲云野鹤"之说。

鹤为仙禽,常与仙人相伴,或做仙人的坐骑,《相鹤经》言其为"羽族之宗长,仙人之骐骥"。汉代刘向《列仙传》所载周灵王太子晋,又名王子乔,仙人浮丘公接引其至嵩高山修道,后于缑氏山巅乘白鹤飞升登天,道家尊号"桐柏真人"。屈原《远游》"轩辕不可攀援兮,吾将从王乔而娱戏"诗句所咏歌的"王乔",即是其人。明代王世贞《列仙全传》载:"费文祎,字子安,好道得仙。偶过江夏辛氏酒馆而饮焉,辛氏复饮之巨觞。明日复来,辛不待索而饮之。如是者数载,略无吝意。"故事结局是仙人报恩:费文祎于是取橘皮在壁间画一鹤,有客来饮,拍手而歌,鹤则飞下,翩跹而舞,远近闻之,咸来观睹,顾客盈门,辛氏因此获利百倍。十余年后,费文祎回来,取笛数弄,白云自空而下,画鹤飞至其前,遂跨鹤乘云而去。辛氏在其飞升处建黄鹤楼。唐代诗人崔颢《黄鹤楼》诗开篇即用仙人乘黄鹤飞升之典,抒发仙去楼空的感慨。

可见,鹤这一物象,在古诗文中往往与道家隐逸修仙密不可分。苏轼《放鹤亭记》从《易》《诗》以鹤比拟贤人君子的文化传统,说到好鹤与纵酒这两种嗜好,君主可因之败乱亡国,隐士却可因之怡情全真,对比之下凸显南面为君不如隐居之乐的道理,故以"其为乐未可以同日而语也"表明归隐心迹。这与文末所附的《放鹤招鹤之歌》"归来"主旨是完全吻合的。

物象密码并非仅限于花草树木、鸟兽虫鱼之类,富有创造性的诗文作者,其笔下往往会出现某些全新的物象。譬如刘禹锡的"陋室"、王禹偁的"小竹楼"、归有光的"项脊轩"之类。

《陋室铭》传说为刘禹锡因"永贞革新"案被贬至和州时所作。其铭云:

山不在高,有仙则名。水不在深,有龙则灵。斯是陋室,惟吾德馨。苔痕上阶绿,草色入帘青。谈笑有鸿儒,往来无白丁。可以调素琴,阅金经。无丝竹之乱耳,无案牍之劳形。南阳诸葛庐,西蜀子云亭。孔子云:何陋之有?

"陋室"所在,有浙江婺州(今浙江金华)、河北定州(今河北保定)、安徽和州(今安徽马鞍山)等几种说法,当以安徽和州说为妥。清陈廷桂《历阳典录·陋室》可谓言之有理:"陋室在州治内,唐和州刺史刘禹锡建。有铭,柳公权书碑,今废碑亦无存。考《定州志》,亦有陋室,定州,梦得故里。然《铭》中'案牍劳形'云云,当非家居人语,或定人附会为之耳。"长庆四年(824)夏,几经贬谪的刘禹锡由夔州刺史调任和州刺史,宝历二年(826)冬罢和州刺史,返洛阳。和州之任,即其《金陵五题》序言所谓"为历阳守"。

"陋室"深意何在?

《古文观止》云："陋室之可铭，在德之馨，不在室之陋也。惟有德者居之，则陋室之中，触目皆成佳趣。"清代林云铭《古文析义》亦云："通篇总是'惟吾德馨'四字衍出，言有德之人，室藉以重，虽陋亦不陋也。"

全文短短八十一字，从室外景、室内人、室中事落笔，看似浅近，然读者多把目光聚焦在"德"字上，误以为"斯是陋室，惟吾德馨"即文章主旨，作者借赞美陋室抒写自己志行高洁、安贫乐道，不与世俗同流合污的意趣。而北宋释智圆《闲居篇·雪刘禹锡》则以《陋室铭》不符合铭文称颂先祖功德或警戒自我的体例，以"仙""龙"自比之狂妄不符合巨儒刘氏的为人处世等为由，断定其非刘禹锡之作。后世学者亦有不少人持此种观点。譬如当代著名学者卞孝萱不仅否定《陋室铭》为刘作，而且认为山矮仙不会住，水浅龙蹲不住，故"山不在高，有仙则名。水不在深，有龙则灵"有违常识。如此解读，实在有违文学之道。

其实，有"诗豪"雅称的刘禹锡，有着很强的求异心理，尤喜标新立异。其《陋室铭》即属异于常态的杂铭之类，意在表明自己虽遭贬谪，久处卑陋之所，然终非池中之物。

开头"山不在高"等语，源自《世说新语·排调》："康僧渊目深而鼻高，王丞相每调之。僧渊曰：'鼻者面之山，目者面之渊。山不高则不灵，渊不深则不清。'"灵，本指跳舞降神之巫，引申为聪明、通晓事理；清，清澈，与"浊"相对，引申为明白、清晰，旧时还多用以指不肯与权贵同流合污的有名望的士大夫。康僧渊鼻梁高耸，眼眶深陷，宰相王导常以此调侃他，不料康僧渊以"山高水深"妙喻充分展示自己聪明通达、不媚权贵的自信。

刘禹锡《陋室铭》妙用的康僧渊这一典故，与其《元和十一年自朗州承召至京戏赠看花诸君子》"玄都观里桃千树，尽是刘郎去后栽"，十四年后，即大和二年（828）续作的《再游玄都观》"种桃道士归何处，前度刘郎今又来"等诗句，皆充分表现了对阻挠革新的权臣及新贵的蔑视，以及对自身才华的无比自信，且一脉相承。

作者托物言志，将和州所居"陋室"类比为"南阳诸葛庐"和"西蜀子云亭"，意在表明凭己之"才"必不会长期"蛰居"于此陋室之中，诸葛庐、子云亭即是"类象"。诸葛亮出山辅佐刘备成就大业之前，隐居南阳茅庐，自比管仲、乐毅，时号"卧龙先生"，徐庶向曹操言其有"经天纬地之才"；扬雄，字子云，蜀郡成都人，西汉辞赋家，博学多识，蛰居在家著成《太玄经》，故人称其住处为"草玄堂"。葛洪《西京杂记》卷二曰："雄著《太玄经》，梦吐凤凰，集《玄》之上，顷而灭。"时人称扬雄为"吐凤之才"。后人于其故宅"扬子宅"建亭纪念，故子云亭即代指扬子草玄堂。刘禹锡连用两个"类象"后，以孔子"何陋之有"一语反问收束全篇，非常自信地表明自己才堪辅弼、文可传世，终将如孔明、子云等人中龙凤一样大放异彩，绝不会久处陋室。

可见，铭文中"惟吾德馨"之语，不过是障眼法。"德"字背后隐藏的是对"才"的无比自信！

自古以来，骚人墨客常赋予自然景物乃至人文建筑以人的思想感情色彩，使自然景物反映出社会生活的审美情趣。也就是说，作家在观察客观事物时并非纯客观，而是以自己的情感去同化它，此即文学创作中的"移情作用"。

譬如，郑板桥给《墨竹图》题诗道："衙斋卧听萧萧竹，疑是民间疾苦声。些小吾曹州县吏，一枝一叶总关情。"卧处县衙的郑板桥听到萧萧作响的凄清竹声，与"民间疾苦声"具有相似的特征，因而产生了移情作用，使得原本没有灵性的竹子在郑板桥心目中"一枝一叶总关情"了。

下面再以王禹偁《黄州新建小竹楼记》为例，试着深探作者寄寓在"竹楼"这一物象中的情感：

黄冈之地多竹，大者如椽，竹工破之，刳去其节，用代陶瓦。比屋皆然，以其价廉而工省也。

子城西北隅，雉堞圮毁，蓁莽荒秽，因作小楼二间，与月波楼通。远吞山光,平挹江濑,幽阒辽夐,不可具状。夏宜急雨,有瀑布声;冬宜密雪,有碎玉声。宜鼓琴,琴调虚畅;宜咏诗,诗韵清绝;宜围棋,子声丁丁然;宜投壶,矢声铮铮然:皆竹楼之所助也。

公退之暇,被鹤氅衣,戴华阳巾,手执《周易》一卷,焚香默坐,消遣世虑。江山之外,第见风帆沙鸟,烟云竹树而已。待其酒力醒,茶烟歇,送夕阳,迎素月,亦谪居之胜概也。

彼齐云、落星,高则高矣;井干、丽谯,华则华矣。止于贮妓女,藏歌舞,非骚人之事,吾所不取。

吾闻竹工云,竹之为瓦,仅十稔。若重覆之,得二十稔。噫,吾以至道乙未岁,自翰林出滁上,丙申移广陵;丁酉又入西掖,戊戌岁除日有齐安之命,己亥闰三月到郡。四年之间,奔走不暇,未知明年又在何处,岂惧竹楼之易朽乎!后之人与我同志,嗣而葺之,庶斯楼之不朽也!

咸平二年八月十五日记

王禹偁,山东济州巨野人,北宋著名直臣,政治改革的先驱和诗文革新运动的旗手。幼习儒业,志在兼济,太宗太平兴国八年(983)中进士。端拱元年(988),太宗闻其才名,擢右拾遗,直使馆,次年即拜左司谏、知制诰,不久又兼判大理寺。淳化二年(991),妖尼道安诬讼徐铉而当反坐,太宗有诏勿予追究。有着崇儒、亲道、排佛等鲜明文化人格的王禹偁据理力争,抗疏为徐铉雪诬并请治道安罪,坐贬商州团练副使,岁余移解州。至道元年(995)召为翰林学士。因直言敢谏,屡遭贬谪。真宗咸平元年(998),宰相张齐贤、李沆在修《太祖实录》时,意见不合,相互猜忌,殃及参与修撰的王禹偁,致使他被贬知黄州。次年闰三月,王禹偁到达任所,不久修建竹楼两间,同年八月十五作文以记之。

先说"竹"。梅令人洁,兰令人幽,菊令人淡,竹令人雅。故前贤将竹与梅、兰、菊合称"四君子"。文人士大夫爱竹,因竹有"十德":身形挺直,宁折不弯,曰正直;虽有竹节,却不止步,曰奋进;外直中空,襟怀若谷,曰虚怀;有花不开,素面朝天,曰质朴;一生一花,死亦无悔,曰奉献;超然独立,顶天立地,曰卓尔;虽曰卓尔,却不似松,曰善群;质地犹石,方可成器,曰性坚;化作符节,苏武秉持,曰操守;载文传世,任劳任怨,曰担当。

再看"竹楼"。它与齐云、落星、井干、丽谯等用于"贮妓女、藏歌舞"的华丽高楼相比,虽显寒碜,但"夏宜急雨""冬宜密雪",且适宜鼓琴、咏诗、围棋、投壶,能助谪居之雅兴。小竹楼这一物象,被作者赋予了深厚的意蕴:一是以竹自比正直、奋进、虚怀、质朴、奉献、卓尔、善群、性坚、操守、担当等品性,故小竹楼既是作者洁身自好的人格与高远情志的载体,也是其人格理想与人格力量的象征;二是身处逆境的作者将小竹楼视为苦闷心灵的栖居之所,借以表明无惧宦海沉浮与随遇而安的心态。

解读至此,竹楼这一物象密码的内蕴似已完全揭示,但未曾与主旨密码"易朽"关联,无疑尚未触及物象的内核,更未触及文心。

以竹建楼,相比于陶瓦,价廉而工省,但使用年限不长,故作者特意强调其"易朽"的特点。当作者从竹工处得知"竹之为瓦,仅十稔",由竹瓦盖楼十年即朽,联想到淳化二年(991)因抗疏而坐贬商州团练副使,饱经仕途雨雪至今已近十年;再联想到入翰林院后坐谤讪而罢为工部郎中、知滁州,不久又移守广陵,"四年之间,奔走不暇"的遭遇,作者已深感生命之"易朽"。但人生的大起大落,并未消磨其锐气。王禹偁贬至黄州后,曾作《三黜赋》以明心志,抒发"屈于身兮不屈其道,任百谪而何亏"的不屈精神。在小竹楼落成之际,作者摹写竹楼听雨如瀑、闻雪若玉等雅趣,实则是为了彰显从容不迫的超脱气度,并以"岂惧竹楼之易朽"表达无惧生死、百折不挠的生命情怀。

面对岁月的更替、人世的变迁,作者在公余"被鹤氅衣,戴华阳巾",且手执《周易》一卷,焚香默坐于竹楼之中,沉思天地大道与穷通寿夭之理。此类叙述,绝非闲笔。淳化二年(991)八月三十日,王禹偁梦见在皇帝面前赋诗,醒来只记得其中有"九日山州见菊花"一句,九月二日即被贬为商州团练副使,后有诗《淳化二年八月晦日夜梦于上前赋诗既寤唯省一句云九日山州见菊花间一日有商于贰车之命实以十月三日到郡重阳已过残菊尚多意梦已征矣今忽然一岁又逼登高追续前诗句因成四韵》以记。是年,三十七岁的王禹偁与道士刘湛然交往,并有诗《送筇杖与刘湛然道士》。至商州后,他对道家日益亲近,尤爱《庄子》,次年清明后,便羽衣道服长着不离了。

结尾以"后之人与我同志,嗣而葺之,庶斯楼之不朽也"一语收束全篇,实则已预知来日无多,期望后任者能继承自己正直质朴、虚心劲节等品质,使自己的精神得以不朽。

文末"咸平二年八月十五日记",此处深意人多无视。中秋节,源自上古秋夕祭月习俗,又名月夕、祭月节,唐太宗时由秋分调至八月十五。其俗普及于汉,定型于唐,盛行于宋。道教崇奉月神,尊为太阴星君,认为月神明分昼夜,校籍众生,掌人魂魄,赐福消灾,拜月祭月,可祛病延寿。王禹偁是日"送夕阳,迎素月",以为谪居之乐,其达观于生死,大有庄子遗风。

据《宋史·王禹偁传》载:咸平四年(1001),黄州境内两虎相斗死其一,群鸡夜鸣而经月不止,冬雷暴作,王禹偁见天降异象,上疏自我弹劾并引《洪范传》劝说真宗,真宗遣内侍慰问,并举行祭祀祝祷仪式以消弭灾祸。有司欲追究王禹偁守土之责,真宗惜才,当天就让他改知蕲州。王禹偁上表谢恩,其中有"宣室鬼神之问,不望生还;茂陵封禅之书,止期身后"等语,皇上见此,深感讶异,不料竟一语成谶!王禹偁就任蕲州知州不足一月,即告病逝,年仅四十八岁。

其实,早在王禹偁以"竹楼"观照自身命运之前,柳宗元就曾在《始得西山宴游记》中化身"西山",与之合一。此类物象,往往就是作者自身的写照。

聊假物以拟身,忽神化而无形
——以"龙"为例略谈"因象求意"

"六书"造字法,《汉书·艺文志》谓"象形、象事、象意、象声、转注、假借,造字之本也"。其中,"象意"即"会意",颜师古所谓"比类合谊,以见指㧑",也就是用两个或两个以上的字合起来表示一个新的意义的造字方法。

象为意之源。先贤有言:以言言道,得其绪余,故得道而忘言;以象求意,得其仿佛,故得意而忘象。探求汉字本义须由"象"入手,探求文本的本义亦是如此。然而,由象及意,并非易事。

龙之为德,变化屈伸,在渊在天,潜飞有时。三国时期曹魏政治家刘劭《龙瑞赋》云:"聊假物以拟身,忽神化而无形。"且以韩愈《龙说》、王安石《龙赋》及柳宗元《谪龙说》为例,阐释如何"因象求意"。

韩愈有杂说四篇,即《龙说》《医说》《崔山君传》《马说》。以其《杂说一·龙说》为例:

龙嘘气成云,云固弗灵于龙也。然龙乘是气,茫洋穷乎玄间,薄日月,伏光景,感震电,神变化,水下土,汨陵谷,云亦灵怪矣哉。

云,龙之所能使为灵也。若龙之灵,则非云之所能使为灵也。然龙弗得云,无以神其灵矣。失其所凭依,信不可欤。异哉!其所凭依,乃其所自为也。

《易》曰:"云从龙。"既曰"龙",云从之矣。

韩愈这篇根据典籍和传说写成的杂感,虽然篇幅短小,但首尾相顾,跌宕宛转,极为传神,正如清人方苞所评:"尺幅甚狭,而层叠纵宕,若崇山广壑,使观者莫能穷其际。"

结合文本来看,全文分三个层次阐述了龙、云相互依存的关系:

其一,"龙嘘气成云"是说龙吐气而形成云,一旦龙得云则神威无穷,可在太空自由游动,逼近日月并遮掩其光辉,还可感应出霹雳闪电,降下大雨浸润大地,淹没深谷丘陵;其二,龙与云是相互依存的关系——没有龙则云不会变化无穷;没有云则龙也显现不出其变化和声威;其三,龙、云相依的主体是龙,龙变化所依凭的云是自己创造的,真正的"龙",自然有"云"相从。

解者因此多以为此文用意显豁:龙喻圣君,云比贤臣,全篇以"龙"与"云"相互依辅设喻,紧扣一个"灵"字着笔,形象说明圣君要依靠贤臣建功立业,贤臣亦须仰仗圣君识拔方能荷重行远,若要国家长治久安,圣君贤臣缺一不可。

本文托物寓意,象意交融,对其意旨,清人李光地却说:"此篇取类至深,寄托至广。精而言之,如道义之生气,德行之发为事业文章。大而言之,如君臣之遇合,朋友之应求,圣人之风之兴起百世,皆是也。"依此看来,则"龙""云"之象,寓意极为深广,不可狭隘理解。

全文从《周易·乾卦·文言》中"云从龙"一句加以发挥,因此还得回到龙、云之"象",以求其"意"。

《乾卦》"九五爻"曰:"飞龙在天,利见大人。"孔子释曰:"同声相应,同气相求。水流湿,火就燥,云从龙,风从虎,圣人出而万物睹。本乎天者亲上,本乎地者亲下,则各从其类也。"因为同类声频相互感应,同类气息相互求合,如水之趋下,火之近燥,又如龙吟云出,虎啸风生。有德的圣人居九五中正之位,自强不息,能感通天下,了解百姓疾苦,故万物皆可见。本乎天者,天之气也;本乎地者,地之气也。天地合气,万物化生,各自分类聚集。

值得注意的是,王逸《离骚序》早就指明"虬龙鸾凤,以托君子"的楚辞象征传统。在乾卦中,"龙"非特指圣君,而是象征自强不息的君子;在坤卦中,"马"象征厚德载物的君子。龙马精神即指自强不息、厚德载物之精神。

对照"九二爻"辞"见龙在田,利见大人",九五爻得天位(在天),得天之气,是亲上;九二爻得地位(在田),得地之气,是亲下,二者都具有中庸的品德,是"同声相应,同气相求"的,亦是"各从其类"的,故皆"利见大人"。而九二之于九五是亲上,九五之于九二亦是亲下。譬如一棵树,根扎向大地吸取水和养分,枝叶伸向天空获得光和空气,故孔子得出"本乎天者亲上,本乎地者亲下"的结论,其所谓"各从其类",即物以类聚,人以群分,意味着人须亲近有德的大人君子,借以提升自己。

司马迁《史记·伯夷列传》引孔子"云从龙,风从虎,圣人出而万物睹"之后评述道:"伯夷、叔齐虽贤,得夫子而名益彰;颜渊虽笃学,附骥尾而行益显。"司马迁进而慨叹:那些居住在深山洞穴中、德行与伯夷差不多的隐士,却由于没有好的时机遭遇圣人,大多湮没无闻而不能被后世称颂,真可悲啊!

韩愈此文具体创作时间不详,学者多以为写于《送穷文》和《进学解》前后,约在贞元十九年(803)至元和八年(813)之间。这十年,是韩愈仕途屡屡受挫、郁郁不得志的十年。

贞元十九年(803),关中大旱,灾民流离失所,饿殍遍地,擢升为监察御史仅三月的韩愈,察访后上《论天旱人饥状》直言惨状,反遭京兆尹李实谗害,年底被贬为岭南连州阳山县令。三年后奉诏调回京师任国子博士,不久又遭排挤和毁谤,于元和四年(809)改授都官员外郎、分司东都兼判祠部。后又反对宦官弄权、抵制佛老泛滥而遭贬黜,元和六年(811)终于平调入京,任尚书职方员外郎,却因替华阴县令柳涧辩护,次年二月降为国子博士。韩愈自认才学高深却屡遭贬斥,于是作《进学解》以自谕,宰相看后颇为同情,以其有史学才识,调为比部郎中、史馆修撰。

韩愈一生极力排斥佛老,以复兴儒学为己任,倡导以仁义为核心的儒家道统哲学,在文学上首倡"文以贯道""修辞明道"的文道观,主张文、道二者不可偏废,以"文"作为宣扬孔孟之"道"、维系中唐以来日益散漫的道德人心的工具。

根据乾卦爻辞,结合韩愈生平及《史记·伯夷列传》"云从龙"用典等内容来看,李光地"取类至深,寄托至广"之说颇有见地,但过于宽泛。《龙说》虽然蕴含着对君臣关系、朋友关系乃至文道关系等多方面的思考,但既无汉代王褒《圣主得贤臣颂》歌颂汉宣帝励精图治景象,亦无其所谓"若尧舜禹汤文武之君,获稷、契、皋陶、伊尹、吕望之臣"而相得益彰之意,而是在抒发怀才不遇感慨的同时,寄寓着不改初心、自强不息的精神追求。

韩愈贞元八年(792)登进士第,此后连续三年参加吏部博学宏词科考试,皆落选。贞元十一年(795)正月二十七日至三月十六日,韩愈曾三次上书宰相求仕,时宰相赵憬、贾耽、卢迈皆置之不理,韩愈郁郁不得志,五月离开京师长安东归故里,途中目睹某地方官僚搜罗珍禽进献天子,触发求仕失意的感伤,遂将自己与二鸟"进退之殊异"的境遇进行对比,托物寄兴,自伤自悼,写成《感二鸟赋》,抒发"余生命之湮厄,曾二鸟之不如"的沉痛感慨,并对当权者贱人贵物、不肯爱惜人才的做法予以抨击。此文与其初入仕途所作的《马说》一样,对埋没人才的社会现实予以抨击,愤世嫉俗之气溢于言表,与含蓄内敛,蕴藉深厚的《龙说》则大异其趣。

王安石《龙赋》,与韩愈《龙说》一样,亦属"因寄所托"一类的小赋:

龙之为物,能合能散,能潜能见,能弱能强,能微能章。惟不可见,所以莫知其乡;惟不可畜,所以异于牛羊。变而不可测,动而不可驯,则常出乎害人,而未始出乎害人,夫此所以为仁。为仁无止,则常至乎丧己,而未始至乎丧己,夫此所以为智。止则身安,曰惟知几;动则利物,曰惟知时。

然则龙终不可见乎?曰:与为类者常见之。

很显然,这是一篇托物寓意,以龙自喻襟怀的小赋。

《说文解字》释"龙"曰:"鳞虫之长。能幽能明,能细能巨,能短能长;春分而登天,秋分而潜渊。"龙具有变幻莫测的超自然的神奇力量,时而聚合,时而离散，时而潜藏，时而显露。人们说不清其能力的强弱，也道不明其既幽微又显赫的妙处，既不知其生长于何处，更不可能像牛羊一样蓄养。

王安石抓住龙"变而不可测，动而不可驯"的特点，承上启下，由想象与联想过渡到咏物抒怀。他为实现富国强兵的宏图，不惜得罪亲友，力排众议，百折不挠，喊出了"天变不足畏，祖宗不足法，人言不足恤"的口号，以大无畏的精神强力推行变法，后来又不计荣辱，断然隐退。其为人处世，正是龙变不可测、动不可驯的注脚。

王安石从龙的特征中找到相似的共鸣点，以龙德喻己之仁德，寄情抒怀。崇高的变法大业如同龙的形象一样，往往会给人以恐惧感，"害人"之说纯属子虚乌有，文章以"常出乎害人"虚提一笔，旋即针对世人所谓"害人"的责难，申明"未始出乎害人，夫此所以为仁"，寄慨于物，颇有深意。

王安石将自己施行仁政的理想置于"害人"的特定环境中，揭示了古往今来仁人志士行道的悲剧命运，具有典型的文学意义。"为仁无止"即绝不独善其身之意，"常至乎丧己"即被诬为"害人"，"智"则是对仁矢志不渝的追求。这两组对龙的议论扑朔迷离，含蓄表达了自己九死不悔的坚定信念。穷则预知事之几微，安身立命，待时而动；达则施展己之抱负，审时度势，利国利民。小赋结尾借龙阐述自己的穷达观，又复归龙之本身，强调与龙同类的东西才能常常看见它。至此，龙人合一，作者以龙德喻己德，咏物抒怀的用意毕现。

对比柳宗元《谪龙说》，会有一些新的发现。原文如下：

扶风马孺子言：年十五六时，在泽州，与群儿戏郊亭上。顷然，有奇女坠地，有光晔然，被绲裘白纹之理，首步摇之冠。贵游少年骇且悦之，稍狎焉。奇女颒尔怒焉曰："不可。吾故居钧天帝宫，下上星辰，呼嘘阴阳，薄蓬莱，羞昆仑，而不即者。帝以吾心侈大，怒而谪来，七日当复。今吾虽辱尘土中，非若俪也。吾复且害若。"众恐而退。遂入居佛寺讲室焉。及期，进取杯水饮之,嘘成云气,五色翛翛也。因取裘反之,化成白龙,徊翔登天,莫知其所终,亦怪甚矣!

呜呼! 非其类而狎其谪,不可哉! 孺子不妄人也,故记其说。

永贞元年(805),作者柳宗元因参与王叔文"永贞革新"失败,被贬为永州司马,且不得签署公事,在这里度过了十年时光,直至元和十年(815)才改任柳州刺史。

清代何焯《义门读书记》卷三十五讥讽柳宗元见识短浅,据"复且害若"此语讥其为"浅丈夫之言也"。近代林纾认为此文"浅显易读",其《柳文研究法》云:"重要在'非其类而狎其谪'句,想公在永州,必有为人所侵辱者。"二人皆以为柳宗元以谪龙自喻,且文意显豁。章士钊《柳文指要》指出:"《谪龙说》者,乃子厚有所为而作,非戏谑也,己不虐人而见虐于人,因为人以警之也。"其后又说"吾揣此文,子厚并非为己而发"。经过一番考证后,他认为柳宗元此文是为其大姊夫崔简子女而写。[1]

今人亦多据龙女初谪人间时"有光晔然",遭贵游少年狎辱时"頩尔怒焉"等情节,以为作者在这篇寓言小品中以"谪龙(奇女子)"自喻,述说自己贬谪永州所遭受的羞辱,并用轻蔑的态度予以回击,表达了自己绝不与"非其类"者同流合污的昂扬气概以及"士可杀不可辱"的凛然正气。

若对文中几处细节略加推敲,便知其文并非浅显易读:

其一,龙女坠地时,"被缁裘白纹之理",即身披深青色的帛裘,衬里是白色的。

柳宗元由从六品上阶的礼部员外郎出为邵州刺史,带着老母等家人,在表弟卢尊、堂弟宗直陪同下,凄凉就道,中途改谪永州司马员外置同正员(编外)。中唐时期,永州是远离中土、人烟稀少的蛮荒之地,据李吉甫《元

---

[1] 章士钊:《柳文指要》上卷,文汇出版社2000年版,第415页。

和郡县志》记载，永州在开元年间有"户二万七千五百九十，乡四十八"，按二万五千户的标准划为中州，而元和初仅有"户八百九十四，乡四十五"，早已沦为人烟稀少的下州，外放至此的州司马名义上虽仍属"从六品上阶"，但其待遇可想而知。唐代六品的服色是"深绿"，八品的服色才是"深青"，"缁裘"之说显然与柳宗元当时身份不合。而王叔文贬为渝州司户参军，属于从八品下阶，服色深青，且其被贬之时丧母月余，在家居丧，丧服白色，龙女"被缁裘白纹之理"这种服色正与王叔文居丧贬官的双重身份完全吻合。

其二，龙女所言"吾故居钧天帝宫，下上星辰，呼嘘阴阳，薄蓬莱，羞昆仑，而不即者"，其实大有深意。

太子侍读王叔文因善弈棋，常与太子李诵言民间疾苦，论天下大事，被其视为伟才。贞元二十一年（805）正月，顺宗李诵即位，在王叔文建议下，次月即以吏部郎中韦执谊为尚书左丞、同中书门下平章事，贬贪官京兆尹李实为通州长史，鸿胪卿王权接任京兆尹，杜佑任度支、盐铁转运使。司功参军、翰林待诏王叔文擢为起居舍人，充翰林学士，为度支、盐铁转运副使，居中用事，推行政治改革，时称"内相"。时顺宗久病，王叔文掌权后，如宰相一样燮理阴阳，与翰林学士王伾等人一道致力于革除弊政。首先从人事着手，贬斥反对改革的宣歙巡官羊士谔等人，破格擢用柳宗元、刘禹锡等一大批锐意革新的人才；接着整肃宦官，禁罢宫市和五坊小儿，出宫女，随后又整饬朝纲，采取一系列措施削弱藩镇实力，加强中央政权。其地位与作为，与"居钧天帝宫，下上星辰，呼嘘阴阳"而又"薄蓬莱，羞昆仑"的龙女何异？龙女说："帝以吾心侈大，怒而谪来，七日当复。"是年八月初五，顺宗下诏禅位于太子李纯。宪宗即位，王叔文遭贬之初，革新派根基犹存，譬如韦执谊仍居相位，王权亦在京兆尹任上，柳宗元、刘禹锡、韩泰等干将仍占据要津，为王叔文翻案的声援未绝，也为其重回朝廷提供了可能。据《资治通鉴》第二百三十六卷记载，王叔文以母丧去位，"（韦）执谊益不用其语，乃谋起复"，此即"七日当复"的背景与柳宗元等人当时的心态。

八月初六，宪宗贬王伾开州司马，贬王叔文渝州司户参军。九月十三日出韩泰、韩晔、柳宗元、刘禹锡为远州刺史，接着又于十月二十八日贬京兆尹王权为雅王傅，至十一月七日又贬宰相韦执谊为崖州司马，十四日再贬韩泰虔州司马、韩晔饶州司马、柳宗元永州司马、刘禹锡朗州司马、陈谏台州司马、凌准连州司马、程异郴州司马，对王叔文余党全面清洗。柳宗元拖家带口，年底抵达永州。据《旧唐书》记载，次年，宪宗下诏："左降官韦执谊、韩泰、陈谏、柳宗元、刘禹锡、韩晔、凌准、程异等八人，纵逢恩赦，不在量移之限。"次年，王叔文被赐死。是年，柳宗元仍在永州，岂会有"七日之复"的奢望？

其三，龙女言毕，便"入居佛寺讲室"。柳宗元等人流放远州，属"员外置同正员"，虽有官阶俸禄，但属于编外的闲散人员，故无官廨可居住。《册府元龟》等典籍记载，当时天下州县，"多借寺观居止"。柳宗元文中说自己初到永州暂居龙兴寺，凌准被贬后亦居于佛寺，且最终卒于桂阳佛寺。王叔文被贬渝州司户参军，同属"员外置同正员"，其居何处虽无记载，但很可能与柳宗元等人一样暂时借居在当地佛寺。

王叔文起自寒微，自言为前秦丞相王猛后裔。《晋书·王猛传》记载，苻坚非常器重王猛，曾对他说："朕奇卿于暂见，拟卿为卧龙。"刘禹锡说王叔文有"远祖遗风"，即有赞其为龙之意。王叔文被赐死后，柳宗元为纪念他，作《龙马图赞》，亦是以龙为喻，表彰其功绩，并寄托自己的哀思。

可见，"谪龙"实为比拟王叔文，若视为柳宗元自喻，殊属不伦。

由象及意，务必臻于深广，切忌浅尝辄止。三篇短文，仅此一"龙"之象尚且如此易遭误解，可见因象求意之难。

化身西山，高标傲世

——柳宗元《始得西山宴游记》之"西山"寓意浅探

    自余为僇人，居是州，恒惴栗。其隙也，则施施而行，漫漫而游。日与其徒上高山，入深林，穷回溪，幽泉怪石，无远不到。到则披草而坐，倾壶而醉。醉则更相枕以卧，卧而梦。意有所极，梦亦同趣。觉而起，起而归。以为凡是州之山水有异态者，皆我有也，而未始知西山之怪特。

    今年九月二十八日，因坐法华西亭，望西山，始指异之。遂命仆人过湘江，缘染溪，斫榛莽，焚茅茷，穷山之高而止。攀援而登，箕踞而遨，则凡数州之土壤，皆在衽席之下。其高下之势，岈然洼然，若垤若穴，尺寸千里，攒蹙累积，莫得遁隐。萦青缭白，外与天际，四望如一。然后知是山之特立，不与培塿为类。悠悠乎与颢气俱，而莫得其涯；洋洋乎与造物者游，而不知其所穷。引觞满酌，颓然就醉，不知日之入。苍然暮色，自远而至，至无所见而犹不欲归。心凝形释，与万化冥合。然后知吾向之未始游，游于是乎始。故为之文以志。是岁，元和四年也。

    [物象密码]   西山

    [文本密码]   知是山之特立，不与培塿为类；心凝形释，与万化冥合

    [结构密码]   始得

永贞元年（805），锐意改革的唐顺宗即位后，授王叔文翰林院待诏、度支使、盐铁转运使，王伾左散骑常侍、翰林学士，使之与宰相韦执谊联手推行选拔人才、打击贪腐、削弱藩镇及宦官势力等一系列革除政治积弊的措施。以俱文珍、刘光琦为首的宦官集团，联合剑南西川节度使韦皋、荆南节度使裴钧、河东节度使严绶等藩镇，于八月初逼迫顺宗退位，徙居兴庆宫，拥立太子李纯即位，是为宪宗，史称"永贞内禅"。八月初六，王伾贬开州司马，次年病死于贬所；王叔文贬渝州司户，次年赐死。九月十三日起，柳宗元与刘禹锡等一批革新派同僚一同遭到贬斥，历时仅五月的"永贞革新"宣告失败。柳宗元与刘禹锡及韦执谊等八人于十一月皆贬为偏远州郡司马，此即"二王八司马"事件。

柳宗元初贬邵州刺史，他"闻诏即行"，带着年近七旬的老母卢氏及表弟卢遵、堂弟宗直上路，还未渡过长江，又接到了追贬永州（今湖南永州）的诏命。

作为"永贞革新"集团的得力干将之一，礼部员外郎柳宗元以"司马员外置同正员"贬永州安置。"员外置"意味着在编制之外，无官舍，无公务，仅有薪俸。柳宗元拖家带口，年末抵永州城，幸得太平门内、潇水东岸的龙兴寺住持重巽关照，得以寄居寺内西厢房。龙兴寺据说是由三国蒋琬故宅改成，吴军司马吕蒙也曾居此。宪宗元和元年（806）五月十五日，柳母卢氏就因水土不服而病逝于此。对于母亲之死，事母笃孝的柳宗元在《先太夫人河东县太君归祔志》中说道："穷天下之声，无以舒其哀。"次年，卢遵护送其棺椁北归，与柳宗元父亲柳镇合葬。

柳宗元初至永州时，"罪谤交积，群疑当道"（柳宗元《寄许京兆孟容书》），故旧不敢和他通音问。自元和元年（806）下半年始，因遭受贬谪、王叔文赐死、诏令"纵逢恩赦，不在量移之限"等政治打击，再加上蛮烟瘴雨的侵害，正处三十多岁壮年的柳宗元，因不习惯永州冷湿气候，患上了心悸痞积等严重疾病，"残骸余魂，百病所集，痞结伏积，不食自饱。或时寒热，水火互至,内消肌骨"(柳宗元《寄许京兆孟容书》),甚至虚弱到了"行则膝颤,坐则髀痹"(柳宗元《与李翰林建书》)的地步。《江雪》一诗就是其此时孤寂苦闷心境的写照:

> 千山鸟飞绝,万径人踪灭。
>
> 孤舟蓑笠翁,独钓寒江雪。

该诗可视为"藏头诗",句首的第一字组合为"千万孤独"这一诗心密码,最后凝结成一个透入骨髓的"寒"字。而这一切,起于"绝""灭",收束于"江雪"。

身为"僇人",远谪蛮荒,处于极度苦闷与恐惧之中的柳宗元,急于找到排遣忧愁、解脱身心的灵丹妙药。他随天台宗高僧重巽问道参禅,以求心灵的安慰。

元和三年(808),柳宗元好友崔敏接任永州刺史,不时邀请他参加游宴活动,不仅未以"罪臣"视之,还在生活上给予诸多照顾,柳宗元的身心也开始慢慢恢复健康。

元和四年(809),富有变革意识且与革新派毫无前嫌的裴垍、李藩,先后出任宰相,而"与革新派关系不洽的武元衡、李吉甫则外放为节度使;对抗革新事业的宦官俱文珍的左右神策军使职务已被吐突承璀所代替。就是在这一年,'八司马'之一的程异由于'晓达钱谷'而被吏部尚书、盐铁转运使李巽起用为盐铁转运使扬子巡院留后。这些都给柳宗元以鼓舞"[1]。七月,柳家世交许孟容自尚书右丞拜京兆尹。柳宗元接其来信,遂回了一封千余字的长信,此即《寄许京兆孟容书》。信中分析改革失败的原因,详述自己含冤受谤的处境,为自己的行为辩白,并流露出急欲用世、乞求援引的心情。

永州山清水秀,风景宜人。谪居永州的柳宗元,病衰孤独,压抑愤懑,自此才开始"闷即出游",纵情山水,借以进一步排遣政治打击带来的苦闷,

---

[1] 孙昌武:《柳宗元评传》,中华书局2020年版,第102页。

写下了被称为"永州八记"的系列山水小品文。《始得西山宴游记》是其第一篇。

中唐时期始建的法华寺在永州古城中地势最高处,西亭则是柳宗元用自己的俸禄所建。他在《构法华寺西亭》诗序中交代:"心得无事,乃取官之禄秩以为其亭。其高且广,盖方丈者二焉。"法华寺四周原本榛莽荫蔽,经柳宗元提议,寺僧觉照命人披剪杂树,使得视野开阔了许多。

元和四年(809)九月二十八日,柳宗元闲坐法华寺西亭,眺望西山,"始指异之",以手指点并觉得它很奇异,于是"命仆人过湘江,缘染溪,斫榛莽,焚茅茷",直到山顶才停下来。

作者登临西山,并没有从西山本身着笔进行描写,而是以登顶后极目远眺所见美景与所获感悟为重点,对西山予以赞美和讴歌,借以表现自己卓尔不群的独特人格。

首先,通过西山周围景物的映衬和比较,来显示西山的高大独特。"凡数州之土壤,皆在衽席之下。其高下之势,岈然洼然,若垤若穴,尺寸千里,攒蹙累积,莫得遁隐。"此处文字,采用从对面着墨的手法,极写自己在西山顶上居高临下,极目远眺时所见宏阔景象。静坐山顶衽席之上,聚数州千里之地于尺寸之间,只见远处山川景物聚集收缩,尽收眼底,无所隐藏。此等笔法,纯为突出西山之高峻特立,故其后再以"培塿"之渺小,进一步反衬西山之高大。

其次,柳宗元在饱览西山风光的同时,着重突出自我发现的意义。这正是文章主旨所在。

"知是山之特立,不与培塿为类"一语,即是解读此文主旨的文本密码之一。"特立"一词,意为独自屹立,古人常用以表示具有坚定的志向和操守。柳宗元看到西山高大挺立,正好与其人格精神的傲然独立相契合,由此触发联想,从而顿悟"知吾向之未始游,游于是乎始"。

在政治上遭受沉重打击的柳宗元,虽然苦不堪言,但他并没有屈服于恶势力的淫威，而是对小人予以蔑视并耻于与之为伍，正如高大的西山绝不肯与培塿同类一样。西山之游所见"萦青缭白，外与天际，四望如一"的奇景，使柳宗元置身于浩渺旷远的宇宙时空之中，心胸豁然开朗，进而神思飞越，悠然与天地之气相应，情怀浩荡，与大自然共游，却不知其边际。"悠悠乎与颢气俱，而莫得其涯；洋洋乎与造物者游，而不知其所穷"这一独特心理感受，使他对自我人格价值有了新的认识和肯定，因此被他视为真正游览的开始。

结尾"心凝形释，与万化冥合"一语，可以视作解读文本主旨、抵达文心的关键密码。作者感到心神安定凝聚，形体得到解脱，身心与大自然悄然融为一体，达到了"天人合一"的境界。也就是说，作者原先"上高山，入深林，穷回溪，幽泉怪石，无远不到。到则披草而坐，倾壶而醉"，不过是借山水与美酒消愁罢了。直到发现西山之美，他才发现了自我人格特立的价值，"柳宗元"一改之前"恒惴栗"的形象，终于与"西山"合二为一，成为高标傲世的象征。

至此，柳宗元终于发现：西山即我，我即西山。他在客观再现自然山水之美的同时，也提升了客体的审美价值，并以自然山水之美与作者人格之美相互映照。因此，发现西山之美，实际上就是柳宗元对自我价值的重新发现与肯定。

此外，标题上"始得"二字，显系贯穿全文的结构密码。文章紧扣"始得"二字，从开头"未始"知西山之怪特，到望见西山"始"指点它并以之为奇异，再到"攀援而登，箕踞而遨"，皆是紧扣"始得"突出惊喜，至于"引觞满酌，颓然就醉"，则是以宴游来强调快然自足，结尾以"向之未始游"反衬"游于是乎始"，以一"始"字收束全篇，章法结构巧妙之极。"游于是乎始"中的"于是"，既是"从此时"，又是"从此地"，更是"从此心"。正如刘熙载《艺概·文概》所言："柳文如奇峰异嶂，层现叠出。所以致之者有四种笔法：突起、纡行、峭收、缦回也。"

从此，柳宗元脱胎换骨，精神上获得了新生，也开启了"永州八记"山水小品文的新时代。

总的来看,《始得西山宴游记》以西山的高峻怪特、周围景色的雄浑阔大以及身心与大自然融为一体的独特感受,突出自己的人格追求,在心灵与自然的完美融合中创造性地再现山川风物与人格精神,从而深化了山水游记小品的意蕴。

天人合一，山水比德
——欧阳修《醉翁亭记》的山水与人格形象

环滁皆山也。其西南诸峰，林壑尤美，望之蔚然而深秀者，琅琊也。山行六七里，渐闻水声潺潺，而泻出于两峰之间者，酿泉也。峰回路转，有亭翼然临于泉上者，醉翁亭也。作亭者谁？山之僧曰智仙也。名之者谁？太守自谓也。太守与客来饮于此，饮少辄醉，而年又最高，故自号曰醉翁也。醉翁之意不在酒，在乎山水之间也。山水之乐，得之心而寓之酒也。

若夫日出而林霏开，云归而岩穴暝，晦明变化者，山间之朝暮也。野芳发而幽香，佳木秀而繁阴，风霜高洁，水落而石出者，山间之四时也。朝而往，暮而归，四时之景不同，而乐亦无穷也。

至于负者歌于途，行者休于树，前者呼，后者应，伛偻提携，往来而不绝者，滁人游也。临溪而渔，溪深而鱼肥，酿泉为酒，泉香而酒洌，山肴野蔌，杂然而前陈者，太守宴也。宴酣之乐，非丝非竹，射者中，弈者胜，觥筹交错，起坐而喧哗者，众宾欢也。苍颜白发，颓然乎其间者，太守醉也。

已而夕阳在山，人影散乱，太守归而宾客从也。树林阴翳，鸣声上下，游人去而禽鸟乐也。然而禽鸟知山林之乐，而不知人之乐；人知从太守游而乐，而不知太守之乐其乐也。醉能同其乐，醒能述以文者，太守也。太守谓谁？庐陵欧阳修也。

[物象密码] 山；水

[文本密码] 山水之乐，得之心而寓之酒也；人知从太守游而乐，而不知太守之乐其乐也

欧阳修，字永叔，号醉翁，晚年号六一居士，吉州庐陵（今江西吉安）人。幼年丧父，与母亲郑氏相依为命。天圣八年（1030）进士及第，授将仕郎，试秘书省校书郎，充任西京（洛阳）留守推官，从此步入仕途。景祐元年（1034），诏试学士院，授宣德郎，任馆阁校勘，参编《崇文总目》。

景祐三年（1036），范仲淹向仁宗皇帝进献《百官图》，对宰相吕夷简培植党羽、把持朝政提出尖锐批评，并强调进退近臣须由皇帝亲自把握，因此得罪了宰相吕夷简；后范仲淹又上"四论"攻击吕夷简专权徇私，结果反被吕夷简以"越职言事"罪名外放饶州。馆阁校勘欧阳修为之鸣不平，受牵连而被贬为夷陵县令。康定元年（1040），被召回京，复任馆阁校勘，后改知谏院。庆历三年（1043），任右正言、知制诰。这年九月，范仲淹上《十事疏》，以整顿吏治为核心，提出了明黜陟、抑侥幸、精贡举、择官长、均公田、厚农桑、修武备、减徭役、覃恩信、重命令等十个方面的改革方案。

庆历四年（1044），欧阳修上《朋党论》驳斥保守派的攻击，分辨朋党之诬。次年，新政在保守派的阻挠下遭受失败，范仲淹、韩琦等人自请外放。作为范仲淹等人推行"庆历新政"的得力干将之一，欧阳修上书为之分辨，并对保守派的卑劣行为予以抨击。

与此同时，欧阳修受到了政敌的无耻诬陷与打击。欧阳修妹妹嫁给襄城张龟正为续弦，张龟正死后，欧阳修将妹妹及妹夫原配所生的女儿张氏接回府中扶养，并为之买田置产。张氏长大后嫁给了欧阳修堂兄的儿子欧阳晟，欧阳晟虔州司户任满回京述职，途中张氏与仆人私通，事发，鞫于开封府。权知开封府的杨日严因其在益州转运使任上贪污曾被欧阳修弹劾，此

时挟私报复,在张氏妆奁中搜出以欧阳氏名义购买田产的券契后,威逼诱使张氏在公堂之上招供与欧阳修有私情,负责审案的军巡判官认为张氏的说辞过于荒唐,只追究张氏犯奸之事,不料保守派代表人物、宰相贾昌朝令时任三司户部判官的心腹苏安世复勘,又令欧阳修曾经得罪过的内侍宦官王昭明监勘,迫使以龙图阁学士身份出任河北都转运使的欧阳修回京对质与辩解。张氏随后又翻供,最后宰相贾昌朝以"语连张氏之赀,券既弗明,辨无所验"为由,将欧阳修贬为滁州太守。

到滁州任职一年后,欧阳修写下了《醉翁亭记》这一千古名篇。

文章以"环滁皆山也"一语总括开篇,先是远观环视,再将眼光投向"西南诸峰",望见"蔚然而深秀"的琅琊,进而聚焦于酿泉及泉上的醉翁亭,依次描写了滁州山水之美、徜徉于四时风景之中的山水之乐、山中游人之乐以及太守宴酣之乐,最后描写夕阳西下时的归去情景。

清代储欣《唐宋八大家类选》卷十一曰:"与民同乐,是其命意处。看他叙次,何等潇洒。"余诚《重订古文释义新编》卷八亦曰:"至记亭所以名醉翁,及醉翁所以醉处,俱隐然有乐民之乐意在,而却又未尝着迹。"今人多因袭储欣、余诚等人的说法,根据"人知从太守游而乐,而不知太守之乐其乐"一语,断定《醉翁亭记》的主旨,在于表达了作者寄情山水、与民同乐的旷达情怀。

欧阳修个性刚直,直言敢谏,在官场倾轧中背着一个"盗甥"的污名,被贬滁州,岂无愤懑?

从文本表面来看,《醉翁亭记》第一段以"醉翁之意不在酒,在乎山水之间也"一语点明游醉翁亭的目的,第四段以"醉能同其乐,醒能述以文者,太守也"一语点明太守与随从及百姓"同乐"的意蕴。这两句不仅首尾呼应,而且似乎确有寄情山水、遣怀消愁以及与民同乐之意。

然而,深入文本则不难发现,作者在第一段中以深林、幽壑、酿泉、山亭作为"醉翁"活动的背景,并顺便交代作亭者乃是山僧智仙、名亭者乃是太守醉翁。作者以"醉翁之意不在酒,在乎山水之间也"一语,明确表明游玩的目的在于欣赏山水美景,并进一步用"山水之乐,得之心而寓之酒也"这一文本解读密码点明,自己把这种游山玩水的乐趣寄寓在喝酒上。第二段以"日出而林霏开""云归而岩穴暝"烘托朝往、暮归之"乐",此"乐"显系山间四时的山水之乐。第三段重点描写宴游之乐,最后一段则以暮归之时"禽鸟"的山林之乐,衬托"众人"的从游之乐,再以众人知从游之乐,"而不知太守之乐其乐"点明全文主旨,呈现文心。如此谋篇布局,虽云"亭记",却突出了人物"醉翁",可谓别具匠心。

其一,从开头部分"山水之乐,得之心而寓之酒也"这一文本解读密码入手,可知作者将欣赏山水美景的乐趣领会于心,寄托在酒这一事物上。"酒"中"真意",还须详察。

此前十年,欧阳修被贬夷陵后,曾给同案被贬为崇信军节度掌书记、监郢州酒税的尹洙写信,赞赏他遭贬后"益慎职,无饮酒",并批评那些一遭贬谪便"傲逸狂醉"之人。欧阳修还在信中说,自己曾与余靖探讨发现,包括韩愈在内的不少前贤,讨论政事时不怕杀头,但"一到贬所,则戚戚怨嗟,有不堪之穷愁形于文字,其心欢戚无异庸人",并以此告诫余靖"慎勿作戚戚之文"(欧阳修《与尹师鲁第一书》)。

从告诫朋友不要饮酒到自号"醉翁",欧阳修显然经历了一个反对借酒浇愁再到真正"得之心而寓之酒"的心理历程。

正当四十岁的盛年,却自号"醉翁"且经常出游,加上"饮少辄醉""颓然乎其间"的种种表现,似乎都在表明作者是在借山水之乐来排遣贬谪的苦闷。

《宋史·欧阳修传》载:"凡历数郡,不见治迹,不求声誉,宽简而不扰,故所至民便之。或问:'为政宽简而事不弛废,何也?'曰:'以纵为宽,以略为简,则政事弛废而民受其弊。吾所谓宽者,不为苟急;简者,不为繁碎耳。'"欧阳修到任滁州之后,虽然内心不免苦闷,但他以"宽简而不扰"为指导思想,不急于追求个人声誉与政绩,也没有严厉的施政措施,给当地老百姓的生活带来了极大的便利。

在古人看来，饮酒并非饮食之事，而是关乎以德治国、百姓安居乐业的大事。孔子推崇周礼，主张礼乐治国，而"百礼之会，非酒不成"。《孔子家语·观乡射第二十八》记载：

子贡观看腊月祭祀之礼，孔子问他是否感受到了其中的乐趣。子贡回答说，举国之人都好像发了狂一样，自己根本不知道乡人为什么那样快乐。

孔子就教诲子贡说："百日之劳，一日之乐，一日之泽，非尔所知也。张而不弛，文武弗能；弛而不张，文武弗为。一张一弛，文武之道也。"

百姓一年到头辛勤稼穑，有这么一天让他们饮酒，使他们快乐，这是国君的恩泽。让百姓的生活张弛有度，这才是周文王、周武王这样的贤君治理天下的方法啊！

宋仁宗在位时期，社会安定，经济也得到了快速的发展，但为了边境的和平，依真宗时期的惯例向辽国纳"岁币"白银十万两、绢二十万匹，国家的负担并不轻；西夏崛起之后，西北边境的威胁也日益严峻。宝元三年（1040）至庆历二年（1042），大宋与西夏在三川口、好水川、定川寨三战三败，辽国趁火打劫，将岁币银增加到每年三十万两。庆历四年（1044），宋与西夏议和，宋朝每年赐给西夏银五万两，绢十三万匹，茶两万斤，此外各种节日还得另有赏赐。据仁宗朝主管度支、盐铁、户部的三司使张方平说："（臣）庆历五年取诸路盐酒商税岁课，比《景德会计录》，皆增及三数倍以上。"[1]除了"岁币"等负担，"冗官""冗兵""冗费"等"三冗"也让朝廷和百姓苦不堪言。

针对这一社会现实，欧阳修反对苛政，力主施行"宽简之政"，宽容简明而不扰民，不事张扬，但求实效。故"得之心而寓之酒"并非"与民同乐"，而是寄寓着作者鸣琴垂拱、不言而化的仁政理想。至于"真乐"与"强乐"之辩，殊属无聊。

---

[1] 白寿彝主编：《中国通史》第七卷（修订本第 11 册），上海人民出版社 2004 年版，第 253 页。

其二,从结尾部分"人知从太守游而乐,而不知太守之乐其乐也"这一文本解读的核心密码入手,抽丝剥茧,可厘清作者的思路,最终抵达文心。

滁人前呼后应,"伛偻提携,往来而不绝",只知道跟随太守游山而快乐,却不知道太守为什么乐于游山。既云"不知",则"与民同乐"的观点显然是站不住脚的。

"乐其乐",非"与民同乐",而是以游山玩水这种快乐为乐。那么,欧阳修以此为乐,究竟有何深刻的寓意呢?

子曰:"智者乐水,仁者乐山;智者动,仁者静;智者乐,仁者寿。"

孔子以山水比德君子:有智慧的人喜欢水,有仁德的人喜欢山;有智慧的人像水一样懂得变通,有仁德的人像山一样宁静平和;有智慧的人像水一样活泼快乐,有仁德的人像山一样稳固长寿。

对于孔子所说的山、水之"德",汉代学者刘向《说苑·杂言》有如下记录——

有一次,子张问孔子:"夫仁者何以乐山也?"

孔子答曰:"夫山崔嵬,万民之所观仰。"

山巍峨高耸,万民仰望,这有什么值得快乐的呢?子张满脸迷惑,继续追问。

孔子情不自禁地吟诵道:"草木生焉,众物立焉,飞禽萃焉,走兽休焉,宝藏殖焉,奇夫息焉,育群物而不倦焉,四方并取而不限焉。出云风,通气于天地之间,天地以成,国家以宁。是仁者所以乐山也。"

山之外形高峻,万民观仰;山之内蕴丰厚,生养万物。天因之而显得高远,地因之而显得辽阔,国家得以安宁,人民得以生息。孔子从山的形象联想到了君子厚德载物的特性,故仁人志士常借山以激扬蹈励,养磊落之气。

又有一次,子贡问孔子:"君子见大水必观焉,何也?"

孔子回答说:这是启发君子亲近自然之德并用它来比喻自己的德行修养呢。

子贡追问道：水有怎样的德性值得君子学习呢？

孔子为之逐一分析阐述道：水遍及万物而无偏爱，好比美德；遇之则生不遇则死，好比仁爱；曲折趋下，好比高义；浅处流动深处渊停，好比智慧；奔赴山谷毫不迟疑，好比勇毅；渗透深入无微不至，好比明察；蒙受恶名而默不申辩，好比豁达包容；入以不清出以鲜洁，好比善于教化；注入量器之中必定平整，好比校正；遇满则止而不贪多务得，好比处事有度；经历万千曲折必定东流，好比顽强意志。

孔子从水的自然特性中提炼出德、仁、义、智、勇、察、包、化、正、度、意等十一种美好的德性，以比君子。

正是因为智慧之人像水一样活泼而灵动，仁爱之人像山一样崇高而宁静，因此孔子并未满足于纯粹的观赏山水自然，而是使山水的自然之美与人类的精神气质相沟通，借以探求山水的社会价值与意义。他引导人们通过观照自然山水，并由之推衍出君子立身处世的准则，不忧不惧，不役于物，也不伤于物，追寻生命的永恒价值，从而达到"天人合一"的境界。因此，从山水比德这一角度来看，"山"与"水"无疑是君子人格自然化的写照。

范仲淹在明道二年（1033）因反对宰相吕夷简的"废后"主张，被贬睦州知州，其所作《桐庐郡严先生祠堂记》亦曾以山水比德，用"云山苍苍，江水泱泱；先生之风，山高水长"一语歌颂隐士严子陵高尚品德。

因此，欧阳修巧借山水喻怀，抒发了自己志存高远，虽然遭受贬谪却始终不改仁政爱民的品德、蒙受恶名却不屑于再加申辩的心情。

正如《古文观止》所言，《醉翁亭记》"句句是记山水，却句句是记亭，句句是记太守"。综观全篇，遭受政敌打击陷害的欧阳修不仅没有垂头丧气，反而意气自若，表现出了坦荡的君子之风，并抒发了自己不计较一时得失、志在长远的仁政理想。

三代遗愿，半世悲凉

——归有光《项脊轩志》中的物象密码及其深层意蕴

项脊轩，旧南阁子也。室仅方丈，可容一人居。百年老屋，尘泥渗漉，雨泽下注；每移案，顾视无可置者。又北向，不能得日，日过午已昏。余稍为修葺，使不上漏。前辟四窗，垣墙周庭，以当南日，日影反照，室始洞然。又杂植兰桂竹木于庭，旧时栏楯，亦遂增胜。借书满架，偃仰啸歌，冥然兀坐，万籁有声；而庭阶寂寂，小鸟时来啄食，人至不去。三五之夜，明月半墙，桂影斑驳，风移影动，珊珊可爱。

然余居于此，多可喜，亦多可悲。先是庭中通南北为一。迨诸父异爨，内外多置小门，墙往往而是。东犬西吠，客逾庖而宴，鸡栖于厅。庭中始为篱，已为墙，凡再变矣。家有老妪，尝居于此。妪，先大母婢也，乳二世，先妣抚之甚厚。室西连于中闺，先妣尝一至。妪每谓余曰："某所，而母立于兹。"妪又曰："汝姊在吾怀，呱呱而泣；娘以指叩门扉曰：'儿寒乎？欲食乎？'吾从板外相为应答。"语未毕，余泣，妪亦泣。余自束发读书轩中，一日，大母过余曰："吾儿，久不见若影，何竟日默默在此，大类女郎也？"比去，以手阖门，自语曰："吾家读书久不效，儿之成，则可待乎！"顷之，持一象笏至，曰："此吾祖太常公宣德间执此以朝，他日汝当用之！"瞻顾遗迹，如在昨日，令人长号不自禁。

轩东故尝为厨，人往，从轩前过。余扃牖而居，久之，能以足音辨人。轩凡四遭火,得不焚,殆有神护者。

项脊生曰:"蜀清守丹穴,利甲天下,其后秦皇帝筑女怀清台;刘玄德与曹操争天下,诸葛孔明起陇中。方二人之昧昧于一隅也,世何足以知之,余区区处败屋中,方扬眉瞬目,谓有奇景。人知之者,其谓与坎井之蛙何异?"

余既为此志,后五年,吾妻来归,时至轩中,从余问古事,或凭几学书。吾妻归宁,述诸小妹语曰:"闻姊家有阁子,且何谓阁子也?"其后六年,吾妻死,室坏不修。其后二年,余久卧病无聊,乃使人复葺南阁子,其制稍异于前。然自后余多在外,不常居。

庭有枇杷树,吾妻死之年所手植也,今已亭亭如盖矣。

[物象密码] 项脊轩;兰桂竹;象笏;枇杷树
[文本密码] 余居于此,多可喜,亦多可悲

项脊轩,本名南阁子。阁子,是指下部架空或底层高悬的一种传统建筑物,似楼但较小巧,通常四面开窗,四周设有隔扇或栏杆回廊。归家的南阁子原本是供婢仆居住的"倒坐房",与东厨等房屋皆位于四合院的大门右侧。

轩,往往形体不大,前檐突出,空间宽敞,气流通畅,多居高临下,于下处仰望,似有升腾飞动之感,因而在古典园林或庭院中起着点景的作用。《园冶·屋宇》云:"轩式类车,取轩轩欲举之意,宜置高敞,以助胜则称。"

归有光在《从叔父府君坟前石表辞》中说:"宋咸淳间,湖州判官罕仁,居昆山之太仓项脊泾。"[1]从其《归氏世谱》中亦可知:"吴中之归,皆宗宣公

---

[1] 归有光:《震川先生集》,上海人民出版社2020年版,第606页。

（归崇敬）。有光之所可知者，始自湖州判官罕仁。……罕仁生道隆，居昆山之项脊泾，今太仓州也。"[1] 被归有光宗为一世祖的湖州判官归罕仁，曾在昆山太仓项脊泾居住，二世祖归道隆更是举家迁居项脊泾，此处即归氏老宅所在之地。归有光自号"项脊生"，又把家中的这个只有一丈见方的南阁子作为书斋，并更名为"项脊轩"，不仅寄寓着"轩轩欲举"的科举仕进的理想和意气飞扬的自信，而且暗含着追宗怀远以及光耀门楣、振兴家族的自我激励之意。

"百年老屋"应是归有光的曾祖父归凤所营建。项脊轩修葺前，狭小、破旧、阴暗、漏雨。稍加修葺后，不漏雨了；"前辟四窗，垣墙周庭"，在朝北的墙面上开辟了四面窗户，再在庭院中隔出一堵墙来反射阳光，轩内光线也不暗了。更妙的是，归有光还"杂植兰桂竹木于庭"，白日小鸟啄食，月夜桂影斑驳。寥寥几笔，先抑后扬，勾画出一幅寂静清雅的书斋风景图。其中，竹喻虚心劲节，兰比君子之风，桂拟科举功名，项脊轩外的环境改变，融入了归有光作为读书人的高洁志趣及其蟾宫折桂、兰桂齐芳的世俗理想。项脊轩周围的环境变得幽静、雅致了，因此有了令归有光乐在其中的"借书满架，偃仰啸歌，冥然兀坐"的读书生活。

前后对比之下，重点突出了项脊轩的"多可喜"。

"余居于此，多可喜，亦多可悲"一语，承上启下，是为"文眼"与解读密码。其中，"可喜"紧承上文读书之乐而言"志"，"可悲"启示下文家庭变故而言"衰"。随后第二段思路陡转，叙写与项脊轩有关的人事变迁，紧扣"多可悲"而展开，主要写了如下三个环节：

其一，诸父异爨。

"内外多置小门，墙往往而是。东犬西吠，客逾庖而宴，鸡栖于厅"。

归氏乃江南名门望族之一。吴郡归崇敬在唐玄宗开元年间以明经入

---

[1] 归有光：《震川先生集》，上海人民出版社2020年版，第699页。

仕，天宝十载（751）又中博通坟典科，对策第一，授左拾遗，累官至翰林学士，以兵部尚书致仕，封余姚郡公，谥号"宣"。归崇敬特别重视子孙教育，其后归氏家族"累叶荣贵"，其孙子归融亦官至兵部尚书，归融所育五子仁晦、仁瀚、仁宽、仁绍、仁泽皆进士及第，其中仁瀚、仁绍、仁泽更是状元及第，归家因此被誉为吴中"五子登科"第一家。后来，归仁泽之子归黯又于昭宗景福元年（892）中状元，归黯的两个儿子归佾、归系分别于昭宗光化四年（901）、哀帝天祐二年（905）状元及第。不到五十年的时间，归家出现"祖孙、父子、兄弟六状元"盛况，因此获得了"天下状元第一家"的美誉，成为科举史上的不朽传奇。归有光《归氏世谱后》称，其先祖归度留下《遗训》曰："吾少闻先考之言，吾家自高曾以来，累世未尝分异。……为吾子孙，而私其妻子求析生者，以为不孝，不可以列于归氏。"[1] 为了归氏家族的复兴，归度强调不得因偏爱妻子儿女而剖分家产，否则不得列入归氏家谱。归度生有七子，第五子归仁又有五子，归仁第三子归璇又生有鸾、凤、鹏三子。归有光曾祖父归凤，曾于南京乡试中举，明孝宗弘治二年（1489）被选调为山东城武知县。归凤有绮、绅、绶三子，归有光祖父归绅，娶的是出身诗书世家的昆山夏氏、太常寺卿夏昶的孙女，生有准、平、中、正四子。归有光祖归绅、父归正，虽勤奋自励，却都只是县学生，失意于科场，以布衣终老。

归有光的父辈置先祖遗训于不顾，一一自立门户，曾经五世同堂的百年望族，自此分崩离析。他们不仅没有能力另造宅院，而且窘迫到连后辈的书桌都无处安放的地步。归有光《家谱记》曰："率百人而聚，无一人知学者；率十人而学，无一人知礼义者。"[2] 其间经历了怎样的变故，不得而知。身处此种境地、立志发奋读书的归有光，只得将归家婢仆曾经住过的"南阁子"改为自己的书斋。作者十余年来目睹了大家族"庭中通南北为一"到"内处多置小门，墙往

---

[1] 归有光：《震川先生集》，上海人民出版社 2020 年版，第 700—701 页。
[2] 归有光：《震川先生集》，上海人民出版社 2020 年版，第 488 页。

往而是"的巨大变化,遂以"东犬西吠""鸡栖于厅"等细节加以白描,穷形尽相,将昔日大家庭四分五裂、彼此隔膜、衰败破落的悲惨现状勾勒出来,并隐含着对家道中落、伯叔不睦的伤感,含蓄地表达了丕振家声的自我期许。

其二,回忆母亲。

归有光于明武宗正德元年十二月二十四日(1507年1月6日)出生于苏州府昆山城宣化里归宅,在兄弟四人中排行老三。据说出生当日,归家大院一道彩虹拔地而起,霞光万丈,家人皆以为是祥瑞之兆,故依"有"字辈取名为"有光"。归有光七岁入学,其母曾半夜醒来督促归有光诵读《孝经》。据《先妣事略》记载,归有光的母亲周桂自十六岁嫁到归家后,因频繁生育而身体虚弱。婢女,即《项脊轩志》文中的"老妪",为主人分忧解难,不知从哪里弄到一个偏方,"以杯水盛二螺进"。归有光母亲以产后虚弱之身,遭受生田螺的寒凉之性,竟至"喑不能言"。婢女之好心使得本就有病的归母随后沉疴不起,卒于正德八年(1513)五月二十三日,年仅二十六岁。生前连一张画像都不曾留下,当时还是长辈请来画工,依照归有光的眉眼及其长姊的口鼻,补画了她的形容。此时的归有光,尚不足八岁。

如果说大家庭离析的悲剧让作者感到无奈与失望的话,那么,至亲的离世,则使作者深味人生的残酷与痛楚。"娘以指扣门扉曰:'儿寒乎?欲食乎?'"归有光转述老妪之语,以及"语未毕,余泣,妪亦泣"之类的细节描写,看似琐细至极,无关宏旨,实则不仅将幼年失恃的归有光内心永远无法弥补的伤痛以及"老妪"的忏悔憾恨之情如实呈现,而且也借此表达了对慈母周孺人的深切怀念、悼亡之情。

其三,回忆祖母。

"比去,以手阖门,自语曰:'吾家读书久不效,儿之成,则可待乎!'顷之,持一象笏至,曰:'此吾祖太常公宣德间执此以朝,他日汝当用之!'"

归有光九岁习文,十一二岁便已慨然有志古人,十四岁应童子试。蒙学之初,归有光的学业有慈母督促;惜乎母亲早逝,此刻幸而祖母又给予了勉励。祖母夏氏以其祖太常寺卿夏昶的遗物象笏相赠,无疑对归有光寄予了金榜题名、入朝为官的厚望。而这种殷切的期望又无时无刻不在鞭策着他,终于使其弱冠尽通六经、三史、七大家之文,及濂、洛、关、闽之说。

"瞻顾遗迹,如在昨日,令人长号不自禁。"归有光在对祖母的怀念之中寄托着深深的自我期许之情;同时,也为未能在祖母生前实现她的愿望而深感悲伤和自责。

祖母死后不久,二十岁的归有光以童子试第一名补苏州府生员。嘉靖十九年(1540)三十三岁时,南京乡试以第二名中举,但此后八次参加会试都落榜。

第三段写自己闭门苦读,项脊轩四次遭火却未被焚毁,这该是多么值得庆幸的事啊!诚可谓"悲喜交加"。

文势至此已自然绾合。而教材删除的文字即"项脊生曰"这一段,则暗承"悲喜交加"的情感,既思亲怀人,又抒发理想志向。

巴蜀寡妇清守护着亡夫家传的丹砂矿默默经营,富甲一方,用财自卫,终至"礼抗万乘,名显天下"。明代金俊明《读史》一诗曰:"丹穴传訾世莫争,用财为卫守能贞。祖龙势力倾天下,犹筑高台礼妇清。"他客观地评述了蜀清能受秦始皇礼遇,原因在于"用财为卫"。诸葛孔明早年曾躬耕于隆中,后出山辅佐刘备,功盖三分,名垂青史。在不为世人所知之前,蜀清、孔明,与自己潜心攻读于项脊轩的处境不也是一样的吗?

作者借秦始皇为蜀清筑"怀清台"和诸葛孔明出山辅佐刘备三分天下的史实,将"项脊轩"比作"丹穴""陇中",并拿自己与蜀清、孔明这一"富"一"贵"两个历史名人相比,既是自我解嘲,又表明了自己不会永远处在"败屋中",必定会通过读书改变命运、获得富贵荣华的自信。很显然,作者自嘲为"坎井之蛙",是以极度的自信为前提的。吴小如教授《读归有光〈项脊轩志〉》以"沾沾自喜,缺乏自知之明""自怨与自卑交织在一身"[1]视之,显然有

---

[1] 吴小如:《古文精读举隅》,天津古籍出版社2002年版,第260页。

所误解。

　　前面四段文字,是时年十九岁的归有光于明世宗嘉靖三年(1524)所写。作者以自己对项脊轩的无限深情作为贯穿全文的线索,通过对其前后变化的描述,巧妙地融状物、怀人、抒情于一体,抒写了对母亲和祖母等亲人的深沉怀念,也由此表现了青年归有光的人生志趣与理想。教材删去第四段这一画龙点睛的文字,颇为无理。

　　写下前面这篇文字的第五年,即嘉靖七年(1528),二十三岁的归有光迎娶了其母生前为之选定的光禄寺典簿魏庠的次女,即归有光的老师、名儒魏校的侄女。归有光《祭外姑文》道:"癸巳之岁,秋冬之交,忽遘危疾,气息掇掇,犹曰念母,扶而归宁。疾既大作,又扶以东。"[1] 这位结发妻子与归有光情深意笃,但共同生活不足六年,就在嘉靖十二年(1533)秋冬之际染病,随后抱病回娘家省亲,十月庚子日返家身故。其时,归有光年仅二十八岁,女儿年仅五岁,儿子才三个月大。

　　当代学者邬国平《如兰的母亲是谁?——归有光〈女如兰圹志〉〈寒花葬志〉本事及文献》一文所引《归震川先生未刻稿》(署"吴郡归有光著,孙男济世集")之《寒花葬记》,比通行的《寒花葬志》在首句"婢,魏孺人媵也"之后多出如下二十三字:"生女如兰,如兰死,又生一女,亦死。予尝寓京师,作《如兰母》诗。"[2] 据归有光《女如兰圹志》及邬文可知,原配魏氏殁后,归有光与魏氏的陪嫁丫鬟寒花所生的女儿如兰刚满周岁,便于嘉靖十四年(1535)八月夭折,随后又生一女也夭亡了,这个女儿甚至连名字都没有留下,侍妾寒花随后也于嘉靖十六年(1537)五月四日亡故。此段经历因与项脊轩及读书生活无关,故《项脊轩志》一文只字未提。

　　大约在嘉靖十八年(1539)之后,经历了发妻病殁、幼女夭亡、侍妾死去、

---

[1] 归有光:《震川先生集》,上海人民出版社2020年版,第741页。
[2] 载《文艺研究》,2007年第6期,第56页。

科举失意、漂泊他乡等一系列人生变故的归有光,围绕项脊轩的变迁,又补写了与妻子有关的两段文字,借轩怀人,抒写了怀念亡妻等沉痛情感。

作者用"后五年""其后六年""其后二年"等表明时间的词语,以时间的推移叙写了几个生活片段,作为正文部分的自然延续。归有光婚后,轩中又多了一个常客。归有光在《请敕命事略》中写妻子魏氏鼓励他苦读时曾说:"吾日观君,殆非今世人。丈夫当自立,何忧目前贫困乎?"妻子"时至轩中,从余问古事,或凭几学书",可谓红袖添香好读书。此处笔墨与前文"多可喜"一脉相承。而妻子从娘家省亲回来,转述诸小妹"闻姊家有阁子,且何谓阁子也"一语,足见归有光夫妻二人在书斋的幸福生活令小妹们歆羡不已。而这些"可喜"的生活细节,皆为反衬其后"妻死""室坏不修""久卧病无聊""多在外"等"多可悲"的生活遭遇。

饱经人世沧桑的归有光多年之后补写的这段文字,恰好与青年时代所写的前四段文字形成鲜明的对照。早年冀望以科举仕进获得荣华富贵、封妻荫子的那份自信,在残酷的现实碾压之下,全都化为齑粉。贤妻红颜薄命,生者历经坎坷。肩负着家道中兴重任的归有光,最后将这些难以言说的人生悲苦,化作一段看似平淡无奇,实则深婉而惨恻至极的文字:"庭有枇杷树,吾妻死之年所手植也,今已亭亭如盖矣。"睹物思人,痛不可抑。可谓言有尽而意无穷,不言情而情无限。

枇杷秋末冬初开花,春末夏初成熟,故一直被人们视为"备四时之气"的佳果,成为美好、繁盛的象征。作为一种吉祥的庭院风水树,枇杷一般种在院子的东南角巽卦方位或者东面震卦方位。因为枇杷树结果总是成双成对、同枝共茂,所以枇杷树被视为夫妻树,常用以比喻夫妻和美、伉俪情深;又因枇杷树结子多,且种子坚硬,故又有多子多孙、兴旺发达之意。此外,枇杷开花之际,正是举子进京赶考之时;春末成熟之后,枇杷果实圆润饱满,色泽金黄,因此还象征春闱高中、金榜题名。

归有光妻子在她死去的那年,亲手种下枇杷树,不仅寄寓了她期盼夫妻恩爱、多子多孙的人生理想,而且也蕴含着对丈夫金榜题名、光宗耀祖的殷切期望。

综观全篇,开头以作者杂植"兰桂竹木"言"多可喜",寓情于景,托物言志;结尾以亡妻手植的枇杷树"今已亭亭如盖矣"言"多可悲",以景结情,收束全篇,戛然而止却又余韵悠长。看似婉言妻子其人美梦皆化为泡影,实则借此将自己郁积多年的断弦之痛以及怀才不遇、功名未就的人生伤悲推向极点,令人泪下沾襟。

至此,意欲通过科举入仕恢复家族荣光的归有光,不写祖辈父辈科举上的"无为",却让幼年入蒙学后母亲的督促,少年时代应童子试时祖母的期待,青年时代准备乡试、会试时妻子的陪伴与鼓励,如草蛇灰线,或隐或显,颇有节制地流泻于笔端,最后将三代遗愿、半世悲凉,悉皆化作内心无比沉重的伤痛,铸就了这曲从自信自励到蹭蹬失意的人生悲歌。

此后,归有光于嘉靖二十年(1541)举家徙居嘉定安亭江上,一边讲学授徒,一边读书备考。直到嘉靖四十四年(1565)六十岁时才考中三甲进士,授长兴县令,开始步入仕途。隆庆四年(1570),归有光被大学士高拱、赵贞吉引为南京太仆臣,直文渊阁,掌管内阁制敕房,负责纂修《明世宗实录》,次年病逝,终年六十五岁。

对于本文的主旨,《中国大百科全书·中国文学卷》概括为"抒发了人亡物在、世事沧桑的感触"[1]。吴小如则在《读归有光〈项脊轩志〉》中说,是"对家道中落的身世发出了惋惜和哀鸣,同时也在沉痛地凭吊个人遭际的不幸"[2]。其实,归有光十八岁所写的那四段文字(前文),不仅有家道中落、幼年失恃等身世遭际的哀鸣,而且还蕴含着自励自信、志在科举、光耀门楣的昂扬意气。吴小如先生等人的偏颇之处,在于忽视了文本中隐含着的自励自

---

[1] 《中国大百科全书》第8卷,中国大百科全书出版社2009年版,第281页。

[2] 吴小如:《古文精读举隅》,天津古籍出版社2002年版,第258页。

信的情感。而后来补写的两段文字（后文），虽说是叹惋蹭蹬失意的人生悲凉，其实何尝没有不甘沉沦，为了实现母亲、祖母、妻子三代人的遗愿而矢志科举仕进的情感深蕴其中！

作为明代"唐宋派"散文最具代表性的作家，归有光被时人称为"今之欧阳修"。其散文源出于《史记》，特别讲究"龙门家法"，使题之意蕴，隐显曲畅；又取法于唐宋八大家，风格朴实，并以抒写个人真挚情感见长，因此被黄宗羲誉为"明文第一"。

明代王锡爵《明太仆寺寺丞归公墓志铭》云："所为抒写怀抱之文，温润典丽，如清庙之瑟，一唱三叹，无意于感人，而欢愉惨恻之思，溢于言语之外。"黄宗羲《张节母叶孺人墓志铭》中说："余读归震川文之为女妇者，一往情深，每以一二细事见之，使人欲涕。盖古今事无巨细，唯此可歌可泣之精神，长留天壤。"一言其深婉曲折，一言其细节动人，皆是解人。

文化之奥

庄子的"神遇"说,陶潜的"会意"说,严羽的"妙悟"说,无不使灵感带上了神秘的色彩。

作者因灵感触发联想和想象,精骛八极,神游万仞,常常引经据典,谈古论今,借题发挥。那些古今人物、文化掌故,在作者笔下往往别有寓意,破译这类密码,就能窥破文本的奥义。

文化密码与文本旨趣

一

绝代有佳人，幽居在空谷
——古今人物对于文本解读的意义

人类的思维包括理性思维和非理性思维两种，而灵感思维就是一种以非理性、非线性思维为主导的思维形式。庄子的"神遇"说，陶潜的"会意"说，严羽的"妙悟"说，无不使灵感带上了神秘的色彩。作者因灵感触发，精骛八极，神游万仞，横贯古今，故诗文多属借题发挥之作。

古代散文，除了选取自然界的物象寄寓情意，亦常引经据典，谈论人事，因而文本密码多表现为历史人物及其相关典故。文中所涉及的人物密码与文化密码，往往是指引读者走入文本深处、触及文心的路标。

譬如韩愈《送孟东野序》一文，由"草木之无声，风挠之鸣；水之无声，风荡之鸣""金石之无声，或击之鸣"等现象，触发出"不平则鸣"的感悟，进而联想到"其于人也亦然"，遂历数唐、虞之时的咎陶、禹，殷商、周的伊尹、周公等各个朝代的"善鸣者"，并强调唐代陈子昂、苏源明、元结、李白、杜甫、李观等人以其诗文"鸣"，最终点明写作目的及题旨："东野之役于江南也，有若不释然者，故吾道其命于天者以解之。"

孟郊少隐嵩山，壮年屡试不第，四十六岁中进士，五十岁才被授为溧阳县尉,在其赴任之际,韩愈撰写此文作为临别赠言。文章妙用比兴手法,从"物不平则鸣",写到"人不平则鸣",借天命之说安慰怀才不遇的孟郊,并勉励他振奋精神,"以其诗鸣",彰显其诗文贯道的人生价值。韩文历数各代"不平则鸣"之"善鸣者",雄奇超迈,横绝古今,文化之奥义极为丰赡,却文从字顺,浅显易解。

此类文化内涵丰富而不影响主旨解读的文章,毕竟还是少数。当然,若能深究文中的每一个人物密码,对文本的理解就会更有深度。

下面试以李白《春夜宴桃李园序》为例详加阐释:

夫天地者,万物之逆旅也;光阴者,百代之过客也。而浮生若梦,为欢几何?古人秉烛夜游,良有以也。况阳春召我以烟景,大块假我以文章。会桃李之芳园,序天伦之乐事。群季俊秀,皆为惠连;吾人咏歌,独惭康乐。幽赏未已,高谈转清。开琼筵以坐花,飞羽觞而醉月。不有佳咏,何伸雅怀?如诗不成,罚依金谷酒数。

李白俯仰天地古今,悟透天地广大、光阴易逝、人生短暂之理,落笔便气势夺人:"夫天地者,万物之逆旅也;光阴者,百代之过客也。"继而就人与宇宙的关系,发出"浮生若梦,为欢几何"的千古浩叹。

对于天地,《尚书·周书·泰誓上》以"惟天地万物父母,惟人万物之灵"强调天地化生万物的作用,《庄子·内篇·德充符》以"天无不覆,地无不载"彰显天地容纳万物的力量。对于时间,《论语·子罕》以"逝者如斯夫,不舍昼夜"道出了光阴一去不返的特点,《庄子·知北游》以"人生天地间,若白驹过隙,忽然而已"突出了人生短暂易逝的特点。李白则精准地锁定了天地、光阴与人生的关系,以"逆旅""过客"这两个高度统一的意象,突破了前贤的所有表达:所谓天地,无非是自然万物暂时寄居的旅舍;所谓光阴,无非是一代代匆匆过客以其生命长度链接而成。尽管人生短暂,但离开了人的生命,就无所谓光阴,天地的意义亦不复存在。李白以天地作为背景凸显人的渺小与生命的短暂,并在冷静客观的认识中,融入了难以言传的苍凉之感和反叛精神。这种深刻而清醒的人生感悟并未导致作者对个体生命的悲观绝望,反而激发出更强劲的对抗力量。

如何对抗并超越短暂而虚幻的人生?唯有效法古人"秉烛夜游",以此作为扩大生命容量与延长欢乐长度的良策。更何况还有阳春以美景召唤,天地以文采假借!如此内外因交织之下,作者在春夜与堂弟们在桃李园从叙天伦之乐到幽赏未已,从高谈转清到形诸佳咏,便顺理成章了。

文中"康乐"与"惠连"这两个人物密码,所蕴含的兄弟深情以及个体生命以诗酒与自然规律对抗并超越的精神,显然不应忽视。

山水诗鼻祖谢灵运,袭封康乐县公,故号谢康乐。其族弟谢惠连,幼而聪敏,十岁即能属文,深得谢灵运赏识,为其"四友"之一。谢灵运每见其新作,常叹道:"张华重生,不能易也。"谢惠连后因官场失意,与谢灵运一起游山玩水,吟诗作赋。二人在玄言诗盛行时代,皆以格调轻灵、辞藻清艳的五言山水诗见长,"谢康乐体""谢惠连体"备受追捧,甚至连梁简文帝萧纲也曾写过《戏作谢惠连体十三韵》。

谢灵运《登池上楼》"池塘生春草,园柳变鸣禽"两句意象清新,不假雕饰,浑然天成,最为人激赏。元好问《论诗三十首》之二十九赞道:"池塘春草谢家春,万古千秋五字新。"钟嵘《诗品》引《谢氏家录》云:"康乐每对惠连,辄得佳语。后在永嘉西堂思诗,竟日不就。寤寐间,忽见惠连,即成'池塘生春草'。故尝云:'此语有神助,非吾语也。'"据其言,因梦见族弟惠连,得窥天机,故有此佳句。

李白为鼓励大家写出佳作,以"惠连"比拟众兄弟并赞其才情,自比"康乐"并说"独惭",无非为衬托"群季"之出众罢了,其自谦中有着无比的自信。可见,文中"惠连"与"康乐"即文本解读中不可忽视的人物密码。

当然,文本中的人物密码解读绝非易事,不仅需知人论世解读作者及写作背景,而且要纵贯古今,从古今人物的遭遇中抽绎出相关的内容,并由此深探文心。

譬如苏轼《赤壁赋》，不用说"诵明月之诗，歌窈窕之章"之类的举动，文中引用的"月明星稀，乌鹊南飞"之类的诗句属于文本解读的文化密码，就连"曹孟德"与"周郎"这类历史人物，其实亦然。

汉献帝建安十三年（208），周瑜在赤壁联刘抗曹，以少胜多，一战成名，曹操则败退北方，遂奠定魏、蜀、吴三足鼎立的格局。十五年（210），周瑜提出取巴蜀、并张鲁，再以襄阳为根据地蚕食曹操的战略方针，结果大功未成，年仅三十六岁就暴病身亡于巴丘（今岳阳）。汉丞相曹操则于建安十八年（213）封魏公，二十年（215）征张鲁，取汉中，次年晋爵魏王，加九锡，二十五年（220）病逝于洛阳，享年六十六岁。曹丕代汉称帝后，追尊曹操为太祖武皇帝。

若对《赤壁赋》"此非孟德之困于周郎者乎"一语中的人物"孟德""周郎"予以解码，则其中所蕴含的"无论成败寿夭，贫富穷通，终归有尽"的深意便会呈现。作者处江湖之远，"思美人"则诵《陈风·月出》，"望美人"则"扣弦而歌之"，心心念念的无非远在汴京的神宗皇帝。此即屈原"美人香草"手法的翻版。

若联系写作此文的时代背景，则可知苏轼借古讽今之匠心，在于影射宰相王珪之流为邀荣固宠，怂恿宋神宗专心戎事，结果导致元丰四年（1081）秋宋军在灵州城下惨遭溃败的现实。杨慎《三苏文范》引文徵明语谓"讥当时用事者""一时用事之人何在"等说法，可谓探得文心。

当然，此文还可沿着这一思路进一步深入，见前人所未见之奇景。

其实，不仅文中所涉及的"古人"须作文化密码来解读，即使是同时代的人物，亦断不可忽视。试以张岱《陶庵梦忆·花石纲遗石》为例：

越中无佳石。董文简斋中一石，磊块正骨，窊咤数孔，疏爽明易，不作灵谲波诡，朱勔花石纲所遗，陆放翁家物也。文简竖之庭除，石后种剔牙松一株,辟呷负剑,与石意相得。文简轩其北,名"独石轩",石之轩独之无异也。石篑先生读书其中,勒铭志之。

大江以南花石纲遗石,以吴门徐清之家一石为石祖。石高丈五,朱勔移舟中,石盘沉太湖底,觅不得,遂不果行。后归乌程董氏,载至中流,船复覆。董氏破资募善入水者取之。先得其盘,诧异之,又溺水取石,石亦旋起。时人比之延津剑焉。

后数十年,遂为徐氏有。再传至清之,以三百金竖之。石连底高二丈许,变幻百出,无可名状。大约如吴无奇游黄山,见一怪石,辄瞋目叫曰:"岂有此理!岂有此理!"

宋徽宗喜好花木奇石,使朱勔主持苏杭应奉局,凡民间有奇石花木堪玩赏者,则强取豪夺,劫往汴京,淮河、汴河舟船相接,号曰"花石纲"。朱勔在太湖西山岛东侧的谢姑山岛采得湖石两峰,动用两千余人,才将大谢姑石通过花石纲运抵汴京,置于御苑艮岳,号"昭功神运石"。徽宗见石大喜,竟封为"盘固侯"。小谢姑石因底盘石座沉入湖底而耽误运送,明代先为国子祭酒陈霁所得,后为董份购得。

文中所记二奇石,均为朱勔花石纲所遗:越中董文简庭院中所立之石,形体高大,疏朗平正;吴中徐清之家之石,即小谢姑石,诡怪妍巧,变幻莫测。作者为表现二石之不同,除正面点染外,又掇拾异闻,以陆放翁与陶石篑之事附于董氏石,以太湖石沉石出、吴无奇惊叫黄山怪石之事附于徐氏石,其事格调互异,恰与二石特点参合。

如此解读,则仅见作者赏石之精,绘石之妙,而文中精义丝毫未睹。

文本中所涉及的今昔人物,犹如幽居深谷的"绝代佳人",正是文本解读的重要密码,本应据其芳尘而探赜索微,岂可轻忽?

董文简,名玘,号中峰,浙江会稽人,明孝宗弘治十八年(1505)乙酉会试第一名,廷试为榜眼,授翰林院编修。是年,明武宗朱厚照即位,以原东宫宦官刘瑾执掌钟鼓司。正德元年（1506）初，刘瑾以进献鹰犬、歌舞及角抵等戏博取武宗欢心，屡得升迁，官拜司礼监掌印太监，与张永、马永成等太监执掌内廷大权，被时人称为"八虎"之首。董玘因上疏历数刘瑾等"八虎"诱使武宗耽于逸乐、扰民侵利等罪状，黜为成安县令。正德五年（1510）八月，刘瑾凌迟伏诛，董玘始还复旧职，后官至吏部左侍郎兼翰林学士，参编《孝宗实录》《武宗实录》《睿宗实录》。董玘为官严峻刚直，任吏部侍郎时拒绝一切请托，父丧后恰好"请恤典，值郊祀，迟月余不得行"，一些平时对他心怀不满的人便以"有他觊"构陷，董玘因此被削职，三年后才真相大白。穆宗即位后，追赠大宗伯、礼部尚书，谥"文简"。董玘居乡寡交，卜筑中峰书院以讲学，从者甚众，有《中峰文集》传世。

陶望龄，字周望，号石篑，浙江会稽人，万历十七年（1589）乙酉科第一名，廷试为探花，授翰林院编修，参编国史，后升侍讲。万历三十三年（1605）升为国子监祭酒。内阁首辅沈一贯以"妖书"之事，欲陷害礼部尚书郭正域，为官廉洁刚直的陶望龄与状元唐文献等人一道见沈一贯，责以大义，并愿弃官与郭同死，终使郭案得以缓解。他心系民生社稷，屡上切中时弊的奏章，皆未受重视，后告老归家，布衣蔬食以终。陶笃信佛法与阳明心学，清真恬淡，以治学为乐，曾在袁宏道鼓励下编《徐文长文集》三十卷。著作有《歇庵集》二十卷、《解庄》十二卷、《天水阁集》十三卷等。

陆游喜论恢复，屡忤奸相秦桧等人，董玘敢捋权宦刘瑾虎须，陶望龄则曾与结党专权的内阁首辅沈一贯据理力争，其道德文章皆为后人所尊崇。张岱以南宋爱国诗人陆游及明代董中峰、陶望龄等会稽乡贤比附于"越中佳石"，石之"磊块正骨""疏爽明易"，不正是此类人物的精神写照吗？

"乌程董氏"即董份，湖州乌程县人，嘉靖进士，官至礼部尚书兼翰林学士。嘉靖四十四年（1565）六月，给事中欧阳一敬劾其阿附严嵩，受严世蕃贿赂，诏黜为民。其为人贪险，居官攀附权贵，居乡广占良田，史载其"富冠三吴，田连苏湖诸邑，殆千百顷，有质舍百余处，各以大商主之，岁得子钱数百万"。因民怨极大,上诉状者千人,其田产后来多被查退。万历二十三年(1595)病卒,遗命"毋书吾故官,以白布三尺题曰'耐辱主人'"。

吴门徐泰时,万历八年(1580)中进士,授工部营缮主事,主持修复慈宁宫,以功擢营缮郎中,后因建造寿陵节省巨多,万历帝特恩赐麒麟服以彰宠异,并进秩太仆寺少卿。徐泰时自恃才高,任事慷慨,得罪上司与同僚,受控"受贿匿商,阻挠木税",于万历十七年(1589)冬"回籍听勘",遂不问世事,专心治园,置酒高会,流连池馆,常呼朋啸饮于园中。徐泰时爱奇石,岳父董份曾赠以小谢姑石,运至阊门外下塘徐氏花园。万历二十一年(1593)建东园(留园前身)。万历二十四年(1596),袁宏道任吴县令,辞官归里的前首辅申时行借东园为其接风洗尘,袁宴后有《园亭记略》以记其盛。长洲县令江盈科亦曾为徐氏园林后乐堂作《后乐堂记》。

徐泰时死后,其子徐清之花费三百金将此石峰竖立园中。该石外形巍峨,玲珑剔透,具太湖石透、漏、皱、瘦之美,因其"中夜有光",宛若祥云,故号"瑞云峰"。甲申国变,徐家宅院荒废,瑞云峰寂寞于墟莽间百余年。乾隆南巡,曾驻跸苏州织造署行宫,瑞云峰遂被有司移至此处。

石名瑞云,数百年来却两次沉没湖底,几经转手,见证了诸多人世沧桑。

董份及徐泰时、徐清之父子,人生"变幻百出,无可名状",其富贵荣华,终为云烟,与"灵谲波诡"之瑞云峰,何其相似乃尔!

朱勔因其父朱冲谄事蔡京、童贯而得官,与蔡、童等并为宋徽宗时期的"六贼"。崇宁四年(1105)主持苏州应奉局,迎奉上意,靡费官钱,搜求珍奇花石,逐年增加,并以采办花石为名敲诈勒索,大发横财,广置田产。宣和七年(1125)十二月金兵南下,徽宗禅位,与蔡京及朱勔父子南逃镇江。金兵撤退后,北宋朝野同声,要求诛杀"六贼"。靖康元年(1126),宋钦宗削去朱勔父子官职,将其流放,后下诏中途处死,籍没其家。佞臣朱勔搜刮民脂民膏建成的豪冠江南的私家园林"同乐园",终被积怨已久的百姓抢砸一空。

吴士奇,字无奇,徽州歙县人,万历二十年(1592)进士,初任福建宁化、浙江归安知县,后升南京户部主事,出守江西吉安,官至太常寺卿,因拒宦官魏忠贤而致仕。明人修史特别强调"史之为务,申以劝诫,树之风声"。吴士奇留心国史,著有《绿滋馆稿》《史裁》《四库总目》等,其以备正史裁择的百卷纪传体私史《皇明副书》,劝惩思想十分显著。他立循良、笃行、殊行、艺苑、医卜、烈女、取节、义子、外戚等九传,申之以"劝",另立名法、宠臣、中官、三庶人、七大寇等传记,用意在"惩"。

"岂有此理"典出《南齐书·虞悰传》,意为哪有这个道理,指某人言行或某一事物极其荒谬。大将军、尚书令萧鸾(即齐明帝)派人弑杀齐武帝之孙、皇帝萧昭业并追贬其为郁林王,虞悰得知,曾私下感叹这种轻易以武力废天子的做法为"岂有此理",其后拒绝与明帝合作,直至终老。

张岱记花石纲二遗石之变迁,以其史家春秋笔法,暗寓对比,在文末巧借吴士奇见黄山怪石瞋目而连叫"岂有此理",寄寓臧否人物、陵谷沧桑之叹,其中微言大义,焉可不察!

鸿雁长飞光不度,鱼龙潜跃水成文
—— 含蕴无穷的文化密码

张若虚《春江花月夜》写思妇楼上望月,祈愿追随月华流照夫君身上,却见鸿雁飞于月下而不能捎去月光,继而悬想深潜水底的鱼龙感受月光流泻而跃动,却也只是形成水面波纹而无从捎去思念。诗人反用鱼雁传书典故,凸显所思之遥,寄情之难。

古诗文解读之难,难于借"鸿雁""鱼龙"以寄情。除了文章本身的章法结构及写作技巧等方面的因素外,更主要还是时代距离造成的文化隔膜。这些隔膜,或因无知典故,或因误解经典,或因浅尝辄止,不一而足。

先请看欧阳修《丰乐亭记》:

修既治滁之明年,夏,始饮滁水而甘。问诸滁人,得于州南百步之近。其上丰山,耸然而特立;下则幽谷,窈然而深藏;中有清泉,滃然而仰出。俯仰左右,顾而乐之。于是疏泉凿石,辟地以为亭,而与滁人往游其间。

滁于五代干戈之际,用武之地也。昔太祖皇帝尝以周师破李景兵十五万于清流山下,生擒其皇甫辉、姚凤于滁东门之外,遂以平滁。修尝考其山川,按其图记,升高以望清流之关,欲求晖、凤就擒之所,而故老皆无在也。盖天下之平久矣。自唐失其政,海内分裂,豪杰并起而争,所在为敌国者,何可胜数!及宋受天命,圣人出而四海一。向之凭恃险阻,划削消磨,百年之间,漠然徒见山高而水清。欲问其事,而遗老尽矣。

今滁介于江、淮之间,舟车商贾、四方宾客之所不至。民生不见外事,而安于畎亩衣食,以乐生送死,而孰知上之功德,休养生息,涵煦百年之深也。修之来此,乐其地僻而事简,又爱其俗之安闲。既得斯泉于山谷之间,乃日与滁人仰而望山,俯而听泉。掇幽芳而荫乔木,风霜冰雪,刻露清秀,四时之景,无不可爱。又幸其民乐其岁物之丰成,而喜与予游也。因为本其山川,道其风俗之美,使民知所以安此丰年之乐者,幸生无事之时也。

夫宣上恩德,以与民共乐,刺史之事也。遂书以名其亭焉。庆历丙戌六月日,右正言、知制诰、知滁州军州事欧阳修记。

文章开篇点明时间,即作者到任滁州、初具政绩的第二年,接着交代偶得一甘泉于城西南丰山之幽谷。作者喜出望外,亲临考察,直至"疏泉凿石,辟地以为亭,而与滁人往游其间",为结尾点明"与民共乐"主旨埋下伏笔。

文中"俯仰左右,顾而乐之"中的"俯仰"二字,与文末的"仰而望山,俯而听泉"首尾呼应。俯察与仰观的动作,触发作者对"俯仰"的文化联想。

前面在解读王羲之《兰亭集序》主旨时，就提及《庄子·天运》有关"俯仰由人"的桔槔论述："引之则俯，舍之则仰，彼人之所引，非引人也。故俯仰而不得罪于人。"庄子借以说明孔子拿着不受欢迎的仁礼法度去要求别人，肯定会遭受困厄。王羲之在《兰亭集序》中"仰观宇宙"和"俯察品类"之时，将动作与视觉融合，在观照天地万物的同时，也有了审视自身的直观体验，因此深知在官场上唯有像桔槔一样完全受人操控，听话照做，才可能不至于得罪人。

欧阳修则借前人"俯仰"含蓄表明，自己坚守仁礼法度，招致宰相贾昌朝等政敌的无耻诬陷与打击，贬知滁州，但自己问心无愧，俯仰自如。

庆历四年（1044），欧阳修上《朋党论》驳斥保守派的攻击，分辩朋党之诬。次年，"庆历新政"在保守派的强力阻挠下遭受失败，改革派领袖范仲淹、韩琦自请外放。欧阳修上书为"庆历新政"分辩，并大力抨击保守派的卑劣行径，因此受到了保守派的诬陷，被贬滁州。此事在前面《醉翁亭记》一文中有详叙，在此不赘。

文末"使民知所以安此丰年之乐者，幸生无事之时也"一语表明，要让百姓明白他们之所以能在丰年过上幸福快乐的生活，俯仰自如，是因为生活在天下太平安宁的时代，作者亦倍加珍惜让百姓"休养生息""与民共乐"的守滁生活。

诸如"俯仰"之类的文化密码，源自文学触发，有典故来历，一旦扫清这类障碍，有关文本就会迎刃而解。而另一类文化密码，今人则往往因为对文化经典的隔膜，在解读时难免徒唤奈何。

譬如，范仲淹《严先生祠堂记》：

先生，汉光武之故人也。相尚以道。及帝握《赤符》，乘六龙，得圣人之时，臣妾亿兆，天下孰加焉？惟先生以节高之。既而动星象，归江湖，得圣人之清。泥涂轩冕，天下孰加焉？惟光武以礼下之。

在《蛊》之上九,众方有为,而独"不事王侯,高尚其事",先生以之。在《屯》之初九,阳德方亨,而能"以贵下贱,大得民也",光武以之。盖先生之心,出乎日月之上;光武之量,包乎天地之外。微先生,不能成光武之大,微光武,岂能遂先生之高哉?而使贪夫廉,懦夫立,是大有功于名教也。

仲淹来守是邦,始构堂而奠焉,乃复为其后者四家,以奉祠事。又从而歌曰:"云山苍苍,江水泱泱,先生之风,山高水长!"

这篇不足三百字的短文,第一段就有"握《赤符》""乘六龙""动星象""圣人之清""泥涂轩冕"等涉及历史典故与文化经典的多处阅读障碍。

"赤符"之说,据《后汉书·光武帝纪》载:"光武帝先在长安时,同舍生彊华自关中奉赤伏符,曰:'刘秀发兵捕不道,四夷云集龙斗野,四七之际火为主。'群臣因复奏曰:'受命之符,人应为大,万里合信,不议同情,周之白鱼,曷足比焉?今上无天子,海内淆乱,符瑞之应,昭然著闻,宜答天神,以塞群望。'"相传西汉末年王莽假称受了赤帝刘邦的金策书而篡立,民间开始流传一本"刘秀当为天子"的图谶,王莽新朝国师刘歆即改名刘秀,被王莽发现后问斩,临刑前仍坚信本名刘秀的定是真命天子。后刘秀起事,因图谶之说而大聚民心,遂灭赤眉,扫关东,于公元25年称帝,改元建武,定都洛阳,随后又荡平关西、陇右、西蜀等地,一统天下,建立了东汉政权。

"乘六龙",出自《周易·乾卦》的《彖辞》:"大明终始。六位时成,时乘六龙以御天。"六龙指太阳,神话传说日神以羲和为御者,驾驭六龙,周行不殆。孔颖达释乾卦之意,曰:"乾元乃统天之义,言乾之为德,以依时乘驾六爻之阳气以控御于天体。六龙即六位之龙也,以所居上下言之,谓之六位也。"范仲淹在文中只是强调"御天"二字,即光武帝顺天应命,自强不息,统治天下之意。

"动星象"说的是严子陵与光武帝的故事。严光,字子陵,余姚人,博学多才,在太学求学期间与刘秀同窗。两人白天探讨奥旨,夜来抵足而眠,结下深厚友谊。王莽篡汉建立新朝,赤眉、绿林起义爆发,严子陵见天下大乱,便归隐余姚。光武帝刘秀一统天下后,派人四处寻访,礼请严子陵出山辅佐,接连几次都被断然回绝,后来亲自登门把他请至洛阳。某天,严子陵被刘秀请至宫中,探讨治国之道,论古道今,滔滔不绝,透辟之至,不觉已是深夜,刘秀留他同榻而眠,他也不推辞,严子陵沉睡时竟将一条腿搁在刘秀身上。次日清晨,严子陵尚在梦乡,一夜未曾安眠的刘秀早早起床,钦天监慌忙入宫面圣,以夜观天象发现客星犯帝座,恐不利于皇上一事奏禀。刘秀略一沉吟,笑道:"哪有什么客星冲犯,是朕与好友严子陵同榻,他将一条腿搁在朕身上了。"

圣人之清——《孟子·万章下》曰:"伯夷,圣人清者也。"伯夷让国,不食周粟,范仲淹以其清高节操比拟并赞美严光,且为下文"大得民也"埋下伏笔。

"泥涂",指污泥、淤泥,语出《庄子·田子方》:"弃隶者,若弃泥涂,知身贵于隶也",且与"庄子钓于濮水"故事相关,意动为"轻视、轻贱";"轩冕",指大夫以上的车乘和冕服,借指高官厚禄。故"泥涂轩冕"有鄙弃官爵禄位之意。

上述历史掌故之类对阅读鉴赏极易造成障碍,而此文最大障碍则在于文本的文化密码"《蛊》之上九"和"《屯》之初九"。

《蛊卦》第六爻"上九"的爻辞为"不事王侯,高尚其事"。恰如正当大家积极有为之时,偏偏严子陵不肯侍奉光武,以保持自己高尚的品德。此卦《象》曰:"不事王侯,志可则也。"其强调的是,不侍奉王侯,不谋求禄位的高尚品德,堪为世人楷模。

《屯卦》第一爻"初九"的爻辞为"磐桓,利居贞,利建侯"。"屯"字像种子萌芽,根向下扎,即"反生"之意,象征事业处于草创阶段。"磐桓",即盘桓,指观望不前。水雷屯卦,坎上震下,初九爻是震动的主爻,其上是坎险,预示着动则有难,故以观望不进为宜。畏难盘桓并非退却,而是居正养德,蓄积力量，故曰"利居贞"。譬如帝王草创基业时，为增强助力，宜用分封诸侯作为延揽人才的手段，故曰"利建侯"。当年刘秀于河北极力延揽人才，吸引邓禹杖策北渡，追至邺城以从，邓禹终能名列东汉开国功臣、云台二十八将之首。

屯卦之《象》曰："虽磐桓，志行正也。以贵下贱，大得民也。"阴爻为贱，阳爻为贵，《屯卦》初九阳爻居于二至四爻三阴之下，是以贵下贱之象。志行正大，即爻辞所谓"居贞"。虽然暂时观望不前，但志行正大，以高贵身份礼贤下士，故能笼络民心。如文王屈尊枉驾，访吕尚于渭水之滨，以贵下贱，最得民心。所谓"大得民"，《孟子·离娄》有一段阐述可为佐证：

伯夷辟纣，居北海之滨，闻文王作兴，曰："盍乎归来！吾闻西伯善养老者。"太公辟纣，居东海之滨，闻文王作兴，曰："盍乎归来！吾闻西伯善养老者。"二老者，天下之大老也，而归之，是天下之父而归之也。天下之父归之，其子焉往？诸侯有行文王之政者，七年之内，必为政于天下也。

范仲淹文中说严光的品质高于日月，光武的心量大于天地，彼此遇合，相互成就：如果没有严先生，就不能成就光武帝的宏大气量；如果没有光武帝，就不可能促成严先生的崇高品质。因此，解者多以为范仲淹纯为歌颂严光不图名利、鄙视富贵的高尚品德，或根据"贪夫廉，懦夫立"等语以为表达对盛世的向往之心。

如此解读，显然未触及范仲淹为文之用心！

首先，从文本结构上看，"《蛊》之上九"与"《屯》之初九"看似平列对举，实则有所侧重，其意在以严光衬托光武，突出光武帝礼贤下士、宽宏大量的胸襟与气度。

其次，从知人论世角度来看，范仲淹少有大志，每以天下为己任。明道二年（1033），太后驾崩，仁宗亲政，受刘太后倚重的吕夷简继续为相。仁宗与吕夷简谋划，拟罢免张耆、夏竦、陈尧佐、范雍、晏殊、钱惟演等太后重用旧臣,退朝后与郭皇后闲聊此事,郭皇后随口道:"夷简独不附太后耶?但多机巧,善应变耳。"吕夷简遂被罢相,外放澶州。后又恢复相位,他从内侍省副都知阎文应处得知原委。当郭皇后因与争宠的杨、尚二美人发生冲突而惹怒仁宗时,吕夷简挟私报怨,与阎文应里应外合,怂恿仁宗废后。时任右司谏的范仲淹挺身而出,上疏谏阻,但吕夷简令有司不接废后之事的奏疏,范仲淹于是与孔道辅等御史谏官至垂拱门前伏奏,遇阻后拟于翌日上朝与吕夷简辩论,结果诏令贬范仲淹知睦州,随即押解出京。即便如此狼狈不堪,范仲淹还是在《睦州谢上表》中劝谏仁宗并自剖心迹:"有犯无隐,人臣之常;面折廷争,国朝盛典。"

正如其在《灵乌赋》中所言,心忧天下的范仲淹"宁鸣而死,不默而生"。早在天圣三年(1025),时任大理寺丞的范仲淹不顾自己位卑言轻,给垂帘听政的章献太后、仁宗呈《奏上时务书》,提出救文弊以厚风俗、整武备以御外患、重馆选以养人才、赏台谏以开言路等建议,其中"文质相救"的文学主张为文风改革奠定了理论基础。天圣五年(1027),范仲淹又在丁母忧期间给朝廷上万言书——《上执政书》,针对时弊提出了"固邦本、厚民力、备戎狄"等六项改革主张,由此备受宰相王曾赏识。天圣七年(1029)冬至,仁宗循例要率百官至会庆殿给太后上寿,宰相吕夷简、参知政事陈尧佐等人皆无异议,秘阁校理范仲淹却挺身而出,上书谏阻皇帝与百官同列面北为太后上寿这一有损君威的荒谬之举。天圣八年(1030),他又上《乞太后还政疏》,请章献太后卷收大权,让春秋已盛的仁宗亲政,因此触怒章献太后,被贬河中府通判,事后他写信给曾推荐自己的晏殊说:"事君有犯无隐,有谏无讪;杀其身,有益于君则为之。"

作为北宋诗文革新运动的先驱,范仲淹继承孟子"浩然正气"与韩柳"文以贯道"等思想传统,主张"文辞贯道""文质互救",在诗词文赋等文学创作方面成就显著,其散文生气贯注,洋溢着充沛的人格精神力量。

明道二年(1033),范仲淹因触怒宰相吕夷简而"来守是邦",联想到光武帝礼贤下士而大得民心，严子陵不事王侯而有功名教，即着手"构堂而奠"，看似讴歌严子陵，实则借题发挥，委婉讽谏初御宇内的宋仁宗要效法光武，居正养德，举贤任能，广纳善言，笼络人心，切勿让官场结党营私的"贪夫"横行无忌，而通过对臣下推心置腹使软弱无所作为的"懦夫"亦能仗义执言。

景祐二年（1035）冬，范仲淹由苏州知州擢为礼部员外郎、天章阁待制、判国子监，回京后论事愈切。针对任人唯亲、专权谋私的宰相吕夷简，他将一些要员的升迁情形绘制成《百官图》上呈仁宗，直言宰相用人不当。结果，吕夷简以越职言事、勾结朋党、离间君臣为由，将其贬知饶州。

范仲淹遭贬睦州前后的经历，足见其"宁死不默"的一贯精神。他在睦州所作的《严先生祠堂记》，其微言大义焉可不察！

范仲淹巧借建构严光的祠堂之事，借题发挥，撰写《严先生祠堂记》歌颂严光，同时将冀望仁宗效法光武广纳人才的深意寄寓其中。

苏轼散文气势雄健奔放，挥洒自如，不仅文理自然，姿态横生，而且有一股真率之气氤氲纸上。其书札《文说》自言道："吾文如万斛泉源，不择地而出，在平地滔滔汩汩，虽一日千里无难。及其与山石曲折，随物赋形而不可知也。所可知者，常行于所当行，常止于不可不止，如是而已矣！"

苏轼诗文虽多属灵感来临时的即兴创作，然其博闻强记，学识渊博，诸多篇什中的文化密码，可谓含蕴无穷。

以其《喜雨亭记》为例：

亭以雨名，志喜也。古者有喜，则以名物，示不忘也。周公得禾，以名其书；汉武得鼎，以名其年；叔孙胜狄，以名其子。其喜之大小不齐，其示不忘一也。

予至扶风之明年，始治官舍。为亭于堂之北，而凿池其南，引流种树，以为休息之所。是岁之春，雨麦于岐山之阳，其占为有年。既而弥月不雨，民方以为忧。越三月，乙卯乃雨，甲子又雨，民以为未足。丁卯大雨，三日乃止。官吏相与庆于庭,商贾相与歌于市,农夫相与忭于野,忧者以喜,病者以愈,而吾亭适成。

于是举酒于亭上,以属客而告之,曰:"五日不雨可乎?"曰:"五日不雨则无麦。""十日不雨可乎?"曰:"十日不雨则无禾。""无麦无禾,岁且荐饥,狱讼繁兴,而盗贼滋炽。则吾与二三子,虽欲优游以乐于此亭,其可得耶?今天不遗斯民,始旱而赐之以雨。使吾与二三子得相与优游而乐于此亭者,皆雨之赐也。其又可忘耶?"

既以名亭,又从而歌之,曰:"使天而雨珠,寒者不得以为襦;使天而雨玉,饥者不得以为粟。一雨三日,伊谁之力?民曰太守。太守不有,归之天子。天子曰不然,归之造物。造物不自以为功,归之太空。太空冥冥,不可得而名。吾以名吾亭。"

苏轼于嘉祐六年(1061)任大理评事、签书凤翔府判官,次年修建官舍并在北面建亭子以为休息之所。是年春旱,百姓忧虑,后虽一雨再雨,却未下透;而亭成之际,恰逢丁卯日连续三天大雨,众人欢欣不已,于是作者将亭命名为"喜雨亭"并撰此文。

周公得禾,名其书文为"嘉禾",汉武得鼎,名其年号为"元鼎",鲁国叔孙得臣,打败狄人俘获国君侨如,故以"侨如"作为其子之名。喜虽大小不一,但以示不忘的本质无异,故此类取名,皆为"志喜"。"喜雨亭"得名,虽亦是"志喜",然境界更高。

百姓久旱盼甘霖,结果"乙卯乃雨,甲子又雨",但一句"民以为未足",表明雨量太小,不足以解春旱;"丁卯大雨,三日乃止",众人心情由"未足"到狂喜,"官吏相与庆于庭,商贾相与歌于市,农夫相与忭于野",直至"忧者以喜,病者以愈"。作者形象描绘了一幅万民同乐的喜雨图。

亭名由来已明,苏轼笔锋突转,以设问方式从反面着墨写"喜雨":"五日不雨可乎?""十日不雨可乎?"无麦无禾,饿殍遍野,官司繁多,盗贼蜂起,虽欲优游于亭而不可得。对比之下，更觉雨之可喜。作者匠心独运，紧扣"亭"与"雨"，着墨于"喜"，曲径通幽，明为感恩上天厚待苍生，实则以忧民之忧、乐民之乐为旨归，抒写"与民同乐"的大同思想。

元丰三年（1080），才子苏轼贬至黄州，经过一番脱胎换骨的彻底蜕变，成为旷达超脱的智者东坡居士，并留下了光耀千古的"一词二赋"等杰作。或因诗文贾祸的惨痛教训，其作品的"文心"隐藏得颇深，非深探不能得。前、后《赤壁赋》如此，《石钟山记》更是如此。

仅以其《石钟山记》为例，读者往往为其文本密码"叹郦道元之简，而笑李渤之陋"一语所迷惑，以为苏轼经过实地考察，得出这一超过甚至颠覆前人观点的结论，却不知"周景王之无射"与"魏庄子之歌钟"这类文化密码，隐含着作者对当时政治的批评之意。

正如苏辙《为兄轼下狱上书》所言，苏轼"好谈古今得失"，"每遇物托兴，作为歌诗，语或轻发"，但贬谪黄州后，他潜心佛道，脱胎换骨，虽托物寓兴，谈古论今之风未变，却含蓄内敛了许多，颇具雅人深致。

古往今来，文本解读流于浅尝辄止者比比皆是。对苏轼《石钟山记》，竟无一人深究此类文化密码，岂不可叹！

其他因灵感触发的佳作，亦俯拾即是。譬如苏辙《黄州快哉亭记》：

江出西陵，始得平地，其流奔放肆大。南合沅、湘，北合汉、沔，其势益张。至于赤壁之下，波流浸灌，与海相若。清河张君梦得，谪居齐安，即其庐之西南为亭，以览观江流之胜，而余兄子瞻名之曰"快哉"。

盖亭之所见，南北百里，东西一舍。涛澜汹涌，风云开阖。昼则舟楫出没于其前，夜则鱼龙悲啸于其下。变化倏忽，动心骇目，不可久视。今乃得玩之几席之上，举目而足。西望武昌诸山，冈陵起伏，草木行列，烟消日出。渔夫樵父之舍，皆可指数。此其所以为"快哉"者也。至于长洲之滨，故城之墟，曹孟德、孙仲谋之所睥睨，周瑜、陆逊之所骋骛。其流风遗迹，亦足以称快世俗。

昔楚襄王从宋玉、景差于兰台之宫,有风飒然至者,王披襟当之,曰:"快哉,此风!寡人所与庶人共者耶?"宋玉曰:"此独大王之雄风耳,庶人安得共之!"玉之言盖有讽焉。夫风无雌雄之异,而人有遇不遇之变。楚王之所以为乐,与庶人之所以为忧,此则人之变也,而风何与焉?士生于世,使其中不自得,将何往而非病?使其中坦然,不以物伤性,将何适而非快?

今张君不以谪为患,窃会计之余功,而自放山水之间,此其中宜有以过人者。将蓬户瓮牖,无所不快;而况乎濯长江之清流,揖西山之白云,穷耳目之胜以自适也哉!不然,连山绝壑,长林古木,振之以清风,照之以明月,此皆骚人思士之所以悲伤憔悴而不能胜者,乌睹其为快也哉!

元丰六年十一月朔日,赵郡苏辙记。

宋神宗元丰二年(1079),苏轼因"乌台诗案"被贬黄州,苏辙上书营救,被贬监筠州盐酒税。元丰六年(1083),张梦得(字怀民)因反对新法而被贬为黄州主簿,与苏轼同病相怜,交往甚密。张梦得不以贬谪为怀,在寓所西南筑亭以览江流,苏轼为之题名"快哉亭",在黄州探望兄长的苏辙则为之作记以志纪念。

宋玉、景差随楚顷襄王游兰台宫,楚王敞开衣襟,感慨道:"这风多么畅快啊!这是我和百姓所共享的吧?"宋玉讽喻说,这是专属大王的雄风,百姓岂能共享。

风无雌雄之异,而士有遇与不遇之别,苏辙以此作为文学联想的触发点,征引宋玉《风赋》中楚顷襄王兰台披襟当风故事,然后由楚王之乐、庶民之忧联想到"士生于世"的两种不同处世态度,畅谈"快哉"二字,充分肯定宦途失意的张梦得不以物伤性,自放于山水之间的旷达情怀。

文章开篇即交代快哉亭的地理位置、得名由来,并以"谪居"二字伏笔。第二段着力描绘快哉亭周边令人快意的景物作为铺垫,即便是当年傲视群雄的曹操、孙权,驰骋疆场的周瑜、陆逊,他们的流风余韵与江边的古城废墟皆足以令凭吊之人称快。第三段则紧扣"快哉"二字借题发挥,说明人生快慰,既不关乎景物,也无关乎境遇,而在于襟怀坦荡,不因外物而伤害天性。最后从反面收束,进一步衬托出张梦得旷达胸襟之可贵。

  苏辙此说,既是与张梦得、苏轼互勉,又是抒发自己随遇而安、不以贬谪为怀的思想感情。文章熔写景、叙事、抒情、议论于一炉,一唱三叹,既深致委婉,又将逆境中自勉之意抒写得淋漓尽致。

对个体生命存在的哲学忧思

——欧阳修《秋声赋》"天人合一"旨趣探秘

　　欧阳子方夜读书,闻有声自西南来者,悚然而听之,曰:"异哉!"初淅沥以萧飒,忽奔腾而砰湃,如波涛夜惊,风雨骤至。其触于物也,鏦鏦铮铮,金铁皆鸣;又如赴敌之兵,衔枚疾走,不闻号令,但闻人马之行声。予谓童子:"此何声也?汝出视之。"童子曰:"星月皎洁,明河在天,四无人声,声在树间。"

　　予曰:"噫嘻悲哉!此秋声也,胡为而来哉?盖夫秋之为状也:其色惨淡,烟霏云敛;其容清明,天高日晶;其气栗冽,砭人肌骨;其意萧条,山川寂寥。故其为声也,凄凄切切,呼号愤发。丰草绿缛而争茂,佳木葱茏而可悦;草拂之而色变,木遭之而叶脱。其所以摧败零落者,乃其一气之余烈。夫秋,刑官也,于时为阴;又兵象也,于行用金,是谓天地之义气,常以肃杀而为心。天之于物,春生秋实,故其在乐也,商声主西方之音,夷则为七月之律。商,伤也,物既老而悲伤;夷,戮也,物过盛而当杀。"

　　"嗟乎!草木无情,有时飘零。人为动物,惟物之灵;百忧感其心,万事劳其形;有动于中,必摇其精。而况思其力之所不及,忧其智之所不能;宜其渥然丹者为槁木,黟然黑者为星星。奈何以非金石之质,欲与草木而争荣?念谁为之戕贼,亦何恨乎秋声!"

　　童子莫对,垂头而睡。但闻四壁虫声唧唧,如助予之叹息。

[主旨密码] 念谁为之戕贼,亦何恨乎秋声

欧阳修在滁州两年之后,又改知扬州、颍州、应天府等。皇祐元年(1049)回朝,先后任翰林学士、史馆修撰。至和元年(1054)又遭诬被贬同州,欧阳修上朝辞行时被宋仁宗挽留下来,与宋祁等人同修《新唐书》。

仁宗嘉祐四年(1059)春,仕途渐入佳境的欧阳修,以翰林学士、龙图阁学士身份权知开封府半年之后,便辞去知开封府这一实职,专心读书写作。是年七月,五十三岁的欧阳修面对国势衰微却又改革无望的现实,深感世事复杂、人生短暂,写下了《秋声赋》这一骈散结合的文赋名篇。

文章开篇描绘了一幅生动的图景:烛影摇曳,正凝神读书的欧阳修,忽然被西南方传来的一种奇妙声音所搅动。这声音破空而来,打破了夜晚的宁静,也迫使欧阳修转移注意力去谛听它。由"初"到"忽",再到"触于物"发出令人惊惧的响声,作者用一连串的比喻,将由远而近、由小到大的"秋声"加以描摹,突出了秋声突如其来的猛烈气势,将无形的秋声写得"形色宛然,变态百出"。这正是作者闻声惊惧并感叹不已的原因之所在。

第二段采用铺叙渲染等传统的"赋"的手法,状秋"色",绘秋"容",摹秋"气",写秋"意",从不同的角度描绘秋天的状貌,巧妙地烘托了秋声"凄凄切切,呼号愤发"的特点。接着,通过草木在夏天和秋天不同的状况的对比,点明草木之所以"摧败零落",乃是因为秋气的余威,并由此转入对"秋气"的议论。

从"夫秋,刑官也",到"夷,戮也,物过盛而当杀"这一部分议论,阐明了万物盛衰的自然之理,为下文突出文章主旨做好了铺垫。这一涉及阴阳五行、五音十二律的哲学思考,突破了前人"秋士之悲"的传统主题,将读者引入到宇宙生成及人生大道的领域,通过秋声写出了人类永恒的悲伤。

"夫秋,刑官也,于时为阴;又兵象也,于行用金;是谓天地之义气,常以

肃杀而为心。"古人主张"天人合一",故《周礼》分天、地、春、夏、秋、冬六官（也叫"六卿"），各有徒属，各司其责，替天行道：天官冢宰，为百官之长，总理政和；地官司徒，掌管土地、人民及教化之事；春官宗伯，掌管礼制、祭祀、历法等；夏官司马，掌军政、军赋；秋官司寇，掌刑狱；冬官司空，掌管土木工程。从阴阳与五行的角度来看，春属木，夏属火，为阳；季夏属土，阴阳中和，居于中央，统管四时；秋属金，冬属水，为阴。《汉书·百官公卿表上》"自颛顼以来，为民师而命以民事"一语注云："(颛顼氏) 始以职事命官也：春官为木正，夏官为火正，秋官为金正，冬官为水正，中官为土正。"是为五行与职官的结合。所以，作者说秋天是执法的刑官，它在时令上属于阴冷的季节；兴兵征战多选择秋天，故秋天又是兵器和用兵的象征，在五行上属于金；这就是常说的天地刚正之气，它常常以肃杀为意志。

"天之于物，春生秋实，故其在乐也，商声主西方之音，夷则为七月之律。商，伤也，物既老而悲伤；夷，戮也，物过盛而当杀。"自然万物，春天生长，秋天结实，秋天意味着生命由盛转衰，士人常因此产生生命衰老的悲伤。但在欧阳修看来，万物在春天萌发生机走向繁盛，到秋天则结实并走向衰亡，这是自然之理，而秋对自然万物"摧败零落"，无非"物过盛而当杀"的自然规律的体现，本当如此，实不足悲。

古人将角、徵、宫、商、羽"五音"与木、火、土、金、水"五行"，春、夏、季夏、秋、冬"五季"，东、南、中、西、北"五方"一一对应。《黄帝内经·灵枢·邪客》还把角、徵、宫、商、羽与五脏相配：肝应角，其声呼以长；心应徵，其声雄以明；脾应宫，其声漫而缓；肺应商，其声促以清；肾应羽，其声沉以细。此为五脏正音。因此，古人在主张春养肝、夏养心、季夏六月养脾胃、秋养肺、冬养肾的同时，还把喜、怒、思、忧、恐等五种情绪并称为"五志"，认为这些情绪会对身体产生相应的伤害——喜伤心、怒伤肝、思伤脾、忧伤肺、恐伤肾，常以音乐作为情志养生的手段。

"十二律"则是用三分损益法将一个八度从高到低依次分为黄钟、大吕、太簇、夹钟、姑洗、仲吕、蕤宾、林钟、夷则、南吕、无射、应钟。十二律与十二地支（及月份）依次对应为子（十一月）、丑（十二月）、寅（正月）、卯（二月）、辰（三月）、巳（四月）、午（五月）、未（六月）、申（七月）、酉（八月）、戌（九月）、亥（十月）。所以，从音乐的角度来看，秋季对应五音中的"商"，代表西方，对应十二律中的"夷则"，相当于十二月份中的七月，对应地支"申"，五行属金。而"商"，也就是"伤"的意思，万物衰老，都会引人悲伤；"夷"，是杀戮的意思，万物过了繁盛时期，正气有所肃杀，应该走向衰亡。

万物由荣到衰，这是不可避免的自然规律。人是自然的产物，也是社会的产物，既要受到自然法则的摆布与摧残，也无法逃脱社会人事的烦忧与束缚。

经过层层铺垫，作者百感交集，由自然之秋的哲思转向人事之秋的感慨，在第三段中点明"百忧感其心，万事劳其形"对人的戕害比起秋气有过之而无不及，因而发出了"念谁为之戕贼，亦何恨乎秋声"的沉痛感慨。不难看出，欧阳修对人事的忧劳更甚于秋之肃杀的感慨，饱含着他几经宦海沉浮、屡遭人事纷争的伤痛。

最后，作者写"童子莫对，垂头而睡"，表明此番感慨无人理解；继而写四壁秋虫唧唧，似与作者的叹息相互应和，既与开头的秋声相呼应，又有力地烘托了作者孤寂悲凉的心境。

欧阳修认为，日常的忧虑与操劳必然会耗费人的精力，损害身心健康，尤其是忧思那些力所不及、智所不能的事情，伤害会更大。人非金石，难以坚固长久，不必像草木一样争得一时的繁荣茂盛，更何况草木有繁茂也有枯萎凋零的时候！作者之所以感到秋声悲凉，主要是因为国家积贫积弱的处境以及个人的遭际令人忧思难解。

作者在中间两段采用传统赋体的铺陈手法，渲染秋天的肃杀之气，进而抒发人事忧劳的伤痛之感，并借以劝诫世人不必悲秋、恨秋。"念谁为之戕贼，亦何恨乎秋声"这一文本密码，其指向显然是人事而非秋声，说的是人们应当深入反思自己的人生,想一想究竟是谁给自己身心带来了这么多戕害,根本无须怨恨这肃杀的秋声!作为此赋的点睛之笔,这两句一反传统的悲秋、怨秋之意,隐含着对人事的无限感慨。

欧阳修四岁丧父,至二十九岁时已两次丧妻,至三十九岁时两次丧子。其身世极其坎坷,科举与仕途也极其不顺,屡遭贬谪和诬陷。饱经苦难的欧阳修,撰写《秋声赋》时对生命已经有了历尽千帆的彻悟。他深知,任何"有限"的生命从诞生的那一刻起,就始终面临着自然的"终结"威胁,更不必说还有世事艰难与人生忧劳的戕害。三十年的仕宦生涯,加速了他的衰老,使其"渥然丹者为槁木,黟然黑者为星星",正如他在《再至汝阴三绝》其二中所言:"十载荣华贪国宠,一生忧患损天真。"

中国古代哲学思想中,影响最大的无非阴阳、五行、八卦、干支等哲学思想体系。贯穿其中的核心理念,便是"天人合一"。

以阴阳学说为例,古代哲学认为阴阳互根,此消彼长,总是在动态中保持某种平衡。《黄帝内经·素问·四气调神大论篇》曰:"夫四时阴阳者,万物之根本也。所以圣人春夏养阳,秋冬养阴,以从其根,故与万物浮沉于生长之门。逆其根,则伐其本,坏其真矣。故阴阳四时者,万物之终始也,死生之本也。逆之则灾害生,从之则苛疾不起,是谓得道。"从养生角度来说,一年四季,春温、夏热、秋凉、冬寒,世间万物顺应这一节奏,春生、夏长、秋收、冬藏,故人生于世,必须顺四时而避寒暑,春夏养阳,秋冬养阴。否则,违背阴阳之道,就会加速疾病和死亡的到来。从政治角度来说,治国理政也必须顺应天地自然的阴阳变化规律。譬如,周代所立的最高官职太师、太傅、太保"三公",其职责就在于"燮理阴阳",后世宰相的职责也无非是"燮理阴阳",使文武百官、士农工商等各个层面阴阳和谐,不让社会矛盾激化。

一方面,人本身具有自然和社会双重属性;另一方面,人的生命也具有自然属性和精神属性两个方面的特征。生命的自然属性决定了生命存在的时间和空间的有限性,从而也决定了人的精神生命的有限性。无论人选择怎样的活法，死亡的结局都一样会到来。因此，在对抗死亡这一人生的必然宿命时，精神生命通常会遭受孤独、焦虑、恐惧、绝望等诸般痛苦，这也就是西方哲学家伊壁鸠鲁所谓"灵魂的纷扰"。

无数古圣先贤在承认人的生命的有限存在的同时，又在这种有限性的存在中努力寻求生命的价值和意义，并以之作为对抗死亡并超越死亡的手段。在此方面，儒家主张通过加强个人心性的修养脱胎换骨，转凡成圣，从而实现对生命有限性的超越，于是选择了"立德、立功、立言"这种"极高明而道中庸"的"有为"方式；道家则选择了"物我两忘"的"无为"方式。老子以"道"为生存意义上的绝对存在，以"无"为生活的基本信念，认为圣人应当以"处无为之事，行不言之教"为准则，通过"绝圣弃智、绝仁弃义、绝巧弃利"来达到"无我"的"真人"境界。庄子继承老子的思想学说，认为人在有限的生命中之所以烦恼忧愁，就是因为"有所待"，若要超越生命的有限性，就必须摈弃各种感官欲望，达到"无己"的逍遥游境界。

以儒立身的欧阳修，一直秉承忠君爱国、济世怀民的儒家正统思想，即使身居高位，也终究未能实现其"治国平天下"的宏愿。赵齐平《铺采摘文，体物写志——读欧阳修〈秋声赋〉》一文早就指出："多数评论文章以为作者宣扬老庄清心寡欲的养生之道，情调消极低沉；《秋声赋》由于思想内容不大健康，剩下的只有所谓艺术价值和可供借鉴的写作手法了。"[1] 其实，庄子"天人一也"的主张被汉代大儒董仲舒发展为"天人合一"的哲学思想，并由此构建了中华传统文化中儒家的思想体系。

天有十二个月，人有十二块大骨节；天有三百六十日，人有三百六十块小骨节；天有五行，人有五脏；天有四时，人有四肢。董仲舒从其所谓"人副天数"理论出发，进而将天人关系归纳成"以类合之，天人一也"。（董仲舒《春秋繁露·阴阳义》）东汉学者赵岐在其所撰《孟子章句》中指出"性有仁、

---

[1] 文史知识编辑部编：《古代抒情散文鉴赏集》，中华书局1988年版，第197页。

义、礼、智之端,心以制之。惟心为正,人能尽极其心,以思行善,则可谓知其性矣。知其性则知天道之贵善者也。"他阐明了仁人能存心养性,以思行善,与天道一致的道理。从五行角度来说,木主仁,金主义,火主礼,水主智,土主信,此皆"天人一也"、以性相合的儒家思想。

《周易·乾卦》《象》言:"夫大人者,与天地合其德,与日月合其明,与四时合其序,与鬼神合其吉凶。"欧阳修深知,大人君子,一定要与天地的刚健柔顺的德性、日月光明显耀的特点、春夏秋冬四时的时序,还有神鬼的吉凶——契合。他从"天人合一"的哲学思考出发,已然明了天道的运行有其不能违背的自然法则,国家的发展也有其不可抗拒的社会规律,在《秋声赋》中并没有流露出丝毫的"物我两忘""无己"之类的道家思想,而是与《醉翁亭记》一样,将儒家天人合一、以生为乐的生命哲学进行了文学化的表达。

仁宗嘉祐五年(1060),欧阳修官拜枢密副使,次年任参知政事(副宰相),仕途达到顶点。英宗治平年间(1064—1067),宰相韩琦、副宰相欧阳修在给英宗生父濮王上称号"皇考"的"濮议之争"中取胜,致吕诲等三名御史被贬出京师,由此得罪了御史台。治平四年(1067)正月,英宗崩,神宗立,欧阳修的政敌、御史中丞彭思永暗助殿中御史蒋之奇,以"风闻"为由弹劾他与儿媳吴氏乱伦,欲置之于死地。义愤填膺的欧阳修让神宗出面主持公道彻查此事,结果彭思永贬知黄州,蒋之奇因诬告罪被贬监道州酒税。受此打击,欧阳修自感立身朝堂如坐针毡,上完谢表即自请外放,以观文殿学士、刑部尚书身份出知亳州。

熙宁元年(1068),屡遭政敌诬陷、深感政治上难有作为的欧阳修,又饱受眼疾、糖尿病等疾病煎熬,心力交瘁,累次上表"乞解政事之职",不允,改知青州。熙宁二年(1069),宋神宗意欲改变北宋建国以来积贫积弱的局面,任用王安石为参知政事,开始制定并推行均输法、青苗法,后来还进行了募役法、保甲法等一系列改革。青苗法虽然增加了朝廷的收入,但加重了农民负担。一贯主张轻徭薄赋、"量民力而制国用"的欧阳修,批评青苗法"放债取利"于民，其所谓"抑配"不过是强行摊派借予，并非真正的"惠民"之举，认为不适合推行。熙宁三年（1070），除检校太保、宣徽南院使，坚辞不受，又改知蔡州。是年改号"六一居士"。

熙宁四年（1071），以太子少师致仕，退居颍州，撰有《诗话》（即《六一诗话》）等"立言"传世之作。次年病逝。

世人多认为欧阳修晚年思想趋于保守，主要理由是他反对王安石变法。殊不知欧阳修反对变法所言不虚。王安石变法未能事先整顿吏治，实施青苗法操之过急，致使诸多任用的官吏在推行过程中任意抬高利息甚至强制索息，极大地损害了农民的利益，甚至导致天下汹汹骚动，民怨沸腾。

持"悲秋"论和"消极"论者，大多认为《秋声赋》是欧阳修晚年思想趋于消极保守的反映，直至今日，仍有不少人沿袭此类观点，说文中透露出"知足保和的消极思想"[1]。从哲学角度细勘，这些误解其实不难辨别。

综上所述，《秋声赋》不仅借秋声抒发自己多年来为国忧心劳形、壮志难酬、人生苦短等深沉感慨，而且对个体生命的存在及其意义，进行了哲学上的思索与探究，具有文学和哲学的双重审美意义。

---

[1] 侯毓信编著：《唐宋散文》，上海人民出版社2017年版，第140页。

心忧国事,随缘自适

—— 前、后《赤壁赋》的解读密码与文化旨趣探秘

前《赤壁赋》

壬戌之秋,七月既望,苏子与客泛舟游于赤壁之下。清风徐来,水波不兴。举酒属客,诵明月之诗,歌窈窕之章。少焉,月出于东山之上,徘徊于斗牛之间。白露横江,水光接天。纵一苇之所如,凌万顷之茫然。浩浩乎如冯虚御风,而不知其所止;飘飘乎如遗世独立,羽化而登仙。

于是饮酒乐甚,扣舷而歌之。歌曰:"桂棹兮兰桨,击空明兮溯流光。渺渺兮予怀,望美人兮天一方。"客有吹洞箫者,倚歌而和之。其声呜呜然,如怨如慕,如泣如诉,余音袅袅,不绝如缕。舞幽壑之潜蛟,泣孤舟之嫠妇。

苏子愀然,正襟危坐而问客曰:"何为其然也?"客曰:"'月明星稀,乌鹊南飞',此非曹孟德之诗乎?西望夏口,东望武昌,山川相缪,郁乎苍苍,此非孟德之困于周郎者乎?方其破荆州,下江陵,顺流而东也,舳舻千里,旌旗蔽空,酾酒临江,横槊赋诗,固一世之雄也,而今安在哉?况吾与子渔樵于江渚之上,侣鱼虾而友麋鹿,驾一叶之扁舟,举匏樽以相属。寄蜉蝣于天地,渺沧海之一粟。哀吾生之须臾,羡长江之无穷。挟飞仙以遨游,抱明月而长终。知不可乎骤得,托遗响于悲风。"

苏子曰:"客亦知夫水与月乎?逝者如斯,而未尝往也;盈虚者如彼,而卒莫消长也。盖将自其变者而观之,则天地曾不能

以一瞬；自其不变者而观之，则物与我皆无尽也，而又何羡乎！且夫天地之间，物各有主，苟非吾之所有，虽一毫而莫取。惟江上之清风，与山间之明月，耳得之而为声，目遇之而成色，取之无禁，用之不竭，是造物者之无尽藏也，而吾与子之所共适。"

客喜而笑，洗盏更酌。肴核既尽，杯盘狼籍。相与枕藉乎舟中，不知东方之既白。

[时间密码]　壬戌之秋，七月既望

[地点密码]　赤壁

[人物密码]　曹操

[文化密码]　《诗经·陈风·月出》；水、月意象

后《赤壁赋》

是岁十月之望，步自雪堂，将归于临皋。二客从予过黄泥之坂。霜露既降，木叶尽脱，人影在地，仰见明月，顾而乐之，行歌相答。

已而叹曰："有客无酒，有酒无肴，月白风清，如此良夜何！"客曰："今者薄暮，举网得鱼，巨口细鳞，状似松江之鲈。顾安所得酒乎？"归而谋诸妇。妇曰："我有斗酒，藏之久矣，以待子不时之需。"

于是携酒与鱼，复游于赤壁之下。江流有声，断岸千尺；山高月小，水落石出。曾日月之几何，而江山不可复识矣。予乃摄衣而上，履巉岩，披蒙茸，踞虎豹，登虬龙，攀栖鹘之危巢，俯冯夷之幽宫。盖二客不能从焉。划然长啸，草木震动，山鸣谷应，

风起水涌。予亦悄然而悲,肃然而恐,凛乎其不可留也。反而登舟,放乎中流,听其所止而休焉。时夜将半,四顾寂寥。适有孤鹤,横江东来。翅如车轮,玄裳缟衣,戛然长鸣,掠予舟而西也。

须臾客去,予亦就睡。梦一道士,羽衣翩跹,过临皋之下,揖予而言曰:"赤壁之游乐乎?"问其姓名,俯而不答。"呜呼!噫嘻!我知之矣。畴昔之夜,飞鸣而过我者,非子也邪?"道士顾笑,予亦惊寤。开户视之,不见其处。

[时间密码] 十月之望

[地点密码] 赤壁

[文化密码] 道士化鹤;风月

宋徽宗建中靖国元年(1101)孟夏,六十六岁的苏东坡在海南岛遇赦北还,五月抵达江苏,随即游览了镇江金山寺,在这里,苏东坡幸遇画家李龙眠。故人重逢,不胜唏嘘,老友为东坡画了一幅像。回首前尘往事,东坡在画像上题诗一首,作为自己一生的总结:

> 心似已灰之木,身如不系之舟。
> 问汝平生功业?黄州惠州儋州。

平生功业何在?就在黄州、惠州、儋州。辛酸、甘甜、牢骚、旷达、超脱、自豪,所有的情感都蕴含在这短短的十二个字当中了。在这三个地方,苏东坡度过了漫长的艰辛岁月。对于平生的兴邦治国之志来说,这是一生坎坷、壮志难酬的悲愤,是彻悟人生之后的自嘲;而对于一生的文学业绩而言,这又是无比自豪的总结!

而在遭贬的人生第一站——黄州，苏轼以《赤壁赋》这曲脍炙人口的千古绝唱，为宋代文赋树立了一个最高的标杆。

对于《赤壁赋》，不少鉴赏者眼光只停留在主客问答等表现方法上，譬如何满子先生的结论是"先不论其全赋情景哲理的含蕴，即以表现方法而论，无怪于历代文论家的推崇，以至于唐庚称颂为'东坡《赤壁》二赋，一洗万古，欲仿佛其一语，毕世不可得也'（《唐子西文录》）了。"[1]

也有解读者，通过"知人论世""情景交融"等角度切入，探究苏轼所表达的思想情感。

首先，在"知人论世"中初步了解苏轼的旷达情怀。作者遭受"乌台诗案"后贬到黄州担任团练副使这一闲职，处境困顿，但他并没有因此而消沉，反而在山水自然中寻觅精神的滋养，重新深思生命的意义。

其次，对于这篇超绝古今、充满感性与理性双重美感的赋体散文，解读分析文本的侧重点通常放在如下几个方面：文本描绘了怎样的景？抒发了何种情？通过情景交融等手段所营造的意境，引发了怎样一种深刻的人生思考？于是，文本解读的重点和难点自然而然地就会转入"乐——悲——乐"的情感变化的脉络，也就是"欢歌——哀歌——欢歌"的变奏之中。在"主客问答"这一关键环节中，客人想到历史上像曹操这样的建立不朽功业的英雄豪杰也不能与天地共存，面对人生短暂、宇宙无穷的现实，发出了"哀吾生之须臾，羡长江之无穷"的沉痛感慨，而这一点，正是主人"苏子"在下文中表白心志的一个极好的铺垫。作者借助江水、明月、清风这些意象，阐述事物皆具有"变"与"不变"的两重性。如果从变化的角度来看，天地万物无时无刻不在运动变化之中，无时无刻不是在趋向于死亡；如果从不变的角度来看，则天地万物与我们人类都是永远存在的。物无尽，这好理解，但人也无

---

[1] 上海辞书出版社文学鉴赏辞典编纂中心编：《苏轼诗文鉴赏辞典（珍藏本）》，上海辞书出版社2020年版，第711页。

尽，就令人费解了。于是，学者们一般会比较生硬地以儒家的"立德、立功、立言"这"三不朽"来阐述永恒之理。譬如，已故古典文学研究专家、北京大学教授吴小如教授在《读苏轼〈赤壁赋〉》中指出："上文说'吾生须臾'，此则说'物与我皆无尽'。物无尽，人们能理解；'我'亦无尽，就不易分晓。作者之意，乃是指不朽而言，即所谓'太上有立德，其次有立功，其次有立言'。苏轼所追求的也正是这个'不朽'，所以其生活态度归根结底还是积极的。"[1]

很多人也因此认为，苏轼由此得出了"水与月是不值得人类羡慕"的结论。苏轼辩证地认识世间万物，理解生死之大道，寻找到了治愈因个体生命短暂而产生的恐惧心理的灵丹妙药。由此，主客都回归到醉卧的欢乐情境之中，"相与枕藉乎舟中，不知东方之既白"。

如果解读到此种境界，苏轼的"旷达"情怀，似乎也就"水落石出"了。但吴小如先生等人仅从儒家的视角，以"三不朽"的目标来看待苏轼的人生追求与旷达情怀，未免过于狭隘。

因此，我认为这样的文本解读只是窥见了冰山的一角而已，不仅远没有走入文本的"深处"，而且很容易使人误以为苏轼因仕途多舛、人生失意而不得不寄情山水，甚至会使人将苏轼的"旷达"情怀乃至本文的主旨都归结到"及时行乐"这一低俗的层面上。如此一来，则流毒甚广，贻害无穷。

唯有将文本置于更为广阔的文化视域下，找到解读文本的密码，方能真正走进文本深处，触摸到作者的为文之用心。

一、时间密码

首先，说说文章开篇的"壬戌之秋，七月既望"的问题。从古至今，解读《赤壁赋》和后《赤壁赋》，还从未有人提及这个问题。

苏轼选择"七月既望"这个日子"泛舟游于赤壁之下"，有没有什么特殊

---

[1] 吴小如：《古文精读举隅》，天津古籍出版社2002年版，第249页。

的深意？

按照道教的说法，源自尧舜禹传说的天、地、水三官神祇，各有职责。负责为人间赐福的天官、赦罪的地官、解厄的水官，其生日分别是农历正月十五日、七月十五日、十月十五日，依次称为上元节、中元节、下元节。每年三元之日，三官大帝便亲临神坛，考籍下界十方国土之神仙升临、人品考限与万类化生之事。汉顺帝时期，张道陵创立正一盟威道教（即正一派），特别崇拜天官（紫微大帝）、地官（清虚大帝）、水官（洞阴大帝），采用向三官拜送章奏的方式，倾诉自己的宗教感情和愿望，祈求神灵护佑。三官亦称"三官帝君""三元大帝"，是道教最早敬奉的神灵。唐宋以来，三官生日都是道教大庆的日子。其中，与中国古代祭祀有关的中元节，俗称鬼节、七月半，与清明节、下元节并称为三大鬼节。对于壮族等民族来说，这是仅次于春节的大节，不少地方过此节是在十四至十六日，有的甚至从七夕之后就开始了。而佛教称之为盂兰盆节，它来自佛经中"目连救母"的故事，本意是"救倒悬"，即"解救在地狱里受苦的鬼魂"。

中元节燃河灯、济孤魂、放焰口、演目连戏等习俗，乃是汉族传统民俗，汉晋以后，特别是宋代，佛教、道教得到发展，因而七月半放河灯等民俗活动极为盛行。放河灯普度落水鬼和其他孤魂野鬼以便其托生，道士建醮祈祷，以三牲五果普度十方孤魂野鬼；佛教徒则在这一天举行功德法会，为孤魂饿鬼超度。而佛教与道教对这个节日的意义各有不同解释，道教强调孝道，佛教则着重于为那些从阴间放出来的无主孤魂做"普度"。

苏轼特意选择"中元节"次日以及"下元节"两游赤壁，并写下前后两篇《赤壁赋》，显然寓有祈求"赦罪"与"解厄"甚至"普度众生"的用心。

二、地点密码

汉献帝建安十三年（208）七月，丞相曹操亲自率军南征刘表，不久即平定荆州，大败刘备于当阳，使之逃走夏口。曹操于是整顿军马，亲率三十万之众，顺江东下，结果被周瑜等指挥的孙刘联军挫败，部众死伤大半。曹操退军南郡，留下曹仁把守。刘备趁机占领荆州一带的地盘，三足鼎立的雏形于是形成。

赤壁此地，是汉丞相曹操耀武扬威最终又铩羽而归的地方，也是三分天下有其一的孙权、刘备这样的英雄豪杰一举成名的地方。自唐代以来，关于赤壁古战场遗址的争论，就未曾停息。著名学者、政治家杜佑在其所撰的《通典》中指出："今鄂州之蒲圻县，有赤壁山，即曹公败处。"这恐怕是今之学界所主张的长江南岸蒲圻赤壁之说的源头。

唐武宗会昌二年（842）四月，熟知兵法的晚唐诗人杜牧因与宰相李德裕有隙，被排挤出京，由朝廷比部员外郎出任黄州刺史。杜牧在游览长江北岸的黄州赤壁时，将在沙洲上发现的"折戟"磨洗辨认，断定为孙、曹赤壁鏖战时的遗物，于是在《赤壁》一诗中，大胆地指出了其祖父杜佑的"错误"，并巧借"折戟"这一古物兴起对前朝人事的慨叹："东风不与周郎便，铜雀春深锁二乔。"诗人托物咏史，不仅点明赤壁之战关系到社稷安危存亡，而且曲折委婉地表达了自己胸怀大志不被重用的惆怅之情。于是，黄州"文赤壁"因杜牧而渐渐流传开来。

是真心赞同杜牧黄州赤壁为三国古战场的观点也好，还是将错就错也罢，反正苏轼不仅在《念奴娇·赤壁怀古》中以"人道是、三国周郎赤壁"巧妙地一笔带过，而且随后还写下前、后两篇《赤壁赋》，若非有意为之，如何解释？

因此，苏轼巧借杜牧的"赤壁"，抒发与杜牧同样的怀才不遇、遭受排挤的苦闷，恐怕是其心灵深处的不可忽视的意旨之一。

三、人物密码

苏轼《和陶杂诗十一首》其五视曹孟德为"黠老狐"，解读本文，断不可忽视曹孟德这一重要的人物密码。苏轼在文中说曹孟德赤壁一战败于周郎，其实是借古讽今,影射当朝变法派的宰相怂恿宋神宗在边关战争中急功近利、惨遭溃败的现实。

元丰四年(1081)秋,宋神宗趁西夏朝廷内讧之机,调动李宪、高遵裕、种谔、刘昌祚、王中正等五路大军共三十万人(不算运输的民夫数十万人),企图一举攻克兴、灵二州,消灭西夏。无奈将帅无能,指挥失当,加之相互嫉妒争功,结果擅长骑射的西夏人以少胜多,再趁机决开黄河七级灌渠,水淹灵州高遵裕围城大军,宋军冻溺死者十余万人。除李宪所部外,其他各路大军均因粮草断绝,先后于灵州惨遭溃败,北宋王朝此战损失近四十万人。宋朝君相以不善骑射的大军与西夏精锐铁骑决战反遭蹂躏,与因不习水战、骄纵轻敌而兵败赤壁的曹操何其相似!

元丰五年(1082)六月底,苏门弟子陈师道的姊夫、在高遵裕幕府掌机密文字的张舜民,绕道黄州访苏。因作诗《西征回途中二绝》嘲讽"灵武失律",张舜民遭转运判官李察劾奏,贬监郴州酒税,他在黄州、武昌盘桓十七天,与苏轼及武昌县令李观佐等人同游武昌樊山等地。其间,苏轼听张舜民详叙了宋军在灵州等地"一军皆溃"的情形,尤其是张诗描绘的"十去从军九不回""白骨似沙沙似雪"等惨象,给苏轼留下了极其深刻的印象。

孙承泽《庚子销夏记》卷八《苏东坡书前〈赤壁赋〉》记载:"《赤壁赋》为东坡得意之作,故屡书之。此本小字楷书,尤有精彩。后自跋云:'轼去岁作此赋,未尝轻出以示人,见者盖一二人而已。钦之有使至,求近文,遂亲书以寄。多难畏事,钦之爱我,必深藏之不出也。又有后《赤壁赋》,笔倦未能写,当俟后信。'"

面对足可信赖的好友傅尧俞(字钦之)的请求,苏轼将《赤壁赋》寄给他,并强调"钦之爱我",可见《赤壁赋》隐含着在当时尚不可轻易示人的内容。这些不可轻易示人的究竟是什么呢?杨慎在《三苏文范》卷十六中曾引用文徵明的话说道:"东坡先生元丰三年谪黄州,二赋作于五年壬戌,盖谪黄之第三年。其言曹孟德气势皆已消灭无余,讥当时用事者。尝见墨迹寄傅钦之者云:'多事畏人,幸无轻出',盖有所讳也。然二赋竟传不泯,而一时用事之人何在?"

文徵明说《赤壁赋》"讥当时用事者""一时用事之人何在",正可谓东坡知音。

熙宁九年(1076)十月,王安石再次罢相后,与王珪同为宰相的吴充,竟遭王珪、蔡确困毁,于元丰三年(1080)罢相,王珪于是独掌朝政。以"酷吏"著称的蔡确,自元丰二年(1079)官拜参知政事、权御史中丞后,专事打击陷害,那些惯于投机钻营的势利小人,诸如权监察御史里行何正臣、御史舒亶、权御史中丞李定等,指控苏轼以文字讪谤君相,"乌台诗案"由此发生。蔡确主持对苏轼进行长达一百三十多天的严厉审讯,甚至还想借此株连反对变法的前宰相司马光及范镇、张方平等名臣,意欲将他们与苏轼一并处死。苏轼蒙冤入狱之际,宰相王珪竟然借苏轼《王复秀才所居双桧》诗中"根到九泉无曲处,世间惟有蛰龙知"一语,诬陷苏轼有不臣之心,欲置苏轼于死地,幸而神宗以"彼自咏桧,何预朕事"驳回。元丰五年(1082),神宗改革官制,王珪任左仆射兼门下侍郎(左相),蔡确任右仆射兼中书侍郎(右相),仍是"当时用事者"。为排斥司马光旧党,巩固在朝廷的新党势力,王珪、蔡确推荐俞充出任庆州知州和怀庆路经略安抚使,指使他上"平西夏策",鼓动神宗专心戎事,最终导致宋军惨败、国力骤衰。

可见,苏轼在《赤壁赋》中言曹操之败于周郎,实是以"借古讽今"的隐晦笔法,讥"当时用事者"——首相王珪、次相蔡确之流。

四、文化密码

苏轼为文最重立意,且笔力曲折,无不尽意。解读本文的文化密码,是走进文本深处的门户之所在,主要涉及儒、道、佛三个方面,有如下几处关键节点:一是苏轼所诵的"明月之诗""窈窕之章";二是苏轼扣舷而歌的"渺渺兮予怀,望美人兮天一方";三是与苏轼进行"主客问答"的"吹洞箫"的

"客";四是"水"与"月"佛教意象及"无尽藏"这一佛家用语。

下面,首先来探讨一下"吹洞箫"的"客"的问题。

明代吴宽《匏翁家藏集》卷二十之《赤壁图》诗云:"西飞孤鹤记何详,有客吹箫杨世昌。当日赋成谁与注,数行石刻曾旧藏。"

《苏轼诗集合注》卷二十一《次韵孔毅父久旱已而甚雨三首》题下,引施元之《注东坡先生诗》的注文,载有苏轼《帖赠杨世昌一》:"仆谪居黄冈,绵竹武都山道士杨世昌子京自庐山来过余,□□年乃去。其人善画山水,能鼓琴,晓星历骨色,及作轨革卦影,通知黄白药术,可谓艺矣。……元丰六年五月八日,东坡居士书。"[1]

苏轼遭贬黄州之后,朋友们因害怕受到牵连,连书信往来也断绝了,唯有佛印与杨世昌这一僧一道与之交契甚深。

自汉唐以来,位于道家七十二福地之一的西蜀绵竹大山的核心区域武都山的严仙观,又名"君平庄",是一处闻名天下的道教圣地,李白早年就曾学道于此。苏轼、苏辙赴汴京参加进士考试前,也曾游学于此,并与武都山君平庄道人杨世昌结为至交,彼此常以诗书画相切磋,杨世昌曾用庄中自酿的蜜酒款待苏轼兄弟。元丰五年(1082),杨世昌到黄州看望饱受打击的苏轼,并与之同游赤壁,饮酒赋诗。杨世昌将蜜酒酿造法传与苏轼,苏轼还特意作《蜜酒歌》回赠他,并在诗前小序中写道:"西蜀道人杨世昌善作蜜酒,绝醇酽。余既得其方,作此歌以遗之。"

明乎此,再梳理本文的脉络,文意或许就会逐渐显豁。

苏轼本着"赦罪"与"解厄"等目的,想要通过与友泛舟赤壁来追求身心解脱与自在,因此在"举酒属客"时,尽情地享受无边风月,任凭一叶扁舟在茫茫无际的江面上自由漂荡,身心与自然相融,如登仙境。此刻,苏轼情不

---

[1] 苏轼著,冯应榴辑注,黄任轲、朱怀春校点:《苏轼诗集合注》,上海古籍出版社2001年版,第1091页。

自禁地"诵明月之诗,歌窈窕之章"。

文本第一段"明月之诗"伏笔,究竟有何深意?这本是真正读懂文本的切入点,然而教参及诸多资料,往往语焉不详甚至完全忽略。在此紧要处,读者不可不慎。

古代吟咏月亮的诗篇不计其数,那种迷离的意境,怅惘的情调,形成了国人心灵深处感性而诗意的文化底色。《诗经·陈风》中的《月出》,可谓最早把月亮从"远在天边"拉到"近在眼前",贴近人们心灵的杰作。

《月出》的主旨虽然自古以来有讽刺陈国统治者"好色"等诸多不同的说法,但从该诗内容来解读,当以通行的"见月怀人"一说最为恰当。该诗第一章"月出皎兮,佼人僚兮;舒窈纠兮,劳心悄兮"四句,如果翻译成白话,可以这样说:"多么皎洁的月光啊,照见你娇美的脸庞;你娴雅苗条的倩影啊,牵动我深情的愁肠!"第二、三两章采用重章叠唱的手法,末后一句的"劳心慅兮""劳心惨兮"与第一章的"劳心悄兮"如出一辙,都是直抒其情。其中反复出现的"劳"字,即其本义忧虑、忧愁之意。《月出》中愁肠百结的忧伤,都是在前三句的基础上产生,皆由"佼人"月下的倩影诱发,充满难以相见的怅恨。

第二段在"饮酒乐甚"之时,苏轼情不自禁地"扣舷而歌"。"渺渺兮予怀,望美人兮天一方。"这首即兴而作的歌谣,与屈原"桂棹兮兰枻"(《湘君》)、"目眇眇兮愁予"(《湘夫人》)、"望美人兮未来,临风恍兮浩歌"(《少司命》)、"思美人兮,擥涕而伫眙"(《思美人》)等诗句如出一辙,抒发了作者对"美人"的深切思念之情。"劳心悄兮"的苏轼,在蹭蹬失意之际,以"信而见疑,忠而被谤"的屈原自况,以美人比君王,哀叹"望美人兮天一方"的可悲现实,抒发其殷切忠君之情。这简直就是屈原"美人香草"手法的翻版!至此,篇首吟咏"明月之诗"的用意已豁然开朗:作者早年也曾想匡扶社稷致君尧舜,如今却忠君用世不可得,遭受贬谪,唯有在"七月既望"夜游山水,以求"赦罪""解厄",但对那个堪称"知己"的君王宋神宗仍是心心念念。在此,苏轼流露出"居庙堂之高则忧其民,处江湖之远则忧其君"的儒家济世情怀,与道家纵情山水自得其乐的隐逸之志显然不同。

为何会如此?

客人"如怨如慕,如泣如诉"的箫声,无疑是苏轼畅游吟咏、饮酒放歌的"欢歌"中的"变奏"乐章。作者从"愀然"到"正襟危坐"再到"何为其然也"的诘问,自然而然地引出了以"长生"为追求目标的道士杨世昌的"人生短暂,宇宙永恒"的慨叹。连"一世之雄"曹操都已被大浪淘尽,更何况渔樵江渚、难有作为的自己!苏轼借吹箫客之口,巧妙道出"哀吾生之须臾,羡长江之无穷"的感慨,并将其与"挟飞仙以遨游,抱明月而长终"的道家追求长生的理想相对比,委婉地表达了自己功业未就、人生苦短之悲。

因此,在文本的语境中,苏轼随后对吹洞箫的"客"所言之语,并非单指自己,而是包括"客"甚至所有的人。苏轼从庄子肝胆楚越、万物皆一等语意获得启发,借历史与现实的经验,阐述"变"与"不变"的人生哲理,将之拓展并升华为具有普遍意义的哲学智慧。"物与我皆无尽也",显然包含有物质不灭、能量守恒、灵魂永存这一具有佛家智慧的观点,这与今天人们所熟知的物质不灭定律与能量守恒定律一样,说明宇宙间存在的任何事物皆非创生,因此无法永生,但也不会完全消亡,只不过是由一种形式转换成另一种形式罢了。一切有为法、无为法,皆是缘至而生、缘尽而灭、三世迁流不住的,并无"我"的恒常不变,而是在生老病死、成住坏空的循环中不断地变动着。这种前灭后生、相续不断的特点,正如"流水"一样,是"变灭"而非"断灭",体现着佛教"诸行无常、诸法无我、涅槃寂静"的三法印妙旨。

月光如水,水流无痕。月光中藏着玄机,江水里隐着禅意。于是,全文的主旨在苏子关于"水与月"的禅意阐述中机锋尽显,可谓"山高月小,水落石出"了。

流逝的万事万物都像水一样,虽然流走了,看似消失了,但其实并未真正消亡,只不过换了一个处所或者形态;人世悲欢离合正如月亮阴晴圆缺一样，虽然看似在不停变化，但其实月亮还是那个月亮，并未增加或减少。这是"水与月"的本来面目。生命短暂无常，无从把握，且是一个痛苦煎熬的过程，而生命最大的痛苦莫过于始终处在生死轮回之中，永无止歇，这恰如水流瞬间即逝却又无止无休，因此，在佛教经典中，流转不息、易逝难追的"水"常用以象征人生无常、生死流转。"月"则常喻指佛性本自圆满清净，也常用来喻指人生的短暂、虚幻。而"水中月"则常譬喻诸法缘起无自性、人生虚妄不实的道理。因此，唯有灭除贪、嗔、痴、慢、疑五毒，远离颠倒梦想，断绝苦患，才能获得圆满和解脱。

一轮明月，光耀大地；一江清水，映照天月；天上地下，一片空寂。这正是人们所要追寻的"本来面目"，也就是空性的面目。正如承德水月庵名联所言："山静尘清，水参如是观；天高云浮，月喻本来心。"而"水与月"，其触发的禅机即是"空"，亦如明代高僧释道困《题月泉图》诗云："月明影在地，泉清光彻天。何须分上下，空寂是吾禅。"

至于"永恒"与"短暂"，"变"与"不变"，其实是相对的，关键在于从什么角度来看。世界万有，无非因缘而生，缘聚则成，缘散则分。《金刚经》云："一切有为法，如梦幻泡影，如露亦如电，应作如是观。"用佛家的观点来看，万法皆空，唯有因果不空。

苏轼依照《金刚经》"应无所住而生其心"之说，不让心、住、异、灭等心识活动停留在特定对象和内容上，不把特定对象看成是真实的、一成不变的，阐明了人生有限而宇宙无穷，人应超脱旷达、不为外物所奴役的道理。

苏轼自贬黄州后，便素食斋戒，每天诵经念佛不断。黄州城南有安国寺，他每隔几天便要朝拜一次，每次都要焚香默坐，克己悔过，良久，自觉身心皆空，精神怡然。佛印禅师当时驻锡庐山开先寺、归宗寺，苏轼常坐船过江去拜访，酬唱往来，探讨佛法，并借此寻求解脱之道。

针对"客""哀吾生之须臾，羡长江之无穷"的观点，苏子在阐述了"变"与"不变"的道理后，一句"而又何羡乎"，石破天惊，发人深省。英雄的业绩，不羡；仙家的长生，不羡。一个"不羡"，足以看出苏轼的思想至此已经超凡脱俗，非儒非道了。他已然完全看破，并且放下了。

大自然恩赐的"江上清风"与"山间明月"皆是妙用无边的"无尽藏"，世人皆可共享。面对"取之无禁，用之不竭"的山水与风月，苏轼把自己对人生的感悟、时局的忧思等全部糅合在一起，抽绎出"变"与"不变"的哲理，并以此作为自我慰藉的精神支柱。

行文至此，就涉及最后一个关键问题——"无尽藏"。

《维摩诘经·菩萨品》认为，"无尽"是不生不灭的"无为法"。佛性广大无穷，妙用无边，谓之"无尽藏"。

佛法在世间，不离世间觉。《维摩诘经》阐述十方三世诸佛如何证道，如何得到解脱，如何证得菩提之路，是不离世间本位而解脱成佛的法门。它既不赞成以有为实，也不肯定执妄为真，既否定世间的一切，又圆融不舍世间的方便而提倡中道。隋代慧远大师《大乘义章》卷十四说："德广难穷，名为无尽；无尽之德，包念曰藏。"因此，"无尽藏"一词，后来泛指事物之无穷尽者。空明的自性，即是佛性，本自具足，不假外求。"江上清风""山间明月"，正好让苏子与"客"了悟禅机，放下"我执"，放下对尘世间虚幻的功名富贵与长生不老的追求。

正如苏轼黄州之作《定风波》结尾所言："回首向来萧瑟处，归去，也无风雨也无晴。"也如同一时期的《念奴娇·赤壁怀古》一词结尾所言："人生如梦，一尊还酹江月。"人生不过是梦幻泡影，凡夫俗子总是对幻化的世界迷恋贪着，而苏轼最终选择了看破放下，随缘自适，无喜无悲，宠辱皆忘，终于获得身心解脱，得大自在。

至此，云散月明，顿悟虚空。作者深邃的哲学智慧与明心见性的处世态度，至此一览无遗。他在身心获得解脱的同时，也用他那充满灵性的手指，给读者指明了空性圆满的月亮之所在，引领读者步入身心自在的解脱之途。

总而言之，《赤壁赋》开头部分呈现的是苏轼对纵情山水的热烈的追求，其时他"徘徊于儒道之间",流露出在儒家济世与道家隐逸之间的纠结情绪。经过主体部分"主客问答"后,他大彻大悟:成败寿夭,皆属虚幻;清风明月,尽可享受。看破,放下,自在,随缘,呈现的则是"由儒入道、由道入佛"的智慧的升华。

进退皆忧,致君尧舜,这是儒家的精神;宠辱皆忘,顺其自然,这是道家的智慧;无住生心,随缘自在,这是佛家的觉悟。

最终,只有站上佛理的高度,从佛学的视角才能真正看清《赤壁赋》文本的内在逻辑之所在,并切中文本的主旨。

后《赤壁赋》的思想主旨和艺术韵味与前《赤壁赋》一脉相承,前后两赋联系紧密。而后《赤壁赋》对国势的忧思远超前者。

后赋中的时间密码下元节"解厄",与前赋中的时间密码中元节"赦罪"相比,不仅暗含个人命运之忧,而且饱含着对国势的深切忧虑,此其一也。

后《赤壁赋》写于宋神宗元丰五年(1082)发兵第二次攻打西夏惨遭失败之时。是年七月,宋神宗令好纸上谈兵、寡谋轻敌的文官徐禧等人筑永乐城,结果九月九日永乐城筑成仅三天,西夏三十万大军就进逼并包围了永乐城。西夏精锐"铁鹞子"骑兵抢渡城东无定河,与宋军激战于城下旷野。铁鹞子骑兵纵横冲杀,锐不可当,宋军被迫撤退至山上的永乐城坚守。西夏军主力继而围困永乐城,截断水源,城内宋军渴死大半。至九月二十日夜城破,宋军溃败。

永乐城之战,宋军将校死亡数百人,士卒及民夫死者二十余万,边民遭难者达六十万人,损失粮草辎重无数。北宋朝廷为之震动,被迫与西夏议和。北宋在这两次开国以来最大的边疆战争中皆遭溃败,国力骤弱。

"是岁十月之望"紧承前篇"壬戌之秋"而来。十月望日,乃是道教信仰中"水官解厄"的下元节,东坡特意在此日再游赤壁并作后《赤壁赋》,其意与前赋一脉相承。

赋中"曾日月之几何,而江山不可复识矣"之语,既是照应七月之游的即景之作，又暗含着以赤壁凄凉冬景隐喻国势衰微的悲叹。因此，后《赤壁赋》在思想情调上比前《赤壁赋》要压抑得多。

风清月明之夜，苏轼与二客归于临皋，行歌相答之际，因"有客无酒，有酒无肴"之憾，引出"携酒与鱼"的赤壁之游。苏轼摄衣而上，"履巉岩，披蒙茸，踞虎豹，登虬龙，攀栖鹘之危巢，俯冯夷之幽宫"。奇异惊险的景象固然令人心旷神怡，但当他历尽艰辛独登山顶，俯瞰江面撮口长啸时，那"草木震动，山鸣谷应，风起水涌"的情景，怎能不使之产生凄清忧惧之感？也难怪"二客不能从焉"。摄衣登山这一段惊心动魄的描绘，与前《赤壁赋》一样蕴含着文赋"放言遣辞""寄意高远"的情味。

作者一改先前的夜游之"乐"，变为"悄然而悲""肃然而恐"，其悲伤、惊惧之情笼罩全篇。这里，"断岸千尺""江山不可复识"的景物骤变与登山攀缘所历之艰险，恰是朝廷政局动荡不安、国势骤衰与苏轼忧虑国势，在政治道路上的艰辛探索的反映。"悄然而悲，肃然而恐，凛乎其不可留也"的感叹，其实就是作者对时局无能为力以及不得不逃避现实的忧愤心境的写照。因此，"四顾寂寥"的低沉压抑的氛围描写，不能简单视为苏轼悲观消极情绪的表现。为排遣胸中苦闷，在无可作为之际，谪居黄州的苏轼只好重返大江的怀抱："反而登舟，放乎中流，听其所止而休焉。"他在自我解脱中表达了对朝廷胡乱作为导致无穷后患的忧戚，并在此抒发了壮志难酬的悲愤。

文化密码"风月"，此其二也。

苏轼仅用三个自然段共三百五十七字，将长江与断岸、巉岩与蒙茸、危巢与幽宫、雪堂与临皋等巧妙地绘于笔端，并以清风朗月加以渲染，着力描写了一幅奇异的夜景图。从第二段的"月白风清，如此良夜何"到后来的"山高月小，水落石出"，再到孤鹤掠舟西去，其中"风月"与"江水"所蕴含的禅理妙趣虽与前《赤壁赋》一脉相承，但旷达情怀远不及之。

清代张伯行《唐宋八大家文钞》卷八亦云："上文字字是秋景，此文字字是冬景。体物之工，其妙难言。"此等颇具代表性的说法，皆是流于文字表面的皮相之谈,未能触及文本的深层意蕴。

此次再游赤壁,道士杨世昌亦同行。苏轼《帖赠杨世昌二》云:"十月十五日夜,与杨道士泛舟赤壁,饮醉。夜半,有一鹤自江南来,翅如车轮,嘎然长鸣,掠余舟而西,不知其为何祥也,聊复记云。"

后《赤壁赋》的结尾部分,苏子梦见一道士"羽衣蹁跹,过临皋之下",问其"赤壁之游乐乎"等描述,从表面上看,似乎是在表达超尘脱俗、高蹈世外、追逐闲云野鹤般生活的情趣,实际上苏子在表现超越现实痛苦、遗世独立的理想追求的同时,将文章重心放在"道士顾笑,予亦惊寤"的收束之中,并借此表达对令人忧愤的时局的惊醒——既然冷酷的现实无法改变,不如化作一只孤鹤横江飞去。仙鹤是隐逸修真者的象征,孤鹤化为道人的梦境描绘,显然有"庄周梦蝶"的影子。苏子清醒地认识到,唯有在精神上超越现实世界,从冷酷的政治环境中解脱出来,才可能达到庄子"天地与我并生,万物与我为一"的境界。这一部分,既是全篇的高潮,也是对前《赤壁赋》中"飘飘乎如遗世独立,羽化而登仙"的遥相呼应。

最后,苏轼以"开户视之,不见其处"这八个字收束全文,明言梦中道士倏然不见,实则暗含着对国家以及个人前途命运的迷惘与忧思。

叹"简"笑"陋",别有寓意

——略谈苏轼《石钟山记》主题的"显"与"隐"

《水经》云:"彭蠡之口有石钟山焉。"郦元以为下临深潭,微风鼓浪,水石相搏,声如洪钟。是说也,人常疑之。今以钟磬置水中,虽大风浪不能鸣也,而况石乎!至唐李渤始访其遗踪,得双石于潭上,扣而聆之,南声函胡,北音清越,桴止响腾,余韵徐歇。自以为得之矣。然是说也,余尤疑之。石之铿然有声者,所在皆是也,而此独以钟名,何哉?

元丰七年六月丁丑,余自齐安舟行适临汝,而长子迈将赴饶之德兴尉,送之至湖口,因得观所谓石钟者。寺僧使小童持斧,于乱石间择其一二扣之,硿硿焉。余固笑而不信也。至暮夜月明,独与迈乘小舟,至绝壁下。大石侧立千尺,如猛兽奇鬼,森然欲搏人;而山上栖鹘,闻人声亦惊起,磔磔云霄间;又有若老人咳且笑于山谷中者,或曰此鹳鹤也。余方心动欲还,而大声发于水上,噌吰如钟鼓不绝。舟人大恐。徐而察之,则山下皆石穴罅,不知其浅深,微波入焉,涵澹澎湃而为此也。舟回至两山间,将入港口,有大石当中流,可坐百人,空中而多窍,与风水相吞吐,有窾坎镗鞳之声,与向之噌吰者相应,如乐作焉。因笑谓迈曰:"汝识之乎?噌吰者,周景王之无射也;窾坎镗鞳者,魏庄子之歌钟也。古之人不余欺也!"

事不目见耳闻,而臆断其有无,可乎?郦元之所见闻,殆与余同,而言之不详;士大夫终不肯以小舟夜泊绝壁之下,故莫能知;而渔工水师虽知而不能言。此世所以不传也。而陋者乃以斧斤考击而求之,自以为得其实。余是以记之,盖叹郦元之简,而笑李渤之陋也。

[主旨密码]（表层）事不目见耳闻,而臆断其有无,可乎;（深层）叹郦元之简,而笑李渤之陋也
[文化密码] 周景王之无射;魏庄子之歌钟

湖口石钟山有两处:一处在城西鄱阳湖滨,名上钟山;一处在城东,濒临长江,名下钟山。据前人考证,下钟山即苏轼《石钟山记》所记之处。

这篇带有考辨色彩的山水游记,融叙事、写景、议论于一体,波澜起伏且章法谨严。文章首先针对郦道元《水经注》以及李渤有关石钟山命名的来历提出疑问,接着叙述自己与苏迈暮夜探访并弄清真相的经过,最后点明郦道元、李渤等人为何会出现简、陋之误,突出了目见耳闻、实地考察的重要性。

苏轼在批判"事不目见耳闻,而臆断其有无"的治学态度的同时,进一步指出,有文化的士大夫"终不肯以小舟夜泊绝壁之下,故莫能知",而没文化的渔工水师"虽知而不能言",从而揭示了理论与实践脱节的弊病,强调了理论联系实际的重要意义。

明代杨慎在其《三苏文范》卷十四赞叹道:"通篇讨山水之幽胜,而中较李渤、寺僧、郦元之简陋,又辨出周景王、魏献子之钟音,其转折处,以人之疑起己之疑,至见中流大石,始释己之疑,故此记遂为绝调。"《古文观止》卷十一则从实地考察勘破疑案的角度予以赞赏:"世人不晓石钟命名之故,始失于旧注之不详,继失于浅人之俗见。千古奇胜,埋没多少!坡公身历其境,

闻之真,察之详,从前无数疑案,一一破尽,爽心快目。"

此类文学鉴赏固然没错,但只触及文本的表层意义,并未点明其弦外之音,故皆属皮相之谈。

作家在进行文学创作时,往往并非简单再现现实生活中的人、事、物,而是凭借巧妙的联想,抚今追昔,驰骋笔墨,达到陆机《文赋》所说的"观古今于须臾,抚四海于一瞬"的艺术境界。因此,鉴赏者不仅要弄清楚作品所呈现的是什么,而且还要由此联想到与之相关的隐含内容。只不过,鉴赏者的这种联想必须于文有据,且应找到触发作者联想的关键之后,方可进行。

元丰七年(1084)六月初九,苏轼因送长子苏迈去德兴县上任而到了湖口,得见石钟山,联想到前人郦道元和李渤关于石钟山得名的说法,于是问之于寺僧,而寺僧使小童持斧于乱石间择其一二敲击以探求得名的由来。对此"笑而不信"的苏轼,随即在暮夜月明之时,与苏迈乘小舟夜泊石钟山绝壁之下,进行了一次实地考察。

"余方心动欲还"之时,微风鼓浪,进入山下的石穴之中,发出"噌吰"的响声。"噌吰"一词,常用来形容声音雄浑壮阔,最早见于司马相如《长门赋》:"挤玉户以撼金铺兮,声噌吰而似钟音。"而周景王所铸造的无射大钟发出的声音恰好是"噌吰"。此为触发苏轼文学联想的关键之一。

"舟回至两山间,将入港口"之时,苏轼又发现中流有大石,"空中而多窍,与风水相吞吐",发出"窾坎镗鞳"之声。"窾坎"与"镗鞳"皆为象声词,指钟鼓声,而"窾坎镗鞳"又恰好与魏庄子歌钟发出的声音相同。此为触发苏轼文学联想的关键之二。

石钟山绝壁之下的石穴发出的"噌吰"声,与中流大石的窍穴发出的"窾坎镗鞳"相应,如同编钟演奏的乐曲。苏轼由此探寻出了石钟山得名的缘由。

然而,作为文学天才的苏轼,此行并非为科学考察而来,而是在谪居黄州四年以后"量移汝州"的赴任途中,此时的苏轼在政治上可谓是"自怜幽独,伤心人别有怀抱",他作《石钟山记》,与写《赤壁赋》一样,无非借题发挥,隐晦而曲折地表达自己对当时政局的看法罢了。

解读文本隐含的主旨,首先须从触发文学联想的核心文化密码"周景王之无射""魏庄子之歌钟"切入,然后循此路径深入探究,方可抵达文心。

首先,必须明了"周景王之无射"背后的深意。

五音十二律中的第十一律"无射",于地支为戌,于时令为季秋之月,于月份为九月。周朝用黄钟、太簇、姑洗、蕤宾、夷则、无射等六律之钟声传达不同的律令之声,无射是其中的第六律。

公元前543年,郑国子产执政,率先在郑国实行周灵王太子姬晋的道政法制改革主张。他将法律"刑书"铸在鼎上公之于众,整顿田地疆界,创立按丘征赋的制度,保护乡校,广开言路。子产执政二十余年,市不豫贾,道不拾遗,使郑国的面貌焕然一新。

公元前527年,周景王的太子寿和王后相继去世。按照惯例,各国诸侯都应进贡慰问,但晋国使者吊唁之时不带贡品,周景王气得大骂晋国"数典而忘其祖"。此事遂成为周景王强行推动改革的导火索。当时,春秋五霸各自为政,根本不把周王室放在眼里。而郑国道政法制改革的成功,更加坚定了周景王变法的决心。

面对诸侯争霸局面,急欲振兴王室的周景王不顾阻挠,首先在公元前524年通过铸造大钱的方式缓解王室财政困难。公元前522年,任用老聃为司空,主笔拟写周朝变法纲领,随后将老子起草的纲领命名为"前哲令德之则",铸在无射钟上颁布施行。这就是历史上著名的"周景王无射钟变法"。

公元前521年春,为颁行"前哲令德之则",周景王打算铸造一套编钟"无射"以铭刻这一法令,其中首先要造的就是前所未有的那种体积更大、声音更洪亮浑厚的林钟。为此,他先去征询大臣单穆公的意见,单穆公以耗损财力于国不利、钟声太大听之不和为由加以反对,并以音乐理论比喻治国之道,劝周景王不要劳民伤财,并以"国其危哉"相警告。周景王又向乐官伶州鸠询问音律,伶州鸠则强调编钟声律重在和谐,音乐和谐才能显示国家政治秩序的和谐。

周景王继承其兄太子晋的遗志，锐意改革以增强王室实力，最终还是坚持铸造了无射钟。

可是，对周景王及其支持者恨之入骨的晋侯，打着"尊周"旗号，率先起来反对改革。变法推行不到两年，周景王便于公元前520年病逝。临终前，他指定庶长子王子朝为继承人、宾起为辅政大臣，希望他们继续深化改革。以单穆公为首的"亲下以谋上"的反对派，趁机勾结晋国发动政变，残酷屠杀宾起等王室旧臣，导致了长达十年的"周乱"。王子姬朝被迫逃奔楚国，后来死于楚国边境。

从《国语》《左传》等由后世成功者书写的历史中不难窥知，以周景王及其继承者为代表的改革虽因保守势力阻挠而终遭失败，但他们冀望以王道克服霸道，在民主政治的道路上所进行的大胆实践与探索，无疑具有进步意义。

其次，还必须弄清楚"魏庄子之歌钟"背后的深意。

魏庄子，本名魏绛，谥号魏昭子，春秋时期晋国国卿。晋悼公元年（前573），魏绛出任司马，执掌军法。他不仅战功卓著，而且在政治上也颇具远见卓识。魏绛主张济民贫、解民困、安军心，并提出"和戎"之策，开创了我国历史上汉民族争取团结少数民族的先例。

据《左传·襄公十一年》记载，公元前562年，郑简公遣使向晋悼公求和并与晋国结盟，除了送去若干战车，还送去师悝、师触、师蠲三位乐师，二佾女乐，两套歌钟，以及相配套的镈和磬。大小悬钟十六只为一套，也叫一肆；女乐八人为一佾。晋悼公采纳国卿魏绛"和诸戎狄以正诸华"的策略，使北方诸戎不侵不叛，得以整顿中原诸国，取得了八年之内九次会盟诸侯的霸业，故将一佾女乐及一套歌钟赏赐给魏绛，并感谢道："子教寡人和诸戎狄，以正诸华，八年之中，九合诸侯，如乐之和，无所不谐。请与子乐之。"

由此不难发现，苏轼通过文学联想，将"不和"的周景王无射钟"嘈吰"之声、"和"的魏庄子歌钟"籔坎镗鞳"之声，与王安石变法等时政巧妙地关联起来，隐晦而曲折地表达了"和戎""安民"等政治主张以及对王安石变法脱离实际、失之于"不和"的不满。苏轼一贯主张"和戎"，与"元祐更化"时司马光"边计以和戎为便"的主张并无二致。

循此思路，知人论世，以意逆志，就可发现文本中的"简""陋"二字其实亦大有深意存焉。

"简"，清代段玉裁《说文解字注》曰："牒也。……按：简，竹为之；牍，木为之。牒、札，其通语也。《释器》曰：简谓之毕。《学记》云：呻其占毕是也。"也就是说，"简"的本义是竹简，田猎用的"毕"即用竹简做成的器物。《礼记·学记》曰："今之教者，呻其占毕，多其讯言，及于数进而不顾其安。"其意思是说，如今教书的人，只知道念诵书本，一味地进行知识灌输，追求快速进步，而不顾学生能否适应。于教学而言，脱离学生实际而急于求成地灌输知识就是"简"；而于施政而言，脱离社会实际而强制推行新法以图增强国力也是"简"。

进一步梳理苏轼反对王安石变法的具体理由，实是王安石变法过"简"。

熙宁二年（1069）二月，宋神宗任用王安石为参知政事，着手实行变法。十一月，神宗想用苏轼修起居注，征询王安石的意见，因王反对，只好作罢。熙宁三年（1070），苏轼丁忧期满，监官告院。神宗召见苏轼，问"方今政令得失安在"，苏轼对以"求治太急，听言太广，进人太锐"，言下之意是说皇上过于轻信并重用急于求成的王安石了。神宗曰："卿三言，朕当熟思之。凡在馆阁，皆当为朕深思治乱，无有所隐。"神宗在变法之初对苏轼有所鼓励，可见其愿意听取不同意见。

宋朝设三司使统管盐铁、度支、户部，号为计省，与参知政事、枢密使地位相当。王安石变法，在三司使之外另设三司条例司，选用一批缺乏基层行政经验的官员进行改革的顶层设计，结果导致"赋敛愈重，而天下骚然矣"。

熙宁四年（1071），苏轼上书神宗，从"结人心""厚风俗""存纲纪"等三个方面论述新法之弊,反对王安石"图速成之效"。与其他反对新法的人不同的是,苏轼分析透辟,几乎无不击中新法软肋——

其一,从"结人心"角度来看,"人主所恃者,人心而已",失去人心则国亡。具体而言,一是建议撤销三司条例司,因为这一以敛财为宗旨的新机构与原有的"三司使"重叠,且朝廷以敛财为目的必失人心;二是指出闭门造车式的制度设计,纯属脱离实际而强行与民争利;三是直陈有关新政措施过于简陋,弊端显著。譬如,免役法以雇役代替差役,毫无差别地收取免役钱,致使自古以来一直被照顾的"单丁、女户"之类的"天民之穷者"首次成了被役使的对象。同时,自唐德宗时期宰相杨炎实行两税法以来,租调与庸已合二为一,征收免役钱实际上是重复征收庸钱,是加重穷人税负的不合理举措;青苗钱自古以来就因其是趁农民急难之时放高利贷加以盘剥而被禁止,当今官府无视民众需求而把自愿贷款变成强行摊派,胥吏衙役层层盘剥,致使青苗法成了亏官害民之法;在谷价贱的收获季节官府进行收储,青黄不接谷价贵时,官府则以低于市价的价格销售,借以平抑谷价来救济贫民,已有这种利国利民的常平法,就没必要再实行"低买高卖"的均输法以增厚财力。因此,苏轼坚决反对"坏常平而言青苗之功,亏商税而取均输之利"的做法。

其二,从"厚风俗"角度来看,爱惜风俗如同护养元气,否则会导致"朴拙之人愈少,巧进之士益多"。譬如,正当朝廷为青苗法存废争论不休时,秀州判官李定至京师见王安石,投其所好,说青苗法是便民之法,百姓无不欢迎,王安石闻之大喜,推荐他向神宗如此汇报青苗法施行的效果。变法投机分子李定因此被擢升为知谏院。

其三,从"存纲纪"角度,对王安石为推行新法一意孤行排斥台谏的做法也提出了尖锐批评。苏轼指出,如果宰执缺乏应有的监督,最终必然会导致宰相大权独揽,人主孤立。早在熙宁二年(1069)二月王安石担任参知政事之初,御史中丞吕诲便上疏列举其"十大罪状",指斥其"大奸似忠,大佞似信",王安石以退为进,通过请辞的手段迫使神宗罢免了吕诲御史中丞一职。七月,均输法颁布,台谏交章谏阻。王安石深知,宰执要想有所作为,必须摆脱台谏的牵制。八月,王安石取得神宗支持,罢去了刘琦、钱颛、范纯仁、陈襄等人的御史和谏官的职务,随后安排李定、邓绾、常秩等拥护变法的投机分子出任谏官和御史,利用新人排挤旧人,并以台谏吕惠卿判司农寺,使司农寺变成主持新法的重要机构。

苏轼上书反对新法,有理有据,急欲推行新法的王安石对此非常恼火,遂指使其弟王安礼的妻舅、御史大夫谢景温弹劾苏轼。而谢竟诬告苏轼回川葬父时利用官船贩盐,结果却"穷治无所得"。在变法派把持朝政的情形下,苏轼自知在朝堂难以立身,遂自请外放,于熙宁四年(1071)七月出汴京,先到陈州见苏辙,再到颍州拜望恩师欧阳修,十一月到任杭州通判。

王安石大刀阔斧地进行改革以求富国强兵,在朝堂之上却得不到君子支持,庙堂之下也得不到百姓拥护,最后不得不依靠一帮投机取巧的小人实施新法,致使人心尽失,惨遭失败。苏轼表面上是叹"郦(道)元之简",实际上是影射王安石变法操之过急,虑事不周,法令条例过于简单粗糙,失之于"简";推行新法简单粗暴,亦失之于"简"。

王安石变法与周景王无射钟变法一样,其失败的主要原因皆在于对改革所面临的巨大阻力的忽视,对简单粗略的法令条文的迷之自信。

"陋",《说文解字注》释为"阨陕也。阨者,塞也;陕者,隘也……阨陕者,如边塞狭隘也""引申为凡鄙小之偁""从阜㔷声"。陋,本指交通不便的狭隘山隅,后来引申为鄙小之意,多用于形容气量狭小的"鄙夫"。

一个"陋"字,明面上笑李渤对石钟山得名的探究方法失当,实则是对当时的"三旨宰相"王珪的辛辣嘲讽。

王珪于仁宗庆历二年(1042)进士及第,高中榜眼,以文章出名。历官知制诰、翰林学士、知开封府等。神宗熙宁三年(1070)拜参知政事。熙宁七年(1074)天下大旱,光州司法参军郑侠上《流民图》,司马光上书请求废除新法并停止对西北用兵。王安石被逼罢相，出知江宁府，举荐支持新法的韩绛和吕惠卿分任首相和参知政事。熙宁九年（1076）王安石第二次罢相之后，王珪进同中书门下平章事、集贤殿大学士，与首相吴充同掌朝政。元丰三年（1080），吴充因遭王珪、蔡确困毁而罢相，王珪于是独掌朝政。元丰五年（1082）改革官制，王珪拜尚书左仆射兼门下侍郎，仍是首相。

王珪虽然文章出众，但处理政务庸碌低能，时人称"三旨相公"。他上殿进呈，称为"取圣旨"；皇上批示后，称为"领圣旨"；下朝后对呈递奏章的人说，"已得圣旨"。

王珪任参知政事乃至首相十六年，毫无建树，可谓懒政怠政的典型。为巩固个人权位，他费尽心机排挤他人，甚至不惜败坏国家大局。譬如，元丰五年（1082）改革职官制度，神宗对尚书左仆射兼门下侍郎（即首相）王珪、右仆射（即副相）蔡确二人说："官制将行，新人旧人都要用，御史大夫恐怕非司马光不可。"二人相顾失色。王珪忧惧不已，不知如何应对，蔡确私下献计："陛下一直想收复甘肃灵武一带，您只要担负起征讨西夏的重任，相位就可保全。"为阻止司马光入朝担任御史中丞，王珪举荐心腹余充为天章阁待制、知庆州，并指使他多次向神宗上平西夏策，诱导神宗专心戎事，其后司马光果然未被征召入朝，而宋军与西夏永乐城一战导致大宋元气大伤，国势骤衰，神宗不久也因此抑郁病死。

就个人而言，苏轼早就了解心胸狭隘的小人王珪。"乌台诗案"发生之初，王珪曾以苏轼《王复秀才所居双桧》中"根到九泉无曲处，世间惟有蛰龙知"一联，诬其有不臣之心。据《宋史·苏轼列传》记载，元丰三年（1080），神宗有意复用苏轼，但被当权的王珪所阻。神宗曾对宰相王珪、蔡确曰："国史至重，可命苏轼成之。"看到王珪面有难色，神宗又改口说："轼不可，姑用曾巩。"

对于王珪这样一个患得患失、心胸狭隘至极的宰相，《宋史·王珪列传》有如下评点："（王）珪容身固位，于势何所重轻，而阴忌正人，以济其患失之谋,鄙夫可与事君也与哉!"

对于叹惋王安石变法失之于"简"、嘲笑王珪执政失之于"陋"这一隐含的主题,从文本解读密码"简""陋"二字切入,进而深探,可知苏轼这一文学联想其实是有明确的针对性的。

王安石没有深入研究社会矛盾的特殊性与复杂性,光凭理想和热情强力推行变法,显然有脱离实际的教条主义的倾向。苏轼以一个"简"字准确击中其软肋。

王珪执政多年,专事排斥异己,容身固位,于一己之权位总是患得患失,甚至不惜牺牲国家利益,实为不能与之一起侍奉君主的一介"鄙夫"。苏轼以一个"陋"字形容他,准确至极!

此外,苏轼对于王安石"熙宁变法",并非完全持反对的态度。变法前期,二人都想革新弊政,只不过王安石以为国家危殆在于"患不知法度",必须"变革天下之弊法",而苏轼则认为"天下有二患,有立法之弊,有任人之失",亟须改变的是任人之制度。当王安石雷厉风行推行新法的时候,苏轼只是认为他过于鲁莽。譬如,在变法实践中,针对王安石大力兴建学校,废明经、存进士,进士殿试罢诗、赋、论三题而改试时务策等贡举改革措施,苏轼针锋相对地上书谏阻,认为官府大肆办学必然耗费民力并导致学舍闲置浪费,而只重视经世致用的能力却忽视人品的新贡举法,也必然会导致朝廷上滋生许多投机分子。

司马光"元祐更化"尽废新法,苏轼又坚决反对这种偏激的做法,上疏指出免役法在执行中的弊端之后,条陈其"五利",极言此法可守不可变,司马光随后又上疏指陈免役"五害",两人还就改免役为差役一事在政事堂进行了激烈的论辩。可见,苏轼并非绝对的保守派,他对王安石变法最大的不满在于法令制度不够周详以及因用人不当导致新法害民等方面。苏轼认为,"法相因则事易成,事有渐则民不惊",国家治乱兴衰关键在于得人,法令制度应尽量保持连续性与稳定性。这是苏轼反对王安石熙宁变法全盘更新法度,也不赞成司马光元祐之政尽废熙宁法度的一贯立场。

由此可见,文本中托言"郦元之所见闻,殆与余同,而言之不详",实为表明自己对王安石变法的政治态度。

元丰七年(1084)三月,神宗以手札量移苏轼于汝州,授苏轼检校尚书水部员外郎、汝州团练副使,诏曰:"苏轼黜居思咎,阅岁滋深,人材实难,不忍终弃。"苏轼接到诏令后,并未急于北上赴任。四月一日,深感身不由己、去日苦多的苏轼填《满庭芳·归去来兮》一词以赠友,在自序中言明"余将去黄移汝",并流露出归隐之志。元丰四年(1081)进士及第、此时在黄州陪侍父亲的苏迈,恰好接到了出任饶州府德兴县尉的任命书。于是,苏轼父子及家人六月初从黄州齐安郡启程,绕道前往汝州(临汝),经阳新,六月九日(丁丑)泊舟于鄱阳湖口石钟山下。其后,苏迈分道去德兴上任,苏轼则过江登庐山,留下著名的《题西林壁》一诗。后顺江东下,特意绕道拜晤罢相后退居于金陵蒋山的王安石。

苏轼见到王安石后,直陈对国势的忧虑:"大兵、大狱,汉、唐灭亡之兆。祖宗以仁厚治天下,正欲革此。今西方用兵,连年不解,东南数起大狱,公独无一言以救之乎?"王安石说这两个祸端皆是吕惠卿开启的,自己赋闲在野,不敢乱说。苏轼于是以皇上待之非常礼,自然不应以在野不言的常礼待皇上为由,说服王安石出面进言皇上。此时,苏轼对国事的忧虑集中体现在两点:一是对西夏未能采取"和戎"之策,连年用兵以致国困民贫;二是朝廷内新党旧党之争因变法而愈演愈烈,屡兴大狱败坏朝政。

苏、王二人相谈甚欢,尽释前嫌。王安石约苏轼"卜居金陵",以相过从。苏轼逗留一月乃离开金陵,携家人舟行北上,沿途走亲访友,八月在真州(仪征)晤见时为直龙图阁、发运使的同年蒋之奇。早在嘉祐二年(1057)新科进士的琼林宴上二人同桌之时,蒋言及家乡阳羡(宜兴)溪山胜景,力邀苏轼到阳羡游览,遂有"卜居阳羡"之约。熙宁六年(1073)江南大旱,时任杭州通判的苏轼奉旨到常、润、苏、秀等州赈济饥民。其后,在提举楚州市易司、江淮荆浙发运副使蒋之奇介绍下,苏轼在宜兴买田。苏轼盘桓真州之时,蒋帮助落魄至极的苏轼在常州宜兴购置了一处小农庄,以便他安顿家小。

十月十九日,不愿去汝州赴任的苏轼上《乞常州居住表》,结果等了一个多月不见回音,只好携家人继续舟行北上,十二月初一抵达泗州。其时天寒地冻,苏轼舣舟城外,拟过了除夕再动身,于是再上《乞常州居住表》,情词更加哀婉,极言自己"自离黄州,风涛惊恐,举家病重,一子丧亡""赀用罄竭,去汝尚远,难于陆行""无屋可居,无田可食,二十余口,不知所归,饥寒之忧,近在朝夕"等惨状,并言明在常州宜兴尚有薄田可以养家糊口,乞住常州。写好之后,立即派人去自己早年曾掌管过的登闻鼓院投递。

元丰八年(1084)正月,这次神宗接到苏轼上表,立即准奏。苏轼于是从泗州南下金陵,随后至常州。

正是当年正月之初,胸怀大志的宋神宗赵顼因对西夏战事的惨败,精神上受到沉重打击,病情开始恶化,三月初即驾崩于福宁殿,年仅三十八岁。九岁的太子赵煦即位,改元元祐;太皇太后高氏垂帘听政,复用司马光当政;司马光将变法的责任全部推给王安石,尽废新法,将变法派的执政人物包括宰相蔡确、韩缜,知枢密院事章惇等人悉数贬逐,史称"元祐更化"。身为旧党的苏轼,政治处境也随之发生巨变。

最后,谈谈石钟山得名的问题,并深究文学鉴赏的真谛。

关于石钟山得名的由来,古人有三种说法:一是风水声如钟声,北魏郦道元和北宋苏轼即持这一以声得名的观点;二是石头声音如钟声,唐代李渤《辨石钟山记》持这一观点;三是石钟山内有溶洞,山形如同覆钟,譬如明代罗洪先《念庵罗先生文集》即持此以形得名之说,清代丁义方《石钟山志》亦云:"上钟崖与下钟崖,其下皆有洞,可容数百人,深不可穷,形如覆钟。"

苏轼乃亘古少有的文学天才,虽嬉笑怒骂之辞,皆可书而诵之。其《答谢民师书》尝自谓:"作文如行云流水,初无定质,但常行于所当行,止于所不可不止。"

宋徽宗建中靖国元年（1101），苏轼遇赦北还，经过变法派干将吕惠卿家乡泉州南安时，泉州司法掾吴君曾以《石钟山记》请教，苏轼于是在其文末写下《跋石钟山记后》以说明："钱塘、东阳皆有水乐洞，泉流空岩中，自然宫商。又自灵隐下天竺而上至上天竺，溪行两山间，巨石磊磊如牛羊，其声空磬然，真若钟声。乃知庄生所谓天籁者，盖无所不在也。建中靖国元年正月五日，自海南还，过南安，司法掾吴君示旧所作《石钟山记》，复书其末。"吴君有无读出《石钟山记》隐藏的主旨不得而知，但在苏轼生前就有人怀疑石钟山因声得名之说，是毫无疑问的，而苏轼早在杭州任职时就深知奔泻在两山之间的溪流冲击巨石发出的响声和钟声相似，此时答以庄子天籁无所不在，并未执着于石钟山因声得名之说，足见其不肯直言，当初撰文纯属借题发挥。

曾国藩与彭玉麟曾同游石钟山下并观石洞，皆认为石钟山是以形得名，并以为苏轼亦误。清代俞樾在《春在堂随笔》中引述其亲家彭玉麟的考证说："盖全山皆空，如钟覆地，故得钟名。上钟山亦中空。此两山皆当以形论，不当以声论。"其说有理有据，可备一说，但他接着嘲笑苏轼"犹过其门，而未入其室也"，则足见其亦如俗人一般偏执一见，只是把文学散文《石钟山记》当作一般的科学考察游记在解读。

朱光潜《咬文嚼字》一文指出，科学的文字越限于直指的意义就越精确，文学的文字有时却必须顾到联想的意义，文学之所以成为文学，全在这一点生发上面。

今人若继续嘲笑苏轼有"臆断"之病，皆非真懂文学鉴赏者。

后　记

文本解读，其实是一场勇往直前的孤身探险

文本解读，作为语文课堂教学的最常规的手段，历来受到语文教学界的高度重视。

2015年，我与宁波大学历史系原主任李小红博士受易经文化研究会委派，在市老年大学合开易经课程，有幸应其邀请在宁波大学师训平台上向省内中小学教师开设《庄子的智慧》等国学讲座。近几年，在此平台开设《国学文化视域下的古诗词个性化解读》《国学文化视域下的古代散文个性化解读》《前、后〈赤壁赋〉创造性阅读》等专题讲座，受到不少语文界同行嘉许。三年前，与宁波出版社总编袁志坚博士偶然聊起文本误读这一话题时，本人以《使至塞上》《西湖七月半》为例，针对当下某些名家大师的解读，直言不讳地提出批评意见，袁总编颇感兴趣，并鼓励我尽快形诸笔墨。此后，我带着几篇样稿去请教，袁总编读后谬赞不已，并鞭策我早日结集出版。是为撰写《古诗文"心"读解码》的缘起。

对于读书，我不乏自信，但对于出书，内心不免忐忑。我曾扪心自

问：当今时代出版早已市场化，如此小众的选题角度，如此不合流俗的见解，得其时乎？语文教学及事务性工作繁重，学术研究并非所长，亦非必需，得其位乎？尽管置身因袭成风的教学生态环境中，我却一直不肯轻易拜倒在教参所认定的名家大腕的观点前，而是坚定地认为：对于文本解读毫无创新的语文教师，如何能培养出学养丰厚、富于创见的学生？

早年求学期间，读书颇杂，因发表了一点诗歌、散文，竟受到担任写作课教学的写作心理学专家金道行教授青睐，推荐接任校文学社社长，毕业前夕又推荐留校任教，后来终因政策等原因，校长办公会议第二次讨论时被否。恩师金道行教授叹惋之余，以一部《唐诗鉴赏辞典》相赠，勉励我学而不辍，继续深造。此后，又陆续赠以其《写作心理探索》及《写作心理探微》等学术专著，引领我走进写作心理学的殿堂。在阅读与写作实践中，我以恩师的写作心理双向组合原理为指针，时时兼顾作者心理和读者意识，收益良多。

然而，时运不济，命途多舛。我终究未能按恩师规划的道路去读硕读博，而是在某省重点高中执教七年之际，临时起意考入西北大学文学院作家班。在修习国学大师张岂之教授《中国思想文化史》、红学家薛瑞生教授《〈红楼梦〉研究》、李志慧教授《〈庄子〉研究》、李浩博士《唐诗美学》等课程时，兴趣渐渐聚焦到包括古诗文在内的国学经典解读上。

君子修德摄气，遣词为文，必有文心存焉，故刘勰本陆机之说而倡论文心，然诸多经典诗文的解读却未合吾心。可见深探文心绝非易事。一诗一文，往往摇头晃脑诵读了一遍又一遍，依然"山重水复疑无路"，直到找到解读密码，才会惊现"柳暗花明又一村"。

《史记·孔子世家》所载孔子学弹《文王操》"感而遂通"的故事，曾让我掩卷沉思，终于明白文学鉴赏中的顿悟或灵感绝非空穴来风，而是长期沉潜于文本之后豁然开朗的必然结果。因此，愚以为，真正有效的文本解读，其实是从写作心理切入而对文本进行的一场勇往直前的孤身探险,唯有文史结合,旁稽博采,方能发现别人未曾瞩目的风景。

  宁波出版社朱璐艳、张爱妮两位编辑,不仅对拙著书名、体例等诸多方面提出了很好的修改意见,而且字斟句酌,精心核对引文及出处,在不少细节上做了校正,令人感佩不已。

  宁波恒厚集团董事长郑士灶先生,对本书出版给予了热情关心与大力支持,在此谨致谢忱!

  秃笔淡墨,以为芹献。然同道切磋,不亦乐乎!读书人静俟多方教正。此记。

李必能
2022 年 3 月